AF397132

DU CANGE

—

GLOSSAIRE
FRANÇOIS

Faisant suite au

GLOSSARIUM MEDIÆ ET INFIMÆ LATINITATIS

AVEC ADDITIONS

DE MOTS ANCIENS EXTRAITS DES GLOSSAIRES
DE LA CURNE DE SAINTE-PALAYE, ROQUEFORT, RAYNOUARD,
BURGUY, DIEZ, ETC.

ET UNE NOTICE SUR DU CANGE

PAR L. FAVRE

Membre correspondant de la Société des Antiquaires de France.

—

TOME PREMIER
A - F

NIORT
TYPOGRAPHIE DE L. FAVRE
1879

GLOSSAIRE FRANÇOIS DE DU CANGE

DU CANGE

—

GLOSSAIRE

FRANÇOIS

Faisant suite au

GLOSSARIUM MEDIÆ ET INFIMÆ LATINITATIS

AVEC ADDITIONS

DE MOTS ANCIENS EXTRAITS DES GLOSSAIRES
DE LA CURNE DE SAINTE-PALAYE, ROQUEFORT, RAYNOUARD,
BURGUY, DIEZ, ETC.

ET UNE NOTICE SUR DU CANGE

PAR L. FAVRE
Membre correspondant de la Société des Antiquaires de France.

—

TOME PREMIER
A - H

NIORT
TYPOGRAPHIE DE L. FAVRE
1879

AVIS

GLOSSAIRE FRANÇOIS DE DU CANGE

Nous croyons répondre au désir de beaucoup de philologues en publiant une nouvelle édition, aussi complète que possible, et d'un format facile à consulter, du GLOSSAIRE FRANÇOIS extrait de Du Cange, par Dom Carpentier.

Le savant Henschel a donné une édition de ce GLOSSAIRE, mais dans des conditions qui ne le rendent pas accessible à de modestes bibliothèques. C'est cependant le problème qu'il faut résoudre, aujourd'hui que l'étude de notre ancienne langue est devenue si répandue.

Il ne suffit pas qu'une publication offre seulement des avantages matériels pour qu'elle ait du succès ; non, il faut plus. Elle doit être faite avec un soin consciencieux qui, tout en reproduisant le texte ancien, le complète et l'améliore. C'est ce qui nous a préoccupé.

Au texte ancien de Du Cange, nous ajoutons une grande quantité de mots que nous marquons par des astérisques. Les additions que nous y faisons sont aussi indiquées par des parenthèses. Il sera ainsi facile de reconnaître les parties ajoutées à l'ancien texte, qui n'a subi aucune modification.

Nous n'avons pas suivi le plan de Henschel, qui a cru devoir ajouter à son édition les *Index*, dont la place se trouve indiquée naturellement à la suite du Glossaire latin.

Il y a bien des années que les philologues de toutes les nations souhaitaient la publication du *Glossaire de l'ancienne langue françoise*, laissé manuscrit par La Curne de Sainte-Palaye. Nous avons entrepris cette publication, et, grâce à de nombreuses et bienveillantes sympathies, nous sommes sur le point de la terminer.

Nous venons, aujourd'hui, placer à côté de l'œuvre colossale de La Curne de Sainte-Palaye, une œuvre moins considérable, mais non moins utile, et dont le mérite est reconnu depuis longtemps. Nous espérons qu'on nous tiendra compte de nos efforts, et que, grâce à l'érudition de Du Cange, on fera bon accueil à cette nouvelle édition du *Glossaire françois*.

NOTICE SUR DU CANGE

Lorsque nous visitons les musées, nous restons frappés d'étonnement en voyant les armes des anciens chevaliers. Ces lances, ces haches, ces casques, ces cuirasses, que nous pouvons à peine soulever, ont appartenu à une race de géants qui maniait ces armes comme des jouets. Il en est ainsi quand nous entrons dans ces bibliothèques où se trouvent les œuvres de ces savants qui se nomment les Robert et Henri Estienne, les Mabillon, les Monfaucon, les Du Cange, les La Curne de Sainte-Palaye, et bien d'autres érudits des deux derniers siècles. Plus encore que pour les armes, nous éprouvons un vif sentiment d'admiration.

Est-ce de nos jours, qu'on trouverait un Du Cange? Nous chercherions en vain, nous ne rencontrerions certes pas un homme revêtu d'une fonction publique et ayant encore assez de loisir pour apprendre une foule de langues, produire des œuvres d'une prodigieuse érudition sur l'histoire, la philologie, la géographie, les usages et coutumes du moyen âge, la généalogie des grandes familles, la numismatique, et enfin approfondir les nombreuses questions qui préoccupent les historiens.

Le secret de cette activité merveilleuse se découvre dans la vive intelligence de Du Cange et dans son ardent amour de l'étude.

Pendant toute sa vie, il a travaillé quatorze heures par jour. Qu'il nous soit permis de citer un fait caractéristique, à ce sujet. Le jour même de son mariage, en sortant de la cérémonie nuptiale, il s'enferma pendant six heures dans son cabinet, en tête-à-tête avec ses livres. Il venait leur prouver que sa nouvelle affection ne lui faisait pas oublier ses chères études.

N'avons-nous pas raison de dire que si la race chevaleresque qui jouait avec la *Durandal* et la lance de Roland est éteinte pour toujours, les géants de la science historique n'ont pas, eux aussi, laissé de successeurs, et sont descendus dans la tombe en nous léguant, pour consolation, de gigantesques travaux élevés à la gloire de l'esprit humain.

Étudions, avec respect, la vie de ces infatigables travailleurs, de ces grands remueurs de chartres, de diplômes, de documents de toutes sortes. Leur souvenir mérite notre reconnaissance, puisque ces savants ont élevé des monuments qui nous permettent de connaître si complètement le moyen âge.

Au premier rang de ces érudits, nous plaçons Charles du Fresne, sieur de Du Cange, né à Amiens, le 18 décembre 1610, dans cette année où Henri IV tombait sous les coups de Ravaillac. Son père, prévôt royal de Beauquesne, d'un esprit cultivé, voulut que son fils reçût une instruction très étendue. Le jeune Du Cange entra, dès l'âge de neuf ans, au collège des jésuites d'Amiens. Son attention soutenue, son amour de l'étude et la vivacité de son esprit furent bientôt remarqués de ses professeurs, qui s'attachèrent à développer ces précieuses qualités. Aussi, fit-il de rapides progrès, et, en quelques années, il apprit le latin, le grec, le français et plusieurs langues étrangères.

Il acheva ses études dans cet établissement, et alla faire son droit à Orléans. Là comme à Amiens, il attira l'attention et gagna la bienveillance de ses professeurs par son amour du travail et la pénétration de son esprit. On raconte qu'il approfondit plusieurs questions de notre vieux droit coutumier, considérées jusque là comme des problèmes insolubles, par les plus éminents jurisconsultes. Ce n'étaient plus l'intelligence, la capacité, le travail qui se montraient, c'était le génie qui commençait à paraître avec éclat, pour jeter ses vives lueurs sur les usages, les coutumes, les mœurs des premiers siècles de notre monarchie.

Le jeune érudit quitta Orléans et vint à Paris, où il fut reçu avocat au Parlement, le 11 août 1631. Le courant de ses idées l'eut retenu dans la capitale, où il pouvait satisfaire son goût si prononcé pour les recherches studieuses, mais son père désirait le voir revenir près de lui. Sans hésiter, le fils respectueux de la volonté paternelle, abandonne Paris, ses riches bibliothèques et ses précieux dépôts de manuscrits, pour revenir à Amiens.

Dans sa ville natale, Du Cange rencontra de vives sympathies ; une foule de familles nobles mirent à sa disposition des chartriers, des titres et des documents historiques de toute nature. On comprenait déjà que ce jeune homme serait l'honneur de sa province.

Il eut la douleur de perdre son père, mais par respect pour sa mémoire et pour ses dernières volontés, il resta à Amiens, où il sembla se fixer définitivement, en épousant, le 19 juillet 1638, Catherine du Bos, fille d'un trésorier de France de cette ville. Ce jour-là, comme nous l'avons déjà fait remarquer, le nouvel époux consacra six heures à l'étude.

Sept ans plus tard, en 1645, Du Cange acheta la charge de son beau-père. Voici l'historien, le philologue, le compulseur de vieux titres, le littérateur, car il l'était à un haut degré, devenu financier ; non pas à l'aide de commis et de fondés de pouvoirs, mais alignant lui-même les chiffres, et en contact avec le public, qu'il charmait par ses manières distinguées et bienveillantes. Pour tout homme qui avait avec lui des rapports, il montrait l'urbanité dont la nature l'avait si heureusement doué.

La peste, qui décima la population d'Amiens, en 1668, le força de quitter cette ville, et il alla s'établir à Paris, où l'appelaient de nombreux amis et les riches collections de documents qu'il avait autrefois quittées avec tant de regrets. Là, il vécut dans l'intimité de M. d'Hérouval, un érudit qui, lui aussi, s'occupait de recherches historiques, mais qui reconnaissait la haute supériorité de son ami et avait accepté le rôle dévoué et modeste de recueillir des documents. Pendant vingt ans, Du Cange travailla avec une ardeur et une persévérance que rien ne ralentit. Dégagé des obligations de la société, qui imposent une si grande perte de temps, il consacrait sa vie entière à l'étude. Ce qu'il produisit dans cette période d'activité intellectuelle paraît prodigieux, et on pourrait croire qu'il se faisait aider par de nombreux secrétaires, si tous ses manuscrits n'étaient écrits de sa main.

Sa robuste constitution résista longtemps à cet excès de travail ; mais il souffrait d'une strangurie, et, le 23 octobre 1688, il mourut à soixante-dix-huit ans, des suites de cette maladie, qui fait tant de victimes parmi les hommes de lettres.

Le plus remarquable ouvrage de Du Cange est le *Glossarium mediæ et infimæ latinitatis*. Le célèbre Bayle en parle avec admiration. « Où est, » dit ce critique, « le savant, parmi les nations « les plus fameuses pour l'assiduité au travail et pour la patience « nécessaire à copier et à faire des extraits, qui n'admire là- « dessus les talents de M. Du Cange et qui ne l'oppose à tout ce « qui peut être venu d'ailleurs en ce genre-là ? Si quelqu'un ne « se rend pas à cette considération générale, on n'a qu'à le « renvoyer *ad pœnam libri :* qu'il feuillette ces dictionnaires, et « il trouvera, pour peu qu'il soit connaisseur, qu'on n'a pu les « composer sans être un des plus laborieux et des plus patients « hommes du monde. »

Cependant, malgré son rare mérite, Du Cange était l'homme modeste par excellence. On raconte qu'un étranger, animé du même esprit qui, d'un bout de l'Asie à l'autre, avait amené le philosophe Apollonius dans l'école du brahmane Yarka, et qui des extrémités de la terre avait conduit à Padoue un admirateur de Tite-Live, était venu à Paris rendre hommage aux savants français, et s'éclairer de leurs lumières. On l'adressa au plus savant de tous, à Du Cange, qui lui dit : *C'est Mabillon que vous devez aller voir et consulter ;* mais Mabillon le renvoya dans l'instant, en lui répondant : *Retournez à Du Cange, il a été, il est mon maître, et il sera le vôtre.* Ce combat touchant d'une préférence réciproque n'était pas un discours, c'était un sentiment ; et ces deux savants n'eussent pas été également grands s'ils n'eussent pas été également modestes. C'est par cette modestie de sentiments, comme par l'élévation de ses talents, que M. Du Cange avait mérité cette sorte de respect qui lui survit.

Dom Mabillon proclame la valeur et l'utilité du Glossaire de Du Cange dans la préface de son traité *De Re diplomatica* (1681). Il parle du Glossaire en ces termes : « *Amplissimus liber, omni-* « *bus apertus, de omnibus agens, ex quo, quantum profecerim,* « *malo alios quam te judicare.* »

Le Glossaire latin de Du Cange parut en 1678. Plus heureux que La Curne de Sainte-Palaye, il put voir la publication de son ouvrage. Dès l'année suivante, le Glossaire latin fut réimprimé à Francfort-sur-le-Mein.

Au commencement du xviiie siècle, les deux tirages étaient épuisés, et des bénédictins de la congrégation de Saint-Maur préparèrent une nouvelle édition ; elle fut complétée à l'aide des travaux publiés, depuis 1679, par les savants Mabillon (1), Martène (2), Dachery (3), les frères Sainte-Marthe (4), Baluze (5), Muratory (6) et Adrien de Valois (7).

Cette édition parut de 1733 à 1736, et fut suivie, en 1766, d'un supplément en quatre volumes, par Dom Carpentier. MM. Didot ont eu l'excellente pensée de réimprimer l'édition de 1733-36, en y plaçant, dans l'ordre alphabétique, les articles du supplément de Dom Carpentier. Ce travail, confié au savant M. Henschel, a été exécuté de 1840 à 1850, avec le soin le plus consciencieux et le plus intelligent.

L'œuvre de Du Cange mérite notre respectueuse admiration. Avant cet érudit, on ne possédait aucun dictionnaire de la basse-

______

(1) *Vetera Analecta.* — (2) *Veterum scriptorum.* — (3) *Spicilegium veterum aliquot scriptorum.* — (4) *Gallia Christiana.* — (5) *Capitular. Regnum Francorum. Miscellanea.* — (6) *Rerum Italicarum scriptores.* — (7) *Valesiana....*

latinité. Cependant, beaucoup d'ouvrages et une foule de documents publics et privés étaient écrits dans cet idiome incorrect et barbare, désigné sous le nom de *mediæ et infimæ latinitatis*. Scaliger avait tracé le plan d'un glossaire de cette nature ; Meursius l'avait commencé, Spelman et Vossius réunirent un grand nombre de mots, mais aucun de ces lexicographes n'avait pu mener à fin cette colossale entreprise. Du Cange était seul capable de composer ce dictionnaire. Il possédait une immense érudition, une excellente méthode, un esprit clair et un infatigable amour de l'étude.

« On est effrayé seulement quand on pense qu'il a fallu que ce savant lût et relût plus de six mille écrivains dont les ouvrages ne présentaient de la langue latine tout au plus qu'une terminaison vicieuse ; quand on pense que ce savant a non-seulement remonté jusqu'à l'étymologie de toutes ces expressions corrompues, mais qu'il en a suivi les variations, qu'il en a donné toutes les explications, qu'il en a fourni les diverses acceptions. Au reste, ce n'est là, pour ainsi dire, que le mérite grammatical de l'ouvrage de M. Du Cange. Un dictionnaire d'une langue ancienne, et surtout d'une langue dégénérée, paraît ne devoir être qu'une nomenclature vide de choses ; c'est ordinairement un tombeau obscur, qui semble ne pouvoir renfermer que des cendres froides. Le Glossaire latin de M. Du Cange a conservé de la lumière, on pourrait dire de la chaleur. « Cent quarante mille passages nourrissent le « corps de ce grand ouvrage. » La préface seule est un prodige de travail et d'érudition ; c'est la porte qui annonce un édifice immense, hardi, riche, bien ordonné, et qui annonce mieux encore le génie de l'architecte le plus habile. Il cherche cependant à en dissimuler le mérite. Sous le titre simple de Glossaire, M. Du Cange avait caché modestement d'excellents traités sur presque toutes les sciences. Il semble qu'il ne lui suffise pas d'avoir tenté de diminuer l'éclat de tant et de si belles dissertations, que la vanité de tant d'autres écrivains eût tâché d'augmenter ; son humilité prétend que les autres lisent pour tirer des livres ce qu'il y a de bon, mais que pour lui il ne les a lus que pour en prendre ce qu'il y a de mauvais ; que les autres font leur travail sur les plus belles pensées, mais que pour lui il ne s'est attaché qu'à des mots corrompus ; qu'enfin les autres imitent les abeilles, mais que pour lui il a contrefait l'araignée ou la sangsue. Ce qu'il dit est vrai sans doute, et n'en est pas moins l'éloge de son travail. Mais nous dirons encore plus vrai, en ajoutant qu'il a communiqué à ce qu'il appelle les méchants extraits, une bonté plus utile que celle qui se rencontre dans les meilleurs morceaux des auteurs les plus brillants. Aussi M. Du Cange est-il bien plus que ce qu'il a voulu paraître ; et celui qui ne s'est donné que pour un simple philologue se trouve le critique le plus éclairé, l'historien le plus sûr, enfin le savant le plus universel et le plus profond. Ô vous, qui devez toute votre science à M. Du Cange ; ô vous, cénobites savants, qui dans son ouvrage avez appris à le continuer, à l'augmenter, à le corriger même ; ô vous tous enfin, qui ne deviendrez savants qu'en lisant et relisant jour et nuit le Glossaire latin, attestez la profondeur et l'étendue des connaissances de son auteur. Et quand vous n'en connaîtriez que cet ouvrage, mettez-le, sans aucune prévention nationale, au-dessus de tous les savants de notre âge et même au-dessus des savants des autres siècles (1). »

Cet éloge a été ratifié par tous les savants, et, de nos jours encore, le Glossaire de Du Cange est considéré comme un prodige d'érudition. Cette œuvre seule suffisait à sa gloire ; mais il ne se borna pas à ce travail, et il en prépara un semblable pour la langue grecque, devenue, elle aussi, rustique. Dans ce vocabulaire, il ne se borne pas à donner la véritable signification des mots ; il fait connaître la religion de l'empire grec et sa liturgie, sa jurisprudence et ses lois, la tactique et les armes ou les machines de guerre, la médecine et la botanique avec leurs termes originaux recueillis dans les manuscrits arabes, la chimie et les mathématiques avec leurs signes et leurs hiéroglyphes, la numismatique et toutes ses branches, l'archéologie, enfin l'histoire de l'empire d'Orient. Cet ouvrage mérite ainsi d'être placé à côté du Glossaire latin, et a valu à son auteur les louanges les mieux méritées. En voici une des plus délicates. C'est un distique composé par de la Monnaie, auteur de poésies latines estimées :

Ausonios postquam graiosque effusa per agros
  Barbaries Romam pressit utramque diu,
Cangius hanc vinclis qui tandem et carcere frænet,
  Res mira ! e Gallis ecce Camillus adest.

Rien n'était superficiel chez Du Cange ; il savait approfondir un sujet et il ne l'abandonnait qu'après l'avoir complètement étudié. C'est ce qu'il fit pour l'histoire byzantine. Nous lui devons une histoire de Constantinople sous les empereurs français ; des notes et des éclaircissements sur la conquête de Constantinople

(1) Eloge de Du Cange qui a remporté le prix à l'académie d'Amiens en 1764.

écrite par Ville-Hardouin ; des remarques sur Anne Comnène, Nycéphore de Bryenne, Cinname, Grégoras, Zonare, et sur plusieurs autres historiens de Constantinople ; enfin une chronique générale de l'histoire byzantine. Tous ces ouvrages sont le résultat d'études opérées sur des documents originaux. Les écrivains qui s'occupent de cette époque sont obligés, encore aujourd'hui, d'avoir recours à ces travaux si savants et si complets.

Du Cange, tout en s'occupant des langues grecque et latine et de l'histoire byzantine, ne négligeait point l'étude de nos annales. Il préparait une histoire générale de la France, mais les limites de la vie humaine ne lui permirent pas d'accomplir ce vaste dessein. Ainsi, il avait amassé de nombreux matériaux pour une description historique et géographique des Gaules, pour l'histoire et la chronologie des rois, et pour un nobiliaire général de la France. L'histoire du règne de Saint-Louis, de Joinville, qu'il a accompagnée de notes et de dissertations, prouve qu'il possédait toutes les qualités indispensables à un grand historien.

Le ministre Colbert avait formé le projet de publier le Recueil des historiens de la France. Ce fut Du Cange qu'il chargea de la direction de cette grande publication nationale. Ce savant rédigea la préface et exposa le plan de ce recueil, sans se préoccuper des idées du ministre, qui le trouva défectueux et en demanda un autre. Du Cange, trop consciencieux pour faire œuvre de flatterie, refusa de changer son premier plan, qui ne pouvait être modifié sans nuire à ce recueil, et qui, un demi-siècle plus tard, devait être mis à exécution par Dom Bouquet.

Ces travaux sur l'histoire générale de la France n'avaient point fait oublier à Du Cange sa province natale. Il a laissé en manuscrit un nobiliaire et une histoire de la Picardie.

Heureusement que tous ces précieux manuscrits ont été conservés avec soin et sont parvenus jusqu'à nous. Il faut espérer qu'ils ne resteront pas enfouis dans les cartons des bibliothèques où ils reposent, et qu'il se trouvera enfin un éditeur pour les publier.

Voici la liste des ouvrages que nous devons à cet illustre savant :

OUVRAGES IMPRIMÉS.

Glossarium ad Scriptores mediæ et infimæ Latinitatis. 3 vol. in-fol.

Les religieux bénédictins en ont donné une nouvelle édition en 1733. — *1766, 4 vol. in-folio*

Glossarium ad Scriptores mediæ et infimæ Græcitatis; 2 vol. in-fol.

Cyrilli, Philoxeni, Aliorumque veterum Glossaria Græco-Latina et Latino-Græca; in-fol.

Histoire de la conquête de Constantinople, par Ville-Hardouin; in-folio.

Joannis Cinnami Historiarum Lib. VI, et Pauli Silentiarii Descriptio Sanctæ Sophiæ, cum notis in Bryennium, Annam Comnenam; in-fol.

Historia Byzantina, duplici Commentario illustrata; in-fol.

Joannis Zonaræ Annales, cum notis; 2 vol. in-fol.

Traité historique du chef de Saint-Jean Baptiste; in-quarto.

Histoire de Saint-Louis, roi de France, par le sire de Joinville, avec des observations et dissertations; in-fol.

Chronicon pascale sive Alexandrinum, cum notis; in-fol.

Nicéphore Gregoras, avec une addition de six livres tirés de la bibliothèque du roi, et une Histoire des Français qui ont possédé la Morée, écrite en grec barbare, avec des observations. M. Boivin en a donné l'édition en 1702, avec des notes de M. l'abbé Cappe-ronnier.

Lettre sur cet auteur au père Papebroc.

Caroli Dufresne, Domini Du Cange, Illyricum vetus et novum.... Cet ouvrage a été imprimé, en 1746, par les soins du comte Joseph Keglewich de Buzin, qui a pris pour base de son travail les familles Dalmates et Sclavones, insérées dans l'Histoire, Byzantine.

MANUSCRITS.

Esquisse d'une Géographie universelle de la Gaule et de son Histoire Naturelle; 2 vol. in-fol.

Projet d'une Géographie historique, ancienne et moderne, de tous les pays compris dans l'ancienne Gaule, avec une liste des divers ordres religieux établis en France, et une dissertation pour prouver que saint Denis, évêque de Paris, n'est point l'aréopagite; 6 vol. in-quarto.

Matériaux pour l'histoire de France, par les dignités, papes français, cardinaux, connétables, maréchaux de France, ambassadeurs, premiers présidents, gouverneurs, baillis, etc.

Recherches et matériaux pour l'histoire des grands fiefs de la couronne.

Histoire des principautés et royaumes de Chypre, d'Arménie,

de Jérusalem ; celle de Godefroy de Bouillon et de ses successeurs ; la Syrie sainte ; les grands maîtres du Temple, etc.

Les familles d'Orient et les familles Normandes ; ouvrage relatif à l'Histoire Byzantine.

Recueil de mille à onze cents corrections sur les Chroniques de Monstrelet.

Carte généalogique des rois de France, depuis Pharamond jusqu'à Louis XIV, sur vélin, portant douze pieds de haut et sept de large, d'un caractère net et d'un dessin élégant.

Nobiliaire de la France, par ordre alphabétique ; trois portefeuilles in-fol.

Autre volume in-folio sur le blason, les armoiries, les généalogies des diverses familles souveraines et particulières.

Traité des armoiries, en quatre livres et dix-huit chapitres.

Portefeuilles pour un nobiliaire de Picardie.

Histoire de Picardie, divisée en vingt et un livres, avec les preuves manuscrites par l'auteur lui-même...... Cette histoire peut être considérée comme terminée ; elle a passé en 1713 sous les yeux des censeurs. 3 vol. in-fol. et 3 vol. in-quarto.

Mélanges d'extraits de divers ouvrages, chartres, cartulaires, archives, inscriptions ; 1 volume in-fol.

Vingt-cinq manuscrits d'anciens romans, et d'autres ouvrages, chargés de notes.

Recueil intitulé *de Oraculis*, en soixante-onze chapitres, avec les citations des auteurs grecs, latins, etc. Ouvrage qui a nécessité des recherches immenses.

Pièces détachées sur l'histoire d'Angleterre, des Pays-Bas, et sur plusieurs parties de l'histoire ancienne et moderne.

Trois volumes in-folio d'extraits, sans ordre, de différentes lectures.

Projet d'un Dictionnaire universel, exécuté depuis la lettre *A* jusqu'à la lettre *V ;* 2 vol. in-fol.

Portefeuille des lettres des grands et des savants avec lesquels M. Du Cange était en relations suivies.

Un gros recueil in-quarto. C'est un répertoire qui est la clef de tous les recueils, et dans lequel se trouvent les renvois, soit aux imprimés, soit aux manuscrits.

Comme on peut le voir par cette liste, les ouvrages de Du Cange qui n'ont pas encore été publiés offrent un trop vif intérêt pour qu'ils restent toujours à l'état de manuscrits. C'est en priver le monde savant. Il appartient à un gouvernement ami des lettres de prendre cette initiative. Du Cange est un historien dont les travaux doivent se trouver dans toutes les grandes bibliothèques qui se font honneur de recueillir les travaux des savants destinés à faciliter l'étude de l'histoire et des langues anciennes.

L. FAVRE.

INAUGURATION DE LA STATUE DE DU CANGE

A AMIENS.

La ville d'Amiens a tenu à élever une statue à Du Cange, né dans cette ville, le 18 décembre 1610, et mort à Paris, le 23 octobre 1688. La Société des Antiquaires de Picardie prit, en 1848, l'initiative de cette excellente pensée, juste hommage rendu à la mémoire d'une des grandes illustrations de cette province.

Le monument fut inauguré, avec la plus grande solennité, le 19 août 1849, au milieu d'un immense concours de population.

Un grand nombre de savants assistaient à cette cérémonie, qui avait un caractère non pas seulement local, mais national.

L'Institut avait envoyé auprès de la Société des Antiquaires de Picardie, une députation composée de M. Magnin, président, et de MM. Naudet, Stanislas Julien, Paulin Pâris, Reynaud, Lenormand, Hase, de la Saussaye, de Luynes et Langlois, membres de l'Académie des Inscriptions et Belles-Lettres.

M. Génin, chef de division au ministère de l'instruction publique et des cultes, délégué par le ministre, le représentait à cette cérémonie et a prononcé le discours suivant :

« Messieurs,

« Élever des statues au talent, au génie, c'est stimuler à son égard l'admiration populaire de tous les instants ; c'est créer l'émulation, le plus bel hommage peut-être qu'on puisse lui rendre. Il est cependant une autre manière de l'honorer, et qui n'est pas moins digne de lui ; c'est de répandre ses œuvres, c'est de ne pas souffrir que l'oubli dévore une partie des résultats précieux achetés par tant de veilles. Conformément à cette pensée, M. le ministre a décidé qu'un volume des œuvres posthumes de Du Cange serait publié aux frais de l'Etat, dans la *Collection des documents inédits de l'histoire de France.*

« En effet, sans parler de dix autres ouvrages, dont un seul suffirait à fonder la réputation d'un érudit moderne, Du Cange s'est chargé de dresser l'inventaire complet des ruines des deux antiquités. Le relevé des richesses des deux langues grecque et latine, au temps de leur plus grande opulence et de leur plus florissant éclat, eût coûté beaucoup moins de temps et de peines, car les idiomes se décomposent sous la main du temps, de la même façon que ces palais magnifiques dont les débris écroulés, couvrent une étendue de terrain bien autrement vaste et considérable que ne faisaient jadis les monuments debout, dans toute leur gloire.

« Si l'on a raison d'admirer le premier architecte, quel génie ne faudra-t-il pas reconnaître à celui qui aura su recueillir tous ces fragments informes, les interpréter l'un par l'autre, et de cet amas de décombres par lui coordonnés faire sortir l'histoire politique, civile et religieuse, les institutions, les mœurs, les usages des peuples transformés ou disparus ?

« Aucune nation, pas même la patiente et laborieuse Allemagne, ne peut se vanter d'un savant ayant construit à lui seul deux ouvrages comme le Glossaire de la basse Grécité et le Glossaire de la basse Latinité. Ce sont deux colonnes lumineuses, éclairant au loin tout le moyen âge et jusqu'aux profondeurs les plus reculées du Bas-Empire : et l'imagination s'effraye de songer que ces deux glossaires, bases impérissables de la gloire de Du Cange, n'ont été pour ainsi dire que les distractions de ses travaux administratifs. Oui, Du Cange offrit à l'Europe savante l'intéressant spectacle d'un historien-magistrat rivalisant, du fond de son cabinet isolé, avec l'illustre congrégation de Saint-Maur.

« Si la France est justement fière d'avoir donné Du Cange au monde savant, à son tour la ville d'Amiens doit être fière d'avoir donné Du Cange à la France. Encore le nom de Du Cange n'est-il pas l'unique titre de la ville d'Amiens à la reconnaissance des savants et des lettrés de tous les âges et de tous les pays.

« Des amis de l'étude sérieuse ont manifesté au ministre le désir que le nom de Du Cange fût attaché au principal établissement d'instruction publique de cette ville. Paris avait donné l'exemple de cette consécration des gloires locales : deux grandes cités viennent de le suivre. Amiens n'aura rien à leur envier ; au lycée Corneille de Rouen, au lycée Descartes de Tours, Amiens dès aujourd'hui peut opposer sans désavantage son lycée Du Cange.

« Puisse, Messieurs, cet illustre patronage porter bonheur à vos écoles ; du sein de votre lycée, pour lequel j'ai doublement le droit de faire des vœux, puisse ce patronage susciter à Du Cange un émule et un successeur. »

M. Magnin, président de l'Académie des Inscriptions et Belles-Lettres, a pris ensuite la parole en ces termes :

« Messieurs,

« L'Académie des Inscriptions et Belles-Lettres ne pouvait rester indifférente à la solennité qui nous rassemble ; elle s'y associe pleinement, messieurs, et le nombre de ses membres qui se pressent autour de ce monument le prouve mieux que mes faibles paroles. L'Académie partage votre vénération filiale pour le grand critique né dans vos murs, et salue en lui un de ses plus éminents précurseurs. En effet, par les voies qu'il a ouvertes, par les instruments d'investigation qu'il a créés, par les belles et innombrables applications qu'il a faites des plus excellentes méthodes, Du Cange a renouvelé et agrandi le champ des études historiques. Il a, avec Hadrien de Vallois, Denys Godefroy et Baluze, fondé parmi nous l'érudition laïque et fait sentir la nécessité de confier à des compagnies savantes le dépôt et la culture de ce précieux héritage. Oui, les beaux exemples de ces hommes admirables ont préparé et dicté en quelque sorte les règlements qui, en 1701, ont définitivement constitué l'Académie des Belles-Lettres.

« Les caractères distinctifs des œuvres et du génie de Du Cange sont la hardiesse et la fécondité. Nul n'a pressenti de plus loin ni discerné d'un coup d'œil plus sûr, les questions qui devaient occuper et intéresser l'avenir.

« Le moyen âge, par exemple, qui attirait à peine un regard au seizième et au dix-septième siècle, et que la science et même la mode explorent dans tous les sens aujourd'hui, le moyen âge nous a été ouvert par Du Cange. Aurions-nous pu faire un seul pas dans ces routes obscures, si nous n'avions eu pour nous guider le secours de ses deux admirables Glossaires ? Personne (je ne crains pas qu'on le conteste) n'a compulsé, déchiffré, interprété plus de documents originaux, secoué la poussière de plus de chartes pour en tirer la connaissance des lieux, des institutions, des mœurs et des idiomes. Je ne prétends point, à Dieu ne plaise, contester ni affaiblir les services rendus à notre histoire par les congrégations religieuses ; mais enfin l'étude des chartres avait pour les monastères un intérêt direct et domestique. Les religieux cherchaient surtout à constater des droits utiles dans la lecture et la copie des actes. Du Cange et les érudits laïques du dix-septième siècle ont défriché les ronces et les épines des temps barbares, sans autre mobile que l'amour désintéressé du vrai et le pur dévouement au génie sévère de l'histoire.

« Je ne citerai point les nombreux ouvrages imprimés de Du Cange, ni les manuscrits non moins nombreux qu'il a laissés, et dont la simple nomenclature, dressée par une main pieuse, semble le catalogue d'une bibliothèque. Je remarquerai seulement qu'il a exécuté ses immenses travaux sans préjudice des devoirs de la vie civile. Il a pendant vingt-trois ans (vous le savez mieux que moi) rempli avec assiduité dans cette ville une charge importante d'administration et de finances ; il a été, durant sept années, auprès de son père infirme, un modèle accompli de piété filiale ; enfin dans le cours d'une union prospère, qui a duré plus d'un demi-siècle, il a eu a élever dix enfants. Les facultés heureuses et bien dirigées de ce grand esprit ont suffi à tout sans efforts. Par caractère, d'ailleurs, il recherchait les tâches difficiles. Ce grand homme, qui avait préparé tant de matériaux sur l'ensemble et sur tous les détails de notre histoire, a terminé de préférence et a imprimé ou mis en état d'être imprimées, les parties qui exigeaient la réunion des connaissances les plus rares et les plus variées.

« Ainsi, les croisades, l'empire latin, l'occupation française et normande de la Grèce et de la Sicile, ces épisodes lointains et compliqués de notre activité conquérante, ont trouvé dans le laborieux et modeste magistrat un annaliste dont l'autorité ne sera point surpassée. C'est parmi les ouvrages inédits de cette classe que le goût éclairé de M. le ministre de l'instruction publique nous promet de puiser les éléments d'une nouvelle et prochaine publication. Grâce à cette généreuse pensée, l'*Histoire des familles d'outre mer*, publiée aux frais de l'Etat, sera le digne complément du monument que nous inaugurons aujourd'hui. »

Notre époque n'a donc pas été oublieuse envers la mémoire de Du Cange, et elle a reconnu les

immenses services qu'il a rendus à la science historique en lui élevant un monument. Certes, ce monument sera moins durable que les ouvrages de cet
illustre savant, mais il est un témoignage de reconnaissance, le plus grand qu'un pays puisse donner
à une de ses plus nobles et plus pures gloires
nationales.

L. F.

GLOSSAIRE FRANÇOIS DE DU CANGE

FAISANT SUITE AU

GLOSSARIUM MEDIÆ ET INFIMÆ LATINITATIS

AVEC ADDITIONS DE MOTS ANCIENS
EXTRAITS DES GLOSSAIRES DE LA CURNE DE SAINTE-PALAYE, ROQUEFORT,
RAYNOUARD, BURGUY, DIEZ, ETC.

ABRÉVIATIONS ET SIGNES : * *mots ajoutés ;* — *[explications ajoutées] ;* — B. *Borel,
Dict du vieux françois ;* — GL. L. *Glossaire de La Curne de Sainte-Palaye ;* —
L. *La Curne ;* — H. *Henschel ;*—L. C. *Lacombe, Dict. de la langue romane ;*—R. *Roquefort.*

A pour En. *Dire à secret,* en secret. Gl. *A secretis.* [De, Par, Pour, Avec. Selon, Suivant, Après. G. L.]

A CAU, En cachette. Gl. *Acau.*

*AABATRE, Abolir, diminuer, supprimer. R.

*AACER, Agacer. R.

AACHEMENT, Appât, amorce.

AACHIER, Attirer, engager. Gl. *Allectatio.*

*AACHIS, Paralytique. R.

*AAFINANCE, Perfidie. Chr. des ducs de Normandie.

AAGE, La durée de la vie. Gl. *Ætats.* [Majorité. Vieillesse. R.]

AAGEMENT, Majorité.

AAGER, Déclarer majeur ; et

AAGIÉ, Majeur. Il se dit aussi des animaux sevrés. Gl. *Aagiatus.*

AAGNER, Contredire, contester avec chaleur, disputer. Gl. *Atia.*

*AAIRER, Placer, ranger. R.

*AAISANS, Commode. Gl. L.

*AAISE, Facilité, Contentement, Utilité, Convenance. R.

*AAISER, Aaisier, Mettre à l'aise, Soulager, Aider, Causer du plaisir, Satisfaire, Faire du bien, Consoler, Secourir. R.

*AAISIÉ, Soulagé, A qui rien ne manque. R.

AAISIER, Accorder l'usage de quelque chose, prêter. Gl. *Aaisientia.*

AAISSIER, Aider, donner des secours. Gl. *Aaisientia.*

*AAMER, Aimer, d'*adamare.* R.

*AAMPLIR, Aemplir, Remplir, accomplir, d'*adimplere.* R.

AANCRER, Mettre à l'ancre. Gl. *Anchorisare.*

*AARBRER, Grimper sur un arbre. R.

*AARBRER (S'), Se cabrer. R.

*AARDRE, Saisir, attacher. R.

*AASAER, Asaer, Assiéger. R.

*AASMANCE, Honte, Douleur. R.

*AASMEMENT, Estimation, Jugement, Pensée. R.

*AASMER, Penser, Croire, Présumer, Juger. R.

*AASTIE, Animé, Pressé, Aiguillonné, Brûlé. R.

AASTIR, Animer, Inciter, Irriter. Gl. *Atia.*

*AATE, Habile, capable, proportionné, ajusté. R.

AATIE, Haine, querelle. Gl. *Atia.* [Ardeur, empressement, effort,

ABA

dispute, combat, jalousie, animosité. Gl. L.]

1. AATINE, Fâcherie, querelle, contestation. Gl. *Atia.*

2. AATINE, Hâte, empressement. Gl. *Atia.*

*AATIR, [Hâter, presser, disputer, combattre, provoquer, défier, courroucer, irriter, comparer, préférer, avancer, mettre en avant, proposer, arranger, disposer. Gl. L.]

*AATISSON, Effort, gageure, défi. L. C.

*AATRIE, Noirceur d'âme. R.

*ABABRUPTE, à l'improviste. R.

*ABACÉ, Buffet de service. R.

*ABACIÉ, Comptoir. R.

*ABACINER, Aveugler. R.

ABACO, Arithmétique. Gl. L.

*ABACTEUR, Ravisseur. En latin *Abactores, Abigei,* ceux qui détournent ou enlèvent les esclaves, les bestiaux. Gl. L.

*ABAEUZ, Vacans. Ce sont les biens vacans. Gl. L.

ABAHIER, Aboyer, Gl. *Latria,* 2.

*ABAI, Aboiement, cri des mourants. Gl. L.

*ABAIE, Lieu planté de sapins. H.

1. *ABAIER, Ecouter attentivement. R.

2. *ABAIER, Aboyer, être aux abois, aspirer. Gl. L.

ABAIETE, Sentinelle, vedette, celui qui fait le guet. Gl. *Bayeta.*

*ABAEUR, Qui aboie. Gl. L.

ABAIGNER, Baigner, mettre dans le bain. Gl. *Balneria.*

*ABAILLE, Abeille. R.

ABAILLER, Atteindre, rejoindre, rattraper. Gl. *Attendere.*

ABA

*ABAISER, Apaiser. Gl. L.

*ABAISSER, Baisser, abaisser, Humilier, Diminuer. Gl. L.

ABAISSER HONNEUR, Manquer au respect dû à quelqu'un, ou à sa charge. Gl. *Abassare.*

ABAISSER LA MAIN, expression figurée pour signifier Se modérer, parler et agir avec douceur. Gl. *Abassare.*

*ABAISSEUR, qui abaisse. L.

*ABALIR, Fuir. R.

*ABALOURDIR, Hébêter. R.

*ABALOURDIR, Abrutir, rendre stupide. Gl. L.

ABANDÉ, En bande.

*ABANDER (S'), S'attrouper. R.

*ABANDON, Délaissement. L.

*ABANDONNÉ, Livré sans réserve, prodigue, libéral, généreux. L.

ABANDONNÉEMENT, Impérieusement, d'un air d'autorité. Gl. *Abandonnare,* 2, p. 62. [A l'abandon, sans réserve, à discrétion, hardiment, librement.]

*ABANDONNEMENT, Cession de biens. Gl. L.

*ABANDONNEUR, Qui abandonne, Gl. L.

*ABANDONS, Sorte de coutume à Compiègne, abolie par Saint-Louis, en 1260. Gl. L.

ABANGUE, Petite monnaie, moindre que la maille. Gl. *Abenga.*

*ABANNATION, Exil d'un an. R.

*ABANNIR, Défendre, prohiber. L.

ABARROS, Outil de tonnelier, p. e. le barroir, ou bien foret, vrille. Gl. *Foretum.*

*ABAS, En bas. Gl. L.

*ABASSI, abattu. B.

*ABASTIRES, Tueries, abattoirs L.

ABB

ABASTONNÉ, Armé, muni, garni d'arme offensive. Gl. *Basta*.

***ABATABLE**, Qui peut être détruit. Gl. L.

ABATAIGE, Visite d'un pourceau pour voir s'il n'est pas ladre, et le droit dû au seigneur pour cette visite. Gl. *Abatare*.

ABATEIZ, Abbatis, carnage, L.

***ABATEMENT**, Prise de possession, terme de chasse. L.

***ABATERIE**, L'action d'abattre, de renverser. Gl. L.

***ABATIR**, S'abattre, être abattu. L.

ABATISON, L'action d'abattre par terre. Gl. *Battitura*, *Battere*.

***ABATOISON**, Diminution, se disait en parlant des monnaies. L.

***ABATOR**, Qui est entré en possession. L.

ABATRE, Abolir, supprimer, décrier. Gl. *Abatare*. [Abattre, mettre à bas, découpler, lâcher, prendre possession. Gl. L.]

ABAUBIR, Étonner, effrayer, épouvanter. Gl. *Attonare*.

***ABAUDIR**. Voyez *Abaubir*.

***ABAVE**, du latin *Abavus*. Bisaïeul. Voyez Gl. L.

***ABBADESQUE**, Mot formé du latin *Abbas*, abbé. Voy. Gl. L.

***ABBAIETTE**, Diminutif d'abbaye. Voyez Gl. L.

***ABBANIS**, Défenses, prohibitions. Voyez Gl. L.

***ABBASTARDISSEUR**, Qui abatardit. Voyez Gl. L.

ABBAT, pour Abbé. Gl. *Abbas*.

***ABBATI**, Maison de l'abbé. L.

2. ABBATRE, Défoncer, ou vider un tonneau. Gl. *Abatare*.

ABBAYE, Mauvais lieu. Gl. *Abbas*.

***ABBEC**, Amorce, appât. B.

ABE

***ABBECHEMENT**, L'action de donner la becquée. Voy. Gl. L.

***ABBECHER**, Donner la becquée. L.

***ABBÉ chevalier**, C'étoit le champion du monastère. *L'Abbé de liesse et des moines d'Arras.* — *L'Abbé du clergé ou de la Mal-gouverne ou de la fête de l'âne.* — *L'Abbé des cornards ou des chansonniers.* — *Jeu de l'Abbé.* — *Table d'Abbé.* — *Face d'Abbé.* Voyez Gl. L.

ABBÉ mort. D. Mabillon, dans la préf. sur la première partie du troisième siècle Bened., p. lxxx, observe qu'à Reims, par une prononciation vicieuse, on nomme ainsi un certain tintement de cloche, qui annonce la mort de quelqu'un ; ce qui vraisemblablement se pratiquait autrefois, comme on le fait encore en quelques endroits, pour inviter les fidèles à prier pour le malade qui était à l'agonie, qu'on appelait l'*Abboi de la mort*.

***ABBÉE**, Sorte d'ouverture ou de canal. Voyez Gl. L.

ABBÉESSE, Nom prostitué à celles qui président à un mauvais lieu. Gl. *Abbas*.

ABBETER, Inciter, animer. Gl. *Abbetator*.

ABBORTIF, Avortement. Gl. *Abortire*.

***ABBREGEMENT**, Brièvement. L.

***ABBREUVEUR**, Qui abreuve. L.

***ABDIQUIER**, Renoncer. L.

***ABDITATION**, Renoncement, éloignement. Voyez. Gl. L.

ABEÇOY, ABC, Alphabet. Gl. *Abcdarium*.

***ABÉIE**, Abbaye, couvent. L.

ABEILLAGE, Abeillon, Droit sur les abeilles. Gl. *Abollagium*.

ABE

*ABEILLANNE , Petite mouche blanche. Voyez Gl. L.

ABELES, Ruche. Gl. *Abeilla.*

ABELIR, Plaire, être agréable. Gl. *Abelimentum.*

*ABÉLISER, Charmer, ravir. B.

*ABELLÉ, Qui mène des bêtes. L.

*ABENDER , Associer, liguer. R.

*ABENEVIS, Espèce de contrat. L.

*ABENEVISER, Concéder. Gl. L.

*ABENFONS, Arrière-petit-fils. L.

ABENGE, Abenghe, Petite monnaie, moindre que la maille. Gl. *Abenga.*

ABENSTE, Qui est obligé de s'absenter. Gl. *Absentare.*

*ABER, Embouchure de rivière. L.

*ABERGIER, Héberger, loger. R.

*ABERHAVRE, Embouchure de fleuve. Voyez Gl. L.

*ABESSIER, Abaisser, apaiser. R.

*ABESTE, Amiante. Voy. Gl. L.

*ABESTÉ, Qui a des bêtes. L.

*ABESTER, Abrutir. V. Gl. L.

ABESTIR, Traiter quelqu'un avec beaucoup de mépris, lui parler comme à une bête. Gl. *Bestialis.*

ABET, Abete, Instigation, l'action d'exciter; ruse, finesse qu'on emploie pour engager quelqu'un à faire une chose. Gl. *Abettum.*

*ABETERE, Sot, hébété. L.

*ABETTER, Exciter, animer.

ABEUVRAGE, Droit sur les boissons. Gl. *Abevragium.*

ABEUVRAIGE, Droit seigneurial, qui se paye en sus et à raison de la principale redevance, comme le pourboire dans les marchés. Gl. *Abuvragium.*

ABEUVRON, Abeuvrouer, Verre,

ABI

tasse ou gobelet à boire. Gl. *Abevragium*

ABEVETER, Tromper, donner le change. Gl. *Abettum.* [Instruire, prévenir. Gl. L.]

*ABEVRER, Faire boire, désaltérer, abreuver, arroser. L.

ABEYANCE, Bien vacant et abandonné, dont le propriétaire n'est pas déclaré par droit ou par la justice. Gl. *Abeyantia.* [Empressement, désir. R.]

*ABHORREMENT, Horreur. L.

*ABHORRIR, Abhorrer. L.

*ABIAL, Chemin fréquenté. R.

*ABIEDOR, L'Avenir. R.

ABIELIR, Plaire, être agréable. Gl. *Abelimentum.*

*ABIENNEURS, Sequestres. L.

*ABIER. Faucon. Voyez Gl. L.

ABILLEMENT, Terme pour signifier en général tout ce qui est propre ou nécessaire à la chose dont il s'agit. Gl. *Abilhamentum.*

ABILLIER , Habiliter, rendre propre à quelque chose. Gl. *Abilitare.*

*ABIR, Jugement, sens, esprit, songer, rêver, Voyez Gl. L.

*ABITEMENT, Maison, habitation. R.

*ABLADÈNE , Pays fertile en blé. Gl. L.

*ABLAI, Ablay, Blés coupés qui sont encore dans les champs. R.

*ABLAIER , Ablader , Semer, ensemencer. R.

ABLAIS, Grains coupés, et même une espèce de grain. Gl. *Abladare,*

ABLASMER, Blâmer, désapprouver, condamner. Gl. *Blasphemare.*

ABO

ABLASMER, Blâmer, désapprouver, condamner. *Blasphemare.*

ABLE, pour *Hable*, Havre. *Hablum*

*ABLE, Habile, capable. L.

ABLÉE, Terre ensemencée. Gl. *Abladare.*

ABLERE, ABLERET, ABLIERE, Espèce de filet à pêcher. Gl. *Ableia.*

ABLO, Terme usité dans le Comingeois pour animer et exciter. Gl. *Allot.*

ABLOCHIER, ABLOCQUIER, Soutenir les solives, qui forment un bâtiment de bois, par un mur de deux pieds ou environ. Gl. *Blesta.*

*ABOBY, Surpris, étonné. R.

ABOC, Terme bourguignon, cri qui se fait dans un tumulte. *Allot.*

ABOCAGE, Statut, règlement. Gl. *Autorium.*

ABOCQUIÉ, Rempli de bois, de broussailles. Gl. *Aboscatus.*

ABOILLAGE, Droit sur les abeilles. Gl. *Abollagium.*

ABOIVREMENT, Ce qu'on paye pour le droit de bienvenue ou de réception dans une société, et qui s'emploie souvent à un repas. Gl. *Abuvragium.*

ABOLE, Enflammé, amoureux, Gl. *Abolere.*

ABOMINABLE, Celui qui a des nausées. Gl. *Abominatio*, 1.

ABOMINATION, Dégoût, nausée. Gl. *Abominatio*, 1.

ABOMMAGE, Droit de bornage. Gl. *Abomagium.*

ABONIAGE, ABONNAGE, Abonnement. Gl. *Aboonagium.*

ABONNER, Convenir par *abonnement.* Gl. *Abonare*, 2.

ABOQUIÉ, Empli de bois, de broussailles. Gl. *Aboscatus.*

ABR

*ABOR, Aubier. L.

*ABORENER, Dédaigner. L.

*ABORTIR, Avorter. Ray.

ABOSMÉ, Abonné. *Abominatio*, 1

ABOSMER, Avoir envie de vomir, avoir mal au cœur, être dans l'état de ceux qui ont cette maladie. Gl. *Abominatio*, 1.

ABOTI, Blotti, tapi, caché. Gl. *Abobsitus.*

*ABOVERER, Abreuver. R.

*ABOUCHER, Tomber. L.

*ABOUCHIR, Boucher. L.

*ABOUFÉ. Essoufflé. L.

ABOULT, comme *About* ci-après.

*ABOUMER, Reposer. R.

ABOURNEMENT, Bornage ; et

ABOURNER, Borner. *Abonare*, 2.

ABOURTÉ, Avorté. Gl. *Abortire.*

ABOUSER, Détruire, renverser. Gl. *Abosatio.*

*ABOUSNER, Détruire. R.

ABOUT, Fonds assigné à un créancier par tenants et aboutissants ; d'où

ABOUTER, Assigner ce fonds, faire un *About.* Gl. *Adboutamentum.*

*ABOUVIER, Découpler. L.

*ABRANDER, Enflammer, Ray.

ABRASEMENT, Démolition, destruction ; et

ABRASER, Démolir, Raser. Gl. *Arrasare.*

ABRET, *Abrier,* le bois de l'arbalète. Gl. *Arboreta.*

*ABREVÉ, Vif, prompt. R.

*ABREVETER, Tromper. R.

*ABREVICIÉ, Abrégé, raccourci. R

*ABRI, Abri, ombrage. L.

*ABRICON, Charlatan. R.

*ABRICONNER, Tromper. R.

ABS

*ABRIDER , Attacher avec la bride. L.

*ABRIEFVÉ, Abrégé. R.

*ABRIEGEMENT, Fermage d'une terre. R.

*ABRIEMENT, Logement, habitation. L.

ABRIER, Fust ou bois de l'arbalète. Gl. *Arboreta.* — Couvrir, mettre à l'abri. Gl. *Abrica.*

ABRIEVER , Ameuter , exciter, courir sur. — Mettré par écrit; proprement, Écrire en note, en abrégé. Gl. *Abreviare.*

*ABRIFOL, Le voile mis sur la tête des gens qu'on marie. L.

*ABRIGEMENT, Diminution. R.

*ABRII, Ombrage. R.

*ABRISEL, Arbrisseau. L.

*ABRIVÉ, Empressé. R.

ABRIVER, comme *Abriéver.* Gl. *Abreviare.*

*ABROGEUR, Qui abroge. L.

*ABRONCHER (S'), Se courber en avant. Gl. L.

ABRONE, Aurone, plante médicinale. Gl. *Abrotanum.*

ABROQUEMENT, Terme de manufacture d'étoffe, sorte de brochure qu'il est aisé d'apercevoir, et qui fait connaitre la qualité de l'étoffe. Gl. *Abrocare.*

*ABROULLÉ, Obscurci. L.

ABROUSTURE, Le droit de faire brouter par le bétail certaines terres dans les temps marqués et sous les conditions convenues. Ce terme est principalement connu en Normandie. Gl. *Abrostura.*

*ABRUINER , Brunir , rendre brun. Gl. L.

*ABRUPTEMENT Brusquement L

*ABSCHIED, Décret, Arrêt. L.

ABU

*ABSCIS, Coupé, taillé. Gl. L.

*ABSCON , Cachette, dissimulation. R.

*ABSCONDRE, Cacher. Gl. L.

ABSCONSÉEMENT, Secrètement, en cachette. Gl. *Absconse.*

ABSCONSER , Cacher. Gl. *Dispatriare.*

ABSCOULTER, Écouter attentivement. Gl. *Abscultare.*

*ABSCULE, Abandonné, privé. R.

ABSENTATION , ABSENTEMENT, Absence, retraite. Gl. *Absentandus.*

*ABSENTÉ, Éloigné, séparé. L.

*ABSENTER, Quitter. Gl. L.

ABSEULÉ , Abandonné , séparé, privé. Gl. *Absacitus.*

*ABSICTE, Pierre précieuse. L.

*ABSINCE, Absinthe. Gl. L.

*ABSOLDRE, Absoudre. Gl. L.

*ABSOLT, Absous. Gl. L.

*ABSOLTÉ, Absolution. Gl. L.

*ABSOLU, Absous, décisif. L.

*ABSOLUTEMENT, Absolument L

ABSOLUTION, Indulgence, pardon. Gl. *Absolutio,* 1.

*ABSOLUTOIRE, Qui absout. L.

*ABSORBIR, Absorber, engloutir. Gl. L.

ABSTINENCE, Suspension d'armes , trève. Gl. *Abstinentia,* 1.

*ABSTINER, Abstenir. R.

*ABSTRACTEUR, Qui extrait. L.

*ABSTRAINDRE, Serrer. Gl. L.

*ABSTRAIT, Enlevé, arraché. L.

*ABUCHEMENT, Achoppement. L

ABUCHER, Heurter, chopper. Gl. *Boutare.*

ABUISONNER, Abuser, tromper, séduire, chercher à faire donner

ABU

quelqu'un dans le panneau. Gl. *Busio*.

ABUISSEMENT, Achoppement, occasion de faute, sujet de chute. Gl. *Boutare*.

ABUISSER, Heurter, chopper. Gl. *Boutare*.

ABULLETER, Donner ou recevoir un bulletin. Ceux qui prêtaient le serment de fidélité recevaient un bulletin pour certificat de leur obéissance. Gl. *Bulleta*.

*ABUNDOS, Abondant. Ray.

ABUSER D'UN OFFICE, L'exercer sans y avoir été admis avec les cérémonies ordinaires ; d'où :

ABUSEUR, Celui qui l'exerce ainsi, et

ABUSION, Ce même exercice. Gl. *Abusor*. — Tromperie, fraude. Gl. *Abusio*, 2.

ABUSSAL, Achoppement, occasion de faute, sujet de chute. Gl. *Boutare*.

ABUSSONNER, Abuser, tromper ; ou p. e. forcer quelqu'un à coucher en plein champ, sous un buisson. Gl. *Busio*.

*ABUTANT, Aboutissant. Gl. L.

ABUTER, Régler, arrêter, mettre but à but. Gl. *Abbocatio*.

*ABUTTER, Abandonner au droit. R.

ABUTINER, Associer au butin, le partager avec quelqu'un. Gl. *Abotinare*.

ABUVREMENT, Ce qu'on paye pour le droit de bienvenue ou de réception dans une société, et qui s'emploie souvent à un repas. Gl. *Abuvragium*.

ABUVRER, pour Abreuver. Gl. *Abevrare*.

ABUVROIR, Verre, tasse ou gobelet à boire. Gl. *Abevragium*, 1.

ACC

*ABVIER, Détourner. Gl. L.

*ABYSMEUX, Profond. Gl. L.

*ABYTUES, Débattues, agitées. L.

*ACABAMENS, Achèvement. R.

ACABAR, Achever, accomplir, finir. Gl. *Actuare*.

AÇAINDRE, Enceindre, entourer. Gl. *Accincta*.

AÇAINTE, Enceinte, clôture. Gl. *Accincta*.

ACANNER, Dire des injures. Gl. *Acannizare*.

ACAP, ACAPIT, ACAPTE, Droit de relief. Gl. *Accaptare*.

*ACARAN, Étourdi. R.

*ACARER, Confronter. Gl. L.

ACARIER, Charrier, voiturer. Gl. *Carreare*.

*ACASER, Inféoder. Gl. L.

ACAT, Achat, acquisition. Gl. *Accatum*.

ACATER, Acheter. Gl. *Accaptare*.

ACATOUR, Acheteur, acquéreur. Gl. *Accatum*.

AÇAUDRE, Assaillir, faire rébellion. Gl. *Assaldare*.

AÇAUTER, Heurter, chopper, tomber. Gl. *Assopire*.

*ACCAGNARDEMENT, Paresse. L

*ACCAGNARDER, Devenir fainéant. Gl. L.

ACCARATION, Confrontation des témoins ; et :

ACCARER, Les confronter. Gl. *Accaratio* et *Incarare*.

ACCAREMENT, Voyez *Accaration*

ACCEDIAKRE, Archidiacre. Gl. *Archidiaconus*.

ACCENSE, ACCENSEMENT, Bail à cens. Gl. *Accensa*.

*ACCENSÉ, Huissier. Gl. L.

*ACCENSER, Allumer. Gl. L.

ACC

ACCENSEUR, Celui qui donne à cens. Gl. *Accensa.*

ACCENSISSEMENT, Bail à cens. Gl. *Accensa.*

ACCESSADEUR, Fermier, celui qui tient à cens. Gl. *Accessamentum.*

ACCESSEUR, Assesseur, officier de ville, substitut. *Accessor,* 1,

*ACCÉS, Subsides. Gl. L.

*ACCESSION, Addition. Gl. L.

ACCIDE, Ennui, tristesse. *Acedia.*

*ACCIÉ, Qui a les dents agacées. R.

*ACCIN, Enceinte.

*ACCIPER, Recevoir. R.

*ACCLORE, Clore. R.

*ACCOÊT, Achat. R.

ACCLOSAGIER, Fermer, clore de murs ou de haies. *Aeclausum.*

*ACCOIL, Accueil. R.

*ACCOINT, Qui est familier. R.

ACCOINTAIRE, Vaisseau pour aller à la découverte, et avertir de ce qui passe. Gl. *Advisare.*

ACCOINTER, Avertir, donner avis. Gl. *Advisare.*

*ACCOISEMENT, Calme. L.

ACCOISER, ACCOISIER, Réprimer, arrêter, apaiser, rendre coi. Gl. *Acquitare,* 1.

*ACCOL, Coup sur le col. L.

*ACCOLER, Embrasser. R.

*ACCOLERIE, Embrassade. L.

*ACCOMETTRE, Opposer l'un à l'autre. Gl. L.

ACCOMMICHER, ACCOMMUSCHIER Communier. *Accommunicare.*

ACCOMPAGNER, ACCOMPAINGNER Associer à quelque chose, en donner part ou la moitié ; dans le langage des coutumes, *Faire pariage.* Gl. *Associare,* 2.

ACC

ACCOMPLISSEMENT, Ornement, ce qui sert à rendre une chose accomplie. Gl. *Complectissime.*

*ACOMPTER, Compter. L.

ACCON, Échéance de payement, ou compte. Gl. *Acconcium.*

*ACCONDITIONNER, A condition. L.

*ACCONDUIRE, Conduire. L.

*ACCONISEIT, Poursuivi. R.

ACCONISON, Accusation, blâme, plainte. Gl. *Accusio.*

*ACCONS, Compte, acte. R.

ACCONSUIVRE, Atteindre, rejoindre, rattraper. Gl. *Attendere,* 4.

*ACCOPER, Équiper, épouse infidèle. R.

*ACCOPETOT, Appui. R.

*ACCORD, Prévoyant. L.

*ACCORDABLEMENT, Unanimement. L.

ACCORDANCE, Accord, convention. Gl. *Accordia.*

*ACCORDANT, D'accord. R.

*ACCORDE, Réconciliation. L.

ACCORDEMENT, Lods, droit qui est dû au seigneur dans les mutations des fonds. Gl. *Accordamentum,* 2, et A*dcordabiles denarii.*

*ACCORT, Subtil, avisé. B.

*ACCORTEMENT, Prudemment. Honnêteté, prévenance. L.

*ACCORTESSE, Finesse. L.

*ACCORTISE, Subtilité. B.

*ACCOSSOLDAHORS, Conseiller d'une cour de justice. R.

*ACCOSTUMANCE, Habitude. R.

*ACCOUARDIR, Rendre lâche. L.

*ACCOUDIÈRE, Parapet. L.

ACCOUDRE, Attacher, joindre une chose à une autre avec un lien. Gl. *Acouplare.*

ACC

ACCOUER, S'attacher l'un à l'autre. L.

ACCOURSE, Crue d'eau, torrent. Gl. sous *Puthcus*.

*ACCOURSER, Donner cours, régler. R.

ACCOURSERIE, Chalandise, pratiques. Gl. *Acursus*.

*ACCOURSIE, Coursier. L.

ACCOURSIER, Chaland. Gloss. *Acursus*.

*ACCOUSINER, Traiter de cousin, d'ami. R.

*ACCOUSTUMÉEMENT, Habituellement. L.

*ACCOUTER, Ecouter. B.

ACCOUTER (S), S'appuyer du coude. Gl. *Accubitare* in *Accubitus*, 1.

*ACCOUTUMANCE, Habitude. R.

*ACCOUVER, Couver, couvrir, embrasser. L.

*ACCOUVETER, S'accroupir, couver, couvrir. B.

*ACCREVANTER, Ecraser, briser. Borel, dict.

*ACCRIER, Appeler. L.

ACCROIRE, Donner et prendre à crédit, prêter et emprunter. Gl. *Accredere*, 2.

*ACCROISSEUR, Enchérisseur. L.

*ACCROIT, Intérêt, profit. L.

*ACCROUÉ, Courbé, accroupi. L.

ACCRUES DE BOIS. Gl. *Accessa*, 2.

*ACCUBES, Repaires, lits. B.

*ACCUEIL, Abri, effort, désir, prospérité. L.

ACCUEILLIR, Loüer des valets, des gens de journée, des compagnons de métier. Gl. *Accolligere*.

ACCUIT, pour Acquit. Gl. *Acquitum*.

ACE

ACCULITE, Récolte, revenu, produit. Gl. *Collecta*, 9.

ACCUSEMENT, Accusation ; et

ACCUSEUR, Accusateur, dénonciateur. Gl. *Accusio*.

ACCUSON, Accusation, reproche, blâme, plainte. Gl. *Accusio*.

*ACÉDIÉ, Paresse. L.

ACÉE, Bécasse. Gl. *Accia*.

ACÉEMENT, Ornement, parure, atours de femme. Gl. *Scema*, 1.

*ACEIGNANT, Touchant, environnant, tournant autour. R.

*ACELÉE, En cachette. R.

*ACEMINER, Acheminer. L.

ACENCE, Consentement, aveu. Gl. *Assenciœ*.

*ACENER, Joindre, placer, viser, adresser, mirer. R.

ACENCLER, Environner, investir. Ch. N.

ACENSEMENT, Bail à cens. Gl. *Accensa*.

ACENSER, Donner et prendre à cens ou à ferme. Gl. *Accensare* in *Accensa*.

*ACENSEUR, Fermier. L.

ACENSIE, ACENSIÉE, Prix du bail à cens, ce qu'il rend. Gl. *Accensatio* in *Accensa*.

ACENSIR, Donner et prendre à cens ou à ferme. Gl. *Accensare* in *Accensa*.

ACENSISSEMENT, Bail à cens. Gl. *Accensamentum* in *Accensa*.

*ACENSSIR, Prendre à cens, affermer. R.

*ACERBER, Irriter, couper. L.

*ACERIN, Qui est d'acier. L.

*ACERTANCE, Assurance. L.

ACERTENÉ, Certain, instruit, assuré. Gl. *Assertive*.

ACH

*ACERTIORER, Arffimer. L.

ACESMEMENT, Ajustement, parure, atours de femme. Gl. *Scema*, 1.

ACESMER, Ajuster, orner, parer. Gl. *Scema*, 1.

*ACETABULE, Vase de table pour les épices. R.

*ACETENSE, Oseille. L.

*ACETEUX, Aigre, L.

ACEUDRE, Assaillir, faire violence Gl. *Assaldare*.

ACEUELLE, Écuelle. Gl. *Escutella*.

ACHABLER, Frapper, blesser. Gl. *Cabulus*.

ACHAINTE, Enceinte, enclos. Gl. *Accincta*.

*ACHAISON, Occasion. R.

ACHAISONNÉ, Accusé, coupable. Gl. *Occasionare*, 1.

ACHANAU, Chenal, courant d'eau. Gl. *Chenalis*.

*ACHANCRI, Gangrené. L.

*ACHANTELER, Ebranler. L.

*ACHAP, Esquif. L.

*ACHAPER, Echapper. L.

*ACHAPT, Achat. L.

ACHAPIT, ACHAPPIT, Sorte de bâton, p. e. Echalas. Gl. *Acheletus*.

ACHAPTER, Acheter. *Acaptare*.

ACHARIER, Charier, voiturer. Gl. *Carreare*, 2.

*ACHARNER, Donner la curée. L.

*ACHAROIGNER, Manger beaucoup de chair. L.

*ACHÉE, Sorte de vers. L.

ACHELER, pour ESCHELER, Escalader. Gl. *Ascalare*.

ACHELETTE, Clochette. Gloss. *Acillare*.

ACH

*ACHEMERESSE, Coiffeuse. L.

ACHENAU, Chenal, courant d'eau. Gl. *Chenalis*.

ACHENSSER, pour Agencer, Accommoder, ajouter, convenir de quelque chose. Gl. *Accensare in Accensa*.

*ACHER, Agacer les dents. B.

ACHERIN, Ferme, constant, inébranlable. Gl. *Acherure*.

*ACHERISSEMENT, Caresse. L.

ACHÉRURE, L'action d'acérer. Gl. *Acherure*.

ACHESMANT, Honnête, poli, complaisant. Gl. *Scema*, 1.

*ACHESME, Accoutumé. B.

ACHESMEMENT, Ajustement, parure, atours de femme. Gl. *Scema*, 1.

ACHESMER, Ajuster, orner, parer Gl. *Scema*, 1.

*ACHESMURE, Parure. L.

ACHESON, Droit injustement exigé. Gl. *Acheso*.

ACHESONNER, Accuser, vexer, tourmenter. Gl. *Acheso*.

ACHET, ACHETEMENT, Achat. Gl. *Achetum*.

*ACHETIVER, Emprisonner, rendre captif, rendre chétif. L.

*ACHEVEUR, Exécuteur. L.

*ACHEVISSANCE, Achèvement. L

*ACHIOER, Acheter, finir, conclure, obtenir. R.

*ACHICOUPEUR, Fripon. L.

*ACHIER, Lieu où sont les ruches d'abeilles. L.

*ACHOISE, Occasion. B.

*ACHOISER, Apaiser. R.

*ACHOISI, Aperçu, vu. R.

*ACHOISON, Disgrâce, occasion, loisir. B.

ACHOISONNER, Accuser, vexer,

ACO

tourmenter. Gloss. *Achoisonare.*

ACHOPAIL, Achoppement, occasion de faute, sujet de chute. Gl. *Boutare.*

ACHOPER, Arrêter, suspendre, surseoir. Gl. *Assopire.*

ACHORÉ, Affligé, abattu, sans force, à qui le cœur manque. Gl. *Acorarius.*

ACHOU, Hachette, petite hache. Gl. *Achonus* et *Anyones.*

ACHRESMÉ, Vieillard toussilleux. L.

*ACHRISTES, Impies. L.

ACIÉRÉ, pour ATIERÉ, Équipé. Gl. *Atirimentum.*

ACIN, ACINT, Enclos, enceinte. Gl. *Ascinus.*

ACIRÉ, pour ATIRÉ, Équipé. Gl. *Atirimentum.*

ACIS, Ais, planche. Gl. *Axä.*

*ACLAROIER, Éclairer. L.

*ACLASSER, Se calmer, s'assoupir, se reposer. L.

*ACLERGIR, Instruire. L.

*ACLIN, Penché, soumis. L.

*ACLINER, Incliner. L.

ACLINOUER, Lit de repos, canapé Gl. *Acclinatorium.*

ACLIQUETER, *Cliqueter,* Faire du bruit comme avec des cliquettes, en frappant sur quelque chose, p. e. sur un bassin. Gl. *Clingere,* 2.

ACLORE, Clore, fermer. Gl. *Acludere.*

*ACLOSTAIS, Enclos. R.

*ACLOUET, Fer d'une aiguillette, d'un éperon. R.

ACOCHER, Voyez *Acoucher.*

*ACŒMETE, Qui ne se couche jamais. R.

*ACOILLER, Châtrer. L. J.

ACO

*ACOINT, Lié d'amitié. R.

*ACOINTABLE, Aimable. R.

*ACOINTER, Accueillir, fréquenter, rencontrer, avertir. R.

ACOINTIER, Avertir, donner avis. Gl. *Advisare.*

ACOISER, Apaiser, rendre coi. Gl. *Acquitare,* 1.

ACOISONNER, Vexer, faire de la peine. Gl. *Achoisonare.*

*ACOLCHER (S') Se coucher. B.-Y.

*ACOLCIER, Aliter. B.

ACOLE, pour AEOLE ou AIULE, Aïeule, grand'mère. Gl. *Aviönes.* — MARBRE ACOLE, Espèce de drap. Gl. *Marbretus.*

*ACOLER, Embrasser. B.-Y.

*ACOMBLEMENT, Augmentation. B.-Y.

ACOMENIER, Rendre commun. L. J.

ACOMMICHIER, Communier. Gl. *Accommunicare.*

*ACOMMINGER, Communier. F.

ACOMMUNER, Associer en quelque chose, mettre en commun. Gl. *Accommunicare.*

ACOMPAIGNEMENT, Association, pariage. Gl. *Associatio.*

ACOMPAIGNER, ACOMPAIGNIER. Associer à quelque chose, faire pariage avec quelqu'un. Gl. *Associare,* 2.

ACOMPARAGIER, Comparer, mettre en parallèle. Gl. sous *Consuenter.*

ACOMPTER, Estimer, faire cas. Gl. *Compotum tenere,* sous *Computus,* 1.

*ACOMSICT, Poursuivi. B.

ACONCEPVOIR, ACONCEVOIR, Atteindre, rejoindre, rattraper. Gl. *Attendere,* 4.

ACO

ACONCUEILLIR, Assembler, ramasser. Gl. *Conciliare*.

ACONGNIENTURE, Fèces, marc, saleté. Gl. *Concagatus*.

***ACONS**, Petit bateau. B.

***ACONSEURE**, Poursuivre. B.-Y.

ACONSUIVRE, Atteindre, rejoindre, rattrapper. Gl. *Attendere*.4

ACONTER, Raconter. Gl. *Computare*, 1. [Rencontrer. L.]

***ACONVENANCER**, Promettre. F.

***ACONVOYER**, Accompagner. L.

A-COP, A-coup, Aussitôt, dans le moment, tout-à-coup. Gl. *Escupiamentum*.

***ACOPE**, Potion émolliente. L.

AÇOPER, Achopper, heurter. Gl. *Assopire*.

***ACORAGIÉMENT**, Avec courage (Parton. de B.).

***ACORDE**, Accord. (Parton. de B.)

ACORDENCE, Accord, transaction. Gl. *Accordia*.

ACORDER, Convenir, arrêter. Gl. *Accordare*.

***ACORDISON**, Accord. L.

ACORER, Affliger, fâcher, percer le cœur. Gl. *Acorarius*.

***ACORNARDI**, Lâche. L.

***ACOROSTRE**, Accroître. L. J.

***ACORUS**, Lis de marais. L.

ACORVÉ, Prêt, en état; p. e. pour Arrée. Gl. *Arraiare*.

***ACOST**, Fréquentation. L.

ACOSTER, Tenir par le côté. — (S'), Se placer à côté. — Arranger, placer côte à côte. — Côtoyer, ranger la côte. *Acostare*.

ACOUARDI, *Couard*, timide, lâche, sans cœur, sans courage. Gl. *Acorarius*.

ACOUBLER, Attacher ensemble les deux jambes d'un cheval, pour empêcher qu'il ne s'éloigne. Gl. *Acouplare*.

ACOUCHER, Se mettre au lit, se coucher ; *acoucher* malade, tomber malade. *Accubarare*.

***ACOULIN**, Rigole. L.

ACOULPER, Accuser, déclarer coupable. Gl. *Inculpare*.

***ACOUP**, Accident. L.

AÇOUPER, Achopper, heurter. — Détourner, empêcher. Gl. *Assopire*.

ACOUPIR, Faire *couppeau*, débaucher la femme d'autrui. Gl. *Curuca*, 2.

***ACOUPLE**, Accouplement. L.

ACOUPLER, Se jeter sur quelque chose. — S'accoupler avec quelqu'un, aller de compagnie avec lui. Gl. *Acouplare*.

ACOUPPAUDIR, Faire *couppeau*, débaucher la femme d'autrui. Gl. *Copaudus*.

***ACOURBI**, Accroupi. L.

ACOURCHIER, Abréger. Gloss. *Acurtare*.

ACOUREMENT, Course, l'action d'accourir. Gl. *Accurimentum*.

ACCOURSÉ, Achalandé, accrédité, celui chez qui il y a *Accours*, ou affluence de marchands. Gl. *Acursus*.

***ACOURSIÉ**, Favori. L.

ACOURTER, Abréger, rendre court. Gl. *Acurtare*.

***ACOURTINÉ**, Revêtu, orné. L.

ACOUSER, pour *Aconser* ou *Aconsuivre*, Atteindre. Gl. *Attendere*, 4.

***ACOUSTER**, Coûter. L.

***ACQUSTREUR**, Ajusteur. L.

ACOUSTUMÉEMENT, Acoustumièrement, De coutume, d'ordinaire. Gl. *Consuenter*.

ACR

ACOUSTUMEMENT , Coutume, usage, façon d'agir. Gl. *Consuenter*.

ACOUTÉ, Placé à côté de quelqu'un. Gl. *Acostare*.

ACOUTER (S'), Se prosterner sur les coudes. Gl. *Accubitare*.

ACOUTRER, comme *Acoustrer*. Guil. Guiart, tome II, page 215, vers 5559.

ACOUVETER, Couvrir, remplir. Gl. *Acclapare*.

ACOYS, Arc-boutant, éperon, appui. Gl. *Acoys*.

ACQ, p. e. par abréviation pour *Acquit*. Gl. *Aquatia*.

*ACQUÉRAUX , Machines de guerre, pierrier. L.

ACQUEREMENT, Acquêt, acquisition. Gl. *Acquerementum*.

ACQUÉRIR, Exciter, provoquer. Gl. *Acquirere*.

*ACQUERRE, Acquérir. L.

ACQUEST, Espèce de cruche ou de seau. Gl. *Acqueversium*.

ACQUESTER , Acquérir. Glossaire *Aquistare*.

*ACQUESTEUR , Acquéreur. L.

*ACQUILL, Cueillir. B.-Y.

ACQUIT, Sorte d'impôt, et le bureau où on le paye. — Manoir, qui exempte celui qui le possède du droit de garenne. Gl. *Acquitum*.

*ACQUITABLE, Rachetable. L.

*ACQUITANCE, Justification. L.

ACQUITER, Quitter, laisser, abandonner. Gl. *Acquitare*.

*ACRAMPONER, Cramponner. L.

*ACRAPÉ, Courbé. L.

*ACRAPER, Accrocher. L.

*ACRAPI, Retiré, engourdi. L.

*ACRAVANTER, Crever. B.-Y.

ACT

*ACRAVENTER, Renverser, mettre bas. C. R. — Écraser, Ra.

ACRE, Certaine mesure de terre. Glossaire *Acra*.

ACREANTEMENT , Promesse , assurance, serment qu'on exécutera ce qu'on demande. Glossaire *Accreantatio*.

*ACRÉANTER, Promettre. R. R.

*ACRÉER, Faire crédit, prêter. L

*ACREIS, Accroissement. R.

ACRESSER , Agacer, attaquer, provoquer. Gl. *Agressas*.

*ACRESTER, être orgueilleux. L.

*ACREU, Obtenu à crédit. F.

ACREUSE, Enchère, à cause des augmentations de prix qu'on fait à l'envi. Gl. *Accrescentia*.

*ACROCHE, Crochet, accroc. L.

ACROIRE, Donner et prendre à crédit , prêter et emprunter. Glossaire *Accredere*.

ACROISSANS, Auguste ; titre des empereurs. Gl. *Augustus*. 5.

ACROISSEUX, Dernier enchérisseur. Gl. *Accrescentia*.

*ACROTAIRE, Sommet. L.

*ACCROUÉ, Accroupi (Rabelais).

*ACROUPETONS, S'accroupir. B.

ACROUPI, Monnaie de Flandre, ainsi nommée apparemment à cause de la posture de quelque figure qui y était représentée. Glossaire *Acroupi*.

ACROUPIE, Adoration, génuflexion, action par laquelle on rend des respects et des honneurs par une posture humiliée. Glossaire *Acroupi*.

ACROUPIR, Abaisser, rendre petit, humilier. Gl. *Acroupi*.

ACTABER, Terme de l'Agénois, pour signifier achever, mettre à mort. Gl. *Actuare*.

3

ACU

ACTAINDRE, pour Atteindre, parvenir à la connaissance de quelque chose, avérer, constater. Gl. *Atingere*. 2.

*ACTAINEUX, Opiniâtre. L.

*ACTER, Dresser un acte. L.

*ACTOURNE, Procureur. B.

*ACTOURNÉE, Procuration. B.

ACTUAUTÉ, Acte, action, exécution, accomplissement. Glossaire *Actuatio*.

ACTURER (S'), Terme de l'Agénois. Se rendre petit, se raccourcir, pour se mieux cacher. Glossaire *Acurtare*.

ACUBE, Tente. Gl. *Accubitus*. 5.

ACUEILLAGE , Engagements , louage. Gl. *Accolligere*.

*ACUILLETER, Cueillir. L.

ACUEILLIR, Associer à quelque chose, y donner part. — Accepter, acquiescer. — Engager, louer des valets et servantes, des compagnons de métier, des gens de journée. Gl. *Acolligere*.

ACUEILLIR A soi, Se charger, prendre sur soi. Gl. *Acolligere*.

*ACUERER, Convoiter. R. R.

*ACUERER, Arracher le cueur. L.

ACUET, pour Aceut, du verbe *Aceudre*, Assaillir, faire violence. Gl. *Assaldare*.

*ACUILLABLE, Agréable. L.

*ACUISINER, Nourrir. L.

ACUIT, pour Acquit. Gl. *Acquitum*

*ACUITÉ, Pointe, subtilité. L.

*ACULVERTIR , Asservir. P. B.

*ACUMINER, Communier (Ch.R.)

*ACUPIR , Débaucher la femme d'autrui, accuser. R. R.

*ACURAGIÉ, Courageux.

*ACURER, Voyez *Acorer*.

*ACURUT, Il accourut. R. R.

ADA

*AGUSE, Aiguise. R. R.

*ACUSEMENT, Accusation. Ra.

ACUSON, Accusation, reproche, blâme, plainte. Gl. *Accusio*.

*ACUTER, Voyez s'acouter.

*ACUTZ, Aigu. Rabelais.

*ACUVERTÉ, Voyez Aculvertir.

*ACUVERTIR, Asservir. L.

*ADAGAIRE, Un diseur de proverbes, de bons mots. L. C.

*ADAGNER, Favoriser, respecter. L.

*ADAIEUR, Qui harcèle. L.

*ADAIGNER, Être digne. P.

*ADAIGNIER, Aimer, complaire, faire la volonté de quelqu'un, respecter. R. R.

*ADAIN, Âne. L.

*ADAMAGER, Ruiner, détruire. L.

ADAMAGIER, Endommager, porter ou causer du dommage. Glossaire *Addempnare*.

*ADAMANT, Diamant. L.

*ADAMANTIN, De diamant. L.

*ADAMANTINEMENT , Solidement. L.

*ADAMER, Perdre, détruire. L.

ADANS, Prosterné, ayant le visage contre terre. Gl. *Indentare*.

*ADANT, Ardent, brûlant.

ADANT, Appentis, parce qu'il est composé de morceaux de bois qui s'enchâssent les uns dans les autres. Gl. *Indentare*, 2.

*ADAPTATION, Adapter, L.

*ADARCE, Fils de la Vierge, filandres qui volent dans l'air. L.

ADARLÉ, Innocent, mitis. Glossaire *Addicio*.

ADART, pour Adant, Appentis. Glossaire *Indentare*. 2.

ADAVINEMENT, Augure, divination.

ADE

ADAVINEUR, et

ADAVINIER, Devin. Gl. *Divinus*.1

*ADAYER, Irriter. N.

*ADCE, A ce, à cette. LA.

*ADCENSE, Voyez Accense.

ADCENSEMENT , Bail à cens. Glossaire *Accensa*.

*ADCENSEUR, Voyez Accenseur.

*ADCERTES, Alors. LA.

ADDEVINEMENT , L'action de provoquer quelqu'un. Glossaire *Divinus*, 1.

*ADDEXTREMENT , Adroitement. L.

ADDICTÉ, Enoncé, stipulé. Glossaire *Addictare*.

*ADDIT, Terme de procédure. L.

*ADDITAMENT , Ce qui est ajouté. L.

*ADDITE, Clause, convention. L.

*ADDITIONS, Procédure. L.

*ADDOMTER, Dompter. L.

*ADDUIRE, Conduire. L.

ADEBONNAIRE, Rendre débonnaire, doux, adoucir. Glossaire *Mensuetarius*.

*ADEBONNAIRIR, Adoucir. L.

*ADÉCATION, Conformité. L.

*ADECERTES, Mais, certes. H.

*ADÉFIER, Edifier. L.

*ADÉMENTER, Se désespérer. L.

*ADEMETTRE (S') Se baisser. P.

*ADEMIS, Baisse. R. R.

ADEMNEUR , Qui porte dommage. Gl. *Addempnare*.

ADEMPLIR, Accomplir, exécuter. Gl. *Implementum*.

ADEMPRE, En Provence et en Languedoc, Toute espèce de redevance. Gl. *Ademprum*.

*ADENER, Condamner. L.

ADE

*ADÉNÉRATION, Vente. L.

ADENERER, Vendre, convertir sa marchandise en deniers. Gl. *Adœrare*, 1, et *Denariata*.

*ADENES, Glandes du fond du palais. L.

*ADENET, Adam. L.

*ADENS, Sur les dents, le visage contre terre. R. R.

*ADENT, Hangar. L.

*ADENTÉ, Tombé, Couché. L.

*ADENTÉE, Gourmade. L.

ADENTER, Appuyer son visage contre quelque chose, renverser quelqu'un le visage contre terre. — Mettre l'embouchure d'un vaisseau en bas et le cul en haut. Gl. *Indentare*, 2. [Agraffer. B.]

*ADENTEZ , Renversé sur le ventre. R. R.

ADENTI, Livré, asservi, attaché. Glossaire *Indentare*, 2.

*ADENTIR, Enchâsser une pièce de bois dans une autre. N.

*ADENZ , Le visage contre terre. R. R.

*ADEPRIMES, Premièrement. L.

ADÉQUER, Ajuster, égaler, rendre pareil. Gl. *Adœquentia*.

ADERRIERER , Demeurer derrière. Gl. *Apostare*.

*ADERS, Un oiseau. LA.

*ADES, ADIFS, Aussitôt, de suite, au moment même. P.

*ADÈS, Sans cesse, aussitôt, entièrement. R. R.

ADESER, Toucher, attoucher. Gl. *Adatictus*. — S'attacher à quelqu'un, se mettre à sa suite. Glossaire *Adens*.

*ADESERTIR, Dévaster. R. R.

*ADESSE, Toujours. LA.

*ADESTRE, Adroit. LA.

ADH

ADESTRER, Être à la droite. Gl. *Addextrare.*

*ADETIZ, Dévoué, attaché. C. N.

*ADETRIER, Disputer, résister. L.

*ADEVALER, Descendre. R. R.

ADEVANCER, Devancer, prendre le devant. Gl. *Ante-ambulo.*

ADEVANCHER, Prévenir, aller au-devant. Gl. *Ante-Ambulo.*

*ADEVANCIR, Précéder, venir avant les autres. R. R.

*ADEVINAILLE, Conjecture. L.

*ADEVINAL, Énigme, ce qu'on propose à deviner. Gl. *Divinus.*

*ADEVINÉ, Conjecture. L.

ADEVINEMENT, L'action de provoquer quelqu'un. Gl. *Divinus,*1

ADEVINER, Attaquer, agacer, faire de la peine.

*ADEXTRE, Adroit, agréable. L.

ADEXTRER, Être à la droite. Glossaire *Addextrare.*

ADHERDANT, Adhérent, associé, attaché à un même parti. Glossaire *Adhœrere,* 3.

ADHERDRE, Prendre, saisir, empoigner. — Assigner, hypothéquer. — Adhérer. Gl.*Adhœrere.*

*ADHERIR, Voyez Adherdre.

*ADHÉRITANCE, Possession. L.

*ADHÉRITEMENT, Investiture. L

ADHÉRITER, ADHIRETER, Mettre en possession. Gl. *Adhœredare.*

ADHÉRITION, Voyez adherment.

ADHERMENT, Adhésion. Glossaire *Adhœrere,* 3.

*ADHERS, Accusé. F.

*ADHORER, Venir à l'heure. L.

*ADIBLE, Nasse, L.

*ADICTER, Stipuler. L.

*ADIDEM, De même. L.

*ADIERCER, Adhérer. L.

ADI

*ADIÉS, Toujours, aussitôt. R. R.

*ADIESTRÉ, Accompagné. R. R.

ADIMENDRISSEMENT, Amoindrissement, diminution, dommage, perte. Gl. *Aminuere.*

*ADINERER, Apprécier. L. A.

*ADINVENTION, Mensonge. L.

*ADIPISCER, Acquérir. L.

ADIRÉ, Egaré, perdu. Gl.*Adirarc.*

*ADIRER, Egarer, perdre. R. R.

*ADIS, F, Voyez adiré.

*ADIU, Adieu. R. R.

ADJACIER, Être d'accord, avoir des liaisons et des alliances. Gl. *Adjencium.*

*ADJANCEMENT, Arrangement L

ADJECEMENT, Augmentation, perfection. Gl. *Adjanciamentum*

ADJEUNER, Jeûner, s'abstenir de manger. Gl. *Dejejunare.*

*ADJEUNER, Affoiblir. L.

*ADJOIGNANCE, Inhérence. L.

ADJONCTIONS, Appartenances, dépendances. Gl. *Adjunctiones.*

ADJORNER, Commencer à faire jour. Gl. *Adjornare,* 3.

ADJOUB, Champ de genêts. Gl. *Adjotum.*

*ADJOUR, Ajournement. L.

*ADJOURNAMENT, Ajournement.

ADJOURNÉE, Le point du jour.

*ADJOURNER, Commencer à faire jour. Gl. *Ajornare.* [Assigner.]

*ADJUCE, Aide. L.

*ADJULATOIRE, Secours. LA.

ADJURÉ, Qui est lié par un serment. Gl. sous *Adjurare.*

*ADJUREMENT, Conjuration. L.

ADJUSTAGE, ADJUSTEMENT, Droit d'*Ajuster* ou étalonner les mesures. Gl. *Adjustamentum.*

ADM

*ADJUSTEMENT, Etalonnement L

ADJUSTER, Marquer, étalonner les mesures. Gl. *Adjoustare.* — Enfanter, accoucher. Gl. *Ajustare*

ADJUSTEUR, Celui qui étalonne les mesures. Gl. *Adjoustare.*

*ADJUTOIRE, Aide, secours. L.

*ADJUVANCE, Aide, assistance. L

*ADMALLER, Citer en justice. L

ADMENAGE, Amenage, voiture, l'action d'amener. Gl. *Admenare*

ADMESSURE, Fait, action, délit. Gl. *Amessura.*

ADMESUREMENT, Règlement, fixation. Gl. *Admensurare*, 1.

*ADMINICULE, Appui, aide. L.

ADMINISTRARRESSE, Gouvernante, femme qui administre. Gl. *Administratorius.*

ADMINISTREUR, ADMINISTROUR, Qui régit et administre. Glossaire *Administratorius.*

*ADMITTER, Admette. L.

*ADMODER, Façonner. L.

ADMODIATEUR, ADMODIOUR, Fermier, intendant, régisseur. Gl. *Admodiare*, 2.

*ADMODIATION, Bail à ferme. L.

ADMODIER, ADMOISONNER, Donner à ferme. Gl. *Admodiare*, 2.

*ADMOISSONNER, Affermer. L.

ADMONESTATIF, Qui exhorte, qui excite. Gl. *Admonitio*, 2.

*ADMONESTEMENT, Avertissement. L.

ADMONESTERESSE, Celle qui donne des avis, qui fait des remontrances. Gl. *Admonitio*, 2.

*ADMONT, Plus haut. LA.

* ADMORTI, Mort, éteint. L.

*ADMORTIR, Faire mourir. L.

ADMUIDIER, Convenir, traiter, s'accommoder. Gl. *Amodium.*

ADO

*ADNÉRER, Apprécier. LA.

*ADNET, Petit Adam. LA.

*ADNEXION, Liaison, annexion L

ADNICHILER, Réduire à rien, anéantir. Gl. *Annichilare,*

ADNULLEMENT, L'action par laquelle on annulle. Glosssaire *Annichilare.*

ADNULLIER, Administrer l'extrême-onction, donner les saintes huiles. Gl. *Inoleare.*

ADOBÉ, pour Chevalier. Glossaire *Adobare*, 2.

ADOBER, Armer quelqu'un chevalier. Gl. *Adobare*, 2.

*ADOISER, Toucher. L.

ADOLÉ, Triste, chagrin. Glossaire *Adolerc.*

ADOLER, Affliger, chagriner, faire de la peine. Gl. *Adolere.*

*ADOLS, Armes. R. V.

*ADOMAGIER, Causer du dommage, de la peine. R. R.

*ADOMBRATION, Ombre. L.

*ADOMBREMENT, Action d'ombrager, de couvrir. L.

*ADOMBRER, Ombrager. L.

*ADOMESCHER, Apprivoiser. L.

*ADOMESTIQUE, Commensal. La

*ADOMESTIQUER, Apprivoiser. L

*ADOMIMER, Dominer. A.

ADOMMAIGIÉ, Qui a souffert quelque dommage. Glossaire *Addempnare.*

*ADONC, Alors. R. R.

ADONQUES, Ainsi donc.

*ADONT, D'où. C. C.

*ADONT, Alors, donc. R. R.

*ADONNER, Accorder. L.

*ADONIN, Beau comme Adonis. L

*ADONISER, Minauder. L.

ADR

*ADOPTATIF, Adoptif. L.

*ADORÉ, Adorié, Endurci. LA.

ADORNEMENT, Ornement, Parure. Gl. *Adornare*

*ADORSER, Adosser. L.

*ADOS, Appui. P. Armures habillements. L.

ADOSER, Adosser, Mettre derrière le dos, mépriser, laisser, abandonner. Gl. *Apostare, 1.*

*ADOSSÉ, Renversé. R. R.

*ADOSSER Vergoigne, Perdre toute honte. R. R.

*ADOUBEMENS, Armure. R.

ADOUBER, Réparer, rétablir, remettre en état. — Armer quelqu'un chevalier. Gl. *Adobare.*

*ADOUBEUR, Qui raccommode. L

ADOUCHIER, Adoucier, Adoucir. Gl. *Dulcare.*

*ADOULE, Triste. LA.

ADOULER, Affliger, chagriner, faire de la peine.

*ADOULCY, Amolli, aminci. L.

ADOULÉ, Triste, chagrin. Glossaire *Adolere.*

*ADOULOIR, Se chagriner. LA.

*ADOULOURER, Affliger. L.

ADOURÉ, Adoré. *Le Vendredi adouré.* Le Vendredi saint, où l'on adore la Croix. Glossaire *Dies adoratus.*

*ADOURNEMENT, Ornement, feinte caresse. L.

*ADOURNER, Orner, parer, préparer, assaisonner. L.

*ADOUZILLAR mettre en perce. L

ADOVRIR Cour, Ouvrir les plaids, donner audience, permettre qu'on plaide une cause. Glossaire *Aperire Curiam.*

ADRAS, Amende pour défaut. Gl. *Adramire.*

ADU

*ADRAYAR, S'acheminer. L.

ADRECE, Chemin de traverse. Gl. *Adrateria.*

*ADRECEMENT, Réparation d'honneur. J.

ADRECER, Adrecier, Faire droit, rendre justice. — Tâcher, s'efforcer. — Disposer, mettre en ordre, ranger. — Abonder ; on se sert de ce terme lorsque l'année est abondante en fruits. Gl. *Adresciare.*

ADRECHIER, Arrêter, mettre la main sur quelqu'un. Glossaire *Adresciare.*

ADRECIER, Voyez *Adrecer.*

ADRENER, Tenir un cheval par les rênes. Gl. *Adregniare.*

*ADRÈS, Dédommagement. L.

ADRESCE, Adresse, Chemin de traverse. Gl. *Adrateria.*

*ADRESSE, Direction, redressement. F.

*ADRESSER, Redresser, prendre la droite. F.

*ADRESSEUR, Protecteur. L.

*ADRESSIER, Redresser. LA.

*ADRESSOUER, Protection. L.

*ADRETER, Reconstruire, rétablir. LA.

ADRISIER, Réparer, redresser, remettre en état. Gl. *Adresciare.*

ADROIT, Adjoint. Gl. *Adjutores*

*ADSCRIRE, Attribuer. L.

*ADUCEMENZ, Adouissement GNc

*ADUEILLÉ, En deuil, affligé. L.

*ADUIRE, Emmener. C. N.

*ADUIT, Accoutumé. J. M.

ADULTERER, Commettre un adultère. Gl. *Adulterare.*

ADUNIR, Réunir. Gl. *Adunare.*

*ADURCIMENT, Foulure. L.

ADV

ADURCHIR , Endurcir, rendre dur. Gl. *Orbitare*.

*ADURE, Endurci. LA.

*ADURÉ, Adurette, endurci. LA.

ADURÉ, Endurci, accoutumé au travail, infatigable. Gl. *Adurere*.

*ADUSTABLE, Combustible. L.

*ADUSTE, Brûlé. L.

*ADUZALACION , Adulation. L.

ADVANCER, Devancer, prendre le devant. Gl. *Ante-ambulo*.

*ADVÉEMENT, Consentement. LA

*ADVEILLER, Être dolent. LA.

ADVENAGE, Droit qu'on paye en avoine. Gl. *Avenagium*.

ADVENAMMENT, Inopinément, par aventure. Gl. *Evenienter*.

*ADVENANCE, Convenance. L.

*ADVENANT, Poli, courtois. LA.

ADVENANT DE FIEF, Portion de fief, qui garantit de l'hommage dû au seigneur suzerain, l'acquéreur d'une partie du même fief. Gl. *Advenamentum*.

ADVENAS, Paille d'avoine. Glossaire *Advena*.

ADVENIR, Parvenir, arriver, atteindre. Gl. *Attingere*.

*ADVENIST, Advint. F.

*ADVENT, Arrivée. L.

*ADVENTIF, Etranger. L.

ADVENTURE, Eschoite, droit dû à un seigneur de terre en certains cas, qui arrivent comme par hasard. Gl. *Adventura*.

ADVENTURER , Echouer, faire naufrage. Gl. *Adventura*.

ADVENTUREUX, Les juges des tournois. Gl. *Adventurerius*.

ADVENTURIER, Sorte de fantassin. Gl. *Adventurerius*.

*ADVEQUES, Avec. LA.

ADV

*ADVERS, Opposé, ennemi, cruel, dangereux. L.

*ADVERSER, Contrarier. L.

*ADVERTANCE , Avertissement. LA.

*ADVERTEUR, Renseignement. L

ADVERTICENCE, Avertissement. Gl. *Advertissamentum*.

ADVERTIR, Considérer, réfléchir, reconnaître. — Se ressouvenir. Gl. *Advertere*

ADVESPREMENT , Le soir, la chute du jour. Gl. *Vesperatus*.

ADVEST, Investiture. Gl. *Advestitus* et *Vestire*.

ADVESTI, Qui est mis en possession, qui jouit. — Champ garni de grains. Gl. *Advestitus*.

ADVESTURE , Investiture, possession. — Grains dont une terre est couverte. Gl. *Advestitus*

ADVEU, Complainte. Gl *Adventum*

*ADVIAIRE, Idée, avis. L.

ADVILLER , Avilir , abaisser. Gl. *Avillare*.

ADVINEUR, Devin. Gl. *Divinus.1*

*ADVISÉE, Vedette. L.

*ADVISÉEMENT, En face, en visant, sagement. L.

ADVISER, Regarder avec attention. Gl. *Avidere*, 2.

*ADVITAILLEUR, Vivandier. L.

ADVOATEUR, Celui qui réclame ou reconnaît quelque chose pour sien. Gl. *Advacati*.

ADVOCASSEL , Sorte d'injure, terme de mépris. Gl. *Abogadus*

*ADVOCATE, Protectrice. L.

ADVOCATION, Profession d'avocat. Gl. *Advocatia*, sous *Advocati*

*ADVOIERIE, Un bail. LA.

ADVOEIS, Maïeur, maire de ville. Gl. *Advoatus*.

AED

*ADVOER, Avouer, approuver. F.

*ADVOESON, Bail donné à un avoué. F.

ADVOIRIE , Biens destinés au soulagement des pauvres et administrés sous la direction de l'*advoé* au maire. Gl. *Advoatus.*

ADVOLÉ, Aubain , étranger au pays où il se trouve. Gl. *Advoli.*

ADVOQUER, Evoquer. Gl. *Advocare*, 5.

*ADVORTEN, Boutade, LA.

*ADVOU, Reconnaissance, réclamation, approbation. L.

*ADVOUAISON, Protection. L.

*ADVOUATEUR, Celui qui réclame. L.

ADVOUÉ, Maïeur, maire de ville. — Protecteur, et celui qui est protégé. Gl. *Advocati.*

*ADVOUEMENT, Reconnaissance, aveu, décision. L.

*ADVOUER, Appeler, réclamer, adopter, approuver, décider. L.

ADVOUERIE, Dignité, office d'*Advoué ;* les émoluments attachés à cette charge. Gl. *Advocati.*

ADVOUEUR, Celui qui intente une action pour réclamer son bien. Gl. *Adveutum.*

ADVOULTER, Avorter ; d'où

ADVOULTON , Avorton. Glossaire *Abortire.*

ADVOULTRE, Bâtard, fils illégitime. Gl. *Adulterium.*

ADWOUSON, Droit de présentation à un bénéfice. Gl. *Advocatio*

*ADVOY, Aveu. L.

ADZEMPLE, Bagage, ou le mulet qui porte le bagage. Gl. *Azemila*

AÉ, Age, durée de la vie. Glossaire *Ætas.*

*ÆDITUE, Sacristain. L.

AES

*AEINNENT, Saisissent, du verbe *Aerdre.* R. R.

AEISEMENS, Usages, communes. Gl. *Aisentiœ.*

AEL, Aïeul. Gl. *Aviones.*

*AELLE, Aile. F.

*AEMPLEMENT , Accomplissement, action de remplir. L.

*AEMPLIR, Emplir. J.

*A-EN-AVANT, Dorénavant. L.

AENEAGE, Aînesse, le droit de l'aîné. Gl. *Ainescia.*

*AENGER, Multiplier, remplir, embarrasser. L.

AENSAUCHIER, Accroître, augmenter. Gl. *Augmentare se.*

*AEOLE, Voyez *Acole.*

*AER, Air. R.

AERDER, AERDRE, Prendre, saisir, s'attacher, attaquer, se jeter sur quelqu'un. Gl. *Adhœrere*, 3.

*AERDRE, S'attacher, prendre, saisir. R. R.

AERDRESSE DE BATAILLE, L'action par laquelle on accepte un duel, en prenant le gage du défi. Gl. *Adhœrere*, 3.

*AERIN, Aérien. R.

*AERNMOUET, Août. L.

*AERNOVEL, Le mois d'août. LA

*AEROLE, Fiole, cruche. LA.

*AEROMANTIE, Divination. L.

*AERPENNIS, Demi-arpent. L.

*AERTER, Arrêter un cheval par le frein. LA.

*AERUGINEUX, Rouillé. LA.

AES, Ais, planche. Gl. *Acs.*

AESCHERI, Qui est suivi de peu de monde. Gl. *Escharcellus.*

*AESCHIÉ, Enveloppé. LA.

AESCHIER, Amorcer, mettre un appât. Gl. *Allectatio.*

AFA

*AÉSE, Content, joyeux. R. R.

*AESIER, Se réjouir. LA.

*AÉSIEZ, qui est à l'aise, qui a la facilité, le pouvoir de faire quelque chose. R. R.

AESMER , Dresser , présenter , ajuster, faire mine de quelque chose. — Estimer, croire, présumer. Gl. *Esmerare.*

*AESMONCE, Estimation. L.

*AESSER, Voyez Aeschier.

*AESTRE, Taon, mouche. LA.

*AESTRETE, Aile d'oiseau. LA.

AEULLER, Aeuillier, Remplir un tonneau jusqu'à l'œil ou bondon. Gl. *Implagium*, 2.

*AEURER, Voyez Aorer.

*AFACHE, Agraphe. L.

*AFADI, Affaibli, usé. L.

*AFAICHE (S'), S'affaiblit. R. R.

*AFAIS, Oiseau. LA.

AFAITEMENT, Ornement, parure. Gl. *Affaytamenta.*

*AFAITER, Dresser, préparer, apprêter. P.

*AFAITER (S'), Se préparer. R.

*AFAITIEMENT, Avec grâce. L.

*AFAITIER, Réparer un pont. LA.

*AFAITISON, Action de dresser, d'apprivoiser. L.

*AFANNOIÉ, Fâché. L.

**AFANT, Angoisse. LA.

*AFATOMIÉ , Donation qui se faisait en jetant un fétu dans le sein du donataire. L.

AFAUL, Bouchon de taverne, fait de feuilles ou de branches d'arbres, et qu'on met à une maison pour montrer qu'on y vend du vin en détail et à pot. Glossaire *Affuiagium.*

AFF

*AFAUTIER, Tomber, manquer. L

*AFAUTRER (S'), S'appuyer. G.

*AFEBLIEZ, Affaibli. R. R.

*AFELONNIR, Voyez Afféllonner

AFELTRÉ, Harnaché. Gl. *Feltrum*

*AFEMMER, Efféminé. L.

*AFER, Jument, verrat. L.

*AFERE (S'), Son affaire. R. R.

AFERIR, Appartenir, convenir. Gl. *Affirere.*

AFERISANT, Convenant, bienséant. Gl. *Affirere.*

AFERLOIER, S'affaiblir, perdre ses forces, se décourager. Glossaire *Indebilitatus.*

AFERMAGE, Engagement, louage d'un valet ou apprenti. Glossaire *Firmatus.*

*AFERMER, Affermir. C. N.

*AFERNÉ, Harnaché. P. B.

*AFESTER, Régaler. L.

AFETARDIR, Ralentir, retarder. devenir plus lent, se négliger, Glossaire *Feticu.*

*AFEUTRÉ, Enharnaché, sellé. L.

AFEUTREMENT, Harnachement. Glossaire *Feltrum.*

*AFEUTRER, Mettre en arrêt. L.

*AFFABLE, Croyable. L.

*AFFACHOMEN, Boucherie. L.

*AFFACIÉ, Effacé. L.

*AFFAÇONNER, Former L.

*AFFAICTABLE, Apprivoisé. L.

*AFFAICTERIE, Ajustement. L.

AFFAILLIER, Affaiblir, devenir plus faible, plus débile. Glossaire *Fallere.*

AFFAINEUR, Ouvrier, manœuvre, homme de journée. Gl. *Affanator*

AFFAIRE, Etat, condition. Glossaire *Affare.*

AFF

*AFFAIREUX, Laborieux. L.

*AFFAIT, Tannerie. L.

AFFAITER, Affaitier, Accommoder, raccommoder, apprivoiser. Gl. *Affait, Affaitare,* 2.

*AFFAITEUR, Trompeur. L.

AFFAITIÉ, Affable, poli. Glossaire *Affaitare.*

*AFFAN, Peine, chagrin. L.

*AFFANER, Travailler, gagner avec peine. L.

*AFFANEUR, Qui travaille avec effort. L.

AFFANOUR, comme *Affaineur.*

AFFAR, Ferme, métairie. Glossaire *Affarium.*

*AFFATEUR, Voyez affable. L.

AFFAUTRÉ, Harnaché. Glossaire *Feltrum.*

*AFFÉAGEMENT, Inféodation. L.

*AFFÉAGER, Inféoder. L.

AFFEBLOIER, Affaiblir, ralentir, décourager, énerver. Glossaire *Indebilitatus.*

*AFFECTATEUR, Qui a de l'affection. L.

*AFFECTATION, Hypothèques. L

*AFFECTÉ, Affectionné. L.

*AFFECTER, Etudier. L.

AFFECTIÉ, Accommodé, mêlé, falsifié. — Armé, garni. Glossaire *Affaytatus.*

AFFELLONNER, Affelonnir, Irriter, mettre en courroux. Gl. *Fello,* 2.

*AFFENER, Nourrir de foin. L.

*AFFÉRABLE, Convenable. L.

*AFFÉRANT, Qui convient. L.

*AFFÉRENCE, Rapport, revenu. L

*AFFÉRER, Arriver, écheoir. L.

AFFERIR, Appartenir, concerner, convenir. Gl. *Affirere.*

AFF

*AFFERMANCE, Assertion. L.

AFFERMÉEMENT, Affirmativement Gl. *Affirmare,* 4.

*AFFERME, Prix d'une ferme. L.

*AFFERMER, Affermir, fortifier L

*AFFERMETÉ, Fermeté. L.

*AFFÉRER, charger de fer. L.

*AFFERTILLER, Fertiliser. L.

AFFERUE, Afferure, Proportion. *Selon l'afferue,* à proportion. Gl. *Afferentia.*

*AFFESSIR (S'), Se lasser. L.

AFFETIER, Raccommoder. Glossaire *Affaitare,* 2.

AFFETTER, Affetier, Fouler, mettre les draps à la presse. Gl. *Affaitare,* 2.

AFFEURAIGE, Droit seigneurial pour la taxe des denrées. Glossaire *Afforagium.*

AFFEURER, Taxer, fixer le prix d'une marchandise. Gl. *Afforare.* [Fournir de paille. L.]

*AFFI, Fi ! L.

AFFIAGE, Affialle, Assurance, sûreté. Gl. *Affidagium.*

AFFIAILLES, Affialles, Affiances, Fiançailles, Gl. *Affidare.*

*AFFIANCE, Fiançailles, foi. L.

*AFFIANCER, Assurer. L.

*AFFIAT, Promesse, assurance. L.

AFFICAVAGE, ou *Afficanage,* Certain bail à cens. Glossaire *Afficavagium.*

AFFICE, Affichail, Affiche, Boucle, agrafe. Gl. *Affectura, Firmaculum* [Piquet. L.]

AFFICHÉEMENT, Fixement. Glossaire *Affixire.*

AFFICTEMENT, Bail à cens, louage, fermage. Gl. *Affictamentum,* sous *Afictus.*

*AFFICTER, Attacher. L.

AFF

*AFFIEMENT, Assurance. L.

AFFIENSSER, Fumer, engraisser les terres avec du *fient* ou fumier. Gl. *Exfelcorare*.

AFFIER, Assurer, donner sa foi, fiancer. Gl. *Affidare*, 1, 3.

AFFIÉS, Parents ou amis, qui assistent aux fiançailles. Gl. *Affidare*, 3. — Etrangers qui font foi et serment à un autre seigneur que celui dont ils sont nés sujets. Gl. *Affidati*.

*AFFIEUR, Celui qui assure. L.

*AFFILEURE, Fil, tranchant. L.

*AFFILIANT, Adoptant. L.

AFFIN, Allié. Gl. *Affinare se*, 3.

*AFFINÉ, Fini, terminé. L.

*AFFINEMENT, Action de finir L.

AFFINER, Arrêter, apurer un compte. Gl. *Affinare*, 2.

*AFFINEUR, Trompeur. L.

*AFFINITÉ, proximité, alliance L.

*AFFINITIF, Qui rapproche. L.

*AFFINOIRE, Creuset, coupelle. L.

AFFIQUE, Boucle, agrafe. Glossaire *Affectura*.

*AFFIRMATEUR, Qui affermit. L.

*AFFISTOLER, Tromper. L.

*AFFISTOLEUR, Railleur. L.

*AFFISTOLURE, Tromperie. L.

AFFIXER, Attacher, amarrer. Gl. *Affixire*.

*AFFIXION, Affiche, placard. L.

*AFFLAQUIR, Devenir flasque. L.

*AFFLAT, Souffle. L.

*AFFLATER, Favoriser, flatter. L.

*AFFLATEUR, Flatteur. L.

AFFLEBOIEMENT, Diminution. Gl. *Indebilitatus*.

AFFLEBOIER, Affaiblir, diminuer. Gl. *Indebilitatus*.

AFF

*AFFLIET, Affligé, abattu. L.

*AFFLIGER, Châtier, punir. L.

AFFLIRE, Abattre, accabler. Gl. *Affligere*.

*AFFLIXION. Génuflexion. L.

*AFFLOUIR, Laver, nettoyer. L.

*AFFLUER, Fondre, couler. L.

*AFFLURIR, Effleurer, raser. L.

AFFOAGE, Chauffage, comme *Affouage*. Gl. *Confoagium*.

AFFOER, Faire du feu. Glossaire *Affocare*.

AFFOIBLISSEMENT, Diminution. Gl. *Indebilitatus*.

AFFOIBLOYER, Affaiblir, décourager. Gl. *Indebilitatus*.

*AFFOISONNEMENT, Abondance. L.

*AFFOISONNER, en abondance L.

AFFOLEMENT, Blessure. Glossaire *Affolamentum*.

AFFOLER, Blesser. Gl. *Affolare*

AFFOLER (S'), p. e. pour *Affoloier*, Vivre licencieusement avec des femmes. Gl. *Follis*. 3.

*AFFOLIR, Rendre fou. L.

*AFFOLOYER, Faire des folies. L

AFFOLONNIR, Irriter, mettre en courroux. Gl. *Fello*, 2.

AFFOLURE, Blessure. Gl. *Affolare*

*AFFONCER, Enfoncer. L.

AFFONDER, Couler à fond, enfoncer. Gl. *Affondare*.

AFFORAGE, AFFORAIGE, Droit seigneurial, pour la taxe que le seigneur met aux vins ou aux autres denrées. Gl. *Afforagium* et *Afforare*.

*AFFORAGER, mettre en perce. L

AFFÔRAIN, Etranger, forain. Gl. *Afforancus*.

*AFFORCEMENT, Effort. L.

AFF

AFFORCER, Renforcer, augmenter. Gl. *Afforciare*. [Mettre en perce. L.]

AFFOREMENT, Estimation, prisée. Gl. *Afforamentum*. 2.

AFFORER, Mettre à prix et à *feur*, taxer. Gl. *Afforare*.

*AFFORNAIGE, Droit de four banal. L.

AFFOUAGE, AFFOUAIGE, Chauffage. Gl. *Affoagium* et *Affuiagium*.

*AFFOUER, Faire du feu. L.

AFFOUIR, Accourrir, venir promptement et en hâte. Gl. *Affugere*.

*AFFOULEMENT, En foule. L.

*AFFOULER, Venir en foule. L.

AFFOULER D'ENFANT, Avorter, accoucher avant terme. Glossaire *Affollare*, 2.

*AFFOURAGER, Fournir de fourrage. L.

AFFOURER, AFFOURRER, Donner du fourrage aux bestiaux. Glossaire *Foragare*.

AFFRANCHY, p. e. l'instrument dont se servent les charretiers pour retirer leurs voitures d'un mauvais pas et le leur faire franchir. Gl. *Affrancamentum*.

*AFFRE, Frayeur, effroi. L.

*AFFRÉ, Effrayé. L.

*AFFREANT, pour *Afferant*, Convenable. C. C.

*AFFRÉEMENT, Avec effroi. L.

*AFFRÉER, Effrayer. L.

*AFFRENER, Mettre un frein, rendre docile. L.

*AFFREREMENT, Partage entre frères. L.

*AFFRETÉ, Attaché, équipé. L.

AFFRESTER, Tenir à un *frés*, chemin ou voie publique, rue. Gl. *Frostium*.

AFI

*AFFREUS, Qui effraye. L.

*AFFREUSETÉ, Chose effrayante L.

*AFFRITER, Affriander. L.

*AFFROIER, Frôler. L.

*AFFRONT, Rencontre, choc. L.

*AFFRONTAILLES, Confrontation. L.

AFFRONTER, Aboutir par la partie supérieure. — Attaquer. — Mettre vis-à-vis, confronter. Gl. *Affrontare*.

*AFFRONTEUR, Trompeur. L.

AFFRUITIER, User, se servir. Gl. *Frudiare*.

AFFUBLER, Vêtir, couvrir. Glossaire *Affibulare*.

AFFUIR, Accourir, se réfugier quelque part. Gl. *Affugere*.

AFFUITIER, Accommoder, construire. Gl. *Affaitare*, 2.

AFFULEURE, AFFULOOIR, AFFULURE, Coiffure, habillement de tête, Gl. *Affibulare*.

AFFUSTER, Présenter un bâton ou une arme contre quelqu'un. Gl. *Fustare*.

AFFUTAIGE, Ce que chaque compagnon payait au maître ou à ses camarades du même métier pour sa bienvenue. Gl. *Fusta*.

*AFFY, Assurance. L.

*AFIANCÉ, Assurer, confirmerCN

*AFIANCER, Rassurer. C. R.

*AFICHARD (S'), S'aficer, se fixerA

AFICHE, Boucle, agrafe. Glossaire *Affectura*.

AFICHER, Publier, enseigner hautement. Gl. *Affixire*.

AFICHIÉMENT, Affirmativement, sans réserve, Gl. *Affixire*.[Voyez *Affichéement*.]

*AFIÉ, Qui a donné sa foi. C. N.

*AFIER, Promettre, affirmer. P. B

AGA

AFIERTRÉ , Accommodé, ajusté. Gl. *Affaiture, 2.*

AFILER (S'), Couler en filets. C. R.

AFINER, Mettre à fin, à mort. Gl. *Affinare, 2.*

*AFINER (S'), Avoir une fin, un dessein. G. G.

AFIQUE, comme *Afiche.*

*AFIT, Insulte. AFITER, Insulter RG

AFLEBOIER, Affaiblir, diminuer de force. Gl. *Indebilitatus.*

AFLIT, Maigre, décharné. Glossaire *Affligere.*

AFOLER, Blesser. Tromper. C. N.

AFONDER, Couler à fond, enfoncer. Gl. *Affondare.*

AFORER, Mettre le *feur* ou prix à quelque denrée, taxer. Gl. *Afforare.*

AFOUER, Comme *Afoler,*

AFOUIR, Comme *Affouir.*

*AFOUR, Pas, enjambée. L.

*AFOURCHER, Enfourcher. L.

AFRANCQUIR, Affranchir. Glossaire *Affranquire.*

*AFRARIR (S'), Se jurer fraternité. R. R.

*AFRONTÉ, Effronté. R.

*AFRONTER, Assommer. G. G.

*AFRUITER, Fructifier. L.

*AFUBLER, Agrafer. L.

*AFUBLEURE, Vêtement. L.

*AFUSELEMENT, Rendre pointu L

*AFUSELER , Rendre pointu comme un fuseau. L.

*AGACE, Pie. L.

*AGACER, Aiguillonner. L.

AGACHIER, Cri de l'*Agache* ou pie. Gl. *Igazia.*

AGACHIES , FRÈRES AGACHIES , Religieux dont l'habit était blanc et noir. Gl. *Fratres Pyes.*

AGA

*AGACIN, Cor. L.

*AGAILLARDIR, Devenir fier. L.

AGAIT, embûche , guet-apens. Gl. *Agaitum.*

*AGAITEMENT, Action de guetter. L.

AGAITANT, Difficile, regardant, épiant. Gl. *Agaitum.*

*AGAITEOUR, Celui qui est aux aguets. L.

*AGAITER, Faire le guet. L.

*AGAITIER, AGAITER, Guetter RR

AGAL, Canal, conduit pour faire couler l'eau. Gl. *Aguale.*

*AGALI, Devenu calleux. L.

AGAN, p. e. pour Encan. Glossaire *Inquantare.*

AGAR, C'est la même chose que l'interjection admirative *Aga*, dont on se sert encore dans plusieurs provinces, pour signifier *Regardez, voyez un peu.* Glossaire *Avidere.*

AGARÇONNER, Traiter quelqu'un de *Garçon*, c'est-à-dire de fripon, de débauché, d'homme de néant, ce que ce terme a signifié, après avoir servi à désigner les valets, et principalement ceux qui suivent l'armée, que nous appelons aujourd'hui goujats. Gl. *Garcio.*

*AGARD, Regard, spectacle, égard, motif , jugement, convention, guet-apens. L.

AGARDER, Regarder, voir. Glossaire *Avidere.*

*AGAS, Raillerie. C. N.

AGASTER, Vieillir, passer sa vie dans quelque emploi. Gl. *Gastare*

AGASTI, Demeuré en *Gast*, en friche. Gl. *Guastus* sous *Guastum. 3.*

AGASTINER, Faire dégât, rava-

AGG

ger, piller. Gl. *Guastare*, sous *Vastum*, 1.

AGASTIS, Délit fait dans une forêt. Gl. *Guastare*, sous *Vastum*, 1

*AGE, Jeunesse, Vieillesse. L.

*AGÉER, Emanciper. L.

*AGÉHIR, Mettre à la gêne. L.

AGELONGNER (S'), S'agenouiller, se mettre à genoux. Glossaire *Aggeniculare*.

AGENCEMENT, Augment de dot, don nuptial. Gl. *Agentiamentum*

*AGENCI, Ajusté, agréable. L.

*AGENCIF, Qui s'ajuste. L.

*AGENOIALLÉEMENT, A genoux. L.

AGENER, Offenser. *Crime de majesté Agenée*, crime de lèse-majesté. Gl. *Gehennœ*.

*AGENOLLER, Agenouiller. Ro.

AGENT DU ROI, Procureur du roi. Gl. *Agentes*.

*AGENTIR, Embellir. L.

AGER, Champart, terrage. Glossaire *Agrarium*.

AGÉS, Chemins, détours. Glossaire *Aggestuz*.

*AGÉSIR, Accoucher. L.

*AGETER (S'), Se jeter. Ch. R.

*AGEU, Couché. L.

*AGGÈRE, Rempart, digue. L.

AGGRAPPER, Prendre avec vivacité et force. Gl. *Arrapare*.

*AGGRAVANTER, Surcharger. L

*AGGRAVER, Surcharger. L.

AGGREGI, p. e. pour *Aigrest*, Vert, aigre. Gl. *Grœcum vinum*

*AGGRELLIR, Devenir grêle. R.

*AGGRENER, Nourrir avec du grain. L.

*AGGRESSE, Grièveté. L.

*AGGRESSEMENT, Assaut. L.

AGO

*AGRESSER, Assaillir. L.

AGGRIFFER, Égratigner. Glossaire *Grifare*.

*AGGRIPAR, Pillard. L.

AGHAIS, MARCHÉ A AGHAIS. Laurière, dans son glossaire, l'explique d'après Galland, d'un marché fait à termes de payement et de livraison, que doit *aghaiter* ou observer celui qui veut en profiter. Gl. *Agaitum*.

*AGIAN, Habit d'enfant. L.

*AGIEN, Esprit, entendement. L.

*AGIETER, Jeter. L.

*AGIEZ, Vieillesse. R. R.

*AGIEZ, Dards. Ch. R.

*AGILITER, Rendre agile. L.

AGISTEMENT, Impôt, tribut. Gl. *Agistare*. — L'action de se coucher, de se mettre au lit.

AGISTER, et s'AGISTER, Se coucher. Gl. *Accubarare*.

AGIZ, Tours et détours d'une maison. Gl. *Agea*, 1.

AGLAN, Glandée. Gl. *Aglanderata*.

AGLEISE, Eglise. Gl. *Escuhentia*.

*AGLENT, AIGLENT, Eglantier. R.

AGLETER, Accrocher, attacher. Gl. *Aglutinare*.

AGNEAU, Anneau, entraves. Glossaire *Annulus*.

*AGNEL, Agneau. Sorte de monnaie. L.

AGNENCE, p. e. Une certaine quantité de laine. Gl. *Agnacia*.

*AGOBILLÉS, Chiffons, choses de peu de valeur. L.

AGOLÉ, Qui a une goule ou collet. Gl. *Gula mantelli*, sous *Gula*. 3.

*AGOUCER, Irriter. G. G.

*AGOUÉ, Dégoûté. L.

AGR

*AGOURE, Cuscute. L.

AGOUST, Canal, évier, égout. Gl. *Agotum.*

AGOUSTER, Jeter ou faire couler l'eau, dessécher. Gl. *Agotare* et *Agotum.*

AGOUT, Agoutis, Egout. L.

AGRAANTER, Agréer. C. N.

*AGRACIER, Rendre agréable. L

AGRAFINEURE , Egratignure, coup d'ongle. Gl. *Grifare.*

AGRAGIER, Blesser. Glossaire *Aggregiare.*

*AGRAILIR, Rendre grêle. L.

*AGRAILLE, Corneille. L.

AGRAINER, Produire, apporter. Gl. *Agranare.*

AGRAPPER, Prendre avec viva-cité et force. — Frapper, battre. Gl. *Arrapare.*

*AGRAVENTER, Détruire. L.

AGRÉABLE, Complice, consen-tant, qui *agrée* une chose. Gl. *Agreabilis.*

AGRÉER, Payer, satisfaire à ce qu'on doit, donner contente-ment. Gl. *Agreare.*

AGREFFER, Saisir, prendre tout d'un coup et avec effort. Glos-saire *Arrapare.*

AGREGEMENT, Aggrave, aggra-vation, censure ecclésiastique. Gl. *Infortiatus.*

AGREGIER, Accabler, attaquer vivement. Gl. *Aggregiare*

*AGREI, Approvisionnement, har-nais. L.

AGRELLIR, Rendre *grêle*, menu, mince et délié. Gl. *Grieillare.*

*AGRÉMIR, Bruire. L.

AGRENET, Aigre, vert, qui n'est pas dans sa maturité. Glossaire *Agrana.*

AGU

AGRERE, Champart, terrage. Gl. *Agrarium.*

AGRESLIER, Rendre grêle, émin-cer. Gl. *Grieillare.*

AGRESSER, Attaquer. *Agressus.*

*AGRESTIE, Rusticité, rudesse. L.

AGRÉVANCE, Peine, chagrin, qui aggrave et accable. Gl.*Exaggatio*

AGRIER, Agriere, Champart, terrage. Gl. *Agrarium.*

*AGRIESTER, Aigrir. L.

*AGRIMENSER, Arpenter. L.

AGRIPPER, Prendre avec vivacité et force, ou avec les griffes. Gl. *Arrapare.*

*AGROI, Harnais, équipage. P.B.

*AGROIER, Equiper, armer. L.

*AGRUPHINER, Saisir. L.

*AGU, Aigu, tranchant. L.

AGUAYT, Aguet, l'action d'une personne qui en épie une autre. Gl. *Aguayt,*

AGUE, subst. masc. p. e. Auvent, parce qu'il garantit de l'eau. Gl. *Auventus.*

*AGUEMENT, Esprit perçant. L.

*AGUERRIMENT, Action d'a-guerrir. L.

*AGUET POURPENSÉ , Guet-apens. R.

AGUETÉ, La pointe de quelque chose que ce soit. Gl. *Acuitas.*

*AGUICIER, Polir. R.

AGUIER, Assurer, donner sûreté en justice. Gl. *Guidare,* sous *Guida.*

*AGUIGNEMENT, Regard du coin de l'œil. L.

AGUILANNEUF, pour *Au-gui-l'an-neuf.* Borel, Ménage, et le Dictionnaire de Trévoux ont suffisamment parlé de l'antiquité de cette fête et des cérémonies

AGU

dont elle était accompagnée : je n'ajouterai ici que ce qui peut servir à montrer jusqu'à quel temps elle a continué dans différentes provinces, et ce qui peut faire connaître de quelle manière on la célébrait. Lett. de gr. de 1473. Reg. 195, du Tr. des Chart. pièce 977 : « Le suppliant oyt des chalumeaulx ou menestriers, ... et trouva des varletz ou jeunes compaignons, ...qui aloient par illecques près querant Aguillenneu le dernier jour de décembre. » Autres de 1472. Reg. 197, pièce 302 : « Le jeudi vigille de la Circonsion (Circoncision) plusieurs compaignons faisans grant chere pour l'honneur de la feste, que l'en appelle communément Aguilloneu. » Autres de 1480. Reg. 207. p° 4 : « Le derrnier jour de décembre le suppliant avec les bacheliers de la parroisse de la petite Boissiere (Bas-Poitou) et ung menestrier fut par les villaiges de ladite parroisse.... pour prandre et recevoir les aumosnes des bonnes gens qu'ilz ont accoustumé donner pour l'entreténement d'une lampe et de seize lamperons, ainsi que de coustume est de faire de tout temps la vigille de l'an neuf, et s'appellent lesdiz dons Aguillanneuf. Lesquelles lampes et lamperons sont pendans en l'église dudit lieu de la petite Boissiere devant l'image du Crucifix, et ont accoustumé estre alumées, c'est assavoir laddite lampe seule és jours des dimenches et les festes annuelles, durant que on fait le divin service ; et lesdiz lamperons et lampes ensemble és festes annuelles.... estoient lesdiz dons, rilles et oreilles de porceaux et autres pièces de char.... vendues publicquement après vespres au plus offrant et der-

AGU

renier enchérisseur. » Ce même terme, ou d'autres qui lui sont synonymes, et qui n'en diffèrent que par la manière de les écrire, ont été aussi appliqués aux présents qu'on faisait aux jeunes gens la veille de quelques autres fêtes de l'année, pour se divertir et se réjouir le jour de la fête, comme on peut le voir dans ce qui suit : Lett. de gr. de 1397. Reg. 153, pièce 110 : « Comme la veille de l'Apparition, le suppliant et six autres jeunes hommes de la parroisse dudit lieu de Chevannes se feussent assemblez,.... et eussent entreprins d'aler par le dit lieu par bonne compaignie et esbatement, comme jeunes gens ont acoustumé à faire en ladite veille pour que.ir leur Guillenleu. » On lit Haguirenleux dans d'autres lettres toutes semblables à celles-ci de l'an 1399. Reg. 154, pièce 201 ; Lett. de gr. de 1408. Reg. 162, pièce 276 : « Comme le suppliant et Pierre Pelluel feussent alez souppér en l'ostel de (la) mere d'icelui suppliant,... tantost après arriverent devant ledit hostel Colin le Masnier et autres,.... lesquels en maniere de dérision commencerent à crier à haulte voix, je m'en lo du past madame : et lors ledit Pierre Pelluel yssi hort dudit hostel en criant Haguimenlo, etc. » Hanguevelle dans d'autres lettres de 1409. Reg. 164, pièce 670. Autres de 1474. Reg. 195, pièce 1328 : « Vous m'avez promis me donner mes Haguillennes, ne me escondissez pas. »

Je trouve encore ce même usage désigné sous le mot Héler et Héller. Lett. de gr. de 1374. Reg. 106, pièce 331 : « Comme le darrain jour de décembre lesdiz de Frincourt avec plusieurs

AGU

personnes de la ville de Cuc sur le mer se feussent assemblez pour jouer et Héler, comme il est accoustumé de faire chacun an icelui jour à la nuit. » Autres de 1587. Reg. 131, pièce 240 : « Comme ou mois de fevrier ou environ l'exposant et autre de sa compaignie par maniere d'esbatement et de consolation, ainsi que en la terre de Saint-Amand en Peul et ou pays d'environ est acoustumé oudit temps de aler veoir ses amis ou voisins pour avoir par courtoisie de leurs biens ou monnoye courtoisement, affin de boire ensemble, qui est l'usage du pays, et lequel usage est appelé Héller, etc. » On peut voir dans les origines de Brieux plusieurs autres dénominations de la même chose. Consultez aussi la Dissertation de Basnage dans son Histoire des ouvrages de Sçavants.

AGUILER, Piquer avec un aiguillon. Gl. *Aguillada*.

AGUILLADE, Aiguillon, bâton armé d'une pointe, dont on se sert pour conduire les bœufs. Gl. *Aguillada*.

AGUILLANEUF, Voy. *Aguilaneuf*

***AGUILLE**, Aiguille. R.

AGUILLÉE, comme *Aguillade*.

AGUILLENNEU, Voyez *Aguilanneuf*.

AGUILLER, Aiguillier, étui où l'on met les aiguilles. Glossaire *Agullium*.

AGUILLETE, Aiguillette. Gloss. *Aguileta*.

AGUILLIER, Aiguillier. Glossaire *Agullium*.

AGUILLON, Aiguillon. Glossaire *Aguillada*.

***AGUILLONER**, Piquer avec un aiguillon.

AHA

AGUILLONEU, V. *Aguilanneuf*.

***AGUILLONEUSEMENT**, Qui pique. Ro.

AGUISE, Aiguillon, dont on pique les bœufs. Gl. *Aguillada*.

AGUISEMENT, l'Action d'aiguiser, de rendre pointu ou aigu. Gl. *Acutio*.

AGULENCIER, Arboisier. Glossaire *Arbustus*.

AGULHADE, **AGULLADE**, Aiguillon, dont on pique les bœufs. Gl. *Aguillada*.

AGUMENT, D'une façon aiguë ou subtile et adroite. Gl. *Acutio*.

***AGUN**, Tranchant. L.

***AGUSADGE**, Droit seigneurial pour l'aiguisement. L.

***AGUST**, Août. L.

AHAN, Peine, travail forcé, chagrin, ennui, mort. Gl. *Ahenagium*. — Terre labourable, ensemencée. Gl. *Ahenare*.

AHANABLE, Labourable. Glossaire *Ahanare*.

AHANAGE, Labourage. Glossaire *Ahenagium*.

***AHANER (S')**, Se fatiguer. R.

AHANER, Labourer, cultiver. Gl. *Ahenagium*.

***AHANNEUX**, Pénible. L.

*** HANNIR**, Aspirer, L.

***AHARDI**, Brave. L.

***AHARDIR**, S'enhardir. Ro.

***AHASTIE**, En hâte. G. G.

***AHATIE**, Voyez *Aatie*.

***AHATINES**, comme *Ahastie*

***AHATIR**, Se hâter. G. G.

AHAUX, Immondices, ordures. Gl. *Ascobatum*.

AHAYER, Haïr, avoir de l'aversion pour quelqu'un. Gl. *Odiosus*

AHO

*AHENER, Voyez *Ahaner*.

AHENNAGE, Labourage. Glossaire *Ahenagium*.

AHENNER, Labourer, Glossaire *Ahenagium*.

AHENNIAUS, De labourage. Gl. *Ahenagium*.

AHENNIER, Labourer. Glossaire *Ahenagium*.

*AHERCION, Adhésion. L.

*AHERDIR, Voyez *Aherdre*.

AHERDRE, Prendre, saisir, empoigner, s'attacher. — Adhérer, se joindre à un parti. Glossaire *Adhœrere*, 3.

*AHÉRER, S'attacher. L.

AHERMIER, pour *Ahennier*, Laboureur. Gl. *Ahenagium*.

AHERS, Attaché qui tient fortement à quelque chose. Glossaire *Adhœrere*, 3.

*AHERSE, Union, réunion. L.

*AHERTER, Attacher. L.

*AHEUGHÉ, Enceinte fortifiée. L.

1. AHEURER, Employer à propos, profiter du moment. Gl. *Ahorus*.

2, AHEURER (S'), S'absenter, se retirer, abandonner. Gl. *Ahorus*.

*AHIE, Ah! R. R.

AHIERDRE, Prendre, soutenir quelqu'un. Gl. *Adhœrere*, 3.

AHIERS, Pris, entouré. Glossaire *Adhœrere*, 3.

*AHIR, Prendre courage. P. B.

*AHOCHER, Accrocher. L.

*AHOGE, AHUGE, Enorme. C. N.

*AHONIR, Deshonorer, insulter. L

AHONNIER, Aplanir, rendre égal, unir. Gl. *Aplanare*.

*AHONTAGE, Deshonneur. L.

*AHONTAGER, Deshonorer. L.

AIE

AHONTER, AHONTIR, Déshonorer, couvrir de honte. Glossaire *Dehonestare*.

AHOQUIER, Accrocher, enchaîner, attaquer. Gl. *Hoccus*.

AHORS, Cri qui se fait dans un tumulte. Gl. *Allot*

AHUCHIER, Appeler, mander. Gl. *Hucciare*.

AHUER, Appliquer. P. B.

*AHUGNE, Enorme. L.

AHUR, Voleur, celui qui surprend et emporte. Gl. *Bahudum*.

*AHURTE, Qui s'obstine. L.

*AHURTER, Heurter, obstiner. L

*AHURTERIE, Obstination. L.

AIABLE, Aisé, facile. Gl. *Aisitus*.

*AICHOU, Hache. R.

*AIDABLE, Secourable. C. N.

AIDABLETÉ, Aide, secours, assistance. Gl. *Auxiliabilitas*.

AIDABLEMENT, Secourablement. Gl. *Auxiliabilitas*.

*AIDABLETÉ, Faculté d'aider. L.

AIDANCE, Secours, aide. Glossaire *Aidare*.

*AIDE, Voyez *Ayde*.

AIDER, Payer l'impôt appelé *Aide*. Gl. *Aidare*.

*AIDERE, Qui aide. C. N.

*AIDIÈRE, Celui qui aide. L.

*AIDIS, Aide. C. N.

AIE, Aide, secours. Gl. *Aidare*.

AIER, Fils, héritier, ayant cause. Gl. *Affectus*. 1.

*AIER, Aider. L.

*AIERS. Arrière. G. V.

AIESEMENT, Usage, faculté d'user de quelque chose. Glossaire *Aisantia*.

*AIEVER, Aider. L.

AIG

*AIGAIL, Rosée. L.

*AIGLEL, Petit aigle. C. N.

*AIGLENTIER, Eglantier. R.

AIGLETTE, Petit aigle, aiglon. Gl. *Aquileta.*

AIGLIER, Aigle, pupitre, lutrin. Gl. *Aquila.*

AIGNE, Bête à laine, ·mouton, brebis. Gl. A*ignelinus.*

AIGNELER, Agneler. Glossaire A*ignelinus.*

AIGNELIN, Laine d'agneaux et de jeunes moutons, toison. Glossaire A*ignelinus.*

AIGNOS, C'est le nom que l'auteur d'une pièce qui se trouve dans les Mémoires de Condé, tom. III, pag. 241, édition in-4°, donne à ceux que l'on commençait alors à appeler *huguenots.* L'éditeur observe, dans une note d'après Spon, qu'en Savoie on nommait *Eignots* les citoyens de Genève, qui avoient accepté la bourgeoisie de Fribourg ; et qu'il paraît en effet par la suite que ce mot venait de Genève.

AIGOUL, Canal, évier, égout. Glossaire *Agotum.*

AIGRAT, Raisin aigre, qui n'est pas dans sa maturité. Gl. A*cerba*

AIGRE, Apre, avide, Glossaire A*frontare,* 1.

AIGRESSE, Amertume, aigreur. Gl. A*critudo.*

AIGREST, Raisin aigre, Gl. A*cerba*

*AIGRETÉ, Ardeur, impétuosité.L

AIGREVIN, Vinaigre. Gl. *Vinum agasatum.*

*AIGROI, Hardiesse. L.

AIGROIER, Animer, exciter, piquer. Gl. A*critudo.*

AIGRUN, Toutes sortes d'herbes et fruits aigres. Gl. A*crumen.*

AIN

AIGUAGE, Droit qu'on paye pour avoir de l'eau pour ses jardins ou prés. Gl. *Aquagium.*

AIGUE, Eau. Gl. A*iguerium.*

AIGUER, Arroser,donner de l'eau. Gl. A*iguerium.*

AIGUET, AIGUIER, Canal par lequel l'eau s'écoule. Gl. A*iguerium* et A*quarium,* 2.

*AIGUEUX, Aqueux. L.

*AIGUER, Egout. L.

*AIGUIÈRE, Evier. L.

AIGUILLE, Poisson. Gl.A*iguilla,*2

AIGUILLON, Petite aiguille de tête. Gl. A*cucula,* 1.

*AIGUOSITÉ, Humeur aqueuse. L

AIHUE, Tout ce dont on peut s'aider et servir. Gl. A*idare.*

*AIKES, comme A*lques.*

AILAGES, Champs qui sont le plus près d'une ville , d'un bourg, etc. Gl. A*alagia.*

*AILÉE, Galop. L.

AILEVIN, AILLEVAN, Enfant abandonné par ses parents, et qu'on enlève pour en avoir soin, enfant trouvé. — Etranger, qui est d'ailleurs. — Terme de mépris, par allusion aux *alevins,* petits poissons de rempoissonnement. Glossaire A*llevaticius.*

AILLEMONT, Canton du diocèse de Soissons. Gl. A*illemontius.*

AILLEURE, Alliage. Gl. A*laia.*

*AIMAS, Diamant. Ro.

AIN, Hameçon. — Maille, petit anneau de fer. Gl. *Hamatores.*

AN, Glossaire *Elourdatus.*

*AINC, Jamais. R.

*AINÇOIS, Avant, vieux, âgé. Bu.

AINE, p. e. Aînesse, droit de l'ainé. Gl. *Ainescia.*

AIR

AINGNE, Laine d'agneaux et de jeunes moutons. Gl. *Aignelinus.* — Aine. Gl. *Bocia,* 4.

AINGRÉER, Payer, satisfaire, donner contentement. Gl. *Agreare.*

*AINMI, Hélas. C. C.

*AINS, Avant. C. B.

*AINSE, Ainsse, Aise, Aisse, Anxiété, angoisse. C. N.

AINSGNÉAGE, Ainsnage, Ainsnéage, Aînesse, droit de l'aîné. Gl. *Ainescia.*

AINSE, Marc, ce qui reste des raisins après qu'ils ont été pressurés. Gl. *Esna.*

AINSNÉ, Aîné, Gl. *Annatus,* 1.

*AINSNÉETÉ, Portion d'aîné. L.

*AINZ, Ainz que, Avant que. C. R.

*AIR, Colère. C. R.

*AINSOS, Aissos, En anxiété. C. N

*AIOT, Espèce de casaque. L.

AIONER, Bégayer. Gl. *Aiones.*

*AIR, Violence, haine. P. B.

AIRCHE, pour *Arche,* Coffre. Gl. *Archia,* 1.

*AIR, Allure, démarche. L.

AIRE, Nid. — Terrain vague, jardinage, pépinère. Gl. *Area.*

*ALLURE, Train. L.

*AIRÉE, Vitesse, impétuosité. L.

*AIRÉEMENT, Vite, vivement, courageusement. L.

*AIREMENT, Acharnement. Ro.

*AÏREMENT, Course, colère, dépit, chagrin. L.

*AÏRER, Aller, marcher, voyager, mettre en colère. L.

*AIRER, Domicilier. L.

*AIRER (S'), S'irriter. Ro.

*AIREUS, Vif, fort, courageux, prudent. — Colère, irritable. L.

AIS

*AIREUSEMENT, Avec force, avec courage. L.

*AIRIÉ, Acharné.

*AIRISON, Irritation, vitesse, impétuosité, course. L.

*AIRME, Ame. Bu.

*AIROS, Irrité, fâché. Bu.

AIRURE, Labour, culture. Glossaire *Arura,* 2.

AIS, *Monter un cheval à ais,* p. e. à poil. Gl. *Aisientia.*

*AIS, Voici, voilà. C. R.

*AISABLE, Facile, commode. L.

*AISANCE, Repos, loisir, commodité, soulagement. L.

*AISCEAU, Bardeau, copeau, cloison, madrier, doloire, bêche, essieu. L.

*AISCELLE, Paroi, cloison, mur. L.

*AISCETTE, Petite hache. L.

*AIS-LI, Ais-vos, Voici. C. R.

AISE, Volonté, gré, fantaisie, Gl. *Aisamenta.*

AISEMENS, Ustensiles, bijoux, tout ce qui est utile ou nécessaire à quelqu'un, suivant son état ou sa profession. Glossaire *Aisamenta.*

AISEMENT, Gré, volonté, plaisir, usage. Gl. *Asamentaum, Aisamenta,* et *Aisimentum* sous *Aisantia.* — L'action par laquelle on se décharge le ventre, et le lieu qui est destiné à se soulager. Gl. *Aisamenta.*

AISER, Donner le nécessaire, mettre quelqu'un à son aise, lui procurer ses aises, garnir, servir. — Prêter. — Panser. — Aller à la garde-robe. Glossaire *Aisamenta.*

AISETTE, Petite hache, à l'usage des tonneliers. Gl. *Aissata.*

AIV

AISIÉ, Celui qui peut ou qui veut faire quelque chose. Gl. *Aisatus*.

AISIELS, Aisiers, Aisil, Vinaigre. Gl. *Acceptabulum*, 2.

AISIER, comme *Aiser*, 1, Glossaire *Aisamenta*.

*AISIEUS, Facile, accommodant. L

*AISIL, Vinaigre, verjus. L.

*AISIN, Vinaigre.

*AISIVEMENT, Facilement, commodément. L.

*AISMER, Comparer. C. C.

AISNAGE, Aisnéage, Aisnesse, Aisneté, Aînesse, droit de l'aîné. Gl. *Ainescia*.

*AISNEL, Ainé. L.

*AISOUR, Facilité. L.

AISSADE, Houe, instrument à labourer la terre à la main. Gl. *Aissada*.

AISSAULE, Petit ais à couvrir les toits. Gl. *Aessella*.

AISSELLE, Petit ais à couvrir les toits et les livres, dosse. Glossaire *Aissella*.

AISSENNE, comme *Aisselle*. Gl. *Aissella*.

*AISSER, Madrier. L.

AISSETE, Aisette, Petite hache, à l'usage des charpentiers et tonneliers ; p. e. aussi planche ou armoire. Gl. *Aissata*.

AISSIER, comme *Aiser*, 1. Glossaire *Aisamenta*.

*AISSIL, Madrier, planche, ais. L.

AISTRE, Maison et le lieu où l'on fait le feu. Gl. *Astrum*.

*AISU, Vinaigre. L.

*AIT, Hâte. C. R.

*AITANT, Ici, ici-même. C. R.

*AIUDAR, Aider. L.

*AIUDE, Aide. L.

*AIVE, Avil, Aïeul. Bur.

AJU

*AIVEL, Voyez *Aive*. Bur.

*AIZE, Territoire, domaine avec ses dépendances. L.

*AJANCER, Balayer. C. C.

*AJOLIER, Enjoliver, orner, parer. L.

*AJOLIVEMENT, Enjolivement. L

*AJOLIVER, Enjoliver, être joyeux. L.

AJONSION, Adoption. *Adjunctus*.

AJOOUS, Espèce de genêt, ajoncs. Gl. *Adjotum*.

*AJORNAIL, Point du jour. L.

*AJORNÉE, Ajournée, L'aube.

AJORNER, Ajourner, commencer à faire jour. Gl. *Adjornare, Diescere*.

*AJORNIÈRES, Celui qui porte l'ajournement. C. B.

*AJOU, Ajonc, arbuste. L.

*AJOURNEMENT, L'aube.

AJOUS, Espèce de genêt, champ qui en est rempli. Gl. *Adjotum*.

AJOUSTER, s'Ajouster, S'attacher. Gl. *Ajustare*.

*AJOUVENIR, Rajeunir. L.

AJUDÉ, Aide, secours. Gl. *Aiuda*

*AJUE, Aide. L.

*AJUEMENT, Aide, secours. C. N.

*AJUEOR, Aide, complice. C. N.

*AJUER, Aider. L.

*AJUÈRE, Celui qui aide, L.

AJUME, Heaume, armure de la tête. Gl. *Helmus*, 1.

AJURER, Conjurer, prier instamment. Gl. *Adjurare*.

*AJURNÉE, Point du jour. C. R.

*AJUSTÉE, Bataille. C. R.

AJUSTER, se rejoindre. C. R. — Etalonner les poids et les mesures. Gl. *Ajustare*.

ALB

*AJUTOIRE, Aide, assistance. G. N.

AJUWE, Aide, secours. *Ajutum.*

*AKENKEUR, Exécuteur testamentaire. L.

*AKUNS, Aucun. Bur.

*AL, Autre, tout. L.

ALACAYS, Sorte de gens de guerre, arbalétriers. *Lacinones.*

ALACHER, Avancer, approcher, présenter, porter quelque chose contre quelqu'un en le menaçant. Gl. *Allucere.*

*ALACHISSEMENT, relâchement, défaillance. L.

ALAGUES, comme *Alacays.*

ALAIAUTER, Se purger par la loi ou par serment d'un crime dont on est accusé. Gl. *Adlegiare.*

*ALAIGRE, Agile, léger. L.

*ALAIGRETÉ, Allégresse. L.

*ALAIGRIR, Rendre gai. L.

*ALAINS, Avant. L.

ALAMBASTRE, pour *Albatre.* Gl. *Alabaustum.*

*ALANGOURÉ, Devenir langoureux. L.

*ALARGIR, Allonger. L.

*ALASCHIER, Lâcher, détendre, affaiblir. L.

*ALASSE, Fatigué.

ALAYER, Diviser un bois en plusieurs parties, que l'on distingue par des *lées* ou marques faites à des arbres. Gl. *Laia.*

*ALBAIN, Aubain, étranger. Bur.

ALBARE, Quittance, acquit. Glossaire *Albara,* 2.

ALBE, pour *Aube,* Vêtement d'église. Gl. *Alba.*

*ALBE, l'Aube. G. R.

ALBEJOTS, Albigeois. *Albigenses.*

*ALBERC, ALBERJON, Haubert, haubergeon.

ALE

*ALBERGATION, Arrentement. L

*ALBERGE, Auberge. L.

*ALBERGER, Loger. L.

ALBERON, Espèce de froment. Gl. *Alberon.*

*ALBRAN, Jeune canard. L.

*ALBRENÉ, Epuisé. L.

ALBRUN, Blanc d'œuf. *Albura.*

ALCARERRIA, Ferme, métairie, hameau. Gl. *Alcheria.*

ALE, Aile d'armée, corps de troupes. Gl. *Aloe,* 3.

*ALEAUTER, Justifier. L.

ALEBIQUEUX, Pointilleux, difficile, querelleur, qui s'offense aisément. Gl. *Alloquax.*

*ALEBRENNE, Salamandre. L.

*ALEBROMANTIE, Divination. L.

ALECRET, pour HALECRET, Espèce de corselet léger fait de mailles. Gl. *Halsberga.*

*ALECTER, Attirer, flotter, séduire. L.

*ALECTRYOMANTIE, Divination. L.

ALÉE, Galerie, corridor. Gl. *Alea,* 2. — Voyage, départ. Gl. *Ales,* 1.

*ALÉEUR, comme *Alée,* 1. G. G.

ALEGEMENT, l'Action de décharger un vaisseau. Gl. *Alegium.*

ALEGER, ALEIER, comme *Alaiauter.*

ALEGER, comme *Alejer.*

ALEGIER UN VAISSEAU, Le décharger d'une partie de ses marchandises, pour lui faciliter l'entrée du port. Gl. *Alegium.*

*ALEGRANCE, Allégresse. C. N.

*ALEIÉ, comme *Alée,* 1.

*ALEIER, Régner avec justice. C. N

*ALEIGNE, Poinçon. P. B.

ALEJER, Guérir, recouvrer la santé. Gl. *Levigare,* 2.

ALG

ALEMANDE, Sorte de ragoût liquide, espèce de chaudeau. Gl. *Alimanda.*

ALEMARCHE , Armoire. Glossaire *Almarchia.*

ALEMELLE, ALEMIELLE, Alumelle, tout instrument de fer qui est tranchant. Gl. *Alemella, Trialemellum.*

ALEMOIRE, Sorte de bateau. Gl. *Almarium.*

ALENAS, Poinçon, petit poignard. Glossaire *Alenacia.*

ALENBY, Alambic. *Alambinum.*

ALENER, Pour *Haléner*, Infecter quelqu'un de son haleine. Glossaire *Alenhare.*

*ALENOIS, Piquant. L.

ALENNIER, Etui à alênes. Glossaire *Alenacia*

ALENT, *L'alent d'une lieue*, l'espace d'une heure. Gl. *Leuca*, 2.

ALENTER, Ralentir, rendre plus lent. Gl. *Adlentare.*

*ALENTIS, Paresseux. L.

*ALEOR, Galerie C. N.

*ALERION, Aiglon. P. B.

*ALERRER, Egarer. L.

ALÈS, Sardines ou anchois. *Ales.*

*ALÈS, A côté, auprès. L.

*ALÉSÉ, Qui est de côté, essouflé. L

ALEUR, Voyageur, qui court le pays. Gl. *Peragrator.*

*ALÉURE, Allure. R. R.

ALEUTIER, Tenancier, celui qui possède le domaine utile des héritages, dont la directe appartient au seigneur. Gl. *Alodis.*

ALEVER, Commencer, établir. — Imposer une faute ou un crime à quelqu'un. — Lever un impôt. Gl. *Allevamentum.* — [Elever à une haute dignité. P. B.]

*ALGEIR, ALGIER, AGIEZ, Dard C R

ALI

*ALGORISME, Art de calculer. L

*ALGOUSAN, Officier de galère L

*A L'HORS, Dans le temps. L.

ALIANCHE, Liaison, société. Gl. *Aliancia.*

*ALIAS, Autrement. L.

*ALIBORUM , Maître Aliboron était un homme ingénieux à trouver des moyens subtils, des alibi. L.

*ALICTEMENT, Être alité. L.

ALIE, Fruit de l'alisier. B.

*ALIEMENT, Alliance. C. N.

*ALIEN , Qui appartient à un autre.

ALIENE , ALIENNE , Étranger, même celui qui n'est pas de la banlieue. Gl. *Alienigenœ.*

*ALIER (S'), Se rallier. C. R.

*ALIESON, Alliance. C. N.

ALIEU, Louage, engagement, ce qu'un apprenti paye à son maître. Gl. *Allocatus*, 3.

ALIGER, Se lier, s'engager. Glossaire *Adjencium.*

*ALIGNAGÉ, Apparenté. L.

ALIGNAIGER, ALINAGIER, Prouver parenté, établir par preuves sa descendance. Gl. *Lignagium*, 3

ALIGNIÉ, Recherché dans son maintien, qui affecte de se tenir droit. Gl. *Aligneamentum.*

ALINER, Ranger sur une même ligne. Gl. *Aligneamentum.*

ALINGNANCE, District, ressort, étendue d'une juridiction. Gl. *Aligneamentum.*

*ALIOQUIN, Autrement. L.

*ALIPPE, Gourmade. L.

*ALIS, Lisse, uni. L.

*ALIVER, Egaler. L.

ALIZ, Compacte, serré ; d'où, *Pâte alixe*, qui n'est point le-

ALL

vée, ce qui la rend compacte. Gl. *Panis.*

ALLAGAIER, Élaguer, émonder. Gl. *Adminundare.*

ALLAIER, Donner à l'or et à l'argent l'*alloi* requis et ordonné par le prince. Gl. *Alleium.*

*ALLE, Empressement, concours, foule. L.

*ALLEBRER, Rompre. L.

*ALLECTION, Association. L.

ALLEDE, Espèce d'oiseau. *Ales.*

ALLEGE, Vaisseau destiné à porter une partie de la charge d'un autre, lorsqu'il en est besoin. Gl. *Allegium.*

*ALLÉGÉRER, Rendre léger. L.

ALLELUIE, Partie de l'office divin, et le temps où l'on chante Alleluia. Gl. *Alleluia.*

ALLENÉ, Hors d'haleine, fatigué, harassé. Gl. *Alenhare.*

ALLER A GARANT, Se sauver, se cacher, pour se garantir de ce qu'on craint. Gl. *Garantus* sous *Garantire.*

ALLER ENTRE DEUX, Faire l'office de médiateur. Gl. *Medius.*

ALLÉS, comme *Alés.* Gl. *Caquus.*

ALLETES, Certaine coutume ou droit de la vicomté d'eau de Rouen. Gl. *Alletes.*

ALLEUCHON, Alluchon, le bout ou la dent d'un hérisson. Gloss. *Aleuba.*

ALLEUVIER, Vider un étang. Gl. *Alleviare.*

*ALLEVER, Rendre léger. L.

ALLEVINER, Empoissonner, mettre des *alevins* dans un étang. Gl. *Alleviare.*

*ALLEYER, Faire serment, L.

*ALLI, Ralliement, réunion. L.

*ALLICHEMENT, Allèchement. L

ALL

*ALLICHOIR, Amorce. L.

ALLIGUEUR, Grand parleur, qui n'a que du verbiage. G.*Alloquax*

*ALLIVRER, Taxer. L.

ALLOCHON, comme *Alleuchon.*

ALLOEIRE, Aleu, héritage, Glos. *Alodis.*

ALLOEUF, p. *Aleu.* Gl. *Alodis.*

ALLOGE, Horloge, d'où

ALLOGEUR, Horloger. Gl. *Allogiœ*

ALLOIERE, Gibecière, bourse. Gl. *Alloverium.*

*ALLOIGNANTE, Allongement. L

*ALLOING, Au loin. L

*ALLOINGNE, Eloignement. L.

*ALLOIRE, Allée, galerie. L.

ALLONGUEMENT, Délai, prolongation. Gl. *Allongare,* 1.

ALLOT, Terme usité en Languedoc pour animer et exciter. Gl. *Allot.*

ALLOUANCE, Approbation, ratification. Gl. *Allocare,* 1.

ALLOUÉ, Compagnon, ouvrier qui s'engage à un maître. *Allocatus.*

ALLOUER, Employer, dépenser. — Louer, prendre à loyer. Gl. *Allocare.*

*ALLOUVI, Affamé. L.

ALLOUVIERE, Piége à prendre loups. Gl. *Pedica,* 1.

*ALLOUVIMENT, Avec acharnement. L.

*ALLOUVIR, S'acharner. L.

ALLOUYERE, ALLOYERE, Gibecière, bourse. Gl. *Alloverium.*

*ALLOYNOUR, Celui qui soustrait. L.

*ALLUCER, Allécher. L.

*ALLUEC, Là, en ce lieu. L.

ALLUEZ, Aleu, héritage. Glossaire *Alluetum.*

ALO

ALLUMERIE, Illumination. Gl. *Alumenare,* 1.

*ALMAILLE, Gros bétail. Bu.

ALME, Ame.

*ALMIFIQUE, Fertile, fécond, L.

ALMOIGNE, Aumône, bien donné à l'église. Gl. *Eleemosyna pura.*

*ALNE, Aune, mesure. C. R.

*ALO, Aleu, héritage. C. N.

*ALOCAL, Admissible. Glossaire *Juramentum.*

ALOE, Alouette. Gl. *Alauda.*

ALOÉ, Celui qui agit pour et au nom d'un autre, procureur. Gl. *Allocatus.*

1. ALOER, Tenancier, celui qui possède le domaine utile des héritages, dont la directe appartient au seigneur.

2. ALOER, Voyez *Aluer.*

ALOET, sorte de redevance. Glossaire *Alo.*

ALOEUF, Aleu, héritage. Glossaire *Alodis.*

ALOGEMENT, Logement. Glossaire *Alogiamentum.* 2.

*ALOGIER, Loger. L.

ALOHER, comme *Aloer,* 1.

ALOIANCE, Alliance, Glossaire *Alloiare se.*

*ALOIEMENT, Ligue, alliance, L.

ALOIERE, comme *Alloiere,*

ALOIGNIER, Allonger. Glossaire *Allongare,*

ALOINE, Absinthe. Gl. *Alonia.*

ALOINGNE, Retard, délai. Glossaire *Allongare.* 1.

ALOIR, Corridor, passage d'un lieu à un autre dans une maison. Gl. *Allorium.*

ALOISYE, Absinthe. Gl. *Alonia.*

ALON, p. e. pour *Aloir.* Glossaire *Allorium.*

ALT

ALONGE, Aile d'un bâtiment. Gl. *Allongare.* 1.

*ALONGE, Retard, répit. C. R.

ALONGNE, ALONGNEMENT, Allongement, délai, retardement. Gl. *Allongare.*

ALONGNER, Allonger, *Allongare*

*ALONGUIR, Allonger, prolonger. L.

ALOPECIE, Maladie, autrement *Pelade.* G. *Alopeciosa.*

ALORI, Attaché, lié, Gl. *Allorium*

ALOSER, Louer, applaudir. Gl. *Allocare* et *Losinga.*

ALOU, Aleu, héritage. Gl. *Alodis.*

*ALOUE, Alouette. L.

ALOUER, Louer, prendre et donner à louage. G. *Allocagium.* — Traiter, parler de ses affaires. Gl. *Allocare.*

*ALOUI, Usé. L.

*ALOUIÈRE, bourse. L.

ALOURDÉ, Étonné, étourdi par un coup qu'on a reçu. Gl. *Elourdatus.*

ALOURDEMENT, Séduction, surprise, tromperie. Gl. *Elourdatus*

ALOURDER, Surprendre, séduire, Gl. *Elourdatus.*

ALOYER, Hypothéquer. Glossaire *Alloiare se.*

*ALPAGE, Pâturage. L.

*ALPHITOMENTIE, Divination par la farine d'orge. L.

ALPHONCIN, Monnaie des rois d'Espagne, qui souvent portaient le nom d'Alphonse. Glossaire *Alphonsinus.*

ALQUANT, Serviteur, soldat. Gl. *Lacinones.*

*ALQUINIQUE, faux, de mauvais aloi. L.

*ALT, Haut, grand. L.

AMA

*ALTAIGNE, Élevée. C. R.

*ALTARAGE, Offrande. L.

ALTARISTE, Chapelain. *Altarista*

*ALTER, Autel. L.

*ALTÉRAT, Affaibli, empoisonné L

*ALTÉRATION, Inquiétude. L.

*ALTERCAS, Altercation. L.

*ALTERCUTEUR, Chicaneur. L.

*ALTÈRE, Transe, émotion. L.

ALTÉRÉ, Imbécile, hébété. Gl. *Alteratus.*

*ALTERNATION, Changement. L

ALTERQUER, Contester, quereller. Gl. *Altergare.*

*ALTRER, Voyez *Autrier*. Ch. R.

ALUCHER, Cultiver, labourer avec un louchet. Gl. *Alucari.*

ALUCHIER, Établir, fixer sa demeure. Gl. *Alucari.*

*ALUINE, Amertume, déplaisir. L

*ALUISNIER, Amer. L.

ALUEF, ALUEL, Aleu, héritage. Gl. *Alodis.*

*ALUMELLE, Laine. L.

ALUMER, Brûler des chandelles à l'honneur de Dieu ou des saints. — Éclairer quelqu'un. Gl. *Alumenare.*

ALUMERIE, Illumination. Glos. *Alumenare.*

*ALUMNE, Nourrisson. L.

*ALUTER, Lutter, éclabousser. L

*ALVE, Partie de la selle. C. R.

ALVINE, Absinthe. Gl. *Alonia.*

*AMADOR, Amant. L.

*AMAFROSE, Cécité. L.

AMAIGE, Droit sur les *aimes* ou tonneaux mis en perce pour être vendus en détail. Gl. *Ama.*

AMAINRIR, Amoindrir, diminuer, Gl. *Aminuere.*

AMA

AMAIRE, Bibliothèque, archives. Gl. *Armaria*, 3.

*AMAISER, Apaiser, accorder.

*AMAISONNER, Bâtir. L.

AMALADIR, Devenir malade. Gl. *Amorbari.*

*AMANCE, Amour, attendrissement. L.

AMANDISE, Amende, réparation, satisfaction. Gl. *Amendisia.*

AMANDRIR, Amoindrir, diminuer. Gl. *Aminuere.*

AMANENIZ, AMANEVIS, Agréable, charmant. Gl, *Amœnium.*

*AMANETEIS, Qui manie bien. L

*AMANEVIR (S') Se préparer. L.

*AMANEVIS, Adroit, dressé. L.

AMANNETTE, Menotte. Glossaire *Manulea.*

AMANT, Juge des causes civiles, officier de justice. On appelle de même les notaires dans le pays Messin. Gl. *Amanus.* 2.

*AMANTELER, Couvrir. L.

AMANTEUMENT. Voy. *Amenteument.*

AMARER, Entrer dans un port pour s'y mettre à l'ancre et y décharger des marchandises. Gl. *Amarrare.*

*AMAREUR, Amertume. L.

*AMARITET, Affliction. L.

*AMARITADE, Amertume. L.

*AMARIS, Matrice. L.

*AMAS, Assemblée de troupes. L.

AMASEMENT, Bail à cens, ou à charge d'*amaser* un héritage. Gl. *Amasatas.*

AMASER, Bâtir sur un héritage une maison ou un autre édifice. Gl. *Amasare.*

AMASSAGES, Redevance qui se paye en vin. Gl. *Amasagium.*

AMB

AMASSÉE, Rassemblement.

AMASSERES , Qui amasse des richesses, avare. Gl. *Amassator*.

AMASSOUER , Instrument qui sert à amasser. Gl. *Amassator*.

*AMATER, Affaiblir. L.

AMATI, Abattu, accablé, chagrin. Gl. *Amaturire*.

AMATICLE, Sorte de pierre précieuse. Gl. *Almacia*.

*AMATIR, Affaiblir. L.

AMATITRE , pour *Amethiste* , Pierre précieuse. Gl. *Amatixus*.

*AMAZER (S'), S'installer dans une habitation.

*AMBACTE, Officier, vassal, serviteur. L.

*AMBAGEOIS, Circuit, subtilité. L

AMBAXEUR, Ambassadeur. Gl. *Ambasciator*, sous *Ambasciare*.

*AMBEDENS, Deux, les deux. L.

AMBER, Enjamber. Gl. *Gamba*, 1

*AMBES, L'un et l'autre. L.

*AMBESAS, Deux as. L.

AMBESDUI, L'un et l'autre. tous deux. Gl. *Peciatus* sous *Pecia*.

*AMBIER, Tourner autour. L.

*AMBIGUEUX, Inquiétant. L.

AMBLAI, Espèce de claie dont on entoure une charrette pour y pouvoir voiturer certaines choses Gl. *Amblacium*.

*AMBLANT, Allant à l'amble. L.

AMBLÈ, Certaine allure de cheval. Gl. *Ambulare*, 3.

*AMBLER, Aller à l'amble, voyager. L.

AMBLÉURE , Amble. Glossaire *Ambulatura*.

AMBLEY, comme *Amblai*.

AMBORE, Ambure, L'un et l'autre

AMBOUR, Voy. *Aubor*, Aubier.

AME

AMBOURG, Sorte de bière. Glos. *Hamburgus*.

AMBOUSCHURE , Mélange d'une chose de moindre qualité avec une autre qui est très-bonne Gl. *Imbotare*.

AMBRACIER, Brasser, faire de la bière. Gl. *Pondoxare*.

*AMBROZIN, Savoureux. L.

*AMBRUSÉ, Embraser. G. V.

*AMBULER, Aller, marcher. L.

AMCONBRER, pour *Encombrer*, Charger. Gl. *Emconbrare*.

AMECHER, Garnir d'une mèche. Gl. *Myxa*.

*AMÉEMENT, Avec plaisir.

AMEGROIER , Amaigrir, rendre maigre. Gl. *Magrus*.

AMEIAULEMENT, Amiablement, amiable, avec douceur. Glos. *Amicaliter* sous *Amicalis*.

*AMEIR, Rude, Méchant. L.

*AMELETTE, Ame. L.

*AMEMBRER, Faire souvenir. L.

AMENAGE , Voiture , l'action d'amener, sorte de service dû au seigneur par son vassal. Gloss. *Admenare*.

*AMENCE, Remord. L.

*AMENCEUX, Rancunier. L.

*AMENDANCE, réparation. L.

AMENDEMENT, Réparation. — Réforme. — Engrais. Glossaire *Amendamentum*.

AMENDER, Réparer. Engraisser.

AMENDEUR, Celui qui engraisse. Gl. *Amendamentum*. [Réformateur. L.]

AMENDISE, Amende, réparation, satisfaction. Gl. *Amendisia*.

*AMENDISON, Réparation. L.

AMENDRIR, Amoindrir, diminuer. Gl. *Aminuere*.

AME

*AMÈNE, Beau, agréable. L.

AMENÉ, Mesure de grains, la même que l'hémine. Gl. *Amina.*

*AMENÉE, District d'un sergent, ressort d'un bailli. L.

AMENICLER, Mettre les *menicles* ou menottes. Gl. *Manicia.*

AMENISTREUR, Administrateur, curateur.

AMENRIR, Amoindrir, diminuer. Gl. *Aminuere.*

AMENRISSEMENT, Diminution. Gl. *Aminuere.*

AMENTEIVRE, AMENTEVEIR, Rappeler, remémorer.

*AMENTEU, Mentionné. L.

AMENTEUMENT, Conseil, sollicitation, instigation. Glossaire *Amentare,* 1.

*AMENTOIR, Mentionner. L.

*AMENUER, Diminuer. L.

AMENUISER, comme *Amendrir.* Gl. *Aminuere.*

*AMENUSEMENT, Diminution. L

*AMEOR, Amant. L.

*AMERATIF, Amer. L.

*AMERCIAMENT, Amende. L.

*AMERCIER, Condamner à l'amende. L.

AMERESSE, Femme qui aime. Gl. *Amasia.*

*AMERI, Devenu amer. L.

*AMERMEMENT, Diminution. L.

AMERMER, Diminuer, Glossaire *Minorare,* 1.

AMERTOR, AMERTUR, Amertume

AMESSEMENT, L'action d'entendre la messe, relevailles, dont la messe faisait la principale partie. Gl. *Admissatio.*

AMESSURE, Mauvais usage, abus. — Querelle, contestation, dispute. Gl. *Amessurá.*

AMI

*AMESURATS, Discret. L.

AMESUREMENT, Mesure, modération, proportion. — Régler avec mesure, proportionner. Gl. *Admensurare.*

*AMESURÉ, Discret, prudent. L.

AMETTE, Espèce d'augé. Glos. *Ametum.* [Borne, limite. L.]

AMETURE, Ce qui entre dans la composition de quelque chose, ce qu'on y emploie, ce qu'on y met. Gl. *Admissum.*

AMEURE. Voyez *Amure.*

*AMEUSEMENT, De bon gré. L.

*AMEUX, Amoureux. L.

AMI, Parent, proche. Gl. *Amicus*

AMIAULEMENT, Amiablement, à l'amiable, avec douceur. Gl. *Amicaliter* sous *Amicalis.*

*AMIELDRIR, Améliorer. L.

AMIENS, *Mal d'Amiens,* Espèce de maladie. Gl. *Morbus Ambianensis.*

AMIER, Agir en ami. L.

AMIERRES, Amateur. Gl. *Promotor,* 1. Voyez *Ameresse.*

AMIETE, Terme de galanterie, diminutif d'*amie,* maîtresse, Gl. *Amasia.*

AMINAGE, AMINAIGE, Droit sur les grains mesurés à l'hémine. Gl. *Aminagium* et *Eminagium* sous *Hemina.*

AMINOIS, Amiénois, territoire d'Amiens. Gl. *Picardia.*

*AMIOT, Petit ami. L.

AMIRAL, AMIRANT, AMIRAUT, AMIRÉ, Prince, gouverneur de ville ou de province, amiral. Gl. *Amir.*

AMISSION, Peine pécuniaire prononcée en justice. Gl. *Amissionem tenere.*

*AMISTABLE, Aimable. L.

AMO

*AMISTANCE, Amitié. L.

AMISTÉ, Amitié. — Commune de ville, échevinage, corps de ville. Gl. *Amicitia.*

*AMIT, Espèce de couverture. L.

AMMESTRE , Consul , échevin. Gl. *Amanus,* 2.

AMMITHE , Aumusse, vêtement qu'on mettait sur la tête, amict. Gl. *Calionacus.*

AMODERATION, Modération, diminution, proportion. Glossaire *Admensurare.*

AMODERER, Modérer, diminuer, proportionner. — Modérer, apaiser, calmer. — Essayer, faire une tentative. *Admensurare.*

*AMOI, Emotion. L.

*AMOIER, Émouvoir. L.

AMOIGNE, Aumône. Gl. *Eleemosyna,* 1.

AMOINDRISSANCE, l'Action d'amoindrir, diminution. *Minorare*

AMOINDRISSIER , Amoindrir , diminuer. Gl. *Minorare.*

AMOISONNER, Donner à quelque chose la mesure qu'elle doit avoir. Gl. *Amensurare.*

AMOISSONER (S') , Faire des conventions , un marché. Gl. *Amoissonata tallia.*

AMOISTIR, Rendre moite, humide, mouiller. Gl. *Austerare.*

AMOLLIER, Émoudre, aiguiser. Gl. *Ammolare.*

AMOLOIER, Adoucir, rendre plus doux. Gl. *Mitificare.*

AMONCHELER, Élever un bâtiment. Gl. *Amulgare.*

*AMONITION, Munition. L.

AMONNESTEUR, Sergent, huissier, porteur de semonces. Gl. *Admonitor.*

*AMONOIER, Avertir. L.

AMP

*AMONT, En haut. L.

AMONTER , Appartenir, dépendre. — Élever, exalter. Gloss. *Admontare* [Monter. L.]

AMORAL , Aimable, beau, joli, mignon. Gl. *Amoratus.*

*AMORAULE, Aimable. L.

AMORAVIS, Peuples de l'Afrique et de la Moravie.

*AMORDRE, Mordre. L.

*AMOREVOLESSE, Amour, Amitié. L.

AMORTIR , Éteindre une chandelle. Gl. *Admortizare.*

AMOUETIR, Rendre moite, humide, mouiller légèrement. Gl. *Lavire.*

*AMOULER, Aiguiser. L.

AMOUR , Galanterie, courtoisie. Gl. *Amor,* 5.

AMOURER, Aimer avec passion. Gl. *Amoratus,* 1.

AMOUREUSE, Maîtresse, femme galante. Gl. *Amoratus,* 1.

AMOUREUX. Le prince des amoureux, c'est le titre que les jeunes gens de Chauni donnaient à celui d'entre eux qu'ils se choisissaient pour chef le jeudi gras de chaque année. *Amoratus,* 1.

*AMOURRE, Aiguiser. L.

AMOYENNER, Traiter, accommoder une affaire. *Amodium.*

AMPAREMENT , Fortification , rempart. Gl. *Amparamentum.*

AMPARLERIE, Fonction, ministère d'avocat, ou l'auditoire où parle un avocat. *Amparlarii.*

AMPARLIER, Avocat. Gl. *Amparlarii.*

AMPERER, Remparer, fortifier. Gl. *Emparamentum.*

AMPIERE, Empire. Gl. *Impérium.*

ANC

AMPLAISTRE, Amplastre, Mesure de terre, place vide propre à être bâtie, emplacement. Gl. *Amplastrum.*

*AMPLE, Grand. L.

AMPLEER, Accroître, agrandir. Gl. *Ampliare.*

*AMPLETEIZ, Grandeur, étendue. L.

AMPLIER, Courtier, entremetteur de marchandises. Gloss. *Prozenetarius.*

AMPRAIL, Terre en pré. Gloss. *Apradatum* sous *Appradare.*

AMPUTER, Accuser un homme ou une femme de débauche et de prostitution. Gl. *Putagium.*

AMUIR, Rendre muet. *Amusus.*

*AMULER, Abrutir. L.

AMULONNER, mettre en meule. Gl. *Amulgare.*

AMURE, Lame. Ch. R.

AMURER, Fermer de murs. Gl. *Murare.*

AMURIR, pour *Amenrir,* Amoindrir, diminuer. Gl. *Aminuere.*

*AMUSSER, Cacher. L.

*ANABLE, Conforme, convenable. L.

ANACAIRE, Espèce de tymbale ou de tambour. Gl. *Nacara,* 1.

*ANALOIGNE, Délai, retard. L.

*ANATE, Canard. L.

*ANBLER, Dérober. R. R.

*ANBRONCHER, Baisser. G. V.

ANÇAINTE, Enceinte, femme grosse. Gl. *Incincta.*

ANCELE, Servante. Gl. *Ancilla,* 2.

*ANCELÈTE, petite servante. L.

ANCERE, Sorte de cave. *Anceria.*

ANCESSEUR, Ancessor, Ancêtre. Gl. *Ancessor.*

AND

ANCEUTE, Instrument propre pour frapper. Gl. *Feritorium.*

ANCHE, Cellier, cuve. Gl. *Alcha.*

*ANCHEAU, Cuve. L.

ANCHELE, Servante. Gl. *Ancella.*

ANCHESSERIE, Noble et ancienne race. Gl. *Ancessor.*

ANCHISERIE, Origine, succession, héritage venant des ancêtres. Gl. *Ancessor.*

ANCHOIS, Avant. Gl. *Abladare.*

*ANCIENOR, Très ancien. R.

ANCIENS, Sorte d'armure. Gl. *Ancianus.*

ANCISSEUR, Ancêtre. *Soistura.*

ANCITEMENT, Excitation, suggestion, l'action d'exciter à quelque chose. Gl. *Instigator.*

ANCONE, Image. Gl. *Ancona.*

ANCRAGE, Droit d'ancrage. Gl. *Anchoragia.*

ANCREUIL, Ancrœul, Beccard, femelle de Saumon. Gl. *Anchora*

*ANCROER, Pendre, accrocher. L

ANCUERLER, s'ancuerler, Prendre quelque chose fort à cœur, en être vivement touché. Glos. *Acorarius.*

*ANCUI, Aujourd'hui. F. et B.

ANDABLE, Affaibli, qui a perdu ses forces. Gl. *Indebilitatus.*

ANDAIN, Fauchée de pré. *Andellus*

ANDANSE ou Andause, Serpe. Gl. *Andasium.*

ANDEIN, Landier, chenet. — Espace compris entre les deux jambes d'un homme qui les tient écartées. Gl. *Andena.*

ANDEVAISAIRE, Anniversaire. Gl. *Anniversarium.*

ANDIER, Landier, chenet. Gloss. *Andèrius.*

ANDOILLES, Cloison, mur de terre. Gl. *Andetus.*

AGE

*ANE, Cane. L.

ANEANTEMENT , Anéantisse-
ment, destruction. *Annichilare.*

*ANEL, Cercle, anus. L.

*ANELER, Figurer en cercle. L.

*ANELET, Petit anneau. L.

*ANEME, Haleine, âme. L.

*ANEMIS, Diable. C. N,

*ANET, Aune, arbre. Gl. *Anetus.*

ANETEL, Petit du canard, cane-
ton. Gl. *Anatinus.*

ANETTE, Cane. Gl. *Aneta.*

*ANFANTON, Enfant. G. V.

ANFAUTRÉ , Fourré. Gl. *Mus
Peregrinus.*

ANFERS, Ceux qui sont dans les
fers, prisonniers, ou p. e. infir-
mes, malades, Gl. *Inferrare.*

*ANFORGES, Sacoches. L.

ANFOUR , Monnaie d'Alphonse.
Gl. *Anfours.*

ANGAR, Lieu couvert, qui est
ouvert de tous côtés. Glossaire
Angarium.

ANGARDE, Avant-garde. Gloss.
Antegardia.

*ANGARIE, Corvée, impôt. L.

*ANGARIER , Surcharger d'im-
pôts. L.

ANGELE, Ange. Gl. *Angelotus.*

*ANGELIAL, ANGELICAL, ANGELIN
Angélique. L.

*ANGELOT, Petit ange, monnaie L

ANGENINE, Monnaie de Lorraine.
Gl. *Angenina.*

*ANGER, Charger. L.

ANGEVIN, Monnaie des comtes
d'Angers. Gl. *Andegavenses
denarii* sous *Moneta baronum.*

ANGEVINE, Fête de la nativité de
la Vierge. Gl. *Festum nativitatis
S. Mariœ* sous *Festum.*

ANG

ANGHET, Coin, lieu caché. Gloss.
Angetum.

ANGLE, Certain canton du bail-
lage de Sens. Gl. *Angula* [Coin,
recoin. L.] — Ange, monnaie.

ANGLÉE, Coin, lieu retiré. Gloss.
Anglare. — Certaine mesure de
terre. Gl. *Augula terrœ.*

ANGLER (S'), Se retirer, se cacher dans un coin. Gl. *Anglare.*

ANGLET, Coin, l'angle extérieur
ou intérieur. Gl. *Anglare.*

*ANGLIER, Qui se retire dans les
angles. L.

ANGLISE, pour *Église,* Gl. *Alodis*

*ANGLON, Petit angle. L.

ANGOINE, Ennui, peine, chagrin.
Gl. *Anguara.*

ANGOISSER, Causer de la douleur, du chagrin, rendre triste.
Gl. *Angustiari.*

ANGOISSOLLES , Nom d'une
société de négociants. *Societas.*

ANGONNE, Aine. Gl. *Anguinalia*

ANGORISME, Langueur, affliction
d'esprit, chagrin. Gl. *Anguara.*

ANGOULER , Engloutir, avaler.
Gl. *Gula.*

*ANGOUS, Étouffant. L.

*ANGRE, *Angele,* Ange. C. N.

ANGROTER, Être malade. Gloss.
Amorbare.

ANGUARA, Corvée, Service de
chevaux, voitures, etc. *Anguara*

ANGUENGNE , Chagrin , peine.
Gl. *Anguara.*

ANGUENNE, Aine. *Anguinalia.*

*ANGUILLADE, Tromperie. L.

*ANGUILLOMEUX, Trompeur. L

*ANGUISABLES , ANGUISSABLES,
Être en angoisses. Ch. R.

*ANGUISSUSEMENT, Avec ins-
tances. M. F.

ANN

*ANGUSTE, Étroit. L.

*ANGUSTEIT , Détresse , souffrance. L.

*ANGUSTIE , Détresse , souffrance. L.

*ANHELER, Haleter, soupirer. L.

ANHET, Agneau. Gl. *Anhellus.*

ANIAX, Anneaux. *Fermeilletum.*

*ANICHEUR, Qui fait nicher. L.

ANICHIER, Nicher, faire son nid. Gl. *Nidalis.*

ANICHILLER , Réduire à rien, anéantir. Gl. *Annichilare.*

ANIÇOTE, Béquille, bâton dont se sert un estropié. Gl. *Anire.*

ANIENTER, Anéantir, réduire à rien. Gl. *Annichilare.*

*ANILLE, Béquille, potence. L.

*ANIME, Sorte de cuirasse. L.

*ANIMEUSEMENT, Courageusement. L.

*ANIMEUX, Courageux, colère. L

*ANISER, Engendrer, multiplier L

*ANITE, Année. L.

*ANME, Ame. Ch. R.

*ANNABLE, Qui a un an. L.

*ANNAR, Aller. L.

*ANNAU, Annuel. L.

ANNE, p. e. pour *Ante*, Tante. Gl. *Avuncula.*

ANNÉ, Messes que l'on dit pour un mort pendant le cours d'une année. Gl. *Annalis.* — Récolte, revenu d'une année. *Annata.*

ANNEAU, Carcan, Gl. *Annulus.*

*ANNÉE, Récolte annuelle. L.

ANNELAGE , Redevance payée pour les agneaux.

ANNIEUX, Anniversaire. *Annuale*

*ANNION, Espace d'un an. L.

*ANNONCEMENT AnnonciationL

ANS

ANNONERIE, Marché au blé. Gl. *Bladaria*, sous *Bladum.*

ANNOTIF, Annuel, qui revient chaque année. Gl. *Pascha annotinum.*

*ANNUICTER, Nantir. L.

ANNUITIE, *Brief de Annuitie*, Exploit pour demander le payement d'une rente. Gl. *Annuitas.*

ANNULIER, Administrer les saintes huiles , donner l'extrême-onction. Gl. *Inoleare.*

ANNUNCEUR, Crieur public. Gl. *Annunciatorium.*

ANOIENTER, ANOIENTIR, Anéantir , rendre nul , réduire au néant, à rien. Gl. *Annichilare.*

*ANOIER, Nuire, ennuyer. L.

*ANOIEUS, Nuisible. L.

*ANOIOUSEMENT , Injurieusement. L.

ANOIS, Ennui, peine, chagrin. Gl. *Picardia.*

ANOIT, Aunaie, lieu planté d'aunes. Gl. *Annetum.*

*ANONBRER (S'),Devenir homme Voyez *Aombrer*. C. N.

ANONCELLE, Sorte de poisson de mer. Gl. *Arnoglossus.*

ANONCEUR, Délateur, dénonciateur. Gl. *Annunciatorium.*

*ANONCHALIR , Refroidir, devenir indifférent. L.

*ANONCIER, Celui qui annonce L

ANOR, Honneur, respect. — Fief, domaine. Gl. *Honor.*

ANORER, Honorer, porter honneur. Gl. *Honor.*

*ANPRÈS, Après. C. R.

ANQUERGER , Enquérir, informer. Gl. *Inquestare.*

ANSAIGE, Entrée ou réception dans un corps ou communauté, et le droit qu'on paye à cette

ANT

occasion. *Hansatus* sous *Hansa.*

*ANSANDE, Bardeau, latte. L.

ANSEI, Sorte de vaisseau propre pour la vendange; ainsi nommé apparemment parce qu'il avait des anses. Gl. *Ansa.*

ANSEOR, pour *Asseor* ou *Asseour* Arbitre, qui *assied* ou assigne ce qui appartient à chacun. Glos. *Inquestare.*

ANSER, Instruire, dresser à quelque chose. — Recevoir quelqu'un dans une société ou compagnie de marchands. — Présenter un ouvrage à l'examen de la *Hanse* ou corps de métier, pour voir s'il est fait suivant les règles de l'art. Gl. *Hansotus* sous *Hansa.*

ANSERY, *Heure de l'Ansery,* le jour tombant, le soir. Gl. *Hora seralis* sous *Hora.*

ANSES, Assigné. Gl. *Anses.*

ANSSITE, Image, figure. *Ancona.*

*ANT, Oncle, tante. L.

ANTAIN, Tante, sœur du père ou de la mère. Gl. *Avuncula.*

ANTALENTIR, pour Entalenter. Gl. *Affectare.*

ANTAN, Ci-devant, autrefois. Gl. *Antecessus.*

ANTE, ANTEIN, Tante, sœur du père ou de la mère. *Avuncula.*

*ANTENAI, Rejeton d'un an. L.

ANTENEORS, Entonnoir. Gloss. *Anteneors.*

ANTENOIS, Chevreau d'un an. Gl. *Anniculus.*

ANTESCHANGER , Donner en contrechange. Gl. *Escangium.*

*ANTEVÈNE, Antienne. L.

ANTHAINE, Antienne. *Antiphona*

ANTHAISONS , Jeunes arbres nouvellement entés. Gl. *Entare.*

AOR

ANTIBULLE, Bulle donnée par un antipape, ou qui est réputé tel. Gl. *Antibulla.*

ANTICEMENT, pour *Ancitement.* Gl. *Instigator.*

ANTIDOTAIRE, Livre qui traite de la composition des remèdes. Gl. *Antidotarius.*

*ANTIF, Antique, ancien. L.

ANTIN, Le bien qui provient de la tante. Gl. *Avuncula.*

*ANTIQUER, Changer. L.

ANTOINE, Antienne. *Antiphona.*

*ANTROIGNER, Railler. L.

*ANTROINGNIARD , Homme d'une simplicité trompeuse. L.

*ANTROINGNE , Fiction, Tromperie. L.

ANTRUPERIE , Tour de passe-passe. Gl. *Trahere.*

ANUABLE , Facile, qui accorde aisément. Gl. *Adnue.*

*ANUIANCHE, Ennui. L.

*ANUIT, A la nuit. L.

ANUITER, Faire nuit. *Adjornare*

*ANUITIR, Arriver à la nuit. L.

ANWILLE, Anguille. *Anwilla.*

ANWISON, Espèce de poisson. Gl. *Anwilla.*

*AOCHER, Suffoquer, L.

*AŒILLER, Fasciner, parer, rendre attrayant. L.

AOIRE, Oie. Gl. *Auca.* [Augmenter, accroître. L.]

*AOITE, Augmentation. L.

AOMBRER, Couvrir de son ombre. Gl. *Sufflare.*

AONNIER, Unir, aplanir, rendre égal. Gl. *Aplanare.*

AORBIR, Retirer, rétrécir. *Orbitare.* [Priver de la lumière. L.]

*AORDENE , Ordre , Ordonnance. P. B.

APA

*AORDRE (S'), Se conformer aux ordres. R.

AORER, Adorer, prier. *Adorare.*

*AOREILLEER, Écouter. L.

AORGER (S'), S'arrêter, se retenir à quelque chose. Gl. *Arrestare.*

*AORNE, En ordre, à la suite. R. R.

AOUE, Oie. Gl. *Auca.*

*AOUILLER, Remplir. L.

*AOULTRER (S'), S'irriter. L.

AOURER, Honorer, révérer, prier. Gl. *Adorare.*

AOURNEMENT, Ornement. Gl. *Adornare.*

AOURSE. Fatigué, harrassé. Gl. *Burdillus.*

*AOURSER (S'), Devenir furieux comme un ours. L.

AOUST, Le temps de la moisson, la moisson même. Gl. *Augustus.*

AOUSTAGE. Rente qui se payait à la mi-août. Gl. *Aostagium.*

AOUSTER, Faire la moisson. Gl. *Augustare.*

AOUSTEUR, Moissonneur. Glos. *Augustare.*

AOUSTRÉ, Adultère.

*AOUVERT, Découvert, dévoilé. L

*AOUVRER, Mettre en œuvre. L.

AOUVRIR LOI, Admettre, recevoir à plaider. *Aperire curiam.*

*AOVERT, Ouvert. C. N.

*AOVRER, Accomplir. C. N.

APACTIR, Faire pacte, traiter, convenir de quelque chose, et surtout des contributions ou des rançons que les ennemis exigent. Gl. *Apatuare.*

APAER, APAIER, Payer, satisfaire, rendre content. Gl. *Apacare.* [Pacifier. L.]

*APAI, Amorce. L.

APAIER, Attirer, engager, Gloss. *Apacare.*

*APAISENTER, Apaiser. L.

APAISENTEUR, Arbitre, juge choisi par les parties pour accommoder un différend. Gl. *Paciarii*

*APAISIER, Réconcilier, Pacifier. L.

*APAISIR, Apaiser. L.

*APAISITEUR, Pacificateur. L.

APALIR, Affaiblir, énerver, engourdir. Gl. *Apalus.*

APANAGE, La portion d'héritage qui est donnée aux puînés ou aux filles pour tout patrimoine. Gl. *Apanare.*

APANAGER, APANER, Assigner l'*apanage.* Gl. *Apanare.*

APANEMENT, Comme *Apanage.* Gl. *Apanare.*

APAPELARDIR, Faire le papelard, contrefaire l'homme de bien. Gl. *Papelardus.*

APARAGEOR, Celui qui tient en parage. Gl. *Paragium.*

*APARAGER, Comparer, égaler, doter, marier. L.

APARCHIS, Lieu où l'on élève des perches sur lesquelles on place les draps pour les lainer. Gl. *Pegia.*

APAREILLEMENT, Appareil. Gl. *Aparamenta navis.*

*APAREILLER, APARELLIER, Être pareil, égal, semblable. L.

*APAREIR (S'), Se montrer. C. N.

*APARIAGE, Apanage. dot. L.

APARET, Ce qui ferme un pré et qui empêche d'y entrer. *Ampara*

*APARIR, Unir, accoupler. L.

*APARISSANCE, Apparence. C. N.

*APARLEMENT, Pourparler, paroles. L.

*APARLER, Parler. L.

APE

APARLLER , Parler ensemble , traiter d'une affaire. *Arrationare*

*A-PAR-MAIN, De suite. L.

*APAROI, Préparatif. L.

APAROLER, Adresser la parole à quelqu'un. Gl. *Arrationare.*

*APARTIR, Partager, partir. L.

APASTELLER, Fournir la pâtée ou pâture. Gl. *Pastus.*

APASTIS, Pacte, traité, convention ; la chose convenué. Gl. *Apàtisatio.*

APATICHER, APATISSER, Faire un accord, traiter, convenir, Glos. *Appatisatio.*

*APATISSEMENT , Contributions. L.

*APATISSURE, Pacte pour contribution. L.

APAU, Bail à cens. *Apeamentus.*

APAUTEOR, Censier. *Apeamentus*

APAUTER , Donner à cens. Glos. *Apeamentus.*

APAYSEMENT , Adoucissement. Gl. *Expiare.*

APAYSIER, Adoucir. Gl. *Expiare.*

APENDEIS, Appentis. Gl. *Appendaria.*

APENDRE, Dépendre, appartenir. Gl. *Appendere.*

APENSEMENT, Réflexion, méditation. Gl. *Apensamentum.*

*APENSER, Réfléchir. L.

*APERCER, Être paresseux. C. N.

APERCHER , Soutenir avec des perches. Gl. *Pegia.*

*APERT, Évident, connu. L.

APERTE , Fait d'armes , belle action. Gl. *Apparentia.*

*APERTÉ, Action d'éclat. L.

*APERTELET, Vaillant. L.

*APERTEMENT, Évidemment. L.

APL

APERTINANT, Allié, parent. Gl. *Pertinere.*

*APERTISE, Évidence, adresse. L

APERTISSE, Adresse, dextérité. Gl. *Apparentia.*

*APESART, Cauchemar. L.

APETICIER, Diminuer, apetisser, Devenir plus petit. *Apetissare.*

APICQUOTEUR, Difficile, querelleur, fantasque. *Appiglantia.*

*APIE, Douceur. L.

APIECER , Attacher ensemble plusieurs pièces ou morceaux. Gl. *Appire.*

*APIGRATIS, Grapilleur. L.

APILETTÉ, APILLETTÉ, Qui a une pointe comme celle du javelot ou dard, qu'on appelait autrefois *pile* ou *pilet.* Gl. *Pilatus.*

APINIAULX , p. e. Farceurs , bouffons. Gl. *Apinarii.*

APITER, Toucher, attendrir. Gl. *Pietosus.*

APLAIGNER, Caresser du plain de la main. Gl. *Aplanare.*

*APLAISSER, Soumettre. C. N.

APLAIT, Harnais de cheval. Gl. *Aploidum.*

APLANIR , Polir , rendre uni , ajuster. Gl. *Aplanare.*

APLANOIIER, comme *Aplanir,* Gl. *Tintinnabulum.*

APLAUDIR, Couvrir, cacher. Gl. *Applausivus.*

APLEITAGE, Place où l'on dépose les marchandises débarquées ou à embarquer. *Plactata*

*APLENNER, venir en foule. L.

*APLIER, Plier. L.

APLOIER , Se plier à ce qu'on souhaite de vous , acquiescer, condescendre. Gl. *Aplegiare.*

*APLOMMER, Être accablé. L.

APO

APLOVOIR, Aplouvoir, Venir en grand nombre, en affluence. Gl. *Pluvinare.*

APOIAL, Appui, soutien. Gloss. *Apodiamentum.*

APOIER, Payer, satisfaire, rendre content. Gl. *Apacare.*

APOIGNER, Empoigner, prendre à pleine main. Gl. *Arpagare.*

APOINDRE, Donner des éperons, se hâter.

APOINTIER, Panser, avoir soin d'un malade ou blessé. Gloss. *Aptare.* Voyez *Appointier.*

APOINTON, Instrument pointu, propre à piquer ou à percer. Gl. *Punctorium.*

*APOISER, Peser. L.

APOISONER, Empoisonner. Gl. *Empoysonare.*

APONRE (S'), Se disposer.

APOPELISIE, Apoplexie. Gl. *Apoplecticus.*

APORCHER, Apporter, présenter, servir. Gl. *Apportus.*

*APORÉTIQUE, Embarrassant, douteux. L.

*APOSTATE, Éloigné d'un lieu. L.

*APOSTE, A propos. L.

APOSTEILAT, Apostole. Apostoile, Pape. Gl. *Apostolicus.*

*APOSTOIRE, Apôtre. L.

*APOSTOLE, Apôtre. L.

*APOSTOLISER, Imiter les apôtres. L.

*APOSTOLITÉ, Apostolat. L.

1. APOSTRES, C'est le nom qu'on donne dans le diocèse d'Amiens aux prêtres qui sont employés à desservir les cures vacantes. Gl. *Apostoli.*

2. APOSTRES, Lettres dimissoires données à un appelant

APP

par le juge dont on appelle. Gl. *Apostoli.*

*APPACTIR, Obliger à remplir un pacte. L.

APPAILLARDIR, Se livrer à la débauche, commettre l'adultère. Gl. *Paillardus.*

APPAISENTEUR, Appaisentier, Appaiseur, Appaisiteur, Arbitre, juge choisi par les parties pour accommoder un différend. Gl. *Paciarii.*

APPANAGER, Faire paître les glands d'une forêt par ses pourceaux. Gl. *Appanagium.*

APPANER, Donner en apanage. Gl. *Apanare.*

APPANSEMENT, Délai, temps accordé en justice pour consulter et répondre sur une demande. Gl. *Appensamentum.*

*APPAR, Par. L.

*APPARABLE, Être évident. L.

APPARAGÉ, Celui qui jouit de la part qui lui appartient dans un héritage. Gl. *Apparagium.*

*APPARAUMENT, Apparent. L.

APPARÇONNER, Associer, se mettre ensemble. *Parcenarii.*

*APPARE, Paroi. L.

APPARÉEMENT, Visiblement, évidemment. Gl. *Apparenter.*

APPAREIL, Terme générique pour signifier tout ce qui est nécessaire pour faire une certaine chose. Gl. *Apparamenta.*

APPAREILLEMENT, Ornement, parure. Gl. *Apparatura.*

APPAREILLIÉ, Tout prêt, disposé. Gl. *Apparamenta.*

APPARÉMENT, Visiblement, évidemment. Gl. *Apparenter.*

APPAREURE, Montre, échantillon, ce qui sert à parer la marchandise. Gl. *Apparatura.*

APP

APPARIAGE, Apanage, la portion de l'héritage que l'aîné assignait à ses cadets. Gl. *Apparagium* sous *Paragium.*

*APPARIATION, Association. L.

*APPARIEMENT, Accouplement L.

APPARITION, Épiphanie, la fête des rois. Gl. *Apparitio*, et *Festum Apparitionis*

APPARLER, Adresser la parole à quelqu'un. Gl. *Arrationare.*

APPARNAIGER, p. e. pour *Appannaiger*, permettre à quelqu'un de faire paître par ses pourceaux les glands d'une forêt, moyennant une certaine redevance. Gl. *Appanagium.*

*APPAROIR, Paraître. L.

APPAROY, Paroi, mur, cloison. Gl. *Paries.*

APPARSONNER, Associer, se mettre ensemble. *Parcennarii.*

APPARTENANMENT, Avec liaison, rapport, affinité. Gloss. *Attinenter.*

*APPASSER, Passer. L.

APPASTELER, Terme bas et populaire, pour signifier couper la gorge. Gl. *Pastus.*

APPATIS, Rançons, contributions. Gl. *Appatissamentum.*

APPATISSIER, Régler, convenir des contributions. *Appaticire.*

APPATRONNER, Comparer avec le patron, le modèle, étalonner. Gl. *Patronare.*

APPEL volage, Terme de notre jurisprudence. Gl. *Appellatio.*

*APPENDANCES, Dépendances. L.

APPENDEIS, Appentis. Glossaire *Appendaria.*

*APPENS, Pensé, réfléchi. L.

APPENSÉ. *De fait appensé*, de guet-apens. Gl. *Appensatus.*

*APPENSEMENT, Action de penser. L.

APPENTIS, Dépendance d'un chef-lieu. Gl. *Appendaria.*

APPERDU, Éperdu, qui a le cerveau troublé, hors de sens. Gl. *Perditus.*

APPERT, Adroit, industrieux, habile en sa profession. — *En appert*, à découvert, publiquement. Gl. *Apparentia*

APPERTESE, Appertise, Industrie, dextérité, tour d'adresse. Gl. *Apparentia.*

APPESART, Cauchemar. Gloss. *Apesator.*

*APPÉTER, Convoiter. L.

*APPÉTITIF, Convoiteux. L.

*APPIGNER, Exhausser un mur. L.

*APPIGRETS, Chose où l'on grapille. L.

APPIPAUDER, Parer avec affectation et recherche. Gl. *Piola.*

APPITOYER, S'attendrir, être touché. Gl. *Pietosus.*

APPLECT, Harnais d'animal qui tire une voiture. Gl. *Aploidum.*

APPLEGEMENT, Cautionnement et complainte en justice. Gl. *Applegiare* sous *Plegius.*

APPLEGER (S'), Applégier, Donner plége ou caution, former complainte. Gl. *Applegiare.*

APPLIQUER, *S'appliquer de paroles*, se prendre de paroles, quereller. Gl. *Applicare.*

APPLOIER (S'), Baisser la tête par crainte ou par respect. Gl. *Aplegiare.*

APPLOIT, Filets et tout ce qui est nécessaire pour la pêche. Gl. *Aploidum.*

APPOIÉE, Appoiement, Appui accoudoir, bras d'un siége o fauteuil. Gl. *Appodiatorium.*

APP

APPOIGNER, Empoigner, prendre à pleine main. Gl. *Arpagare.*

***APPOINCTATION**, Négociation L

APPOINTEMENT, Traité, convention. Gl. *Appointamentum.* — Jugement, décision d'arbitre. Gl. *Appunctamentum.*

APPOINTEUR, Celui qui est chargé de traiter une affaire. Gl. *Appointamentum.*

APPOINTIER, Préparer, arranger. Gl. *Appunctare.*

APPORFONDIR, Approfondir, rendre plus profond. Gloss. *Approfundare.*

APPORT, Cens, redevance. — Le bien que la femme apporte en dot à son mari. Gl. *Apportum.* —Offrande, aumône.--Affluence de peuple. Gl. *Apportus.*

APPORTIONNER, Donner à quelqu'un la portion de bien qui lui appartient. Gl. *Apportionari.*

APPRATIR, Mettre en pré. Gl. *Apprayere.*

APPREINGNER, Presser, serrer. Gl. *Attidere.*

APPRESAGEMENT, Aprisagement, Appréciation, estimation, Gl. *Appressio* et *Appretiare.*

APPRÉSAGIER, Apprisagier, Aprisagier, Apprécier, estimer. Gl. *Appretiare.*

APPRISE, Ordonnance d'un juge supérieur, dans laquelle il prescrit à son subalterne la forme de la sentence qu'il doit prononcer. Gl. *Apprisia.* [Apprentissage. L.]

***APPRISURE**, Enseignement, instruction. L.

APPROCHEMENT, Embrassement, témoignage, marque d'amitié. Gl. *Appropinquare.*

APPROCHER, Approchier, Accuser, appeler en justice. Gloss. *Appropinquare.*

APR

APPROFITER, Profiter, tirer du profit de quelque chose. Gloss. *Approflamenta.*

APPROPRIER, Unir, annexer, incorporer. Gl. *Appropriare.*

APPROUVANDEMENT, Fourniture de ce qui est nécessaire à la vie. Gl. *Præbenda.*

***APPROUVE**, Épreuve, L.

APPUNCTEMENT, Traité, convention. Gl. *Appunctuamentum* sous *Appunctare.*

APRENDRE QUELQU'UN, Enseigner, instruire. *Apprehendere.*

APRESAGIER, Apprécier, estimer. Gl. *Appretiare.*

APRESSER, Presser, serrer de près, poursuivre vivement. Gl. *Appressio.*

APRESTISE, Exercice du corps, dextérité, adresse. *Apparentia.*

***APREUF**, Après. L.

A-PRIMES, Pour la première fois. Gl. *Adprimitus.*

APRINSE, Apprentissage. Gloss. *Apprenticiatus.*

APRISAGEMENT, Appréciation, estimation. Gl. *Appressio.*

APRISE, Enquête juridique pour parvenir à la juste estimation de quelque chose. Gl. *Aprisia.* — Apprentissage. Gl. *Apparentia* et *Apprenticiatus.*

***APRISMEMENT**, Action d'approcher. L.

APRISON, Ce que l'on retient par force. Gl. *Aprisio.* — Apprentissage, habitude.

APRISONNER, Mettre à prix, rançonner. Gl. *Aprisonare.*

APRISSANCE, Prééminence, avantage. Gl. *Antelatio.*

***APROB**, auprès, après. L.

APROCHEMENT, Attouchement, Gl. *Appropinauare.*

ARA

APROCHER, Accuser, appeler en justice. Gl. *Appropinquare.*

APROISMIER , Approcher. Gl. *Approximare.* — Accuser , appeler en justice. Gl. *Appropinquare.*

AQUAIRE , *Fil d'aquaire ,* fil d'archal. Gl. *Auriculatum.*

AQUEREAU, Espèce de machine de guerre. Gl. *Arganella.*

AQUERIR, Exciter, provoquer. Gl. *Acquirere.*

AQUESTER , Acquérir, faire des acquêts. Gl. *Aquistare.*

AQUETON , Hoqueton, casaque. Gl. *Bombacinium.*

AQUEULLIR , Associer, donner part à quelque chose. *Accolligere*

*AQUEUTER (S'), S'accouder.

AQUIAUT, Troisième personne du présent de l'indicatif du verbe *Aqueullir.* Gl. *Accolligere.*

AQUILANT, Brun ou alezan. Gl. *Aquilinus.*

AQUINCTER, Pencher , baisser d'un côté. Gl. *Guillator.*

AQUIS, Fatigué, réduit à l'extrémité. Gl. *Acquitare.*

AQUIT, Sorte d'impôt. *Acquitum.*

AQUITER, Donner, céder. Gl. *Escahentia.*

ARABI, Arabe. *Chevaux Arabis,* que nous appelons Barbes. Gl. *Farius.*

ARABIANT, Qui est d'Arabie. Gl. *Aurum Arabicum.*

ARABIS, Se dit d'un fleuve dont le cours est fort rapide. *Farius.*

ARABLE, Qui sert au labourage. *Arabilis.* — Érable. *Arablius.*

ARABUSTER, Importuner, tourmenter. Gl. *Arbustaritiæ.*

ARACEMANT, Arrachement, déracinement. Gl. *Arancare.*

ARB

ARAGE, ARAIGE, Terre labourable, Terrage, champart. *Aragium.*

*ARAGNE, Araignée. L.

ARAIGNIER, Raisonner, discourir. Gl. *Areniare.*

ARAIN, Airain, cuivre. *Vispilio.*

ARAINE , Trompette. *Arainum.*

ARAINGIER, p. e. Ouvrier en airain. Gl. *Arainum.*

ARAJOINTES, Nom d'une foire qui se tenait à Château-Chinon. Gl. *Arajointes.*

ARAIRE , Espèce de charrue à labourer. Gl. *Arar.*

*ARAISNIEMENT , Avec persistance. L.

ARAISNIER, Ranger, mettre en ordre de bataille. Gl. *Araiare.*

ARAISONNEMENT , Abouchement, entretien avec quelqu'un. Gl. *Affamen.*

ARAISONNER , Parler à quelqu'un, lui adresser la parole. — Demander, faire rendre compte. Gl. *Arrationare.* — Citer , appeler en justice. Gl. *Areniare.*

ARAMIE, Guerre déclarée. Gl. *Adramire.*

*ARAMIR , Promettre , attester. R. R.

ARAP, Rapt, vol, larcin. *Arap.*

ARAPER , Prendre , saisir avec force. Gl. *Arrapare.*

ARATOIRE, Propre au labourage. Gl. *Bos.*

ARAULE, Labourable. Gl. *Aralia.*

ARAYNE, Sable, gravier, et p. e. sablière. Gl. *Arena.*

ARBALESTE, Différentes sortes d'arbalètes. Gl. *Balista.*

ARBALESTÉE , ARBALESTRÉE , Portée d'arbalète. Gl. *Arbalista.*

ARBALESTIERE, Sorte de fenêtre longue et étroite. *Arbalisteria*

ARC

ARBAN, Arbau. Corvée, service corporel. Gl. *Herebannum.*

ARBERNAIGNE, pour *Allemaigne.* Gl. *Arbernannia.*

ARBITRATEUR, Juge choisi par les parties pour terminer à l'amiable un différend. Gloss. *Arbitrator.*

ARBITREUS, comme *Arbitrateur*

ARBOIE, Lieu planté d'arbres, bosquet. Gl. *Arboreta.*

***ARBOIRIE**, Arbres. L.

ARBOUT, Arc-boutant. *Arvoutus*

***ARBFiER**, Se cabrer. P.

***ARBREUX**, Planté d'arbres. L.

ARBRIER, Monture de l'arbalète. Gl. *Arboreta.*

ARBRIERE, Lieu planté d'arbres. Gl. *Arboreta.*

***ARBRORIE**, Bois, forêt. L.

ARBROYS, Buissons, broussailles. Gl. *Arboreta.*

ARBRUISSEL, Arbrisseau, jeune arbre. Gl. *Arboreta.*

ARCANGELE, Archange. Gloss. *Angelotus.*

ARCAU, Voyez *Arcau.*

ARCE, Palissade, ou p. e. *Herse.* Gl. *Arcaturia.*

ARCEBER, Terme béarnais, qui signifie *Recevoir.* Gl. *Arcetum.*

ARCEDECLIN, Maître d'hôtel. Gl. *Architriclinus.*

ARCEPRESTRE, Archiprêtre, grand Prêtre. *Achipresbyter.*

ARCEUT, Droit de gîte. *Arcetum.*

ARCHAUX, p. e. Pieux mis dans une rivière pour rompre l'effort de l'eau. Gl. *Arcaturia.*

ARCHEBRIKE, Par dérision, archevêque ou archiadiacre. Gl. *Archidiaconus.*

ARCHEDIACRÉ, Archidiaconé. Gl. *Archidiaconatus.*

ARD

ARCHÉE, Portée d'arc. *Arbalista.*

ARCHÉER, Chasser de l'arc, tirer de l'arc. Gl. *Arcuare.*

ARCHEGAYE, Archegaiez, Sorte de lance, pique ou épée. Gloss. *Archegaye.*

ARCHERIE, Gibier chassé à l'arc. Gl. *Arcuare.*

ARCHET, Étui, diminutif d'*Arche*, coffre. Gl. *Archetus.*

ARCHIDIACREY, Archidiaconé. Gl. *Archidiaconatus* sous *Archidiaconus.*

ARCHIER, Ouvrier, faiseur d'arcs. *Archerius.* — Archer. *Archerius* et *Arcarii.*

ARCHIERE, Espèce de fenêtre, creneau. Gl. *Archeria.*

***ARCHIF**, Chartrier. L.

ARCHIGAIE, comme *Archegaye.*

ARCHITRICLIN, Maître d'hôtel. Gl. *Architriclinus.*

ARCIEN, Étudiant en philosophie. Gl. *Ars.*

ARCIEUT, Arciut, Droit de gîte. Gl. *Arcetum.*

ARCIGAYE, comme *Archegaye.*

ARCOIER, Tirer de l'arc, chasser à l'arc. Gl. *Arcuare.*

ARÇONNEUR, Ouvrier qui arçonne la laine, etc. *Arçonnare.*

***ARCTÉ**, Etréci, resserré. L.

ARDAUSE, p. e. comme *Arde.*

ARDE, Certain bâton d'une charrette. Gl. *Arda.*

***ARDER**, Brûler, briller. L.

ARDEUR, Incendiaire. Gl. *Arderc.*

ARDI, Ardic, Petite monnaie, liard. Gl. *Ardicus.*

ARDILIER, Lieu rempli de broussailles. Gl. *Ardillaria.*

ARDILLE, Argile. Gl. *Ardilhu.*

ARE

ARDOIR, Ardre, Brûler, mettre le feu. Gl. *Ardere*, 2.

ARDRILLE, pour *Ardille*, Argile. Gl. *Ardilha*.

ARDRILLOUX, Argileux. *Ardilha*

ARDS, Brûlé, ou de couleur noire. Gl. *Ardicus*.

*ARDUITÉ, Difficulté. L.

ARE, Présentement. *Are*. [Aride, sec, desséché. L.]

AREAU, Charrue à labourer. Gl. *Arar*. — Lieu vague dans une forêt. Gl. *Areale* sous *Area*, 1.

ARÉE, Labourage. Gl. *Bos*. — Sillon que fait la charrue en labourant. Gl. *Arar*. — Place où l'on bat les grains. Gl. *Area*.

ARÉÉ, Armé, équipé. *Arraiare*.

AREGNER, Attacher par les rênes ou la longe. Gl. *Areniare*.

AREN:., pour *Araine*, Trompette. Gl. *Arainum*.

*ARÉNEUS, Sablonneux. L.

ARENGERIE, Lieu d'assemblée tumultueuse. Gl. *Arengaria*.

*ARÉNIÈRE, Sab... ère. L.

*ARÉNULE..., ..ablonneux. L.

ARERE, Charrue à labourer. *Arar*.

ARES, Présentement, tout à l'heure. Gl. *Are*.

ARESGNER, Arrêter un cheval par les rênes. Gl. *Areniare*.

ARES-METYS, Tout à cette heure. Gl. *Are*.

ARESTE, L'angle extérieur d'un édifice. Gl. *Aresta*, 3.

ARESTIER, Tuile propre pour les angles des couvertures. Gloss. *Aresta*, 3.

AREUR, Areux, Laboureur. Gl. *Aratura*, 1.

AREURE, Culture, labourage. Gl. *Aratura*, 1.

ARM

AREYRE, Charrue à labourer. Gl. *Arar*.

ARGALH, Égout, puisard, puits perdu. Gl. *Argalia*.

ARGANETTE, Machine de guerre propre à jeter des matières combustibles. Gl. *Arganella*.

ARGANT, Sorte d'habit long. Gl. *Arganum*, 3.

ARGENTFRES, Frange d'argent. Gl. *Argentifrigium*.

*ARGINE, Rempart, digue. L.

ARGOUIRER, Railler, se moquer. Gl. *Argutio*.

ARGU, Blâme, reproche, dispute, querelle. Gl. *Argutio*.

*ARGUCE, Argument. L.

AGUER, Faire des reproches, blâmer, dire des injures. Gl. *Argutio*.

ARGUEUX, Contentieux, qui sent la dispute. Gl. *Argutio*.

ARGUMENTATIF, Ingénieux, qui raisonne bien. Gloss. *Argumentosus*.

*ARGUT, Subtil, spirituel. L.

ARIOLE, Devin. Gl. *Ariolus*.

*ARIOLER, Prédire par les sorts. L

*ARIR, Devenir aride. L.

*ARIRE, Rire. L.

ARISCLE, p. e. Planche propre à faire des portes. Gl. *Ariscla*.

ARITER, Mettre en possession. Gl. *Hœreditare*, 3.

ARIVOUER, Port, bord, rivage où l'on aborde aisément. Gloss. *Arivus*.

ARLOT, Fripon, coquin, homme sans aveu. Gl. *Arlotus*.

*ARMAIRE, Arsenal. L.

ARMAIRIER, Armarier, Dignité ecclésiastique, chantre, celui qui a soin des livres d'église. Gl. *Armarierius*.

ARN

ARMALINE, p. e. pour *Animaline*. Gl. *Animalina bestia*.

ARMAZI, Terme languedocien, Armoire. Gl. *Armazium*.

ARME, Ame. Gl. *Vitula*.

*ARMERANGE , Qui aime les armes. L.

ARMERET, Galant, poli, qui cherche à plaire. Gl. *Amoratus*.

ARMIGNAGOIS, Armagnacs; nom qu'on donnait à ceux qui étaient attachés au duc d'Orléans, gendre du comte d'Armagnac, contre la faction des Bourguignons. Gl. *Armeniacenses*.

ARMILLE, Bracelet. *Armillum*, 1

ARMIOLE , Vaisseau propre à mettre du vin. Gl. *Armillum*, 2.

ARMOGAIRES , Troupes espagnoles, célèbres par leur courage. Gl. *Almugavari*.

ARMOIE , Mot générique pour signifier tous les ustensiles propres à une chose. *Arminium*.

ARMOIER, ARMOYER, ARMOYEUR, Armurier, ouvrier en armes. Gl. *Armeator*.

ARMOISEUR, Ouvrier ou marchand d'étoffe et de taffetas, appelé *Armoisin*. *Ermisinus*.

ARMOISIN, Voyez *Armoiseur*.

*ARMOISY, Teint en rouge. L.

*ARMOYEUR, Peintre d'armoirie. L.

ARMURE, Homme armé. Gloss. *Arma*, 2.

ARNAN, p. e. pour *Arvau*, arcade, voûte. *Arvoutus*.

ARNAUD. Voyez *Arnauder*.

ARNAUDEN, Sorte de monnaie, p. e. des vicomtes de Lomagne. Gl. *Arnaldensis*.

ARNAUDER, Chercher querelle, tourmenter quelqu'un ; du nom d'*Arnaud*, qui a signifié un dé-

ARR

bauché, un coquin, un homme sans aveu. Gl. *Arnaldus*.

ARNOIX, Cuisse, terme obscène. Gl. *Arnitus*, 2.

ARNONCELLE , Sorte de poisson de mer, Gl. *Arnaglossus*.

*ARO, Tout-à-l'heure. L.

*AROCHER, Briser, broyer. L.

*AROELER, Rouler. L.

AROER , Rouir le chanvre. Gl. *Aroagium*.

AROILLE, p. e. pour *Aureille*, Oreille. Gl. *Auditus*, 2.

AROMATISER , Embaumer. Gl. *Aromatizare*, 2.

ARONDE, ARONDEL, Hirondelle, oiseau. Gl. *Hirundella*.

ARONDELE, Hirondelle, poisson de mer. Gl. *Rondela*.

ARONDELLE , Espèce de petit bouclier. Gl. *Hirundella*.

AROUTÉEMENT, En troupe. Voy. *Arouter*.

AROUTER, Marcher, s'acheminer, prendre sa route vers un lieu. Gl. *Routare*.

ARPADE, Poignée. Gl. *Arpauda*.

ARPE, Harpie, oiseau fabuleux. Gl. *Arpa*. 2.

ARPENT. On nomme ainsi à Arles un grand compas de bois dont se servent les arpenteurs pour mesurer les terres. Gloss. *Arpendium*.

ARQUABOT, Débauché, libertin. Gl. *Arlotus*.

ARQUEMIE, Alchymie. Gl. *Arquemia*.

ARQUEMIEN, Alchymiste. Gloss. *Arquemia*.

ARQUIERE, Archure d'un moulin. Gl. *Arquetus*.

*ARRABLER , Tirer avec violence. L.

ARRAFLER, Égratigner ; on dit

ARR

encore *Érafler*, écorcher légèrement. Gl. *Esgratineura.*

*ARRAGER, Enrager. L.

*ARRAGERIE, Rage. L.

ARRAIER, Ranger, mettre en ordre. Gl. *Arraiare.*

ARRAIGNIER, Citer, appeler en justice. Gl. *Areniare.*

ARRAINIER, Contraindre, forcer, exiger avec autorité. *Arrainare.*

ARRAIOUR, Maréchal de camp, sergent de bataille ou de compagnie. Gl. *Arraiator.*

ARRAISNER, comme *Arraignier.*

ARRAISONNER, Parler à quelqu'un, lui adresser la parole. Gl. *Arrationare.*

*ARRAME, Obligation judiciaire de faire une preuve. L.

ARRAMIE, Accusation. Gl. *Adramire.*

ARRAMIER. S'obliger devant le juge à quelque chose. *Adramire.*

ARRAMINE, Amende pour défaut. Gl. *Adramire.*

*ARRAMIR, S'engager à une preuve par le combat judiciaire. L. Voyez *Aramir.*

ARRANÇONNEUR, qui rançonne, qui exige ce qui ne lui est pas dû, pillard. Gl. *Ranso.*

ARRANTÉ, Celui qui tient à rente. Gl. *Arrentare.*

ARRAPER, Prendre, saisir avec force et vivacité. Gl. *Arrapare.*

ARRASER, Raser, détruire de fond en comble. Gl. *Arrasare.*

ARRASTLE, Espèce de hoyau ou bêche à Marseille. Gl. *Arrastle.*

ARREANCHE, Ordre, arrangement. Gl. *Arraiatio.*

ARRÉER, Préparer, disposer, arranger. *Arraiare.*—Labourer. Gl. *Arratorius.*

ARR

ARREFOUAGE, pour *Arrière-fouage*, Second fouage, droit payé pour chaque feu, ou les arrérages de ce droit. Gloss. *Foagium,* 1.

ARREGARDER, Regarder attentivement. Gl. *Avidere,* 2.

ARRENÇONNEMENT, Rançonnement, contribution, pillerie. Gl. *Ranso.*

ARRENDER, Prendre et donner à rente ou à ferme. *Arrendare.*

ARRENDEUR, ARRENDADEUR, Celui qui prend à rente ou à ferme, fermier. *Arrendator.*

ARRENER, Éreinter, briser les reins. Gl. *Renitiosus.*

ARRENTEMENT, ARRENTISSEMENT, Bail à rente. Gl. *Arrendatio,* 2, et *Arrentare.*

ARRENTER, Donner ou prendre à rente. *Arrendatio* et *Arrentare*

ARRER, Harnacher un cheval. Gl. *Arraiare.*

*ARRÉRAGER, Déposséder. L.

*ARRÈRE, Arrière. L.

*ARRÉRER, Reculer. L.

*ARRÉRISSEMENT. Délai. L.

ARRESGIER, Arracher. Gloss. *Arrancare.*

ARREST, Appointement. Gloss. *Arrestum,* 2.

*ARRESTAL, Séjour. L.

*ARRESTÉ, Délai. L.

*ARRESTEUS, Qui arrête. L.

*ARRESTISE, Station. L.

ARREYRAGEICH, *Arriereguet*, Guet de nuit, patrouille. Gloss. *Retrogachium.*

ARRIE, Titre, enseignement, la preuve par écrit de quelque chose. Gl. *Arramentum,* 1. — Arrêt, saisie. Gl. *Arrestum,* 1.

ARRIEREFOUAGIER, Faire payer

ARS

les arrérages du droit appelé *Fouage*. Gl. *Foagium*, 1.

ARRIEREGUET, Guet de nuit, patrouille, ronde. *Retroexcubiœ*.

ARRIVAGE, Rive où l'on aborde facilement. Gl. *Arrivagium*. — Droit qu'on paye pour aborder à un port ou rivage. *Adripare*.

ARRIVAIGE, Voiture, transport par eau. Gl. *Arrivagium*.

ARRIVER, v. a. Conduire.

*ARRIVOUER, Rive où l'on aborde. L.

*ARROGATION, Adoption. L.

*ARROIER, Tracer une ligne droite comme un rayon. L.

ARROGER, Arroguer, Parler avec arrogance, harceler, agacer. Gl. *Arrogare*, 1.

*ARROQUER, Presser, accabler. L

ARROUTER, Marcher, s'acheminer, prendre sa route vers un lieu. Gl. *Routare*.

ARROY, Ordre, arrangement. Gl. *Arrayamentum* et *Arredia*.

*ARRUDIR, Devenir rude. L.

*ARRUNER, Arranger, équiper. L

*ARS, Brûlé, incendié. L.

ARSEGAYE, Sorte de lance, pique ou épée. Gl. *Archegaye*.

ARSEIZ, Bois brûlés par accident. Gl. *Arseia*.

*ARSER, Brûler, briller. L.

ARSEURE, Brûlure. *Arsura*, 3.

ARSILLE, Argile. Gl. *Ardilha*.

ARSIN, Incendie. Gl. *Arsina*, 1.

ARSINS, Bois brûlés, par accident. Gl. *Arseia*.

*ARSIS, Chose brûlée. L.

ARSOIR, Hier au soir. *Ab heri*.

ARSON, Petit arc. Gl. *Arsellus*. — Incendie. Gl. *Arsina*, 1.

ARV

ART, Ars, Ruse.

ARTEILLERIE, Tout ce qu'on lance contre l'ennemi. Gl. *Artillaria*, 2.

*ARTEUS, Qui opère avec art. L.

ARTICULEUR, Celui qui dressait les requêtes en forme de plaintes. Gl. *Articulus*, 1.

ARTICULIEREMENT, Distinctement, par articles, d'une façon détaillée. Gl. *Articulariter*.

ARTIFICE, Art, métier. — Instrument, outil, ce qui sert à faire quelque chose. Gloss. *Artificium*, 7.

*ARTIFIER, Faire avec art. L.

*ARTIGE, Montagne nouvellement défrichée. L.

*ARTILLECE, Art, science. L.

ARTILLER, Artillier, Fortifier, munir, garnir de tout ce qui est nécessaire. Gl. *Artillaria*, 2.

ARTILLERIE, Chariot chargé de toute espèce d'armes. Gl. *Artillaria*, 2. — Toutes sortes d'armes. Gl. *Artillaria*, 2.

ARTILLEUR, Ouvrier en armes, armurier. — Ingénieur, celui qui préside à l'artillerie. Gloss. *Artilliator*.

ARTILLEUX, Fin, rusé, adroit. Gl. *Artilus*.

*ARTIMAGE, Art magique. L.

*ARTIMAIRE, Art magique. L.

ARTISIEN, Monnaie des comtes d'Artois. Gloss. *Artesiani* sous *Moneta Baronum*.

*ARTUIS, Trou de ver. L.

*ARTUISONNEUX, Plein de teigne. L.

ARTUIT, Past, repas, droit de gîte. Gl. *Artuit*.

*ARURE, Labourage. L.

ARVALE, Mauvais dessein. Gl. *Arva*, 2.

ASG

ARVAU, Arcade, voûte. *Arvoutus*

ARVE, Place vague propre à bâtir. Gl. *Arva*, 2.

ARVOUT, Arc-boutant. *Arvoutus*

ARZ, Harts, lien de bois menu et tortillé. Gl. *Arces*.

*ASAER, Assiéger. C. N.

ASASER, Rassasier, remplir. Gl. *Assazare*.

ASAUDRE, Assaillir, attaquer. Gl. *Assaldare*.

ASAVORER, Goûter, essayer, jouir. Gl. *Adsaparare*.

ASCANCE, Rémission, absolution, Gl. *Assenciœ*.

ASCHIN, Aissin, certaine mesure de blé. Gl. *Aissinus*.

ASCHIOLES, Nom d'une compagnie de marchands. Gl. *Achioli*

*ASCIENT, Avis, raison. L.

ASCIN, Enclos, enceinte, clôture. Gl. *Ascinus*.

*ASCLASSER, Tomber de lassitude. L.

ASCLE, Pièce, morceau de quelque chose. Gl. *Exacisclare*.

ASCON, Petite nacelle. Gl. *Ascus*

ASCRIPTICE, Celui qui est tenu de labourer les terres de son seigneur, et qui n'est pas libre de le quitter. Gl. *Ascriptitii*.

ASCUR, Tranquille, qui ne craint rien, ou qui prend courage. Gl. *Assecurare*. 1.

*ASERIR, Asserrer, Faire tard. C. N.

ASERVISER, Donner une terre à charge de service. *Asservisare*.

*ASFLUIRE, Affliger. C. N.

*ASFUBLER, Affubler. P. B.

ASGOUT. *Eau d'asgout*, Eau de pluie, ou qui s'égoutte des terres

ASO

voisines dans un lieu bas. Gl. *Agotum*.

ASIER, Faire ou fournir ce qui est nécessaire. Gl. *Aisamenta*.

ASIERI, En cachette.

*ASMA, Asthme. L.

*ASME, Colère, affliction. R. R.

ASNE, p. e. Imposition volontaire partagée également entre ceux qui conviennent de la payer. — Usage de faire monter à rebours sur un âne le mari qui se laissait battre par sa femme, et de le promener ainsi par la ville. Gl. *Asinus*, 3.

ASNÉE, La charge d'un âne, et même d'un cheval, certaines mesures de solides et de liquides. Gl. *Asinata*. — Répartition d'une imposition volontaire, appelée *Asne*. Gl. *Asinus*, 3.

*ASNELE, Anesse? C. N.

ASNER, Anier.

*ASNESQUE, Ignorant. L.

*ASNINE, Charge d'un âne. L.

*ASOAGIER, Soulager. C. N.

ASOMPTION, Ascension. Gloss. *Assumptio*, 1.

*ASOPLIR (S'), S'assouplir, s'affliger. C. N.

ASORBIR, Éteindre, anéantir, crever. Gl. *Absorbere*.

ASOREILLER, Nettoyer, curer ses oreilles. Gl. *Auris*.

ASOTER, Devenir sot, imbécile, perdre le sens. Gl. *Assotare*.

ASOUAGEMENT, Émancipation. Gl. *Solatium*, 3.

ASOUAGIER, Adoucir, apaiser, apprivoiser. Gl. *Mansuetarius*.

ASOUL, Satisfait, à qui l'on a payé ce qui lui était dû. Gl. *Absolutus*, ii, et *Apacare*.

ASS

ASOUPPER, Chopper, heurter. Gl. *Assopire.*

*ASPECTION, Aspect. L.

*ASPÉE, Épée. L.

*ASPER, Rude. L.

*ASPÉRATIF, Apéritif. L.

*ASPÉRER, Rendre rude. L.

*ASPERSER, Arroser. L.

*ASPIRER, Inspirer. C. N.

ASPORTER, Enlever, emporter. Gl. *Asportare,* 1.

ASPRESSE, Sévérité, rigueur, dureté. Gl. *Asperitas,* 1.

*ASPRETE, Diminutif d'âpre. L.

ASPRETÉ, Toute espèce d'exaction, imposition. *Asperitas,* 1.

ASPREUR, Aigreur dans l'esprit ou dans le discours. *Asperitas,* 1

*ASPRIER, Prier. C. N.

*ASPRIR, Rendre âpre. L.

*ASPROIER, Tourmenter. L.

ASRAGIER, Devenir enragé.

ASSADE, Houe, instrument à labourer la terre. Gl. *Aissada.*

ASSAGIR, Devenir sage, prudent, avisé. Gl. *Sapire,* 2.

*ASSAGISSEMENT, Rendre sage L

*ASSAI, Essai, épreuve. L.

*ASSAILLEUR, Assaillant. L.

ASSAILLIE, Assaut, attaque. Gl. *Adsalire.*

ASSAINEMENT, Assignation, hypothèque. Gl. *Assenatio.*

ASSAISSONNÉ, Qui est dans sa maturité, dans sa saison, qui est à son point. Gl. *Assaxonare.*

*ASSAL, Assaut, attaqué. L.

*ASSALIE, Assaut. L.

ASSAMBLE, Monceau, tas. Gl. *Assemblare.*

ASSAMBLEMENT, Troupes as-

ASS

semblées et en ordre de bataille. Gl. *Assembleia.*

ASSAMBLER, S'approcher de quelqu'un en faisant semblant de le frapper et en le menaçant. Gl. *Assemblare.*

ASSAMPLE, Exemple. *Atemplare*

ASSANGONNÉ, Rempli de sang. *Plaie assangonnée,* où le sang a séjourné. Gl. *Sanguinare,* 2.

*ASSARTER, Essarter. L.

*ASSASIÉ, Ensemencé. L.

*ASSASIER, Rassasier. L.

*ASSASONNER, Murir. L.

*ASSAUCIER, Saucer. L.

ASSAUDRE, Assaillir, attaquer. Gl. *Assaldare.*

ASSAULER, Assembler, Convoquer. Gl. *Aperire,* 2.

ASSAUVAGIR, Rendre une terre sauvage, inculte. — Étranger quelqu'un d'une maison, l'en chasser, faire en sorte qu'il y aille moins souvent. *Sylvaticus.*

ASSAVANTER, Faire savoir, avertir. Gl. *Scibilis.*

*ASSAVER, Savoir. L.

*ASSAVOUREMENT, Goût. L.

ASSAVOURER, Assaisonner, donner du goût. Gl. *Adsaporare.*

ASSAY, Essai, épreuve. Gl. *Assagium,* 2.

*ASSAZ. Content, satisfait. C. N.

*ASSÉABLE, Sujet aux impositions. L.

ASSEAU, Assette, essette ou hachette de charpentier. *Ascilus.*

ASSÉE, Bécasse. Gl. *Accia.*

*ASSÉEMENT, Action de s'asseoir, imposition. L.

*ASSÉER, Asseoir. L.

ASSÉEUR, Celui qui fait l'assiette

ASS

d'un écot, de la taille, d'une imposition. Gl. *Assidator.*

ASSEGNÉE, But, point marqué, auquel on se propose de tirer. Gl. *Assieta.* 2.

*ASSEGREIER, Faire nuit. C. N.

ASSEGRISER, Adoucir, apaiser, tranquilliser. *Assecuratus, 2.*

ASSEGURANCHE , Assurance , promesse solennelle. Gl. *Asseguramentum.*

*ASSEIGNEURIR , a u t o r i s e r, épouser. L.

ASSEICHER, Devenir à sec. Gl. *Assewiare.*

ASSEILLE, Petit ais dont on couvrait les livres. Gl. *Ascella, 2.*

*ASSEMBLE, Ensemble. L.

ASSEMBLÉE, Choc, combat. — Union, commerce qu'on a avec une femme. Gl. *Assembleia.*

ASSEMBLÉEMENT , Ensemble , de compagnie. Gl. *Assembleia.*

*ASSEMBLER, Mêlée, Combat. L.

*ASSEMBLISSON , Union de l'homme et de la femme. L.

*ASSEMER, Parer. J.

*ASSEN, Signe, indice. L.

*ASSENAL, Chose enseignée. L.

ASSENE, ASSENEMENT, Assignation, hypothèque. Gl. *Assenamentum* et *Assennatio.*

*ASSENÉ, Ce qui est assigné pour douaire. But désigné.

ASSENER, Saisir, arrêter les biens d'un débiteur. Gl. *Assenare.* [Faire signe. L.]

ASSENETE, But, point marqué, auquel on se propose de tirer. Gl. *Assieta, 2.* [Copeau. L.]

ASSENNE, Ais, planche. Gl. *Aes.* — Assignation, hypothèque. Gl. *Adboutamentum.*

ASS

*ASSENS, Droit féodal. L.

ASSENSÉ, Qui est de bon sens, qui est tranquille, de sang froid. Gl. *Sensatus.*

*ASSENSER, Instruire. L.

ASSENSIR , Donner à cens. Gl. *Assensare.*

*ASSENT, Consentement. L.

*ASSENTATEUR, Obséquieux. L.

*ASSENTATION, Acquiescement servile. L.

*ASSENTEMENT., C o n s e n t ement. L.

*ASSENTER, Acquiescer. L.

ASSENZ, Accord, consentement. Gl. *Assentimentum.*

ASSEOIR, Assiéger. Gl. *Assediare.* — Fixer sa demeure, son domicile. *Assetare,* 3.— Pour ARSOIR, hier au soir. Gl. *Ab heri.*

ASSEOUR, Officier qui met sur table. Gl. *Assessor ferculorum.*

ASSEREMENT , Sûreté donnée devant le juge. Gl. *Crepusculum.* [Crépuscule du soir. L]

*ASSERER, Affirmer. L.

*ASSÉRER, Serrer. L.

*ASSERGENTIR, Assujettir. L.

*ASSÉRI, Soir. L.

*ASSÉRIR, Calmer. L.

ASSERISIER , Apaiser, calmer, tranquilliser. *Assecuratus, 2.*

ASSERMENTER, Cueillir, ramasser le sarment, en faire des fagots. Gl. *Sermens.*

ASSERTER, Essarter, défricher. Gl. *Assartare* sous *Exartus.*

*ASSERTEUR , Qui affirme son droit. L.

ASSERTIVEMENT, Affirmativement, avec assurance. *Assertive*

*ASSERVAGIR, Asservir. L.

ASS

*ASSÈS, Subside, impôt. L.

*ASSESSE, Imposé. L.

*ASSESSER, Imposer. L.

ASSESSIR , Assiéger. Gl. *Assidere*, 2.

ASSEUERRE DE CUL, Terme injurieux et de mépris. *Assidator*.

*ASSEULER, Isoler. L.

*ASSEUR, avec sécurité. L.

*ASSEURANCE, Assurance. L.

ASSEUREMENT JURATOIRE, Assurance donnée avec serment. Gl. *Asseuracio*.

ASSEURENTER, Assurer quelqu'un devant le juge. *Asseurare*

*ASSEURER, Donner assurance. C. N.

ASSEURTÉ , Assurance donnée en justice. Gl. *Asseurare*.

*ASSEVER, Délivrer. G. G.

*ASSÉVÉRATION, Affirmation. L

*ASSÉVÉRER, Affirmer. L.

ASSEVIER, Dessécher. *Assewiare*

*ASSEVIR, Achever, finir. L.

*ASSEVISSEMENT , Achèvement. L.

ASSEYMER , comme ACESMER, Ajuster, orner, parer. *Scema*, 1

ASSICHE, Pieu, pilotis. *Assigia*.

ASSIECTE, pour *Assiette*, imposition, taille. Gl. *Assieta*, 3.

ASSIELLE, Petit ais, planche. Gl. *Aissella*.

ASSIETTE, Ressort, juridiction, district. Gl. *Assiagium*. — Assignation de fonds pour le paiement d'une rente. Gl. *Assidatio*. — Chambre de cabaret où l'on est assis à son écot. Gl. *Assieta*, 3. — ASSIETE DE COULONS, Volet, petit colombier. *Assieta*, 3.

ASSIGNANCE, Assignation, hypothèque. Gl. *Assignamentum*, 1.

ASS

ASSIGNE, Évaluation.

ASSIL, Exil, bannissement. Gl. *Exiliare*.

ASSIN, Enclos, enceinte, clôture. Gl. *Ascinus*.

ASSIS, Imposition, taxe, taille. Gl. *Assisa*.

ASSISE, Assemblée de juges, et le jugement prononcé par eux. — Taxe, imposition, taille. Gloss. *Assisa*.

ASSISIAGE , Ressort , district , étendue de la juridiction d'une *Assise*. Gl. *Assisiagium*.

ASSOAGER , Adoucir, apaiser, apprivoiser. Gl. *Mansuetarius*.

*ASSOCHIER , Apatronner le bois. L.

ASSOCIER, Arranger, mettre ensemble les choses qui doivent y être. Gl. *Associare*, 3.

ASSOCIÉTÉ, Association, société; Gl. *Associatio*.

*ASSODIER, Être à l'article de la mort. L.

*ASSOLÉ, A raz terre. L.

ASSOLER, Cultiver et ensemencer les terres suivant l'ordre et l'arrangement ordinaire. Gloss. Adsolare.

ASSOLLEILLER, Mettre au soleil. L.

*ASSOMEILLÉ, Endormi. L.

*ASSOMMEMENT, Achèvement. L

ASSOMMER, Sommer, réduire à une somme, faire un total, compter, nombrer. Gl. *Assummare*. [Terminer, accomplir. L.]

*ASSON, Venir à bout. L.

ASSONNYER, Travailler avec soin un ouvrage. Gl. *Soniare*.

ASSOPER, Chopper, heurter. Gl. *Assopire*.

*ASSOPIR, Assoupir. L.

ASS

ASSORBIR, Diminuer, affaiblir, anéantir. Gl. *Absorbere.*

*ASSORDIR, Retentir. L.

ASSOREILLER, Nettoyer, curer ses oreilles. Gl. *Auris.*

ASSORTER, Munir, fortifier, réparer, mettre en bon état. Gloss. *Assortare.*

ASSORTIR, S'associer, se mettre de compagnie. Gl. *Assortare.*

*ASSOSEZ, Associé. L.

ASSOSSÉ , Absout, déchargé , exempt. Gl. *Absolutus*, 2.

ASSOTEMENT, Sottise, folie ; et

ASSOTER, Devenir sot, perdre le sens. *Assotare.* [Apprivoiser. L]

ASSOTIR, Rendre sot, faire devenir fou. *Assotare,* et *Stultizare*

ASSOUAGEMENT?, Soulagement, consolation ; d'où :

ASSOUAGER, ASSOUAGIER, Soulager, consoler, amadouer, flatter par des paroles douces et attirantes.

*ASSOUBTIVER, Diminuer. L.

*ASSOUCHEMENT, Origine. L.

*ASSOUDIR, Assourdir. L.

ASSOUFFIR, ASSOUVIR, Fournir ce qui est suffisant et nécessaire. Gl. *Sufficientia*, 3.

*ASSOUFIS, Accomplis, parfaits. L

*ASSOUISSANCE, Jouissance. L.

*ASSOULA, Raz terre. L.

ASSOUPEMENT , Achoppement ; et

ASSOUPER , Chopper, heurter, Gl. *Assopire.*

AST

*ASSOURDRE, Survenir. L.

*ASSOURÉ, Accusé. L.

*ASSOUTILLANCE, Subtilité. L.

*ASSOUVER (S'), Se nourrir. L.

*ASSOVISSEMENT , Achèvement. L.

*ASSUÉFACTION , Habitude. L.

*ASSUIR, Poursuivre. L.

*ASSUMER, Prendre. L.

*ASSUMPT, Élevé. L.

*ASSUMPTIVEMENT, Affirmativement. L.

*AST, Bois de lance. L.

ASTAINERIE , Fâcherie , dépit, courroux. Gl. *Atia.*

*ASTELE, Morceau. C. N.

*ASTELER, Briser en morceaux. P. B.

ASTELLE, Bâton de pique. Gl. *Astella*, 1.

ASTELLET, diminutif d'ASTELLE, Planche de bois qu'on met audevant du collier d'un cheval de tirage , ordinairement *Attelle.* Gl. *Astella*, 1.

ASTELLIER, pour Atelier, ouvroir. Gl. *Operatorium.*

*ASTENANCE, ASTINANCE, Abstinance. C. N.

*ASTENIR, Abstenir. C. R.

*ASTER (S'), Se hâter. C. R.

ASTIER, Broche. Gl. *Hastator.*

*ASTIPULATEUR, Flatteur. L.

*ASTIVETÉ, Activité. L.

ATA

ASTOIS, Longe, partie d'un animal. Gl. *Astis.*

ASTONNÉ, Lance. Gl. *Asta,* 4.

ASTOU, Autour. Gl. *Astur.*

*ASTRAINGIER, Étranger, G. V.

ASTRE, Foyer, maison. *Astrum.*

*ASTRER, Serf ou vassal domicilié. L.

*ASTRER, Rendre heureux. L.

ASTROLOGIEN, Astrologue. Gl. *Astrule.*

ASTURCIER, Autoursier, celui qui a soin des autours. *Astur.*

*ASTURS, A cette heure. L.

ASURE, Couleur d'azur. *Asur.*

ATACHE, Échalas. Gl. *Atacheia.*

ATACHEUR, Ouvrier qui fait de petits clous qui servent d'ornement. Gl. *Atachia.*

*ATAGNÉ, Parent, allié. L.

ATAHIN, Haine ; d'où *Atahina,* Haïr. Gl. *Atia.*

ATAIGNE, Fâcherie, dépit, courroux. Gl. *Atia.*

ATAIN, Parent, proche. Gl. *Attinentes.*

*ATAINEMENT, Persécution. L.

ATAINER, Faire du mal, nuire. Gl. *Atia.*

*ATAINS, Malade, faible. L.

ATAINTE. Faire atainte d'une cause, Gagner un procès. Gl. *Atingere,* 1.

ATALENTER, Avoir pour agréable, approuver, tâcher de faire quelque chose. Gl. *Talentum,* 2

ATE

*ATANT, Alors, ainsi. L.

ATAPIR, Cacher, couvrir, dérober à la lumière. Gl. *Deluscere.*

*ATARGEMENT, Retardement. L

ATARGER, Atargier, Retarder, arrêter, retenir. Gl. *Athargrati*

*ATARJANCE, Retard. C. N.

ATAVERNER, Tenir taverne, vendre du vin en détail. Gloss. *Tabernare.*

ATAŸNE, Fâcherie, querelle, dispute. Gl. *Atia.*

*ATE, Usage. P. B.

*ATEIGNANZ, Haletant, ému. L.

ATEINZ, Convaincu. *Atingere,* 2.

*ATEIVER, Attiédir. L.

ATELE, Atelle, Éclat, morceau de bois, bûche. Gl. *Astula,* 1.

ATELER, Lier et soutenir avec des *Ateles* des os fracturés. Gl. *Astula,* 1.

*ATEMPRANCE, Tempérance. R. R.

*ATEMPREUR, Trempe d'une épée. L.

ATENANCHE, Suspension d'armes, trève. Gl. *Astenantia.*

*ATENANT, Parent.

*ATTENDRIER, Attendrir. L.

*ATENDUE, Attente. G. G.

*ATÉNÉBRIR, Obscurcir. L.

*ATENERGÉ, Attendri. L.

*ATENEUSEMENT, Avec animosité. L.

ATI

ATENIR, Abstenir, se contenir. Gl. *Culverta.*

*ATENRI, Enclin. L.

ATENURIR, Atténuer, affaiblir, diminuer. Gl. *Grieillare.*

*ATER, Élever. L.

*ATERER (S') S'adonner. L.

ATERMENT, Arpenteur, celui qui d'office pose des bornes. Gloss. *Aterminator.*

ATERMER, Ajourner, assigner un jour. Gl. *Aterminare, 1.*

ATERMINEMENT, Atermoiement délai. Gl. *Aterminare, 1.*

ATI RER, Terrasser, soutenir de la terre. Gl. *Aterrare.*

ATERRIR, Remplir de terre, combler. Gl. *Aterrare.*

ATESTAR, Porc châtré, à qui on a ôté les testicules. Gl. *Atestar.*

ATESTATION, Serment, jurement, quand on prend Dieu ou ses saints à témoin. *Attestatio, 1*

*ATHIE, En longueur. L.

ATIERER, Équiper, appareiller. Gl. *Atirimentum.*

*ATILLER, Disposer. L.

*ATILTRER, Porter. L.

ATINE, Dommage, l'action d'animer, exciter ; dispute, querelle, peine, chagrin. Gl. *Atia.*

*ATINÉ, Pourvu, muni. L.

ATINER, Chagriner, Causer de la peine, nuire, faire du mal. *Atia.*

ATINTER, Préparer, disposer, ajuster. Gl. *Attare.*

ATR

ATIREMENT, Ordonnance, règlement. Gl. *Atirimentum.*

ATIRER, Ordonner, régler, arranger, disposer, équiper, harnacher. Gl. *Atirimentum.*

*ATIRÈS, Orné, paré. L.

ATISEFEU, Fourgon. *Atticinari.*

ATISER, Animer, exciter, provoquer. Gl. *Atticinari.*

ATISEUR, Fourgon. *Atticinari.*

*ATOILLIÉ, Attelé. L.

*ATOIVRE, Équipage ou agrès. L.

*ATOMBER, Couvrir d'une tombe. L.

*ATONNER, Étonner, étourdir. L

ATOR, Appareil, préparatif, disposition, meubles, ustensiles. Gl. *Atornare* et *Villani.*

ATORNÉ, ATORNY, Procureur, celui qui agit au nom d'un autre. Gl. *Atturnatus.*

ATOUCHANT, Qui est proche, qui touche. Gl. *Attinere.*

*ATOUPER, Boucher. L.

ATOUR, Ornement de tête pour les femmes. — Sorte de vase. Gl. *Atour.*

ATOURNÉ, Officier de ville. Gl. *Atturnatus.*

ATOURNER, Toilette. *Atorna.* — Cultiver, ensemencer. *Atornare* — Tourner. *Atournare.*

*ATOURNURE, Coiffure. L.

*ATOUT, ATUT, Avec. C. R.

*ATRAIANCE, Attrait. L.

*ATRAICHANT, Attrayant. L.

ATT

*ATRAICTÉ, Acheminé. L.

*ATRAIRE, Attirer, séduire. L.

*ATRAMENT, Encre. L.

ATRAVEILLER, Chagriner, tourmenter, persécuter. *Laborare*, 3

ATTAIER, Attiser.

*ATRAVELLIÉ, Fatigué. P. B.

*ATRAVER, Attrouper. L.

*ATRAVERSER, Traverser. P. B.

ATRE, Cimetière. Gl. *Atrium.* — Foyer, maison. Gl. *Astrum.*

*ATREINER, Entraîner. L.

*ATRÈS, Convaincus. L.

ATREVER, Faire trève, donner sûreté. Gl. *Treugare.*

ATTRIBLER, Battre, accabler, écraser. Gl. *Triblagium.*

ATRIE, Parvis d'église ou cimetière. Gl. *Atrium.*

*ATRIER, Lieu où se tient la justice du seigneur. L.

ATRIEVER, Faire trève, donner sûreté, assurer en justice. Gl. *Treugare.*

*ATRIMER, Piller, voler. L.

*ATRIQUER, Ajuster, préparer. L

*ATROCHER, S'attrouper. L.

*ATROPELER, Attrouper. L.

*ATROTER, Accourir. L.

ATRUPER, Tromper par des tours de passe-passe. Gl. *Trahere*, 5.

ATTACHE, Échalas. Gl. *Atacheia.*

ATTAGNÉ, Parent, proche. Gl. *Attinentia*, 1.

ATT

ATTAIER, Attiser.

ATTAÏNE, Querelle, dispute, fâcherie. Gl. *Atia.*

ATTAINER, Attaïnner, Fâcher, irriter, courroucer. Gl. *Atia.*

ATTAINEUX, Querelleur, qui aime à disputer. Gl. *Atia.*

ATTAINTE, lettre d'attainte, Billet qui assigne le paiement d'une somme. Gl. *Assidatio*, 2.

ATTAQUER, Attaquier, pour Attacher, dans la prononciation picarde. Gl. *Attachare.*

ATTARGEASSION, Attargeation Retardement, délai. Gl. *Athargrati.*

*ATTARGES, Retards de paiement. L.

ATTAYNEMENT, Ennui, chagrin, peine. Gl. *Atia.*

ATTAYNER, Fâcher, irriter, courroucer. Gl. *Atia.*

*ATTÉDIATION, Ennui. L.

*ATTÉDIER, Ennuyer. L.

ATTEFIT, Jeune arbre qu'on laisse croître, baliveau, saule, peuplier, etc. Gl. *Attefectum.*

*ATTEIGNEMENT, Avec instances. L.

*ATTEINOUR, Témoin. L.

*ATTEMPRANCE, Tempérance. L

*ATTEMPREMENT, Modérément. L.

ATEMPRESE, Qui est à son temps, à son point, dans sa maturité. Gl. *Assaxonare.*

ATTENANCE, Attenanche, Sus-

ATT

pension d'armes, trève. Gloss. *Attenantia*.

ATTENDRE, Faire attention, avoir égard. Gl. *Attendere*, 1.

ATTENDUE , Défaut , faute de comparoir à une assignation. Gl. *Attenta*.

ATTENIR, Appartenir à quelqu'un comme parent ou allié. Gloss. *Attinentes*.

*ATENURIR, Amincir. L.

*ATTERER, Jeter par terre. L.

ATTERRISSEMENT , Amas de terre , sable et limon formé par les eaux. Gl. *Atterrissamentum*.

*ATTEYNEMENT, Ajournement L

ATTIE, L'action d'animer, d'irriter. Gl. *Atia*.

*ATTINÉES, Lettres de défi. L.

ATTINTELER, Préparer, disposer, orner. Gl. *Attare*.

ATTIQUET, Billet, bulletin. Gl. *Attiqueta*.

*ATTIRANT, Fugitif. L.

ATTIREMENT, Ordonnance, règlement. Gl. *Atirimentum*.

ATTIRER, Ordonner, régler. Gl. *Atirimentum*.

*ATTISÉ, Excité. L.

ATTORNEMENT, Procuration. Gl. *Atturnatus*.

*ATTOUASSÉ, Abattu, L.

ATTOURNANCE, ATTOURNEMENT, Reconnaissance des sujets ou vassaux nouvellement acquis. Gl. *Atturnatus*.

AVA

*ATTOURNER, Parer, ajuster. L.

*ATTOURNEUR, Coiffeur. L.

ATTRAHIERE, ATTRAIERE, Droit seigneurial d'attirer à soi et de s'approprier les biens des criminels , aubains , bâtards et serfs. Gl. *Attractus*, 2.

*ATTRAIRE, Attirer. L.

ATTRAIRESSE , Femme qui trompe, qui leurre. *Attrahere*.

ATTRAITTIER , Entretenir. Gl. *Attrahere*.

ATTREMPANCE , Modération , adoucissement. *Adtemperies*.

ATTREMPÉ , Retenu , réservé , modéré, doux. Gl. *Adtemperies*

ATTREMPÉEMENT, Modérément, avec douceur. Gl. *Adtemperies*.

ATTREMPEMENT, Tempérament, adoucissement, modération. Gl. *Intemperium*.

*ATTRETE, Agacerie. L.

ATTROSSER, Adjuger à l'encan. Gl. *Attribuere*.

*ATUFIER, Bâtir. L.

ATUISER, ATUTÉER, Tutoyer. Gl. *Tuisare*.

*ATURRÉ, Entêté, endurci. L.

AVABLE, Qu'il faut avoir, nécessaire. Gl. *Habilius*. [Habile , convenable. L.]

*AVAIL, Chèvre sauvage. L.

AVAILLE, Torrent. *Esclaveidium*

*AVAINDRE, Atteindre. L.

*AVAINE, Avoine. L.

AVA

AVAL, Lieu bas. Gl. *Avalare.*

AVALAGE, AVALESON, AVALISON, Le droit d'avoir un gort, de mettre des nasses pour prendre anguilles et autres poissons. Gl. *Avalagium* et *Avalare.*

*AVALAIGE, Pente douce. L.

AVALANCHE, AVALANGE, Chute des neiges qui se détachent des montagnes. Gl. *Lavanchia.*

*AVALER, s'AVALLER, AVALLER, DÉVALLER, Descendre. L.

*AVALIR, Disparaître. L.

AVALLÉE, Roulement. *Avalare,* 1

AVALOERE, Qui est en pente, descente. Gl. *Avalantia.*

AVALOIR, Gort, pêcherie. Gl. *Avaloriæ.*

AVALOIS, Habitants des Pays-Bas. Gl. *Avallerræ.*

AVALOUERE, AVALUIRE, Partie du harnais d'un cheval qui tire, qu'on place sur la croupe, *Culeron*; en Champagne, *Culière.* Gl. *Avalantia.*

AVALUEMENT, Diminution. Gl. *Avaluacio.*

AVANCER, Devancier, prédécesseur. Gl. *Antenatus.*

AVANCIER, Se dit des gardes jurés d'un métier, qui veillent à la bonté des ouvrages. Gloss. *Promotor,* 1.

AVANCIERRE, Celui qui procure l'avancement de quelque chose, qui veille aux intérêts et aux droits d'un autre, procureur. Gl. *Promotor,* 1.

AVA

AVANDROYS, Espèce de cens. Gl. *Avandroys.*

AVANT, Or çà, courage; d'où, *Se mettre avant*, faire quelque chose de soi-même, de son chef, hasarder. Gl. *Antevenire.*

AVANTAGE, Pot-de-vin, vin du marché. Gl. *Avantagium.* — Présent que l'usage veut qu'on fasse dans certaines occasions. — Avance, saillie. — Pillage, exaction. — Pour avantageux, qui tire avantage de tout. Gl. *Aventagium.*

AVANTAGER (S'), Parler insolemment, avec hauteur. Gloss. *Aventagium,* 5.

AVANTAGIER, Ce qui est en deçà. Gl. *Avantagium,* 8.

AVANTAIGEUX, Se dit de ce qui donne un avantage certain au jeu, comme de dés pipés. Gl. *Aventagium,* 5.

AVANT-BATAILLE, Avant-garde. Gl. *Antegardia.*

AVANT-BRAS, Armure qui couvre la partie du bras qui est depuis le coude jusqu'au poignet. Gl. *Antebrachia.*

*AVANTIER, Avant-hier. A.

AVANTPARLIER, AVANTPARLEUR Avocat, qui parle bien et avec éloquence. Gl. *Antiloquus.*

AVANTPIÉ, Sorte de chaussure, galoche. Gl. *Antepedes,* 2, *Antipedale,* et *Pedules.*

AVANT-SEIGNEUR, Le premier, le principal, seigneur suzerain. Gl. *Dominus principalis.*

AVANT-SOLIERS, Porche. Gloss. *Avantsoliers* et *Antesolarium.*

AUB

AVANTVENT, Auvent. Gl. *Antevanna.*

AVAUTERRE , Pays-Bas. Gloss. *Avalterræ.*

AVAUTVENT, p. e. pour *Avantvent*, Auvent. Gl. *Auvanna.*

*AVE, Oiseau. L.

AUBAIN, Étranger dans le lieu qu'il habite. Gl. *Albani,* 1.

AUBAINETÉ, AUBANIE, AUBANITÉ, Droit d'aubaine. Gl. *Albani,* 1, et *Aubana.*

AUBARDE, Coite de matelas. Gl. *Albarda.*

AUBÉ, Clerc, à cause de l'aube, qui est l'habit clérical. Gl. *Alba.* — Offrande qu'on faisait pour la bénédiction des aubes des baptisés ou confirmés. Gloss. *Dealbatus.*

AUBEJOIS, Albigeois. *Albigenses.*

AUBELESTE, AUBELESTRE, Arbalète. Gl. *Albalista.*

AUBELIÈRE ?, Licou, muselière. Gl. *Albarda.*

AUBELIQUE, Terme de mépris ; p. e. Diminutif d'*Aubé,* Clerc, enfant de chœur. Gl. *Alba,* 3.

AUBENAGE, Droit d'aubaine. Gl. *Aubenagium.*

AUBERGIRE, Aunaie, lieu planté d'aunes. Gl. *Alberia.*

AUBERJON, Cotte de mailles. Gl. *Halsberga.*

AUBEROIE, comme *Aubergire,* et l'arbre même. Gl. *Alberia.*

AUBIJOIS, Albigeois. *Albigenses.*

AUD

AUBOR, Aubour, aubier. *Arcus,* 2.

AUBORAIGE , Le droit qu'on payait au seigneur pour la permission de prendre l'aubour. Gl. *Aubor.*

AUBRAIE, Lieu planté d'aunes ou d'arbres blancs. Gl. *Albareta.*

AUBUN, Blanc d'œuf. Gl. *Albura*

AUC, Oie, en Languedoc. *Auca,* 1

AU-CERTAIN, Assurément, certainement. Gl. *Assertive.*

AUCQUES, Aussi. *Acquitare,* 1.

AUCQUETTE, Portion de terre labourable, entourée de fossés ou de haies. Gl. *Auca,* 2.

AUCTENTIQUE, Celui qui est fort versé dans les novelles de Justinien, qu'on appelait *Authentiques.* Gl. *Authenticus,* 1.

AUCTON, pour HOQUETON, Sorte de casaque militaire. Gl. *Auquetonnus.*

AUCTORISÉ, Qui a l'approbation de tout le monde. Gl. *Auctorabilis,* 2.

AUCTORISIÉ, Bien établi, qui a tout ce qui lui est nécessaire. Gl. *Auctorabilis,* 2.

AUCUBE, AUCUBLE, ARCUBE, Tente pavillon. Gl. *Accubitus,* 5.

AUCUNEMENT, Un peu, en quelque façon. Gl. *Acquitare,* 1, et *Mesnagium,* 3.

AUDESSEMENT, Audacieusement Gl. *Audaciter.*

AUDIENCE DE FRANCE, La chancellerie. Gl. *Audientia,* 8.

AUDITEUR, Notaire. *Auditores,* 3

AVE

AUDITOIRE, Juridiction, tribunal. Gl. *Auditorium*, 1.

AVEDALT, AVEDANT, p. e. Lieu planté de noisetiers. *Avedaltum*.

AVEDIER, Sorte de mesure, autant que la main peut contenir. Gl. *Havata*, 1.

AVÉEMENT, Autorisation ; et

AVÉER, Autoriser. *Advocare*, 3.

*AVEILLETTE, Petite abeille. L.

AVEINNIERE, Champ d'avoine. Gl. *Avenariæ*.

AVEL, Volonté, désir, envie. Gl. *Averare*, 1.

AVELETS, Les enfants des enfants. *Abiaticus* sous *Avius*, 1.

AVELOT, p. e. Lieu planté de noisetiers. Gl. *Avellatorium*.

AVENAGE, Droit qu'on paye en avoine. Gl. *Avenagium*, 1.

*AVENARIE, Champ d'avoine. L.

AVENANCE, Convenance. Gloss. *Afferentia*.

AVENANMENT, A proportion, convenablement. *Advenantare*.

AVENANTEMENT, Estimation, prisée ;

AVENANTER, AVENANTIR, Priser, estimer ; et

AVENANTOUR, Estimateur, celui qui évalue et fixe le prix des choses. Gl. *Advenantare*.

AVENARIE, Terre qui n'est propre qu'aux avoines. *Avenariæ*

*AVENAS, Pain d'avoine. L.

AVENAUMENT, A proportion, couvenablement. Gl. *Auxilium*.

AVE

*AVENÉ, Épuisé, fatigué. L.

AVENEMENT, Toute espèce de biens qui arrivent à quelqu'un, et qu'on nomme *biens adventifs* ou *Aveniers*. — Avanie, droit injuste, exaction. Gl. *Avenius*.

AVENESNE, Terre qui n'est propre qu'aux avoines. Gl. *Avesna*.

*AVENGIER, Venger. C. N.

AVENIER, Contrôleur de l'écurie. Gl. *Avenariæ*.

AVENIR, Convenir, être avenant. — Bannir, exiler, chasser quelqu'un d'une ville. Gl. *Avenire*.

AVENTAIL, Partie de l'armure de devant. Gl. *Aventailles*.

*AVENTIS, Bâtard. R. R.

AVENTURE, Toute espèce de biens qui arrivent à quelqu'un, et qu'on appelle *Biens adventifs* ou *Aveniers*. Gl. *Aventura*, 3.

AVENTURER, Faire naufrage. Gl. *Aventurerius*.

AVENTUREUSEMENT, Par avanture, par cas fortuit. Gl. *Aventurerius*.

AVENTUREUX, Enfants perdus. Gl. *Aventurerius*.

AVERAGE, Service ou corvée que les tenants doivent à leur seigneurs avec leurs bœufs, chevaux et autres animaux, qu'on nommait *Avers*, et ce qu'on payait pour être exempt de cette servitude. Gl. *Averagium*, sous *Averium*.

AVERAIGE, Avarie ; s'il ne faut pas lire *Arivaige*, Gl. *Averagium*, sous *Averium*.

AUF

*AVERDIR, Reverdir. L.

*AVEREMENT, Vérification. L.

AVERER, Désirer avec ardeur, vouloir quelque chose fortement. Gl. *Averare*, 1. Voyez *Aver*.

*AVERIERIE, Mauvaise action. L

*AVERLAN, Débauché, camarade. L.

*AVERNAL, Infernal. L.

AVERS, Animaux domestiques, comme chevaux, bœufs, etc. Gl. *Averium*.

*AVERSER, Démons. C. R.

*AVERTÉ, Avarice. L.

AVERTIN, Vertige, épilepsie, sorte de maladie dont les accès aliènent l'esprit. Gl. *Adversatus*.

*AVERTINER (S'), S'opiniâtrer. L

*AVERTRE (S') S'apercevoir. C. N.

AVESPRANT, La chute du jour, le soir. Gl. *Vesperatus*.

AVESPREMENT, Veillée, assemblée du soir. Gl. *Vesperœ*.

AVESPRER, AVESPRIR, Commencer à faire nuit. Gl. *Vesperatus*.

AVESPRY, Être avespry, Être surpris par la nuit. *Vesperatus*.

AVETTE, Abeille. *Abollagium*.

AVEULE, Aveugle. *Avoculatus*.

AVEURÉ, Transporté de colère. Gl. *Adversatus*.

AUFERRANT, Semblable, qui a les mêmes proportions. Gloss. *Afferentia*. — Cheval de guerre ou de bataille. Gl. *Farius*, 2.

AUFFEIRTRURE, Acte de justice,

AVI

contrainte ou obligation en vertu de laquelle un sergent peut enlever à un débiteur la valeur de ce qu'il doit. Gl. *Admonitor*.

AUGARDE, Avant-garde. Gloss. *Protutela*.

AUGMENTEUR, Bienfaiteur, qui augmente les biens de quelqu'un. Gl. *Augmentarius*.

AUGUSTAIRE, Monnaie d'or des empereurs d'Occident, frappée pour la première fois sous Frédéric II. Gl. *Augustarius* sous *Augustalis*, 2.

AU-GUY-L'AN-NEUF, Voyez ci-dessus *Aguilanneuf*.

*AVIANDER, (S'), Se repaître. L.

AVIAUS, Aïeux. Gl. *Aviones*.

*AVICHOIX, Avis. L.

AVICTUAILLEUR, Celui qui fournit des vivres et les choses nécessaires pour en user. Gl. *Avitaillare*.

AVIER, Animer. L.

*AVIER (S'), Naître. L.

AVIGNIER, Mettre une terre en vignes. Gl. *Advinare*.

*AVIGOURDIR, Donner de la vigueur. L.

*AVILANCE, Opprobre, injure. L.

*AVILEMENT, Avilissement. L.

*AVILER, Avilir, dégrader. L.

AVILLE, Abeille. Gl. *Avillarium*.

AVILLER, Avilir, abaisser. Gl. *Avillare*.

*AVINÉ, Rouge. L.

AUM

AVINGNIER, Mettre une terre en vignes. Gl. *Advinare.*

*AVIRER, Regarder. L.

AVIRONNEMENT, Enceinte, enclos. Gl. *Avirunatus.*

AVIRONNER, Environner, entourer. — Tournoyer, aller à l'entour. — Parcourir. — Ramer, se servir d'avirons ; d'où

AVIRONNEUR, Rameur. Gloss. *Avirunatus.*

AVIS, La portion de biens qu'un père assigne à ses puînés. Gl. *Avisum.*

AVISÉEMENT, Avec réflexion, de propos délibéré. Gl. *Advisate.*

AVISION, Apparition, vision. Gl. *Avidere,* 2.

*AVISONNER, Avoir des visions. L

*AVITER, Eviter. L.

AVITIN, Ce qui vient des aïeux. Gl. *Avius,* 1.

AVIVER, Croître, augmenter, se fortifier. Gl. *Avivare.*

AUKETON, Hoqueton, sorte de casaque militaire. *Auquetonnus.*

AULANIE, Noisette. *Aulanerium.*

AULE, Halle, place couverte où l'on tient le marché. Gl. *Aula,* 4.

AULELUIE, Le temps pascal où l'on chante *Alleluia. Ensigne.*

AULMARE, Armoire. *Almaria.*

AULTON, La paille qui reste après que le blé a été battu, et les vannures. Gl. *Halto* et *Hauto.*

AUMAILLES, AUMAILES, BESTES

AVO

AUMALINES. Gros bétail, surtout bœufs et vaches. Gl. *Animalia.*

AUMELIN, BESTE AUMELINE, Celle qu'on met au nombre des *Aumailles.* Gl. *Almelinus.*

AUMOGNE, Aumône. *Eleemosyna*

AUMONNIE, AUMOSNE, Hôpital, hôtel-Dieu. Gl. *Eleemosyna,* 3.

AUMORNE, pour Aumône. Gl. *Eleemosyna,* 1.

AUMOSNE, Action louable, bonne œuvre. Gl. *Eleemosyna,* 1.

AUMOSNIERE, Bourse, gibecière. Gl. *Almonaria* sous *Eleemosyna,* 3.

AUMUSSETTE, Petite aumusse. Gl. *Aumucella.*

AUNER, Assembler, réunir, mettre en un. Gl. *Adunare.*

AUNETTE, Aunaie. Gl. *Alneta.*

AUNTEIN, Tante. Gl. *Avuncula.*

AVOCASSIE, Profession d'avocat, l'art de plaider. Gl. *Advocatia,* sous *Advocati.*

AVOÉ, Champion, celui qui se bat pour un autre. Gl. *Campiones.*

AVOESTRE, Illégitime, bâtard, adultérin. Gl. *Adulterium.*

*AVOIE, Couleuvre. L.

AVOIÉ, Qui est en bon chemin. Gl. *Deviare.*

AVOIEMENT, Insinuation, suggestion. Gl. *Avoiare.*

AVOIER, Autoriser. *Advocare,* 3.

*AVOILLÉE, Éveillé, vigilant. L

AVOIR, Toute espèce de biens,

AVO

soit meubles, soit immeubles. Gl. *Averium.*

AVOIR DU MEILLEUR, Avoir le dessus, être le plus fort. Gl. *Habere melius* sous *Habere*, 4.

AVOLÉ, Étranger, celui qui est venu d'ailleurs. Gl. *Advoli.*

*AVOLENTER, Avoir bonne volonté. L.

AVOLER, S'envoler. Gl. *Avolatio.*

AVONSELLE, pour *Anoncelle* ou *Arnoncelle,* Sorte de poisson de mer. Gl. *Arnoglossus.*

AVORTON, Peau d'animal né avant terme. Gl. *Avotroni.*

AVORTURE, Adultère. Gl. *Adulterium.*

AVOUÉ, Champion, celui qui se bat pour un autre. *Campiones.*

AVOUERIES, Les droits dûs à l'*Avoué.* Gl. *Advocati.*

AVOUGLETÉ, Aveuglement. Gl. *Avoculatio.*

*AVOUILLER, Remplir. L.

*AVOUILLETTE, Entonnoir. L.

AVOUHER, Avouer. *Advocare,* 3.

AVOUL, Aveu, l'action par laquelle on avoue, on reconnaît qu'on tient une chose de quelqu'un. Gl. *Advocamentum.*

AVOULDRE, Illégitime, bâtard, adultérin. Gl. *Adulterium.*

AVOUTERE, AVOUTIRE, AVOUTRE-RIE, AVOUTERIE, Adultère. Gl. *Adulterium.*

AVOUTRE, Illégitime, bâtard, adultérin, Gl. *Adulterium.*

AUS

AVOWESON, Les droits dûs à l'*Avoué.* Gl. *Advotia.*

AVOY, Ha ha ! interjection admirative. Gl. *Avidere,* 2.

AVOYÉ, ÊTRE AVOYÉ, Être dans la disposition de continuer à faire quelque chose. *Avoiare.*

AVOYEMENT, Enquête, commencement de procédure. *Avoiare.*

AUPINCON, p. e. Sorte de petite monnaie. Gl. *Aupincon.*

AUQUETO, Oie en languedocien. Gl. *Auca.*

AUQUETON, Hoqueton, sorte de casaque militaire. Gl. *Aketon.*

AUREVELLIER, Orfèvre en provençal. Gl. *Aurivellerius.*

AURILLADE, Un coup sur les oreilles. Gl. *Auricida.*

AVRILLEOR, Celui à qui appartiennent les essaims d'abeilles, dont le droit s'appelle *Avrillerie.* Gl. *Apicularii.*

AVRIOL, Maquereau, ainsi appelé à Marseille, du mois d'avril, qui est le temps où on le pêche le plus ordinairement. *Avriolus.*

AUROGRAFE, Toute espèce de chartre et titre. Gl. *Aurigrafus.*

AUSE, Toison. Gl. *Aussus.*

AUSÉ, Accoutumé, qui a contracté une habitude. Gl. *Usuatus* sous *Usuare,* 2.

AUSEMENT, Aussi, de même, pareillement. Gl. *Perseverentia.* Voyez *Aussiment.*

AUSINC, De même, pareillement. Gl. *Besana,* 1.

AWE

AUSMAILLES, comme *Aumailles*. Gl. *Manualia*, 3.

AUSMONIER, Exécuteur testamentaire. Gl. *Eleemosynaria*, 7.

AUSSI-QUE, Comme, ainsi que. Gl. *Divinus*, 1.

AUST, pour Août. *Augustus*, 1.

AUSTÉRITÉ, Fureur, emportement violent ; d'où

AUSTEREUX et *Austers*, Furibond, furieux, emporté. Gloss. *Austeritas*, 1.

AUSTOR, Autour. Gl. *Astur*.

AUTAN, Vent du midi, ou du sud-est, ou du sud-ouest. Gl. *Altanus*, 2. — Pour ANTAN, Ci-devant, autrefois. *Antecessus*.

AUTELAGE, AUTELAIGE, Menue dîme. Gl. *Altalagium*.

AUTENTIQUE, Noble, possesseur d'un franc-fief. Gl. *Autentus*, 2. — Édit revêtu de l'autorité royale. Gl. *Authenticum* sous *Authenticus*, 1.

AUTIME, Très-haut. *Altessimus*.

AUTRIER, qu'on doit écrire Autr'ier, L'autre jour. Gl. *Ab heri*.

AUTRUCIER, Autoursier, celui qui dresse ou fait voler les autours. Gl. *Asturcus*, sous *Astur*.

AUVE, Certaine mesure de Flandre. Gl. *Avotus*.

AWE, Oie. Gl. *Foucagium*.

AUVENT, Avent, le temps qui précède Noël. Gl. *Adventus*, 2.

AWET, pour AGUET, L'action d'une personne qui en épie une autre. Gl. *Aguaitum*.

AYR

AVULE, Aveugle. Gl. *Avoculatus*.

AUVOIRIE, p. e. pour *Avoutrie* ou *Avoutire*, Adultère. Gloss. *Adulterium*.

AUWIERE, p. e. Vivier ou Prébas ; d'ou *Auwier*, Redevance pour une *Auwiere*. Gl. *Augere*.

AUXIR, Augmenter, accroître. Gl. *Auciare*.

AWUE, Aide, secours. Gl. *Bestancium*.

AY, Cri de guerre. *Signum*, 10.

AYABLE, Capable, propre à quelque chose. Gl. *Aisitus*.

AYDANT, Monnaie de Flandre, autrement dite *Denier blanc*. Gl. *Denarius albus*.

AYDE, Voyez les différentes impositions faites sous ce nom, au mot Gl. *Auxilium*.

AYDEUR, Celui qui aide un autre à faire quelque chose, qui lui donne du secours. Gl. *Ayda*, 2.

AYER, Fils, héritier, ayant cause. Gl. *Affectus*, 1.

AYGRIN, Aigreur, âcreté. Gloss. *Aygracium*.

AYME, Mesure de vin, bière, et autres liqueurs. Gl. *Ama*, 3.

AYMER, Dresser, présenter, ajuster, faire mine de quelque chose. Gl. *Esmerare*.

AYMETERIE, L'art de faire l'émail. Gl. *Aymellum*.

AYR, Ire, colère ; d'où *Ayrer*, Se mettre en colère, se fâcher. Gl. *Iratus*, 1.

BAC

AYRAUT, Aire, place vague propre pour bâtir. Gl. *Ayrale*.

AYREAU, Charrue à labourer *Arar*

AYRER (S'), Se fâcher. Voy. *Ayr*.

AYRETER, Donner l'investiture, mettre en possession ; d'où

AYRETANCE , Investiture. Gloss. *Adhereditare* et *Hœreditare*.

AYSE, Ce dont on a droit d'user et de s'aider. Gl. *Aiacis*, 2.

AYSIL, Vinaigre. *Acceptabulum*, 2

BAC

AYSINE , Toute sorte d'instruments, vases et ustensiles. Gl. *Aysina*.

AYSSADE , Houe, instrument à labourer la terre. Gl. *Asada*.

AYSSIN, Mesure de grains. Gl. *Assinus*.

AZINE, Charge d'un âne, certaine mesure de grains. Gl. *Azina*.

AZUR D'ACRE , C'était autrefois l'azur le plus estimé. Gl. *Lazur*.

B

*BAAINGNE, Bohême. L.

*BAANCE, Espérance. L.

BAAT, East. Gl. *Baat*.

*BAATES , Bataillons ou sentinelles. L.

*BABEAU, Cadeau. L.

BABEKIN, Soufflet. Gl. *Buffa*.

*BABELÉ, Turlupiné. L.

*BABELU, Railleur. L.

BABIOLES, Joyaux. Gl. *Baubella*.

*BABOLES, Bijoux, joyaux. L.

*BABOLEUR, Cajoleur. L.

*BABOU, Moue, grimace. L.

*BABOUINER, Tromper. L.

BABUIN, Babouin, gros singe. Gl. *Babewynus*.

BACAIGE, Ce que l'on paye pour le passage d'un bac. *Bachium*.

BACELER, BACHELER, Bachelier. Gl. *Baccalarii*, 2.

BACHE, Ce qui sert aux femmes à couvrir leurs cuisses, caleçon. Gl. *Bache*.

*BACHELAGE, Apprentissage. L.

*BACHELE, Seigneurie. L.

BACHELERIE, L'ordre des Bacheliers ; association des jeunes gens, qu'on appelait aussi *Bacheliers*. Gl. *Baccalarii*, 2.

BACHELETE, Jeune fille à marier. Gl. *Baccalarii*, 1.

BACHELIER, Jeune homme qui n'est pas marié. — Celui, dans les corps de métiers, qui agit sous la direction des jurés et gardes, et qui le devient à son tour. — Celui qui aspire au rang de chevalier ou de docteur. — Religieux profès, qui n'est point encore prêtre. Gl. *Baccalarii*, 1.

BACHINAGE, Droit sur le sel,

qu'on prend avec un bassin. Gl.
Bacinagium sous *Bacca*, 2.

BACHINE, Espèce de poêle de
cuivre, ou bassinoire. Gl. *Bachinator.*

BACHINER, Frapper sur un bassin pour annoncer quelque
chose. Gl. *Bachinator.*

*BACHINON, Vase à boire. L.

BACHNIET, pour *Bachinet*, Bassinet, armure de tête. *Bacinetus.*

BACHOE, Bachole, Espèce de
panier ou de hotte. *Bacholata*,
et *Busta*, 2.

*BACICOTER, Tromper. L.

BACIN, Bassinet, armure de tête.
Gl. *Bacinetum.*

BACINET, Petit bassin. Gl. *Bacignetus*, 2. — Armure de tête,
bassinet. Gl. *Bacinetum.*

BACLOIS, Nom d'un peuple différent des Français. Gl. *Baclois.*

BACON, Porc engraissé et salé:
lard salé et fumé ; d'où *Morue
Baconnée*, qui est salée et séchée. Gl. *Baco.*

BACOULE, Belette, fouine. Gl.
Mustella, Bacoule.

BACUL, Bâton appartenant à la
herse. Gl. *Baculus*, 2.

BACULER, Frapper sur le derrière de quelqu'un avec une
poêle, ou frapper le derrière de
quelqu'un contre le pavé ou
contre la terre, espèce de châtiment. *Baculare.*

BADAILLER, Bâiller Gl. *Badals.*

*BADAL, Sorte d'huissier. L.

BADATGE, Droit seigneurial sur
les bœufs propres au labourage.
Gl. *Badatgium.*

*BADAULT, Nigaud, sot. L.

*BADDE, Babil. L.

BADE, Terme de monnaie. —
Badinerie, plaisanterie. *Bada*, 1.

BADELAIRE, Badelare, Coutelas,
épée courte et un peu recourbée. Gl. *Badelare.*

*BADIGOINCE, Lèvre. L.

*BADOULAGE, Bavardage. L.

BAÉE, Ouverture, fenêtre. B*eare.*

BAELE, Matrone, sage-femme ou
nourrice. Gl. B*ajula*, 1.

BAER, Ouvrir. *Gueule* b*aée*, Bouche ouverte, *béante.| —* Avoir
dessein, volonté, se proposer,
prétendre. Gl. B*eare.*

BAERIE, Air niais, stupidité. B*eare.*

BAFFE, Faisceau, fagot, paquet.
Gl. B*affa.*

BAFFRAI, Beffroi, tour de bois
pour l'attaque et la défense
d'une place. Gl. B*elfredus*, 1.

BAGAMART, pour Bragamart.
Gl. B*ragamardus.*

*BAGASSE, Femme de mauvaise
vie. L.

BAGATELLES, Joyaux. B*auga.*

BAGAU, Espèce de filet dont on
se sert sur la Garonne. B*agau.*

BAGNAUDES, Fadaises, sornettes,
niaiseries. Gl. B*agarotinus.*

BAGNAUT, Ce qui est défendu
par un ban. Gl. B*annalis.*

BAI

BAGNIÉ , Messier, garde d'un territoire. Gl. *Bannejare*, 2.

BAGNIR, pour *Bannir*, Publier, dénoncer. Gl. *Bannum*, 1.

BAGNOIRE , Couverture d'une baignoire. Gl. *Bagnaressus*.

*BAGOAGES, Maltôtes. L.

*BAGONISIER, Gosier. L.

BAGOS,Ribaud,débauché,homme sans cœur. Gl. *Bagori*.

*BAGOTTIER, Sot, niais. L.

BAGOULER , Parler beaucoup, babiller, dire des sottises. *Bagori*

*BAGUE, Hardes, bagage. L.

BAGUÉ, Équipé, garni, fourni. Gl. *Baga*, 1.

BAGUER, Plier bagage. *Baga*, 1.

BAHARIZ, Gardes du Soudan. Gl. *Bahagnia*.

*BAI, Blond. L.

BAIASSE , Suivante, femme de chambre. Gl. *Baila*.

BAIDRE, Assigner, hypothéquer. Gl. *Bailleta*.

BAIEN, Brun. *Pois baïen*, Espèce de pois. Gl. *Beretinus*.

*BAIER, Attendre. L.

BAIESSE , Servante, suivante, femme de chambre. Gl. *Baila*.

BAIEUS, pour *Baïen*. Gl. *Beretinus*.

BAIGNERIE, Sorte d'armes. Gl. *Balneria*.

BAIGNIE, Ban, défense. Gloss. *Bagnum*, 2.

BAI

BAIGNIER, Terme honnête pour signifier le commerce d'un homme avec une femme. Gl. *Balneria*.

BAIGNOTE, Petite cuve. Gl. *Bagnaressus*.

BAIL, Tutèle, tuteur. *Bajulus*, 3. — Première défense d'une ville, Barrière, palissade, cour. Gl. *Bailleium*, et *Ballium*, 1. — L'action de donner, de mettre quelque chose entre les mains d'un autre. Gl. *Bailleta*.

BAILE, Celui qui est chargé de l'administration de quelque chose. Gl. *Bailia*, 1. — Lieu fermé de murs, cour. Gl. *Bailleium*. Voyez *Baille*, 1.

*BAILET, Valet. L.

BAILLANCE, L'action de donner, de mettre quelque chose entre les mains d'un autre. *Bailleta*.

BAILLARGE, Baillart, Baillark Espèce d'orge. Gl. *Bailhargia*.

BAILLE, Lieu fermé de palissades, première défense d'une ville, les pieux qui la forment. Gloss. *Bailleium*, et *Ballium*, 1. — Nourrice ou sage-femme. *Baila*.

BAILLÉE, Assignation, hypothèque. Gl. *Bailleta*.

BAILLER, Toucher, manier. Gl. *Baillagium*, 2.

BAILLETE, Bail à cens. *Bailleta*.

BAILLIAGE, Tutelle, administration des biens d'un mineur. Gl. *Bajulus*, 3.

BAILLIE, Gouvernement, protection. *Bajulia*, sous *Bajulus*, 4.

BAILLIER, Affermer, donner à bail. Gl. *Baillagium*, 2.

BAL

BAILLISTRE, Tuteur, administrateur des biens d'un mineur.
Gl. *Bajulus*, 3.

*BAILLIU, Sujet, vassal. L.

BAINCHETE, Espèce de nasse.
Gl. *Bansella*.

BAIOE, Espèce de panier ou de
hotte. Gl. *Bacholata*.

BAISÉ, Oreiller. Gl. *Baufualium*.

BAISEDOY, BAISEMAIN, Ce qu'on
donne en allant à l'offrande, où,
au lieu de la patène, le prêtre
présentait sa main ou son doigt
à baiser ; et encore ce qu'on
paye en prenant possession
d'une charge, dignité, ou de
quelqu'autre chose. Gl. *Baisemain* et *Offerenda*.

BAISSELETE, Jeune fille à marier. Gl. *Baccalarii*, 2.

BAISSELLE, Servante, suivante,
femme de chambre. Gl. *Baila*.

BAIVIAU, Baliveau. *Baivarius*.

*BAJULATION, Emploi. L.

*BALADELLE, Petite ballade. L.

*BALAIER, Enlever, piller. L.

BALAIS, Ce qui reste après que
le grain a été vanné ou criblé ;
criblures, le blé qui est tombé
dans la grange. Gl. *Balleium*.

BALANCIER, Officier de la monnaie qui pèse dans les balances
d'essai. Gl. *Balança*.

BALANDRAN, BALANDRAS, Es-
pèce de manteau. *Balandrana*.

*BALATRON, Gourmand. L.

BALEN, Couverture de laine pour
un lit. Gl. *Balinja*.

BAL

*BALENDRIER, Garde-fou. L.

BALENIER, Vaisseau de guerre
ou de corsaire et celui qui le
monte. Gl. *Balaneria*.

BALER, Danser, sauter. *Balare*.

BALERIE, Danse. Gl. *Balare*.

BALESTEL, Farceur, bateleur. Gl.
sous *Balare*.

BALESTIAUS, Danse accompagnée de chant. Gl. *Balare*.

BALEUR, Danseur, sauteur, Gl.
sous *Balare*.

*BALÈVRE, Lèvre, machoire. L.

*BALIGAUD, Maussade. L.

BALINGE, Berceau, langes, mail-
lot d'enfant, layette. Gl. *Balinja*

BALINGER, Marquer avec des
balises les endroits dangereux
d'un passage en mer ou sur
une rivière. Gl. *Balisagium*.

BALLANCE, Un poids fixe et déterminé. Gl. *Balança*.

BALLE, Nourrice ou sage-femme,
Gl. *Baila*.

*BALLE, *Pain ballé*. Gl. *Panis
tornatus*.

*BALLENDIER, Brelandier,
joueur. Gl. *Belencus*.

BALLENIER, Vaisseau de guerre
ou de corsaire. Gl. *Balaneria*.

BALLET, Espèce de portique,
galerie, boutique de marchand
ou d'artisan. Gl. *Baletum*.

BALLISEUR, Tuteur, administrateur des biens d'un mineur. Gl.
Bajulus, 3.

BALLOIER, Balayer. *Amassator*.

BAN

*BALLOTE, Grosse balle. L.

BALME, Grotte, caverne. Gloss. *Balma*, 1.

BALNIER, Vaisseau de guerre ou de corsaire. Gl. *Balaneria*.

BALOIER, Flotter, voltiger. Gl. *Balare*.

BALOIS, Ce qui reste après que le grain a été vanné ou criblé, criblures, le blé qui est tombé dans la grange. Gl. *Balleiur*.

BAMBAIS, Toile de coton. Gloss. *Bambaxium*.

*BAMLEVIR, Devenir blême. L.

BAN, Étendard, enseigne, drapeau. Gl. *Bandum*, 1. — Publication d'une ordonnance ou d'une défense. Gl. *Bannum*, 1. — Étau de boucher. Gl. *Bancagium*. — Le droit que les jeunes gens demandaient à un nouveau marié le soir de ses noces, en faisant une espèce de charivari. Gl. *Bannum*, 5.

BANAIGE, Droit de banalité, ce qu'on paye au seigneur pour ce droit ; l'étendue de la banalité. Gl. *Banagium*.

BANASTE, BANASTRE, Corbeille, panier, espèce de hotte, bachou, Gl. *Banastum*.

BANCAGE, Juridiction, district. Gl. *Bannum*, 3.

BANCART, Espèce de tombereau. Gl. *Banchart*.

BANCHAGE, Étalage, droit qu'on paye pour le *banc* ou la place où l'on étale. Gl. *Bancagium*.

BANCHART, Brancard ou flèche d'un carosse. Gl. *Banchart*.

BAN

BANCHE, Boutique, étude d'un notaire. Gl. *Bancha*, 4.

BANCHERESSE, COIGNÉE BANCHERESSE, Certaine cognée à l'usage des charpentiers et charrons. Gl. *Banchart*.

BANCHIER, La couverture d'un banc. Gl. *Banchale*, et sous *Bancus*. — Celui qui est commis pour lever le droit de *banvin*. Gl. *Bancharius*.

BANCIER, Marchand, qui tient boutique. Gl. *Bancha*, 4.

BANCLOCHE, BANCLOQUE, La cloche du beffroi, qu'on sonne pour assembler la commune du même *ban* ou district. Gl. *Campana bannalis*, s. *Campana*, 2.

BANCQUET, Sorte d'arme. Gl. *Balneria*.

BANCQUIER, La couverture d'un banc. Gl. *Banchale*

BANDAYRAMENT, Droit de pâturage et d'usage dans un territoire. Gl. *Bandairagium*.

BANDE. Voyez *Escu*.

BANDELER, Envelopper de bandes. Gl. *Institare* sous *Institæ*.

*BANDERET, Chef de bande. L.

BANDEZ, On appelait ainsi en 1440 ceux qui étaient attachés au parti du duc de Berry, à cause d'une *bande* ou écharpe qu'ils portaient pour se distinguer des autres. Gl. *Banda*, 1.

BANDIER, Messier, celui qui garde un *ban* ou territoire. Gl. *Banderius*.

BANDIMENT, Publication d'un ban, saisie. *Bannimentum*, 3.

BAN

BANDOLIER, Toute espèce de vagabond. On a appelé *Bandouliers* les voleurs des grands chemins, qui vont en troupes ou *bande*. Gl. *Bandum*, 1.

BANDON, Ban, proclamation. — Abandonnement. Laisser *à Bandon* quelque chose à quelqu'un, l'en laisser le maître absolu. Gl. *Abandum*. — Bannier, celui qui est sujet au ban d'un seigneur. Gl. *Bandius*.

BANDOR, pour *Baudor*, Joie, allégresse. *Baudosa*.

BANDREY, Le fer avec lequel on bandait l'arbalète. *Bendare*, 1.

BANÉE, Banalité. Gl. *Bannia*, 2.

BANERIE, Territoire, district. Gl. *Baneria*.

*BANEROLLE**, Banderole. L.

BANIE, Ban, publication, criée. Gl. *Banerius*, 3.

*BANIÉ**, Abandonné. L.

BANIER, Sergent, celui qui dénonce un ban, qui fait une semonce. Gl. *Banerius*, 3.

BANIERE, pour *Banerie*, Territoire, district. Gl. *Baneria*.

BANLEFFRE, BANLIEVRE, Le tour de la bouche, Gl. *Banlauca*.

BANMOLIN, Droit de banalité pour le moulin. *Bannum moltæ*.

BANNAGE, Droit de banalité, ou celui d'imposer et lever des amendes. Gl. *Banagium*.

BANNALMENT, Par droit de ban. Gl. *Bannaliter*.

BANNAR, Messier, garde, d'un

ban ou territoire. Gl. *Bannerii*, sous *Bannum*, 1.

BANNE, Sorte de panier. Gloss. *Banna*, 1.

BANNEE, Banalité. *Bannia*, 2.

BANNER, Publier. *Banerius*, 3.

BANNIER, Celui qui est obligé de moudre son blé au moulin et de cuire son pain au four de son seigneur. Gl. *Banarii* sous *Bannum*, 1. — Banal. Gl. *Banderius furnus*. — Messier, garde d'un *ban* ou territoire. *Banerius*, 2.

BANNIR, Crier, vendre à l'encan. — Défendre par un ban public. Gl. *Bannerius*, 3. — Confisquer, saisir. Gl. *Bannum*.

BANNOIS, Espèce de banne, vaisseau propre à conserver le poisson. Gl. *Banna*, 1.

BANNYE, Le droit de faire publier un ban. Gl. *Bannum vindemiarum* sous *Bannum*, 1.

*BANOIER**, Voltiger, flotter. L.

BANON, Pâture commune. Gl. *Bano*.

BANQUE, Banc, siége. *Banqus*.

BANQUELE, p. e. Petite bande. Gl. *Benda*, 2.

BANQUERIE, Trésorerie, Gloss. *Bancharius*.

BANQUETTE, Selle de cheval. Gl. *Banqus*.

BANQUIER, La couverture d'un banc. Gl. *Banchale*.

BAN-VIN, Le droit qu'a un seigneur d'arrêter pour un temps la vente du vin de ses vassaux,

BAR

pour vendre le sien. *Bannum,* 1

BANZ, pour BAUZ, Tutelle, administration des biens d'un mineur. Gl. *Baulum.*

BAONNOIS, Espèce de blé. Gl. *Bladum.*

BAPTESTIRE , Baptême. Gloss. *Baptisterium.*

BAPTEUR, Nom de femme, Balthilde.

BAPTISEMENT , BAPTISSEMENT , Baptême. Gl. *Baptisamentum* et *Baptisare.*

BAPTISIER, Faire, bâtir ; d'où

BAPTISSEMENT, L'action de bâtir, construction Gl. *Baptisamentum.*

BAPTIZOERE, p. e. Robe dont on revêtait un baptisé. *Baptizatus.*

BAPTOIER, Baptiser. Gl. *Baptisare.*

BAQUET, Terme de mépris, petit, menu. Gl. *Baquetus.*

*BARA, Pain, pays. L.

BARABAN, Bassin de cuivre, sur lequel on frappe pour annoncer quelque chose. Gl. *Bachinator.*

BARAIL, BARAL, Baril, espèce de mesure. Gl. *Barallus.*

BARAL, BARAT, Fraude, tromperie. Gl. *Barataria,* sous *Baratum,* 1.

*BARATER, Tromper. L.

BARATERIE, Echange. Gl. *Barattaria,* 2.

BARATEUR, Traître, trompeur. Gl. *Baratator* sous *Baratum,* 1.

BAR

*BARATRE, Lieu inaccessible. L.

BARATTERIE , Altération des denrées ou marchandises. Gl. *Barataria,* 3.

BARAU, Baril, espèce de mesure, Gl. *Barallus.*

BARBACANE , Ouvrage avancé pour la défense d'une ville, d'un fort, d'un pont, etc. Gl. *Barbacana,* et *Antemurale.*

BARBADOUIRE, Masque. Gloss *Barbator.*

BARBARIME, Pays étranger. Gl. *Barbarus.*

BARBARIN, Étranger, ennemi. *Langue Barbarine,* la Teutonique. Gl. *Barbarus.*

BARBAUT, Masque. *Barbator.*

BARBE, EN BARBE, En face, à la barbe de quelqu'un. Gl. *Barba,* 1

BARBE FOULLE, Poil follet. Gl. *Barba,* 1.

BARBÉ , Jeune homme portant barbe. Gl. *Barbescere.*

BARBEAULX, Dents ou pointes. Gl. *Barbelatus.*

BARBEIL, Barbillon, poisson. Gl. *Barbiolus,* et *Lubellus.*

BARBELOTE, Petit insecte, formicaleo. Gl. *Mirmicoleon.*

BARBEQUENNE , Voyez *Barbacane.*

BARBERIE, Boutique de barbier. Gl. *Barbitondium.*

BARBETTE , Sorte de guimpe, dont les religieuses couvrent leur sein : à Remiremont, c'est un mouchoir de cou , qu'on

BAR

donne aux dames à leur réception et à leurs funérailles ; elles le mettent encore lorsqu'elles officient et qu'elles communient. Gl. *Barbetus.*

BARBIER, Raser, faire la barbe. Gl. *Barbescere.*

BARBIERE, Mentonnière. Gloss. *Barbetus.*

BARBIERÉ, Ce qui concerne le métier de barbier. *Barbescere.*

BARBILLÉ, Monnaie des vicomtes de Limoges. Gl. *Barbarini.*

*BARBILLONNER, Incommoder L

BARBIN, Habitant d'une *Barbinière*, Lieu planté d'arbres. Gl. *Barbaritani.*

*BARBITE, Brebis. L.

BARBOIER, Raser, faire la barbe. Gl. *Barbescere.*

BARBOIRE, Masque, à cause de la barbe qu'on y attachait, mascarade. Gl. *Barbator.*

BARBOTARD, Fait en façon de Barbote. Gl. *Barbota.*

BARBOTE, Sorte de vaisseau couvert. Gl. *Barbota.*

BARBOUCHET, Barbouquet, Soufflet ou coup de la main sous le menton. Gl. *Barba.* 1.

BARBOUILLAIRE, Stupide, hébété. Gl. *Baburrus.*

*BARBOUQUET, Gourmade. L.

BARBUCE ou Barbute, Armure de tête ; d'où

BARBUÉ, Soldat armé d'une Barbute. Gl. *Barbuta.* —

BAR

BARBUQUET, Soufflet ou coup de main sous le menton. Gloss. *Barba,* 1.

BARCHE, Meule, tas de foin, de paille, etc. Gl. *Berga.*

*BARDANE, Punaise. L.

BARDE, Ornement de cheval, bât. Gl. *Barda,* 1.

BARDER, Paver ; d'où *Bardement*, Pavement. *Bardatus,* 1.

BARDIC, Chanteur, joueur d'instruments. Gl. *Bardicatio.*

*BARDOT, Ane ou mulet. L.

*BARDOU, Lourd, lent. L.

BAREGNON, Bourse, gibecière. Gl. *Baragnus.*

BAREIL, Baril, tonneau. Gl. *Trepalium.*

BARETÉE, Altération des denrées ou marchandises. Gl. *Barataria,* 3.

BARETER, Échanger, faire un troc. *Baratare,* 1. Voy. *Barater.*

BARETERRES, Traître, trompeur ; d'où *Bareteresse* pour le féminin. Gl. *Baratum.*

BARGAIGNER, Marchander. Gl. *Barcaniare.*

BARGAIN, Bargainne, Marché, accord, convention. *Barcaniare*

BARGAULT, Le gras de la jambe, le mollet. Gl. *Berga* et *Raba.*

BARGE, Barque. Gl. *Barga.* — Meule, tas de foin, de paille, etc. Gl. *Berga.*

BARGINER, Marchander. Gl. *Barcaniare.*

BAR

BARGINGNIER, Rechercher, priser. Gl. *Barcaniare.*

BARGOT , Bargotte , Barque , navire, vaisseau de guerre. Gl. *Barca,* et *Barga.*

BARGUIGNEMENT , L'action de marchander. Gl. *Barginhare.*

BARGUIGNER, Barguiner, Disputer de prix, marchander. Gl. *Barcaniare.*

*BARICAVE, Fondrière, précipice. L.

BARILAT, Faiseur de barils, tonnelier. Gl. *Barrarelius.*

BARILIEULX, Baril, tonneau. Gl. *Amphora,* 1.

BARILLIER, Officier de l'échansonnerie chez le roi. Gl. *Barillarius* sous *Barile.*

*BARITONNER, Fredonner. L.

BARJUS, Baril, tonneau. *Barile.*

BARNAGE, Corps ou assemblée de la noblesse, naissance illustre, grandeur d'âme. — Redevance due pour la nourriture des chiens de chasse du seigneur. Gl. *Barnagium.*

BARNÉ, Baron, noblesse. Gloss. *Barnatus* sous *Baro.*

*BARNELMENT , Courageusement. L.

*BARNIS, Mâle, viril. L.

BARON, Homme, mari. — Sot, hébété, mari dont la femme est infidèle. Gl. sous *Baro.*

BARONNESSE, La femme d'un baron. Gl. *Baronissa* sous *Baro*

BAROUESTE, Brouette, espèce de

chariot. Gl. *Barrota* et *Epirhedium.*

BARQUENNIER, Disputer de prix, marchander. Gl. *Barcaniare.*

BARQUIAU , Bassin , réservoir d'eau. Gl. *Barquelius.*

BARR, Barre, barrière. G. *Barra.*

BARRAGE, Le même droit que celui de jaugeage. Gl. *Barragium,* 2.

BARRAGOUIN , Barbare, étranger. Gl *Barginna.*

BARRE, Barreau, juridiction. — En terme de droit, Exception, défense , fin de non-recevoir. Gl. *Barrœ.*

BARRER, Débattre, contester. Gl. *Barrare* sous *Barra.* [Exclure, rayer. L].

BARRES , Certaine mesure de terre en Auvergne. Gl. *Barra,* 8. — Sorte de jeu. Gl. *Barrœ.*

BARRETE, Espèce de charrette. Gl. *Barrota.*

BARRETERESSEMENT, Faussement, d'une manière trompeuse. Gl. *Barrataria.*

BARREZ. Les frères barrez, Les carmes et les célestins. *Barrati Fratres.* [Rayé. L.]

BARRI, Faubourg, certain quartier d'une ville, ou château, muraille. Gl. *Barrium.*

BARRIAN, Habitant d'une ville, château ou faubourg. Gl. *Barrium.*

BARRIER, Portier, Celui qui est chargé d'ouvrir et fermer les *barrieres* d'une ville ou châ-

BAR

teau. Gloss. *Berrarius* sous
Barra.

BARRILLIER, Officier de l'échansonnerie chez le roi. *Barillerius.*

*BARRIQUER, Barricader. L.

*BARRISSER, Crier comme l'éléphant. L.

BARROIER, En terme de droit, Défense, exception, fin de non-recevoir. Gl. *Barrœ*, 4.

BARROIS, Forêt, vrille. Gl. *Foretum.*

BARROISE, Femme débauchée, celle qui prostitue les autres. Gl. *Barrizare.*

BARROLLE, p. e. Le bureau, la société des sergents, ou de ceux qui perçoivent les droits aux barrières. Gl. *Baroseli.*

BARRONNIER, Outil de charpentier, p. e. le barroir, espèce de tarière. Gl. *Barrarelius.*

BARROTE, Espèce de charrette. Gl. *Barrota.*

BARROYER, Débattre, discuter, contester. Gl. *Barrare* sous *Barra.* [Retarder. L.]

*BARRUIER, Brayer. L.

BARRUYER, p. e. Sorte de chariot. Gl. *Barrotium.*

BARSEUL, Berceau d'enfant. Gl. *Berciolum.*

BART, Moellon, pavé. Gl. *Bart.*

*BARTAS, Buisson. L.

BARTE, Buisson, bouquet de bois. Gl. *Barta.*

BARTER, Échanger, faire un troc. Gl. *Baratare*, 1.

BAS

BARTHOLOMISTE, Partisan de Barthélemi Prignani, pape sous le nom d'Urbain VI. Gl. *Bartholomistœ.*

BARZIC, Chanteur, joueur d'instruments. Gl. *Bardicatio.*

BAS. FILS DE BAS, Bâtard, fils illégitime. Gl. *Bastardus.* — Espèce de filet. Gl. *Batuda*, 1.

BASANIER, BASANNIER, Vendeur de cuir et de souliers. Gl. *Basanium.*

BASCHOUIER, Celui qui conduit les chevaux chargés de *Baschoës*, officier de la paneterie chez le roi. Gl. *Bacholata.*

BASE, BASELEIRE, Sorte d'épée courte, coutelas. Gl. *Basalaria.*

BASGAWD, BASGED, Corbeille, panier. Gl. *Bascaudœ.*

*BASI, Mort. L.

*BASIR, Écrouler. L.

BAS-LEVRE, pour *Banlévre*, Le tour de la bouche. Gl. *Banlauca.*

BASME, Grotte, caverne. Gloss. *Balma*, 1. [Baume. L.]

BASQUIER, Le maître d'un bac, le batelier qui le conduit. Gl. *Baquerius.*

*BASQUINER, Ensorceler. L.

BASSE, Bast. Gl. *Bassum*, 1. — BASSELLE, Servante, femme de chambre. Gl. *Vassus,* 2.

*BASSELEUR, Boisselier. L.

*BASSELLE, Javelle. L.

BASSET, Petite table. *Bassetum.*

*BASSETEMENT, A voix basse. L.

BAS

BASSIÈRE, Ce qui se peut hausser et baisser, particulièrement dans une écluse. Gl. *Bassiare*. [Vallée. L.]

BASSIN, Branche, fourchon. Gl. *Bassinus*, 2.

BASSINAGE, Droit sur le sel et autres denrées, qu'on lève avec un bassin, Gl. *Bacinagium* sous *Bacca*, 2.

*BASSOUER, Coudre à grands points. L.

BASSYE, Latrines, lieux secrets. Gl. *Bacia*.

BAST, pour *Ban*. Gl. *Bannum*, 5. Bâtard, fils illégitime. Gl. *Bastardus*. [Tromperie. L.]

BASTAGE, Droit seigneurial sur les marchandises portées à bast. Gl. *Bastagium*, 2, et *Basta*, 1.

BASTARD, pour Batardeau. Gl. *Bastardus*.

BASTARDAGE, Naissance illégitime, bâtardise. Gl. *Bastardagium*, et *Bastardus*.

BASTARDE, Pièce de bois d'une moyenne grandeur. *Bastarda*.

BASTARDEAU, Sorte de couteau. Gl. *Bastardus*.

BASTARDIE, Naissance illégitime, bâtardise. Gl. *Bastardus*.

*BASTARDON, Diminutif de bâtard. C. N.

BASTART, MOULIN BASTART, Moulin banal. *Vin bastart*, Vin mélangé, qui n'est pas pur. *Coustel bastart*, Espèce de couteau. *Charrete bastarde*. — Jart, la pointe de la laine, qu'on coupe d'abord pour rendre le reste égal et uni. *Bastardus*.

BAS

BASTAYS, Bast. Gl. *Basta*, 1.

BASTE, Chaton, enchâssure. Gl. *Basta*, 3. [Supercherie, moquerie. — Enclos, territoire. L.]

BASTEAULX, JOUEUR DE BASTEAULX, Bateleur, jongleur, joueur de gobelets. — p. e. pour Boisseau, mesure de grain, Gl. *Bastaxius*.

*BASTELAGE, Charlatanerie. L.

*BASTELER, Frapper. L.

*BASTENDANT, Déclinant. L.

*BASTER, Badiner. L.

BASTIDE, BASTIE, Tour, château, forteresse. Gl. *Bastia*.

*BASTIER, Qui porte bât, sot. L.

BASTIERE, Espèce de sac où l'on met des provisions, et qui est attaché au chariot. *Basteiare*.

BASTILLE, Tour, château, forteresse. Gl. *Bastia*. — Siége d'une ville ou d'un château. *Bastillus*.

BASTILLER, Assiéger, mettre le siége devant une ville, etc. Gl. *Bastillus*.

*BASTINE, Espèce de selle. L.

BASTOER, Lieu où l'on bat quelque chose. Gl. *Bastitorium*,

BASTON, Toute espèce d'arme offensive ou défensive. *Basto*. — Geôlier. Gl. *Bastonicum*.

BASTONCEL, Petit bâton, houssine. Gl. *Basto*.

BASTONNÉ, Armé, muni d'armes offensives ou défensives. Gl. *Basto*.

BASTONNER, Jouer aux bâtons. Gl. *Basto*.

BAT

BASTONNIER, Celui qui a soin du bâton d'une confrérie et qui le porte en procession. Gl. *Bastonerius*. [Sergent, bedeau, gouverneur. L.]

BASTOUOIR, Lieu où l'on bat quelque chose. Gl. *Bastitorium*.

BASTURE, L'action de battre, coup. Gl. *Battere*. 1.

BAT, Bateau, nacelle. Gl. *Batus*, 2.

BATAIL, La partie du moulin par où tombe la farine. *Batillus*, 2.

BATAILLE, Corps de bataille. *Grosse bataille*, Principal corps d'armée. Gl. *Batallia*, 2.

BATAILLE CAMPAL, Bataille rangée. Gl. *Bellum*.

BATAILLE NOMMÉE, Combat dont le sujet et le jour sont indiqués. Gl. *Batallia*, 2.

BATAILLÉ, Fortifié, remparé, mis en état de défense. Gl. *Batailliæ* et *Batailliatus*.

BATAILLEUR, BATAILLIER, Guerrier, soldat. Querelleur. Gl. *Batallia*, 2.

*****BATALOGIE**, Discours efféminé.

BATAN, Moulin à fouler les draps. Gl. *Batannum*.

BATANT, Tempe, partie de la tête où bat l'artère. — Tout courant, très-vite, en diligence. Gl. *Batare*.

BATARDE, Espèce de charrette. Gl. *Bastardus*.

BATART. Voyez *Bastart*.

BATEAUX. JOUEUR DE BATEAUX, Bateleur, jongleur, joueur de gobelets. Gl. *Bastaxius*.

BATEFFON, Machine de guerre, propre à l'attaque et à la défense. Gl. *Batifollum*, 1.

BATEICE, VILLE BATEICE, Celle qui n'a point de commune. Gl. *Baticius*.

BATEILLER, Combattre. Gl. *Bataliare*. — Piler, broyer. Gl. *Battare*.

BATEILLEROUS, BATEILLOUS, Belliqueux, guerrier, vaillant. Gl. *Bataliare*.

BATEILLIEISSE, VILLE BATEILLIEISSE, BATEISSE, BATELIERESCHE, Celle qui n'a point de commune. Gl. *Baticius*.

*****BATEIS**, Enclos, territoire. L.

BATEL, Bateau. Gl. *Batellus* sous *Batus*, 2. — La partie du moulin par où tombe la farine. Gl. *Batillus*, 2.

*****BATEMARE**, Bergeronnette. L.

BATEMENT, Batterie, querelle. Gl. *Batallia*, 2.

BATEOR, Moulin à draps, à tan, etc. Gl. *Bateor*.

BATERIE, Ustensiles de cuivre ou de fer à l'usage de la cuisine. Gl. *Bateria*.

*****BATESTAL**, Bruit, tapage. L.

BATEUR A LOYER, Celui qui pour de l'argent épouse la querelle d'autrui, champion qu'on paye pour se battre. Gl. *Batitores*.

BATEURE, Malheur, infortune, échec. Gl. *Battitura* sous *Battere*, 1.

BATEYS, Juridiction, ressort. Gl. *Baticium*. — Taillis. Gl. *Basticium*.

BAT

*BATHIÉ, Demoiselle, instrument de paveur. L.

BATILLER, Combattre. *Bataliare*

BATILLEUR, Guerrier, soldat, combattant. Gl. *Batallia*, 2.

BATILLIÉ, Fortifié, remparé, mis en état de défense. Gl. *Artillaria*, 2. Voyez *Bataillé*.

BATISON, L'action de batre quelqu'un jusqu'à le tuer, coup mortel. Gl. *Battitura* sous *Battere*, 1.

BATIZON, L'action de jeter quelqu'un dans l'eau. *Adulterium*.

BATOIRE, Battant ou ventail. Gl. *Batorium*.

BATOUER, Battoir, instrument à battre. Gl. *Battere*, 1.

BATRAIE, Sorte d'armure ou d'arme ; p. e. Massue. *Bastoria*.

BATTENS, Contestation, procès. Gl. *Bastancium*.

BATTERIE, Ustensiles de cuivre ou de fer à l'usage de la cuisine. Gl. *Bateria*.

BATTIZON, Manière de pêcher en battant l'eau. Gl. *Batuda*, 1.

BATTURE, Signal qu'on donne avec les trompettes pour aller au combat, la charge. Gl. *Battitura* sous *Battere*, 1.

BATU, *Bien batu, mal batu. Batu paye l'amende.* Gl. *Battitura* sous *Battere*, 1, et *Bauderius*, 2.

BATUES, Le grain battu, et qui est encore mêlé avec la paille. Gl. *Battare*.

BATURE. Voyez *Basture*.

BAU

BAU, Rocher escarpé. *Baussium*.
— DIRE BAU, Façon de saluer ou de répondre au salut. *Bela-cara*.

BAUBE, Levée, chaussée. *Balbus*.

BAUBES, Bègue ; d'où *Baubeter*, *Bauboier*, Bégayer. *Balbuzare*.

BAUBILLONNER, Radoter. L.

*BAUBOIER, Balbutier. L.

BAUCEANT, BAUCENT, Pavillon, enseigne. Gl. *Baucens*.

BAUCENS, Cheval taché de noir et de blanc. Gl. *Baucens*.

BAUCH, Sot, nigaud. Gl. *Deboyschatus*.

BAUCHE, Esseau, bois pour couvrir les maisons. Gl. *Baudatum*.

BAUCROLLE, Banderole. Gl. *Baucens*.

BAUDEKIN, Petite monnaie. Gl. *Baldakinus*, et *Moneta*.

BAUDELAIRE, Coutelas, sorte d'épée courte. Gl. *Badelare*.

BAUDEMENT, Avec audace et insolence. Gl. *Baldantia*.

BAUDEOIR, BAUDOYER, Quartier de Paris. Gl. *Bauderius*, 2.

*BAUDERIE, Joie, gaieté. L.

*BAUDI, Étonné. L.

*BAUDIR, Réjouir. L.

BAUDRE, Courroie, bande de cuir. Gl. *Baudrerium*.

BAUDRÉ, Baudrier. Gl. *Baldrellus* et *Baudreius*.

BAUDRÉE, Vieux morceau de cuir. Gl. *Baudrerium*.

BAV

- BAUDROIER, Baudroyeur; d'où Baudroierie, L'art de faire des baudriers. Gl. *Baudreius*.

BAUDROY, Espèce de poisson. Gl. *Baudroy*.

*BAUERIE, Moquerie. L.

BAUFFRÉE, BAUFRÉE, Soufflet. Gl. *Buffa*.

*BAUFFREUR, Gourmand. L.

BAUGE, Serpe. Gl. *Baugium*, 3.

BAUHIER, Marchand de porcs. Gl. *Boaterius*, 2.

BAUKE, Esseau, bois pour couvrir les maisons. Gl. *Baudatum*.

BAULEVRE, BAULIEVRE, p. e. pour *Banlèvre*, Le tour de la bouche. Gl. *Banlauca*.

BAULLIER, Danser, sauter. Gl. *Balare*.

BAULLIIER, Flotter, voltiger. Gl. *Balare*.

BAUME, BAUMO, Grotte, caverne. Gl. *Balma*, 1.

BAUNAULE, Celui qui est sujet à la banalité. Gl. *Bannalis*.

BAUPTIZEMENT, Baptême, construction. Gl. *Baptizamentum*.

BAUSANT, Cheval marqué de taches noires et blanches. Gl. *Baucens*.

BAUTESME, BAUTESTIRE, Baptême, Gl. *Baptisamentum*, et *Baptisterium*.

BAUX, Bail, Tuteur. Gl. *Baulum*.

BAVEREL, Bavette. *Salivarium*.

BAVIERE, Visière, la partie antérieure du casque. Gl. *Baveria*.

BEA

*BAVOLER, Voltiger. L.

BAYCHE, Bêche. Gl. *Bessa*, 2.

BAYERIE, Báillage, juridiction, exercice de la justice. *Baylia*.

BAYHARD, Bay. Gl. *Bayhardus*.

BAYNAUBLE, Qui est défendu par un ban. Gl. *Bannalis*.

BAYNEAU, pour *Bayviau*, Baliveau. Gl. *Baivarius*.

BAYSAT, Nom de dignité chez les Turcs. Gl. *Bassa*, 1.

BAYSSE, Bêche. Gl. *Bessa*, 2.

BAYVIAU, Baliveau. *Baivarius*.

BAZE, BAZELAIRE, Sorte d'épée courte, coutelas. Gl. *Badelare*, *Basalaria* et *Bazelare*,

BAZENNE, Basane. Gl. *Bazena*.

BEAL, BEALAIGE, Canal, fossé creux, où l'eau coule continuellement, le lit d'une rivière. Gl. *Bealera* et *Bedale*.

BEANCE, Intention, désir, espérance. Gl. *Beare*.

BEASSE, Servante, femme de chambre. Gl. *Beassa*.

*BEATILLES, Colifichets. L.

BEAU, FAIRE PAR BEAU, Faire volontiers, de bon cœur. *Bela-cara*.

BEAUÇANT. Voyez *Bauçans*.

BEAUFROY, Beffroi. *Belfredus*.

BEAU-PÈRE, Confesseur, directeur. Gl. *Pater spiritualis*.

BEAU-SIRE. Terme injurieux, le mari dont la femme est infidèle. Gl. *Siriaticus turgor*.

BEE

BEAUVOISIENNE, *Fenestre Beauvoisienne*. Gl. *Fenestra*.

BEC-DE-CANE, Espèce de souliers. Gl. *Poulainia*.

BEC-DE-CORBIN , Bec-de-Faucon, Sorte d'arme, ainsi nommée à cause de sa ressemblance avec le bec d'un corbeau ou d'un faucon. Gl. *Becalerius*.

BEC-D'OYE, Marsouin. *Berellus*.

BECHET, Brochet, poisson. Gl. *Becchetus*.

BECHOLE, Portion ou mesure de terre, p. e. autant qu'un homme en peut bêcher dans une journée. Gl. *Beciaria*.

BECQUET, Brochet. *Becchetus*.

BECQUOYSEL, Sorte d'arme qui ressemble à un bec d'oiseau. Gl. *Becalerius*.

BECUIT , Biscuit. Gl. *Drasqua* sous *Drascus*.

*BEDATS, Garenne. L.

BEDEL, Bedeau, sergent. *Bedelli*.

*BEDER, Tourner le dos. L.

*BEDIER, Sot, ignorant. L.

BEDOIL, Sorte d'arme en façon d'une serpe, bâton ferré. Gl. *Badillus*.

BEDON, Poulin, jeune cheval. Gl. *Bedogius*. — Tambour ; d'où *Bedonneur*, Joueur de *Bedon*. Gl. *Fistulare*.

BEDUIN, Beduyn, Paysan, pâtre de l'Arabie ; Turc de la secte de Haly. Gl. *Beduini*.

BÉE, Ouverture d'une fenêtre par

BEH

où on peut *Béer* ou voir. Gl. *Beare*. [Moquerie, risée. L.]

BEE-GUEULLE, Terme injurieux, appliqué aussi à un homme ; niais, sot. Gl. *Beare*.

*BEELEUR, Criard. L.

BÉER, Avoir dessein, volonté, désirer ardemment quelque chose. Gl. *Beare*. [Brave. L.]

BEFFER, Beffler, Se moquer de quelqu'un, le tromper. Gl. *Beffa*, et *Bifax*.

*BEFFLERIE, Tromperie. L.

*BEFFLEUR, Trompeur. L.

BEFFROY, Tocsin, parce qu'on le sonne au beffroi. *Betfrerius*.

*BEGARD, Pauvre, mendiant. L.

*BEGAUDER , S'amuser à des niaiseries. L.

*BEGAUT, Sot, niais. L.

BEGE, Tirant sur le roux, roussâtre. Gl. *Bigera*.

BEGÉE, Espèce de grain. Gloss. *Bregniatus*.

*BEGGER, Extorquer. L.

BEGINAGE, Institut des Béguines. *Beguinagium* sous *Beghardi*.

BEGNE, Espèce de pannier. Gl. *Banna*, 1.

BEGUDE, Hôtellerie, cabaret. Gl. *Beguta*, 2.

BEGUE, Sorte de poisson. *Begra*.

BEGUIN, Dévot, celui qui mène une vie réglée à l'extérieur. Gl. *Beguini*.

BÉGUINE, Espèce de religieuse. Gl. *Beguini*.

BEL

BEHAIGNON, Bohémien, qui est de Bohême. Gl. *Bahagnia.*

*BEHISTRE, Malheur, calamité. L

BEHORDEIS, Joûte, combat, course de lances; d'où le verbe *Béhorder* et *Béhourder*, Faire cet exercice. Gl. B*ohordicum.*

· BEHOU, Certaine perche de bois. Gl. B*ohordicum.*

*BEHOURDER, Joûter, quereller. L.

BEHOURDICH, Behourdiz, Le premier dimanche de carême. Gl. B*ohordicum.*

BEHOURT, Joûte, combat, course de lances. Gl. B*ohordicum.*

BEJANE, Bejaune, Niais, sot. Gl. *Beanus* et *Bejaunium.*

BEIRAGE, pour Barrage, Le même droit que celui de jaugeage. Gl. B*arragium.*

BEL, A mon bel, A mon aise, à la première occasion favorable. Gl. *Bonum latus.*

BELAINGE, Tiretaine, drap de fil et de laine grossière. B*alinja.*

BELEEN, La croix de Beleen, p. e. de Belley ou Bellême. Gl. *Crux.*

*BELEMENT, Doucement. L.

*BELET, Joyaux. L.

BELFAIT, Beau fait, sans reproche, ce qui est dans les règles. Gl. B*ela-cara.*

BELFROIT, Belfroy, Beffroi, tour de bois propre pour l'attaque et la défense. Gl. Belfredus.

BELIE, Lieu où l'on nourrit des

BEL

moutons, brebis, etc., qu'on appelait B*estes belines.* Gloss. B*alens.*

*BELIN, Bélier. L.

*BELINER, Tromper. L.

*BELIS, Marguerite, fleur. L.

*BELISTRAILLE, Canaille. L.

*BELISTRANDIER, Bélitre. L.

*BELISTRER, Mendier. L.

BELLAINGE, Tiretaine, drap de fil et de laine grossière. Gl. *Balinja.*

BELLANDIER, Brelandier, joueur de profession, qui fréquente les brelands. Gl. B*elencus.*

*BELLART, Grondeur. L.

BELLE, p. e. pour B*aille,* Première défense d'une ville ou d'un château. Gl. B*allum.* — Belle-mère, marâtre. B*ela-cara.*

BELLE-ANTE, Belle-tante, femme de l'oncle. Gl. *Avuncula.*

BELLE-EUVRE, Pelleterie apprêtée ou ouvrée. Gl. B*ela-cara.*

BELLEFROY, Voyez B*eaufroy.*

BELLENT, Breland, jeu de hasard. B*ellengier,* qui tient ce jeu. Gl, B*elencus.*

BELLEUDRE, Bélitre, pleutre, lourdaud, sot. Gl. B*alens.*

*BELLIATEUR, Belliqueux. L.

BELLICATIF, Bellicoseux, Belliqueux, Querelleur. B*ellicosus.*

BELLIÈRE, Anneau auquel est suspendu le battant de la cloche. Gl. B*elleria.*

BEN

*BELLISTRANDIE, Avarice. L.

BELLOYE, Sorte de bâton. Gl. *Bellosus.*

BELLUE, Habitant, voisin des forêts. Gl. *Belues.*

BELLUQUE, Bagatelle. L.

BELOCIER, Sorte de prunier. Gl. *Balosius.*

BELOINCHEX, Fabricateur d'un drap nommé *Balose* ou *Belose.* Gl. *Balosius.*

BELS, Terme de l'Albigeois, pour animer et exciter au carnage. Gl. *Bels.*

BELUGUE, p. e. Une machine de guerre ayant la forme de quelque bête, ou un Hameau. Gl. *Belues.*

BELUTEL, Bluteau. Gl. *Barutelum.* — Jatte, écuelle. Gl. *Bultellus.*

*BEMI, Faible, nigaud. L.

BENADE, Vanne, bonde. Gloss. *Benna*, 3.

BENARDE, Voyez *Bernarde.*

BENATE, Sorte de panier ou hotte. Gl. *Banastum.*

BENAY, Bienheureux.

BENDER, pour Bander, voiler. Gl. *Bindare.*

BENEFICIER, Donner un bénéfice. Gl. *Beneficiare*, 2.

BENEICHON, Beneiçon, Beneisson, Bénédiction. Gl. *Benedictio*, 1.

BENEISTRE, Bénir. Gl. *Benedictio*, 1.

BER

BENEL, Beniaus, Sorte de chariot, tombereau. Gl. *Benellus.*

BENEVIS, Bail à rente. *Benevisa.*

*BENEVISER Possesseur de fief L.

BENEURÉ, Heureux ; d'où *Béneurtie*, Béatitude. Gl. *Beatizare*, et *Felicare.*

BENISTRE, Bénir. Gl. *Benedictio.*

BENIVOLENCE , Bienveillance. Gl. *Begnivolentia.*

BENNAGE, Droit seigneurial sur le vin vendu, en certain temps de l'année, dans l'étendue du *ban* ou territoire d'un seigneur. Gl. *Bannum Vendagii vini.*

BENNIE, Territoire défendu par la publication d'un ban. Gloss. *Banerius*, 3.

BENNIER, Sujet au droit de banalité. Gl. *Bennarius.* — Messier, gardien d'un territoire. Gl. *Banerius*, 2 et 3.

BENOISTIER, Bénitier. Gl. *Benedictarium.*

BENOIT, Béni, saint. Gl. *Benitus.*

BENURÉ, Heureux, Gl. *Beatizare.*

BEQUE, Bequet, Brochet. Gl. *Becchetus.*

BEQUEREAULX, Agneaux d'un an révolu. Gl. *Bequereaulx.*

BER, Baron, homme de cœur et d'un courage distingué. Gl. *Ber*, 2. Voyez *Bers.* [Berceau. L.]

BERBIS, Brebis. Gl. *Berbix*, 1.

BERCE, Bêche, pelle à remuer la terre. Gl. *Berca.*

BERCELET, Berchi, Berceau d'enfant. Gl. *Berciolum.*

BER

BERCHE, Berge, bord élevé d'une rivière. Gl. *Berga.*

BERCHIERE, Fonds de terre assigné en dot à une femme. Gl. *Bercheria.*

BERÇUEL, Berceau d'enfant. Gl. *Berciolum.*

BERELE, BERELLE, Dispute, contestation, querelle. *Berellus.*

BERGAIN, Convention, traité, marché. Gl. *Barcaniare.*

BERGAMAN, Coutelas, espèce d'épée courte. *Bragamardus.*

BERGERET, BASTON BERGEREZ, Houlette. Gl. *Bergerius.*

BERGERETTE, Danse au chant d'une chanson de bergers. Gl. *Bergeretta.*

*BERGERON, Berger. L.

BERGINE, Brebis. Gl. *Berbix,* 1.

BERGUE, Barque. Gl. *Barga.*

BERGUIGNER, Marchander, disputer sur le prix de quelque chose. Gl. *Barcaniare.*

BERIC, Bergerie. Gl. *Bergaria.*

BERICLE, Cristal. Gl. *Bericlus.*

BERIE, pour B*lérie*, Office de messier ou garde des blés. Gl. *Blaerius.*

BERLONGUE, Sorte de cuve. p. e. de forme ovale. Gl. *Bislongus.*

BERMAN, BERMEN, Courtier, commissionnaire. *Bermarius.*

BERNABO, Terme employé pour animer, exciter. Gl. *Bernabos.*

BERNADET, Espèce de poisson. Gl. *Centrina.*

BER

BERNAGE, Suite, équipage d'un grand seigneur. Gl. *Bernagium* sous B*ren.* — Ce que fournissent les vassaux à leur seigneur pour la nourriture de ses chiens de chasse. Cette redevance, qui d'abord se payait en son, qu'on nommait B*ren*, fut appelée B*er-nage* ou *Brenage;* elle a été ensuite évaluée en avoine et autres grains, ou en argent, sans changer de nom. Gl. B*rena-gium* sous B*ren.*

BERNARDE, SERRURE BERNARDE, Le dictionnaire de Trévoux écrit *Bénarde,* Serrure dont la clef n'est point percée, et qui s'ouvre des deux côtés. Gl. *Berna-rius.*

BERNART, Sot, niais, hébété, imbécile. Gl. B*ernarius.*

BERNE, Espèce d'habillement, cape. Gl. B*erniscrit.*

BERNER. Gl. *Sagus,* 2.

BERNICLES, Supplice usité chez les Sarrasins, dont Joinville fait la description, page 72, édition du Louvre.

BERNIER, Celui qui était chargé de la nourriture des chiens de chasse, ou qui l'exigeait de ceux qui devaient la fournir. B*ren.*

*BERNIFLER, Mortifier. L.

*BEROLE, Chicane. L.

BERONHE, Guerre, expédition, p. e. pour B*esonhe* ou *Besogne.* Gl. B*isonium.*

*BERQUE, Borgne. L.

BERQUIER, Berger. Gl. B*ergaria.*

BERRIE, Campagne unie et sans éminences, plaine. Gl. B*eria.*

BES

BERROICHE, Instrument propre à la pêche. Gl. *Bertavellus.*

BERRUYER, Sorte d'arme. Gl. *Berroerii.*

BERS, Baron, homme de cœur et de courage. Gl. *Baro.*

BERSAIL, BERSEIL, But, blanc auquel on vise ; le lieu même où l'on s'assemble pour tirer au blanc. Gl. *Bersa.*

*BERSE, Bêche. L.

BERSEILLER, BERSER, Chasser, percer de flèches. Gl. *Bersa.* 1.

BERSEIUL, Nom d'une prison. Gl. *Bersa,* 1.

BERSEL, METTRE AU BERSEL, Exposer à un danger, au supplice. Gl. *Bersa,* 1.

BERTART, Bâtard, illégitime. Gl. *Bastardus.*

BERTAUDER, BERTODER, Couper inégalement les cheveux, à la façon des anciens moines. Gl. *Berta,* 3.

BERTHOULI, Barthélemi. Gloss. *Bartholomistæ.*

BERTONEAU, Turbot. *Rhombus.*

BERTREMER, Barthélemi. Gl. *Bartholomistæ.*

BESAGUE, Hache à deux taillants, sorte de marteau. Gl. *Bisacuta.*

BESAINE, Essaim ou ruche d'abeilles. Gl. *Besana,* 1. [Brebis. L.]

BESAL, Canal, conduit d'eau, fosse. Gl. *Besale.*

BESANCHE, Morceau, pièce, fragment. Gl. *Bissantia.*

BES

BESANNE, Essaim ou ruche d'abeilles. Gl. *Besana,* 1.

BESANT, Monnaie d'or des empereurs de Constantinople. Gl. *Byzantius,* et *Talentum.*

BESANTE, Grand'tante. *Besavus.*

BESAY, BESAYE, Bêche, houe, pioche. Gl. *Besogium.*

BESCHE, BANNIR SUR LA BESCHE, Sous peine d'être enfouie. C'était le supplice pour les femmes, qu'il n'était pas d'usage alors de pendre. Gl. *Becca.*

BESCHECLEU, Ouvrier en fer, forgeron, faiseur de bêches et clous. Gl. *Becca.*

BESCHERON, Bec, pointe. Gl. *Becchetus.*

BESCLE, Foie. Gl. *Kalendæ.*

BESCOCHIER, Tromper, escamoter. Gl. *Biscatia.*

BESEEL, Bisaïeul. Gl. *Besavus.*

BESENAGE, Droit provenant des ruches d'abeilles. *Besenagium.*

BESGOIER, Bégayer, parler comme un homme ivre. *Balbuzare.*

BESIAT, Oiseau tout jeune, qui n'est presque pas encore sorti du nid. Gl. *Bejaunium.*

BESIL, Peine, vexation, chagrin ; d'où *Besiller, Besiler,* Tourmenter, vexer, dépérir, s'altérer. Gl. *Besilium.*

BESISTRE, FAIRE BESISTRE, Manœuvrer avec la corde nommée *issas.* Gl. *Besilium.*

BESIVRE, Fort ivre, accablé de vin. Gl. *Bestancium.*

BES

BESLONG, Qui est oblong. Gl. *Bislongus.*

BESLOY, MENER A BESLOY, Écarter de la loi, de ce qui est juste. Gl. *Bestancium.* [Tort, dommage, injustice. L.]

BESOCHE, BESOG, BESOICHE, Bêche, houe, pioche, hoyau. Gl. *Besogium.*

BESOIGNABLE, Nécessaire ; du verbe *Besoigner*, Être nécessaire, dont on a besoin. Gl. *Bisonium.*

BESOIGNEMENT, Travail, occupation. Gl. *Negotiata.*

BESOIGNEUS, Qui est dans le besoin, pauvre, indigent. Gl. *Bisonium.*

BESOLZ, Hoyau, bêche. Gloss. *Besogium.*

BESONCLE, Grand-oncle. Gloss. *Besavus.*

BESOT, PORTER BESOT, Porter malheur. Gl. *Bissextus*, 1.

BESOTE, Petite bêche. Gl. *Becca.*

BESOUCH, BESOUTZ, BESOY, Hoyau, houe, bêche, pioche. Gl. *Besogium.*

BESQUE, Bêche. Gl. *Becca.*

BESSACHE, Besace. Gl. *Besaccia.*

BESSAULT, Espèce d'arbre, p. e. Houx. Gl. *Biscus.*

BESSE, Instrument propre pour la pêche. Gl. *Bessa*, 1. — Pour bêche. — Lieu bas, marécageux, plein de broussailles. *Baissa*, 2.

BESSER, Bêcher, travailler avec la besse, Gl. *Bessa*, 2.

BET

BESSIERE, Lieu bas, marécageux, plein de broussailles. *Baissa*, 2.

BESSIN, Terme injurieux. Gl. *Bisseni.*

BESSON, Pionnier, celui qui remue la terre avec la *besse ;* dont le métier s'appelle *Bessonnerie.* Gl. *Bessa*, 2. [Jumeau. L.]

BESTANCE, Suffisance, abondance. Gl. *Bestancium.* [Dispute. L.]

BESTANCIER, Contester, disputer ; de BESTANT, Contestation, procès. Gl. *Bestancium.*

BESTARD, Bâtard, illégitime. Gl. *Bastardus.*

BESTE, Cheval. Gl. *Bestia.*

BESTE BISE, *Blanche, de Fer, Traihent,* etc. Gl. *Bestia.*

BESTELETTE, Petite bête. Gl. *Zentala.*

BESTENS, Mauvais temps. Gl. *Bestancium.*

BESTERIE, Bêtise, stupidité. Gl. *Bestialitas.*

BESTORS, BESTORTE, Oblique, tortueux. Gl. *Bestalinus.*

BESTOURNER, Mal tourner, renverser. Gl. *Bestornatus.*

BESUCHER, Ménager, épargner. Gl. *Bestancium.*

BETAGE, Sorte de redevance ou de corvée. Gl. *Binnum.*

BETE, Capuchon noir à l'usage des hommes aux enterrements. Gl. *Beta*, 1.

BETER. Emmuseler. Gl. *Beta*, 2.

*BETRESCHE, Brèche. L.

BEZ

BETUMIER, Lieu rempli de Be-*tuns*, immondices, vidanges. Gl. *Betunium*.

BEUBANT, Beubance, Vanité, magnificence outrée, ostentation, orgueil, arrogance; d'où *Beubenchier*. Celui qui a ces vices. Gl. *Bobinator* sous *Bobinare*, 2.

BEUDY, Étable à bœufs. *Beudum*.

BEVERE, Buveur, ivrogne. Gl. *Tremerellum*.

BEVERIE, Ivrognerie. *Bevragium*

BEVIER, Mesure de terre. Gloss. *Bivarium*.

BEURAGE, Sorte de cens ou de redevance. Gl. *Beuragium*.

*BEUROER, Abreuvoir. L.

BEVRAGE, Beuverage, L'action de boire, régal en vin. Gl. *Biberagium*.

BEVRATGE, Sorte de boisson, piquette. Gl. *Beuvenda* et *Abevragium*, 1.

BEURRÉ, Pot à beurre. *Buttur*.

BEUSAIL, Fourchon. Gl. *Bicellus*.

BEUVERAGE, Présent en boisson. Gl. *Biberagium*.

BEUVERIE, Ivrognerie. Gl. *Bevragium*.

BEYSSE, Bêche. Gl. *Bessa*, 2.

BEZAINE, Brebis. Gl. *Berbix*, 1.

BEZANNE, Bezeine, Bezenne, Ruche à miel. Gl. *Besana*, 1.

BEZANS, Monnaie. Gl. *Byzantius*, et *Moneta*.

BEZOCHE, Bêche, houe, pioche. Gl. *Besogium*.

BIC

BIAFORE, Cri par lequel on invoque le secours public. Gloss. *Biafora*.

BIAIN, Bian, Corvée, tant d'hommes que de bêtes. Gl. *Biennum*.

BIANNAUX, Ceux qui doivent le *Bian* ou la corvée. Gl. *Biennarii* sous *Biennum*.

BIAUBERT, Vain, fanfaron. Gl. *Bobinator*.

BIAULANDE, Cri de guerre. Gl. *Signum*, 10.

*BIBAILLE, Don, présent. L.

BIBELOT, Jeu des Bibelots. Jeu de dés ou d'osselets. *Biscatia*.

*BIBET, Vase à boire. L.

BIBETE, Bluette, étincelle. Gl. *Bibete*.

BIBLE, Machine de guerre pour jeter des pierres. Gl. *Biblia*, 1.

BIBLIEN, Professeur en Écriture sainte. Gl. *Biblicus*.

*BIBULE, Altéré. L.

BICHAT, Faon de biche. *Bicha*.

BICHE, Haut-de-chausses, ce qui sert aux hommes à couvrir leurs cuisses. Gl. *Bache*. — Sorte de poisson. Gl. *Glaucus*.

BICHENAGE, Droit sur ce qui se vend au *Bichet*, droit de mesurage. Gl. *Bichetus*.

BICHERON, Fourchon. *Bicellus*.

BICHET, Sorte de mesure pour les grains. Gl. *Bichetus*.

BICHETAT, Faon de biche. *Bicha*.

BICHIER, Mesure des liquides. Gl. *Bicarium*.

BIE

BICHONAGE, Droit sur ce qui se vend au *bichot*, droit de mesurage. Gl. *Bichonus*.

BICHOT, Mesure des grains. Gl. *Bichetus*.

BICOQUET, Ornement de tête, espèce de chaperon. Gl. *Bigacia*.

BICORNE, Cuve à deux cornes. Gl. *Bicorna*.

BICQUES, Sorte de jeu, qui, p. e., se faisait avec des piques : car je trouve *Bique* pour Pique. Gl. *Biglæ*.

BIDAUX, Soldats dont les principales armes étaient deux dards. Gl. *Bidaldi*.

BIEF, Canal qui conduit l'eau au moulin, biez. Gl. *Bedum*.

BIEN, Argent, monnaie. Gl. *Bonum*, 1. — Corvée, tant d'hommes que de bêtes. Gl. *Biennum*. — Fort. *Très-bien*, très-fort. Gl. *Payla*.

BIENALÉE, Ce que paye celui qui s'en va, qui quitte le pays. Gl. *Benevenuta*.

BIENANANS, lisez *Bienavans*.

BIENAVANS, Les principaux d'un lieu ou d'un pays. Gl. *Benenati*.

BIENFAIT, La portion des puînés dans les biens paternels et maternels. Gl. *Benefactum*, 1.

*****BIENHEURTÉ**, Bonheur. L.

BIENNABLES, Biennaux, Ceux qui doivent la corvée appelée *Bien*. Gl. *Biennum*.

BIENVEIGNANT, Faire Bienveignant, Faire bon accueil, bien recevoir quelqu'un qui vient ou arrive. Gl. *Benevenuta*.

BIG

BIENVIENGNER, Bienvignier, Féliciter quelqu'un sur son heureuse arrivée, le bien recevoir. Gl. *Benevenuta*.

*****BIENVUILLANS**, Amis, alliés. L.

BIER, Sorte de boisson. Gl. *Biera*.

BIERBAN, Droit qu'on paye pour vendre de la bière en gros ou en détail. Gl. *Bierbannum*.

BIERE, Latte ou morceau de bois qui sert à une charrette. *Biera*.

BIESTE, Bête. Gl. *Bannum Augusti*, sous *Bannum*, 1.

*****BIETE**, Cercueil. L.

BIEZ, Lieu rempli de bouleaux ou de roseaux. Gl. *Biezium*.

BIFE, Biffe, Sorte de drap et de vêtement. Gl. *Biffa*, 1. [Tromperie. L.]

*****BIGNE**, Bosse, tumeur. L.

BIGNON, Instrument propre pour la pêche. Gl. *Bigo*.

BIGNOT, Bêche, houe, marre, pioche. Gl. *Bigo*.

BIGORGNE, Sorte de massue, bâton ferré. Gl. *Biscorna*.

BIGOT, Nom donné aux Normands, terme injurieux. Gloss. *Bigothi*. — Bêche, houe, marre, pioche. Gl. *Bigo*.

BIGRE, Garde forestier, celui principalement qui a le soin de recueillir les essaims d'abeilles. Gl. *Bigrus*.

BIGRERIE, Lieu où l'on tient les ruches à miel. Gl. *Bigrus*.

BIGUARRIE, Office de *bigre* ou de garde forestier. Gl. *Bigarrius*.

BIN

*BIGUE, Boiteux. L.

*BIGUER, Échanger. L.

BIHORE, Cri par lequel on invoque le secours public. B*iafora*.

BILHETE, Billet, obligation par écrit. Gl. B*illa*, 1.

BILLE, Boule, quille.

BILLER, Jouer à la boule, au mail. Gl. B*illa*, 3.

BILLETE, Pancarte ou tarif des impôts publics. — Diminutif de B*ille*, boulette. Gl. B*illa*, 3.

*BILLETER, Garnir. L.

BILLON, Bille, boule. B*illa*, 3.

BILLOT, Pancarte ou tarif des impôts publics. Gl. B*illonus*, 2.

BILLOTE, B*ilote*, Bille, boule. Gl. B*illa*, 3.

BILLOTEAUX, Sorte de souliers. Gl. B*illonus*, 2.

BILLOUER, Billard. Gl. B*illa*, 3.

BILOTER, Partager le bois en *billots* ou morceaux. B*illonus*, 2.

BIME, Jeune vache, génisse. Gl. B*imanis*.

BINDE, Trébuchet. Gl. B*inden*.

BINEOIR, p. e. le même que B*ingue*, qui suit.

BINGUE, Petit gàteau, galette. Gl. B*inota*.

BINGU-EN-DOS, Coup bien appliqué sur le dos ou les épaules. Gl. sous B*igo*.

BINOIR, Houe, marre ; d'ou B*inoter*, B*inotter*, Remuer la terre

BIS

avec cet instrument, lui donner un second labour ; et B*inotich*, Terre qui a été *binotée*. B*inota*.

BIORE, Cri par lequel on invoque le secours public. Gl. B*iafora*.

BIQUET, Pied qui soutient quelque chose, appui. Gl. *Custoda*.

BIQUOQUET, Ornement de tête, espèce de chaperon. B*igacia*.

BIRBARÉ, Bigarré. Gl. B*irrus*.

*BIRE, Nasse. L.

*BIRER, Tourner, virer. L.

BIRETTE, Barrette. Gl. B*irretum*.

BIRMANNE, Petite monnaie de Liége. Gl. B*irmandus*.

BIRRETE, Sorte de pierre, p. e. Cristal. Gl. B*irreta*.

BIS, B*isets*, Frères Mineurs, ainsi nommés de la couleur de leurs habits. Gl. B*izochi*. [Noir, brun, gris. L.]

BISETE, Sorte de dentelle. Gl. B*isetus*.

BISIEUTRE, pour B*issexte*. *Porter Bisieutre*, Porter malheur. Gl. B*issextus*, 1.

*BISME, Abîme. L.

BISPE, Évêque. Gl. B*ispia*.

BISQUINS, p. e. pour Biscaïens, ou autres peuples. Gl. B*isseni*.

BISSE, Biche. Gl. B*issa*, 1. [Couleuvre. L.]

BISSEXTE, Infortune, malheur. Gl. B*issextus*, 1.

BISSONNIER, Vagabond, voleur de grands chemins. B*issonus*.

BLA

*BISSUS, Lin ou chanvre. L.

BISTORIE , Bistorit , Poignard. Gl. B*astoria*.

BLAATERIE, Droit sur le mesurage des blés. Gl. B*laderia*.

BLACAS, Jeune chêne. B*lacha*.

BLACHE, Plan de jeunes chênes ou châtaigniers, plantés à une assez grande distance les uns des autres pour qu'on puisse y labourer. Gl. B*lachia*.

BLAÇON, Écu, bouclier. Gl. B*uccula*, 1.

BLADADE, Droit de pâturage sur les terres qui ont porté du blé, redevance en blé. Gl. B*ladada* sous B*ladum*, et B*laeria*.

BLADERIE, Marché au blé. Gl. B*ladaria* sous B*ladum*. — Droit de mesurage sur les blés. Gl. B*laderia*.

BLADIER, Marchand de blé. — Messier, garde des blés. Gl. B*laderius*.

BLAER, Ensemencer une terre en blé. Gl. B*ladare* sous B*ladum*.

BLAFEMEUR, Blasphémateur. Gl. B*andolier* sous B*andum*, 1.

BLAIER, Garde des blés, messier. Gl. B*laerius*.

BLAIERIE, Le temps où l'on garde les blés ou autres fruits. Gl. B*laerius*.

BLAIRIE , Certain nombre de gerbes de blé qu'on donne au seigneur pour qu'il établisse des B*laiers* ou messiers. B*laeria*.

BLAISTRE, Poignée ou motte de terre. Gl. B*lesta*.

BLANC, Sorte de monnaie. Gl.

A*lbus*, 2, B*lancus*, 2, M*oneta*. — La partie d'un papier qui est écrite. Gl. A*lbum*. — Tarif de péage. Gl A*lbus*, 3.

BLANCE, Le plus pur froment. Gl. B*race*. — Pour Blanche. Gl. C*ampagnia*.

BLANCHE, Surnom qu'on donnait aux femmes d'une rare beauté. Gl. B*lanca*, 1.

BLANCHE-EUVRE, C'est le nom que l'on donne à certains outils de tonnelier. Gl. F*oretum*.

BLANCHÉE, Valeur d'un blanc. Gl. B*lancus*, 2.

BLANCHÉEN, Le plus pur froment. Gl. B*race*.

BLANCHET, Sorte de camisole. Gloss. B*lanchetum*. — Sorte d'étoffe. — Blanc, but auquel on vise en tirant. Gl. B*lanchetus*.

BLANCHEUR , Flatteur, flagorneur, doucereux. B*landiosus*.

*BLANCHOIER, Devenir pâle. L.

BLAHCHON, pour PLANCHON ou PLANÇON, Sorte de pique, épieu ou bâton de défense. Gl. *Plansonnus*.

BLANCHOR , Blancheur. *Pascio*.

BLANCQUE, Pancarte ou tarif des droits qu'on doit payer. A*lbus*, 3.

BLANCS - CHAPERONS , Nom d'une association à Gand. A*lbi*.

BLANDE, Droit qui est dû sur chaque feu, maison ou famille. Gl. B*landa*, 1. — B*lande Parole*, Douce, belle, agréable. Gloss. B*landiosus*.

BLANDICIEUX, Flatteur, caressant. Gl. B*landiosus*.

BLA

BLANDILALIE, Espèce de pomme blanche que nous appelons Haute-Bonté. Gl. *Blandectus.*

BLANDIR, Flatter, caresser, gagner par de belles paroles ; d'où *Blandissant*, Flatteur, caressant. Gl. *Blandiosus.*

BLANDUREL , Le même que *Blandilalie.* Gl. *Blandectus.*

BLANGE, Blâme, réprimande ; d'où *Blanger*, Blâmer, reprendre. Gl. *Blasphemare.*

*BLANGER, Frauder. L.

BLANQUE , pour Blanche. Gl. *Blakmale.*

BLANQUERIE, Blancherie, lieu où l'on blanchit les toiles, etc. Gl. *Blanqueria.*

BLARIE, Blé provenant du droit de terrage. Gl. *Blaeria.* — Office de *blaier* ou messier. *Blaerius.*

BLASON, Écu, bouclier ; d'où

BLASONNIER, Celui qui les fait. Gl. *Blazonare*, et *Buccula*, 1.

BLASONNEMENT, Dérision, moquerie ; ou Affront, outrage. Gl. *Blazonare.*

BLASMER, Blasphémer. Gl. *Blasphemare.*

BLASPHEME, Blâme, reproche. Gl. *Blasphemare.*

*BLASSER, Arroser. L.

BLASTENGER, BLATENGER, Blâmer, faire des reproches, dire des injures, outrager. Gl. *Blasphemare.*

BLAT, Blé. Gl. *Blat.*

BLATIER , BLATRIER , Regrattier,

marchand de blé en détail. Gl. *Bladarius* sous *Bladum.*

BLATON, p. e. pour Laiton ou Léton. Sorte de métal. Gl. *Lato.*

BLATRIER, Revendre en détail le blé acheté en gros, faire le négoce de *blatier* ou *blatrier*. Gl. *Bladerius.*

BLAUDE , Sorte de vêtement. Gl. *Bliaudus.*

*BLAVE, Bleuet. L.

BLAVERIE, Droit sur le blé qu'on amène au marché. Gl. *Blaeria.*

BLAVETIER, Marchand de blé ou regrattier. Gl. *Bladerius.*

BLAVIER , SERGEANT BLAVIER , Messier , celui qui garde les blés. Gl. *Blava*, 1.

BLAVOTINS , Nom d'une faction en Flandre. Gl. *Isengrinus.*

BLAYER, Celui qui a le droit de *blarie* ou terrage. Gl. *Blaeria.* [Moissonner. L.]

BLAZAS, Gerbe. Gl. *Bladum.*

BLAZON, Écu, bouclier. Gl. *Buccula*, 1.

BLEALMENT, Sous le nom ou en façon de blé. Gl. *Bladum.*

BLÉE, Nom d'une fête ou foire. Gl. *Bladum.*

BLÉER, Ensemencer une terre en blé. Gl. *Debladare* sous *Bladum.* — Garde des blés, messier. Gl. *Blaerius.*

BLÉERIE, Se dit des blés qui sont sur pied. Gl. *Blaeria.*

BLEIF, pour Blé, toute espèce de grain. Gl. *Solus*, 2.

24

BLO

BLEITE, Toupet. Gl. *Blesta.*

BLEIU, Bleu. Gl. *Blavatus.*

*BLEMURE, Blessure. L.

BLENEL, Tombereau. *Benellus.*

BLERIE, Office de *Bleïer* ou messier. Gl. *Blaerius.*

BLESANCE, p. e. La même chose que *Blaverie.* Gl. *Blaeria.*

*BLESCHE, Fourbe. L.

BLESE, Mèche. Gl. *Blesta.*

BLESMEURE, Fraction, rupture. Gl. *Borgum.*

BLESSEMENT, Blessure, plaie. Gl. *Bluso.*

BLESTE, Motte de terre. *Blesta.*

*BLESTEUS, Malsain, infirme. L.

BLESTREUS, Couvert de haillons. Gl. *Blesta.*

*BLET, Mou, flasque. L.

BLEYER, Garde des blés, messier. Gl. *Blaerius.*

BLIAUT, Sorte de vêtement. Gl. *Bliaudus.*

*BLIDE, Machine de guerre à contre-poids. L.

*BLISTRE, Belistre. L.

*BLOBES, Loques. L.

*BLOC, Billot. L.

BLOCHE, Motte de terre. *Blesta.*

BLOE, Bleu. Gl. *Bloius.*

BLOETE, Étoffe bleue. Gl. *Bloius.*

BLOI, Bleu et blond. Gl. *Bloius.*

BOA

BLOIRE, L'action de couvrir les yeux des oiseaux de proie. Gl. *Bloire.*

*BLOISEANZ, Bégayant. L.

*BLOISER, Bégayer. L.

*BLONDE, Bouillon-blanc, herbe L

*BLONDECE, Gracieuse. L.

BLONDIR, User d'art pour paraître blond ou blanc. *Blundus.*

*BLONDOYER, Jaunir. L.

BLOQUEAU, Tronc, boîte ou petit coffre où l'on met de l'argent. — Billot, tronchet. Gl. *Blocus.*

BLOQUELET, Petit billot. *Jeu des bloquelez.* — p. e. Billette, en terme de blason. Gl. *Blocus.*

BLOQUIER, Blouquier, Bouclier. Gl. *Bloquerius.*

*BLOQUIL, Sorte de fortification. L.

*BLOS, Oté, enlevé. P.

BLOU, Bleu. Gl. *Bloius.*

BLOUQUETTE, Petite boucle. Gl. *Buccula,* 3, et *Subtalares.*

*BLOUS, Ébloui. L.

BLOUSTRE, Bloute, Motte de terre. Gl. *Blesta.*

*BLOUTROER, Rouleau. L.

*BLUETTER, Étinceler. L.

BOAICHIER, p. e. Gabion. Gl. *Boachiers.*

BOAGE, Terre en boage, En jachère. Gl. *Boagium,* 2. — Boaje, Boalage, Redevance qui se paye à raison du nombre de

BOC

bœufs qu'on emploie au labour. Gl. *Bovagium.*

*BOAYS, Bois. L.

BOBAICHE, Chaussure qui couvre et garantit le soulier, galoche. Gl. *Bobatterius.*

*BOBAIS, Bombance. L.

BOBAN, Pompe, faste, grand appareil, luxe. Gl. *Bobinator.*

*BOBANCE, Luxe, vanité. L.

*BOBANCER, Se ruiner. L.

*BOBANCER, Se glorifier. L.

*BOBANCIER, Vaniteux. L.

BOBAUCHIER, pour BOBANCHIER. Gl. *Bobinator.*

BOBE, Babiole, bagatelle, fadaise, *Leonini versus.*

BOBELIN, Bouvier, vacher. Gl. *Bobulcus.* [Savate, semelle. L.]

*BOBELINAGE, Raccommodage de souliers. L.

*BOBELINER, Ravauder. L.

*BOBELINEUR, Brouilleur. L.

*BOBENÇANT, Vaniteux. L.

*BOBENCEUSE, Orgueilleuse. L.

BOBENCIER, BOBERS, Fier, hautain, fanfaron, orgueilleux. Gl. *Bobinator.*

*BOBES, Tromperies. L.

*BOBLINEUR, Savetier. L.

*BOCART, Lâche. L.

*BOCASSIS, Sorte de toile. L.

BOCE, Bouche. Gl. *Bucca,* 2. —

BOE

Milieu élevé du bouclier. Gl. *Buccula,* 1. — Bosse, charbon pestilentiel. *Bocia,* 4. [Buche. R. R.]

*BOCEREZ, Bossu. L.

*BOCHASSE, Châtaigne. L.

BOCHE, Bouche. *Boche d'Avie,* Le détroit des Dardanelles. Gl. *Bucceavia.*

BOCHET, Sorte de boisson, Gl. *Bochetus.*

*BOCHETTE, Sorte de jeu. L.

*BOCHEZ, Bosquet. L

BOCKHOU, Hareng fumé ou soret, qu'on appelle en Hollande *Bocking.* Gl. *Harengeria.*

BOCLE, Le milieu élevé du bouclier. Gl. *Buccula,* 1.

*BOCOIER, S'élever. L.

*BOCQUET, Petite barque. L.

*BOCQUETIN, Navire. L.

*BOD, Profondeur. L.

*BODE, Génisse. L.

*BODELEUR, Malfaiteur. L.

*BODEN, Table ronde. L.

*BODNE, Borne. C. N.

*BODON, Flèche. A.

BOE, Pus. Gl. *Bocius,* 2.

*BOË, Boue, limon. L.

BOEL, Trompe de l'éléphant. — Boyau. Gl. *Botellus,* 1.

BOELLON, Ciselure, relief. Gl. *Bolinus.*

*BOEM, Ensorcelé. L.

BOI

BOEN, Boene, Bon, bonne. Gl. *Amentare*, 1.

*BOERE, Mare. L.

BOERIE, Ferme, métairie. Gl. *Boeria*, 1.

BOESMIEN, Coureur, vagabond. Gl. *Ægyptiaci*.

*BOESSELET, Petit boisseau. L.

BOESSERÉE, Mesure de terre, qui produit ou rend au propriétaire ou au seigneur un boisseau de grain. Gl. *Boicellata*.

BOESSIÈRE, Lieu planté de buis. Gl. *Buxeria*.

*BOEUS, Sale. L.

*BOFEI, Fierté, vanité, orgueil. C. N.

BOFFOIS, Bofois, Bruit, rumeur, vacarme. *Buffa* et *Domigerium*

*BOFU, Boffu, Sorte d'étoffe. L.

*BOGIS, Camus. L.

*BOGNE, Borne. L.

BOGUE, Sorte de poisson. Gloss. *Boca*, 2.

BOHADE, Corvée ou service qu'un vassal doit faire avec ses bœufs. Gl. *Bohada* sous *Bovagium*.

BOHORDEIS, Bohourt, Joûte, combat simulé, courses de lances; d'où *Bohorder*, Jouter. Gloss. *Bohordicum*.

*BOIAC, Droit de gîte. L.

*BOIARON, Noble moscovite. L.

*BOIASSE, Artisane. L.

BOICHE, Entrée de cellier ou cave. Gl. *Clareria.* —

BOI

BOICHEE, Espèce de nasse. Gl. *Boicheta*.

*BOICHER, Boucher. L.

BOICHIER, Celui qui fait des nasses. Gl. *Boicheta*.

*BOICON (Regard de), Œillade. L.

BOIDIE, Fraude, tromperie, trahison, félonie. Gl. *Baudia* sous *Bausia*.

BOIER, Cloaque, égoût. Gl. *Botis*. — Broyer, rompre. *Botoerum*. [Bouvier. L.]

*BOIES, Fers, chaînes. L.

BOIETTE. Devenir Boiettes, Se dit des yeux qui s'éteignent et s'obscurcissent. Gl. *Boieta*.

*BOIEUR, Le voyer. L.

BOIGNET, Fauchet, espèce de rateau. Gl. *Falcetus*.

BOIHEDIE, Certaine mesure de terre, autant que deux bœufs peuvent labourer dans un jour. Gl. *Bovata*.

*BOILER, Vouloir. L.

BOILLE, p. e. Buisson, bois taillis. Gl. *Boelea*. [Cour, jardin. L.]

*BOILLIR, Bouillir. G. G.

BOILLON, Ciselure, relief. Gl. *Bolinus*. [Bouillon d'eau, gouffre, bourbier. L.]

BOIRADE, Corvée ou service qu'un vassal doit faire avec ses bœufs. Gl. *Boirada*.

BOIRAT, Bouvier, celui qui a soin des bœufs. Gl. *Boirada*.

BOIRE, Bise. Gl. *Bisa*. — Ferme, métairie. Gl. *Bovaria*, 1. [Borée, vent. L.]

BOI

BOIRE A LA SEIGLE, Boire au seau. Gl. *Bibere.*

BOIRES-DIEU : On appelle ainsi l'eau des puits qui étaient dans quelques églises ou chapelles célèbres. Gl. *Puteus,* 1.

*BOIS, Lance. L.

BOISCHET, Sorte de boisson. Gl. *Bochetus.*

BOISDIE, Félonie trahison, fraude, tromperie. Gl. *Bausia.*

*BOISDIVEMENT, Avec fraude. S. B.

BOISE, Bûche, gros bâton. *Boisia.*

*BOISEAU, Espèce d'impôt. L.

BOISEOR, BOISEOUR, BOISEUR, BOISIERE, Faux, trompeur, celui qui viole son serment, qui manque à sa foi. Gl. *Arma reversata,* et *Bausiare.*

BOISER, BOISIER, Tromper, violer sa foi et son serment, commettre le crime de félonie. Gl. *Bausiare.*

*BOISIERE, Bois, taillis. R. Rou.

*BOISINE, Trompette. R. Rou.

*BOISSE, Enveloppe, couvercle. R. G. [Engin de pêche. L.]

BOISSEAU, Bouteille, vase à mettre du vin. — Lieu d'assemblée. Gl. *Boissellus,* 2.

BOISSEL, Espèce de nasse. Gl. *Bocella,* 2. — Boisseau, mesure. Gl. *Boissel,* 1.

BOISSELAGE, Office de mesureur de blé. Gl. *Bossellagium.*

BOISSELÉE, Mesure de terre, qui produit ou rend au propriétaire ou au seigneur un boisseau de grain. Gl. *Bussellata terræ* sous *Butta,* 3.

BOISSELLE, Petite boîte. *Boistia.*

BOISSES, Branches d'arbres, ou broussailles. Gl. *Boisonus.*

BOISSIERE, Lieu planté de buis. Gl. *Buxeria.*

BOISSON, Buisson, bois taillis. Gl. *Boissonnium.* — Piquette, sorte de boisson. Gl. *Beuvenda.*

BOISTART, Boite ou boitillon, morceau de bois qui est emboîté dans l'œillet de la meule. Gl. *Boistellus,* 1.

BOISTE, Certain droit, ou péage. Gl. *Boistia.*

BOISTEAU, BOISTEL, Boisseau. Gl. *Boistellus,* 2, et *Bustellus* sous *Butta,* 3.

BOITE, ESTRE EN BOITE, Être ivre. Gl. *Bevriotus.*

*BOITEAU, Botte. L.

BOITELÉE, Mesure de terre qui produit ou rend au propriétaire ou au seigneur un boisseau de grain Gl. *Boicellata.*

BOITIAU, Boisseau. *Boistellus,* 1.

BOITIER, Celui qui recueille et garde l'argent de la boîte ou bourse commune. Gl. *Boistia.*

*BOITTE, Sorte de boisson. L.

BOITTEAU, Boite ou boitillon, morceau de bois qui est emboîté dans l'œillet de la meule. Gl. *Boistellus,* 1.

BOITTEL, Boisseau. *Boistellus,* 1.

BOITTELÉE, Mesure de terre, qui produit ou rend au propriétaire ou au seigneur un boisseau de grain. Gl. *Boicellata.*

BOM

*BOITURE, Buvette, boisson. L.

BOIVIAU, pour BAIVIAU, Baliveau.
Gl. *Baivarius.*

*BOIVRE, Boire. P.

*BOJON, Flèche. R. R.

BOKAIGE, Droit sur le bois employé par les boulangers. Gl.
Boscagium, 1.

BOLADE, Massue. Gl. *Bola,* 3.

BOLAIE, Bouleau. Gl. *Bolum.*

BOLBESTRE. *Montesquieu en
Bolbestre,* dans les lettres de
grâce de 1395. Reg. 148, du Tr.
des Chart. pièce 202. Les Gas-
cons disent *Volvestre,* Petit pays
arrosé par la rivière de Volpe,
dans le comté de Foix, diocèse
de Rieux.

*BOLE, Sonde, taverne. L

*BOLEOR, Charlatan. L.

*BOLET, Boulet. L.

*BOLIDE, Tournoyant. L.

BOLIR, Bouillir, supplice usité
autrefois. Gl. *Caldaria.*

BOLLADE, Massue. Gl. *Bola,* 3.

*BOLLEAU, Bouleau. L.

*BOLYYÈS, Liens. L.

BOMBARDE, Instrument de musique, p. e. la Basse. — Ornement des manches aux habits de
femmes. Gl. *Bombarda.*

BOMBARDELLE, Diminutif de
BOMBARDE, Canon. *Bombarda.*

*BOMBISER, Peter. L.

BON

BOMMER, Borner, poser des bornes. Gl. *Abomagium,* 1.

BON, Droit, qui est du côté droit.
Gl. *Bonum latus.* — Ce que l'on
souhaite. A.

BONAIGE, Droit qu'on paye pour
le bornage des terres. Gloss.
Bonagium.

*BONAVENTUROS, Heureux. C.N

BONCERON, Boutique à conserver le poisson. Gl. *Bondinge.*

BONDE, Borne. Gl. *Bondula.* —
Nombril. Gl. *Bodellus.* — JEU
A LA BONDE, Jeu de la Paume.
Gl. *Bondula.*

*BONDENER, Murmurer, gron-
der. L.

*BONDIE, Son, bruit, fracas. L.

BONDIER, Boutique à conserver
le poisson. Gl. *Bondinge.*

*BONDIR, Retentir. L.

*BONDISSEMENT, Retentisse-
ment. L.

BONDONNAL, Bondon. Gl. *Bon-
donus.*

*BONDONNER, Être mis en bou-
che. L.

*BONEGNE, Borne. A.

BONER, Tenant. Gl. *Bonarii.*

*BONERETÉ, Bonté. L.

BONETE, Malle, valise. *Bonecta.*

*BONEURÉ, BONURÉ, Bienheu-
reux. C. N.

*BONÉURTÉ, Bonheur. C. N.

BON

BONGE, Botte. Gl. *Bongia.*

BON-HOMME, Expression regardée comme une injure. Gloss. *Boni-homines.*

BON-HOMMEL, Sorte de jeu de cartes. Gl. B*onum latus.*

BONISSIER, pour BOUTILLIER ou BOUTIER, Officier de l'échansonnerie chez le roi. *Bonisserius.*

BONITON, Espèce de poisson. Gl. B*yza.*

*BONNAGE, Bornage. L.

BONNE, Borne, limite. — Ecluse, bonde. Gl. B*onna.*

BONNEER, Borner, poser des bornes. Gl. B*onna*, 2.

*BONNELX, Droits dus au seigneur pour le règlement des bornes. L.

BONNERET, pour BOUVERET, Labourage, culture des terres. Gl. B*overius.*

BONNET, Sorte de drap. B*onetus.*

*BONNETADE, Salut du bonnet. L.

BONNETE, Malle, valise. B*onecta.*

BONNIER, Certaine mesure de terre. Gl. B*onnarium.*

BONNIVENT, Sorte de pelisse ou de drap. Gl. B*eneventanum.*

BONOIZON, Bénédiction. Gloss. B*enedictio*, 1.

*BONTAULE, Bon, Bienfaisant. L.

BONTÉ, Droit seigneurial, que doivent les vassaux dans certains cas. Gl. B*onita.*

*BONTIF, Débonnaire. L.

BOR

*BONTIVEMENT, Bonnement. L.

*BONUREEMENT, Bienheureusement. C. N.

BOOL, Bouleau. Gl. B*olum.*

BOONNE, Borne ; d'où B*ooner*, poser des bornes. Gl. B*onna*, 2.

BOOPE, Sorte de poisson. B*ogua.*

BOORDER, Joûter, combattre à la lance. Gl. B*ohordicum.*

*BOOTES. Bouvier. L.

BOQUELLE, Repas médiocre. Gl. B*oquetallum.* [Droit de gîte. L.]

*BOQUESPAN, Corvée avec des bœufs. L.

*BORBE, Bourbe. L.

*BORBETER, Barboter. C. N.

*BORBEUX, Bourbeux. L.

BORBOSSADE, Aiguillon dont on se sert pour piquer et faire marcher les bœufs, espèce de fourche. Gl. *Aguillada.*

BOR, Voyez B*uer.*

BORD, Poignard, Sorte de grand couteau. Gl. B*ord.*

BORDAGE, Condition du *bordier*, possesseur ou fermier d'une *borde.* Gl. B*ordagium.*

BORDALLÉ, Bordelais, qui est de Bordeaux. Gl. *Franci*, 1.

BORDE, Espèce de massue, bâton propre à se défendre et à attaquer. — Petite maison, ferme, métairie. — Sorte de drap rayé.

BORDEILLE, Espèce d'aiguillette. Gl. B*ordarius.*

BOR

BORDEL, Bordelet, Petite maison, chaumière ; lieu de débauche. *Bordellum*, sous Borda, 5

BORDELER, Fréquenter les lieux de débauche. Gl. *Bordellum*, sous Borda, 5.

BORDELIER, Propriétaire ou fermier d'une *borde*. Gl. *Bordelarius*, sous Borda, 5. — Homme et femme débauchés. Gloss. *Bordellum* sous Borda, 5.

BORDER, Déborder, n'avoir point les bords égaux. *Bordatus*, 3. — Joûter, combattre à la lance. Gl. *Bohordicum*. — Se jouer, badiner, s'amuser à des bagatelles. Gl. *Burdare*.

BORDERIE, Ferme, métairie. Gl. *Bordaria*, sous Borda, 5. — Badinage, l'action de folâtrer. Gl. *Burdare*.

*BORDES, Premier dimanche du carême. Gl. *Bordœ*.

BORDEUR, Farceur, baladin. Gl. *Burdare*.

BORDEURE, Broderie, *Brusdus*.

BORDIAU, Maisonnette, chaumière, cabane. Gl. *Bordelum*.

BORDIERE, Bord, limite. Gloss. *Borderes*.

BORDIERES, Les terres qui bordent ou entourent une ville, un bourg ou village. Gl. *Aalagia*.

BORDON, Bourdon, bâton de pèlerin. Gl. *Burdo*, 5.

*BORDONER, Voltiger. A.

BORDOUN, Bourdon, grosse cloche.

BOR

BORDRE, pour Boidie, Fraude, tromperie. Gl. *Bausia*.

*BOREL, Cautionneur. L.

BOREOTE, Étable à bœufs. Glos. *Boateria*, 2.

BORGE, Sorte de toile, p. e. Bougran ; d'où *Borgier*, Celui qui la fabrique ou qui la vend. Gl. *Borgesia*.

BORGERASTRE , Boisson composée. Gl. *Borgerastre*.

BORGISIE, Bourgeoisie. *Borjoisia*

BORGNE, Espèce de panier pour pêcher. Gl. *Borgnus*.

BORGNETE, Mal aux yeux, chassie ; d'où *Borgnier*, Être chassieux. Gl. *Lippido*.

BORGNON, Le même que Borgne. Gl. *Borgnus*.

BORGUEZIE, Hérésie des Albigeois. Gl. *Bulgari*.

BORIE, Ferme, métairie. *Boria*,2.

*BORJOIS, Bourgeois. *Burgenses*.

BORNAGE, La pose des bornes.

*BORNIR, Brunir, polir. R. Rou.

BORPIS, Mal lu pour Borjois, Bourgeois. Gl. *Burgenses*.

BORRAS, Borrasse, Gros linge. Gl. *Borazius*.

BORREAU, Bourrelet, partie et ornement de la coiffure des hommes et des femmes. Gloss. *Borreletus*.

*BORRIÈRE, Beurrière. L.

BOS

BORROCHE, Bourroche, Sorte de panier. Gl. *Bertavellus.*

*BORROFLEMENS, Bagarre. G. L

BORRUGAT, p. e. pour Boomgat, Espèce de poisson de mer, que nous appelons *maigue.* Gloss. *Piscis regius.*

*BORSÉ, Ridé. L.

*BORT, Bâtard. L.

BORTER, Se servir de la lance pour combattre. Gl. B*orto.*

BORTROLE, Tige, branche d'un chandelier. Gl. *Bornellus.*

BOS, Bois. Gl. *Boscus.*

BOSCAGE, Boschage, Bois, forêt. Gl. *Boscagium,* 1, et *Forestarius* sous *Forésta.*

BOSCAIN, Habitant de forêt.

BOSCHET, Bosquet, petit bois. — Sorte de boisson ; d'où, *Boschier,* Celui qui vend ou qui fait cette boisson. Gl. *Bochetus.*

BOSDIE, Félonie, trahison, tromperie. Gl. *Bausia.*

BOSME, Bosne, Borne, limite. Gl. *Bosina.*

BOSO, Machine de guerre pour battre les places. Terme languedocien ainsi expliqué par un auteur du milieu du xive siècle, t. iii, de l'Hist. de Languedoc.

BOSOCHE, Bêché, houe, pioche, p. e. pour *Besoche. Besogium.*

BOSQUAGE, Bois. *Boscagium,* 1.

BOSQUEILLON, Bûcheron. Gl. *Boscaderius.*

BOT

BOSSE, Apostume, tumeur charbon pestilentiel. Gl. *Bossia.* — Ciselure, relief. Gl. *Bolinus.* Fenestre a Bosse. Gl. *Fenestra*

BOSSIL, La partie relevée d'un fossé. Gl. *Bossia.*

BOSSUETÉ, Éminence, ce qui fait bosse. Gl. *Gibbositas.*

*BOSTAR, Étable. L.

BOSTELIER, Botteleur. Gl. *Bostillutor.*

*BOT, But, bout, grappe, fossette, sabot, crapaud, chaloupe. L.

*BOTAGE, Droit sur les vins. L.

*BOTANOMANTIE, Art de prédire. L.

BOTARGUE, pour Boutargue. Gl. *Lupus,* 3.

BOTEAU, Pommeau. *Botellus,* 1.

BOTEAUX, Barils. L.

BOTELLE, Petite boîte. Gl. *Bussoletus* sous *Bussola.*

*BOTEILLER, Boutillier, échanson. A.

*BOTER, Fatiguer, rebuter. L.

*BOTEREAU, Crapaud. L.

BOTEREL, Crapaud. Gl. *Botta,* 1.

BOTERON, Sorte de panier. Gl. *Boteronus.* [Petit bout. R. R.]

BOTILHONS, Garde forestier. Gl. *Boscaderius.*

BOTINER, Partager le butin. Gl. *Botinum.*

BOTIR Pain, Lui donner une mauvaise façon. Gl. *Boutare.*

BOU

BOTOER, Moulin à drap, à tan, etc. Gl. *Botoerum.*

BOT-OISLAULX, Terme injurieux en Lorraine. Gl. sous *Bot*, 3.

*BOTON, Bouton, bourgeon. R. R.

BOTTE, Crapaud. Gl. *Botta.* 1.

*BOTTER, Boiter. L.

*BOU, Bracelet. C. N.

BOVATGE, Redevance qui se paie à raison des bœufs de labour que l'on a. Gl. *Bovagium.*

BOUCAIGE, Redevance due sur les vignes qui ne sont pas tenues en fief. Gl. *Boucagium.*

BOUCASSIN, Sorte d'étoffe. Gl. *Boucassinus.*

BOUCAUT, Bouche d'une rivière. Gl. *Bucceavia.*

BOUCEL, Bouchel, Vase propre à mettre du vin. Gl. *Boucellus,* et *Buza,* sous *Butta,* 3.

BOUCHE, Botte ou fagot de chanvre. Gl. *Boteronus.*

BOUCHER, Lier, mettre le blé en gerbes. Gl. *Bouchellus.*

BOUCHERIE, Nom d'une prison ou cachot à Paris. *Boucheria.*

BOUCHET, Sorte de boisson. Gl. *Bochetus.*

BOUCHETE, Petite boucle. Gl. *Boucleta.*

BOUCHETER, Étriller, battre, maltraiter. Gl. *Bouchellus.*

BOUCHETON, Se mettre a bou-cheton, S'appuyer des mains sur ses genoux. Gl. *Bouchellus.*

BOU

*BOUCHETURE, Clôture. L.

*BOUCHIE, Bouchée. R. R.

BOUCHIERE, Lieu planté de buis. Gl. *Buxeria.*

BOUCHON, Bouchot, Botte ou fagot de chanvre. Gl. *Boteronus.*

BOUCIER, Officier de l'échansonnerie. Gl. *Buza.*

BOUCLE, Milieu du bouclier. Gl. *Buccula,* 1.

BOUCLEGE, Petite boucle. Gl. *Boucleta.*

BOUCLER, Bouclier Gl. *Boclerus* et *Bouclarius.*

*BOUCQUETS, Gouttières. L.

*BOUDERIZ, Nombril. L.

*BOUDOUSTOU, Nain. L.

*BOUDRE, Bouillir. G. G.

BOVE, Certaine mesure de terre, autant que deux bœufs peuvent en labourer dans un jour, qui cependant est différente dans chaque pays. Gl. *Bovata.* — Cave, lieu souterrain et profond. Gl. *Bova,* 4.

BOUEAU, Boyau. *Boueau Culier,* Boyau culier, colon. *Boelli,* 1.

BOVEL, Bovelet, Caveau, petite cave. Gl. *Bova,* 4.

BOUELE, Bouelle, Boyau. Gl. *Botellus,* 1.

BOVERÉE, Corvée ou service, qu'un vassal doit faire avec ses bœufs. Gl. *Bovera,* 2.

BOUERESCHE, Instrument en forme de panier, propre pour pêcher. Gl. *Bertavellus.*

BOU

*BOUET, Trou. **L.**

BOVERIE, Ferme, métairie. Gl. *Bovaria*, 1.

BOUESINE, Trompette. Gl. *Classica*, 2.

*BOUFAGE, Vanité, orgueil. **L.**

*BOUFFARD, Gonflé, Bouffi. **L.**

*BOUFFE, Enflure. **L.**

BOUFFEAU, Soufflet. Gl. *Buffa*.

BOUFFEL, BOUFFIEL, Branche d'arbre, pour indiquer du vin à vendre en détail, et le droit dû au seigneur pour mettre cette espèce d'enseigne. *Bufetagium*.

*BOUFFEMENT, Souffle violent. **L**

*BOUFFINER, Manger goulûment. **L.**

BOUFOIS, Bouffois, Bruit, rumeur, vacarme. Gl. *Buffa*.

*BOUG, Crapaud. **L.**

BOUGARASSIN, Bougran. Gl. *Bougueranus*.

BOUGE, Cuisine, salle à manger. — Faucillon, serpe. *Bougius*, 2. [Bourse. **L.**]

BOUGENIER, Celui qui faisait les flèches qu'on appelait *Bougons*. Gl. *Bolzonus*.

BOUGERIE, Bestialité, crime qui se commet avec des bêtes. Gl. *Bulgari*.

BOUGERONNER, Commettre le péché de sodomie. Gl. *Bulgari*.

BOUGHERAN, Bougran. Gl. *Bougueranus*.

BOU

BOUGLE, Boucle. Gl. *Boucleta*.

BOUGLIER, Bouclier; d'où *Bougleour*, Celui qui fait des boucliers. Gl. *Bouclarius* et *Pelta*.

BOUGON, Verrou, verge de fer. — Sorte de flèche ou trait d'arbalète, matras. Gl. *Bolzonus*.

BOUGONNEUR, Maître et garde, ou juré de la draperie. Gl. *Boujonator*.

BOUGRE, Hérétique et principalement Albigeois. Gl. *Bulgari*. — Bougran. *Bougueranus*, 1.

BOUGRERIE, Bestialité, crime qui se commet avec des bêtes. Gl. *Bulgari* et *Peccatum*.

BOUGUERIE, Hérésie, secte des Albigeois. Gl. *Bulgari*.

BOUGUETE, Espèce de poisson à Marseille. Gl. *Pastinaca*.

BOUHER, Bouvier. Gl. *Boverius*.

BOUHERIE, Ferme, métairie. Gl. *Bovaria*, 1.

BOUHOCHE, Sarcloir. *Berrinia*.

BOUHORDEIS, Joûte, combat simulé, course de lances. Gl. *Bohordicum*.

BOUHORDIS, BOUHOURDIICH, BOHOURDIS. LE JOUR DU BOUHORDIS, Le premier dimanche de carême. Gl. *Bohordicum*.

BOUHOUR, Bâton ou lance pour *Bouhourder*, ioûter. Gl. *Bohordicum*.

BOUHOURDER, Joûter.

*BOUHOUREAU, Canard. **L.**

BOUILLON, Certaine mesure ou

BOU

poids. Gl. *Bullionum.* — Ornement d'habits de femmes. Gl. *Bugulus.*

BOVIN, BESTAIL BOVIN, Bœufs et vaches. Gl. *Bovinus.*

BOUJON, Sorte de flèche ou trait d'arbalète, matras. Gl. *Bolzonus,* et *Intendere,* 9. — Échelon. Gl. *Bolzonus.* — Statuts de la draperie. Gl. *Boujonator.*

BOUJONNEUR, Maître et garde, ou juré de la draperie. Gl. *Boujonator.*

*BOUJOTTE, Petit panier. L.

BOUKE, Bouche, ouverture. Gl. *Buca,* 2.

BOUKET, Espèce de chanvre. Gl. *Bouket.*

BOUKIUS, Verroux.

BOUL, Bouleau. Gl. *Bolum.*

BOULADE, Massue. Gl. *Bola,* 3.

BOULAIE, BOULAYE, Boule. Gl. *Bola,* 3.

BOULAYE, Massue. Gl. *Bola,* 3.

BOULDURE, Sorte de marcassite, pierre d'une mine de fer. Gl. *Bullionum.*

BOULE, Astuce, tromperie. Gl. *Boula,* 2. — Massue. *Bola,* 3.

BOULÉEUR, Trompeur, rusé. Gl. *Boula,* 2.

BOULENGHIER, Boulanger; d'où *Boulengherie,* Le métier de boulanger, boulangerie. Gloss. *Boulengarius.*

BOULENS, Boulanger. Gl. *Bolendegarii.*

BOU

BOULER, User de finesse, tromper. Gl. *Boula,* 2. — Jouer à la boule. — Rouler comme une boule en tombant, choir. *Bola,* 3.

BOULEROT, Espèce de poisson, goujon. Gl. *Paganellus.*

BOULERRES, Adroit, rusé, trompeur. Gl. *Boula,* 2.

BOULET, Nombril. Gl. *Bodellus.*

BOULETAN, Bouline. *Acostare.*

BOULETTE, Petite massue. Gl. *Bola,* 3.

BOULIE, Boulier, sorte de filet fait comme une seine. *Aboleiare.*

*BOULIERES, Trompeur. L.

BOULIEUX, Nom de quelques habitants d'Annonay, dans le haut Vivarais ; p. e. parce qu'ils demeuraient près d'un lieu planté de bouleaux. Gl. *Boula,* 1. — Qui aime beaucoup la bouillie; ce qu'on attribue aux Normands. Gl. *Polenta,* 2.

*BOULIME, Grande faim. L.

BOULIR, Bouillir, genre de supplice autrefois en usage. Gl. *Caldaria.*

BOULLACRE, Terme fort injurieux en Saintonge. Gl. *Bulgari.*

BOULLETE, Petite massue. Gl. *Bola,* 3.

BOULLISEURE, Décoction, liqueur des choses qu'on fait bouillir. Gl. *Bulligo.*

BOULLOIRE, Jeu de boule. Gl. *Bola,* 3.

BOULLON, Certaine mesure de sel. Gl. *Bullio,* 2. — Bouillon,

BOU

certain ornement d'habits de femmes. Gl. *Bugulus.*

BOULON, Bourbier ou fondrière. Gl. *Bullio,* 2.

BOULONOIRE, Boule. Gl. *Bola,* 3.

BOULOUERE, Jeu de boule. Gl. *Bola,* 3.

BOULOYE, Massue. Gl. *Bola,* 3.

BOULVERCH, Boulevard. *Bolvetus*

BOULZ, Bouleau. Gl. *Boulus.*

BOUQUACIN, Sorte d'étoffe. Gl. *Borda,* 6.

BOUQUE, Merelle. Gl. *Bouquetus.*

BOUQUELER, Bouqueller, Bouclier. Gl. *Bouquelerius.*

*BOUQUER, Baiser par force, L.

BOUQUERANT, Bougran. Gl. *Boquerannus.*

BOUQUESMANT, Terme injurieux; p. e. Puant comme un bouc. Gl. *Boquinus.*

BOUQUET, Chenet. *Bouquetus.*

BOUQUETTE, Chèvre. *Bulquetta.*

BOUQUIER, Fenêtre, soupirail. Gl. *Bouquerium.*

BOUR, Canard, cane. Gl. *Boureta.*

BOURBETEIR, Barboter, fouiller dans la bourbe. Gl. *Balbutire,* 2.

BOURBOIGNONS, Certains pillards; p. e. pour *Bourgoignons* ou Bourguignons. Gl. *Brachançonnes.*

*BOURBONDIR, Frapper, L.

BOURBONNOIS, Sorte de bour-

BOU

relet et garniture d'un chaperon, apparemment en usage dans le Bourbonnais. Gl. *Borboniensis.*

BOURC, Bâtard, enfant illégitime. Gl. *Burgi.*

BOURCAIGE, Petit bourg. Gl. *Burgellus.*

BOURDE, Sorte de bâton, bourdon, massue. Gl. *Bohordicum.* — Badinerie, plaisanterie, conte, sornette. Gl. *Burdare.*

BOURDEAU, Boule. Gl. *Borda* 1.

BOURDELAGE, District du seigneur *Bordier.* — Redevance due au seigneur *bordier.* Gl. *Bordelagium* sous *Borda,* 5.

BOURDELAGIER, Bourdelier, Propriétaire ou fermier d'une *borde.* Gl. *Bordelarius* sous Borda, 5.

BOURDELE, Lieu où travaille un tisserand. Gl. *Gynœceum.*

BOURDELLERIE, L'action de favoriser la débauche, commerce infâme. Gl. *Bordellum.*

BOURDER, Border, mettre un bord. Gl. *Bordatus,* 1. — Dire des *bourdes,* des sornettes, mentir. *Burdare.* — Jouter, G. G.

BOURDERESSE, Bourdeur, Femme ou homme qui dit des mensonges, qui parle mal des autres. Gl. *Burdare.*

BOURDEUR, Farceur, baladin, qui débite des sornettes. Gl. *Burdare.*

*BOURDETTE, Borderie, L.

BOURDICH, Le premier dimanche de carême. Gl. *Bohordicum.*

BOU

BOURDIGUE, Parc fait de roseaux ou de cannes, pour prendre et conserver le poisson. Gl. *Bordigala.*

BOURDIL, Ferme, métairie. Gl. *Bordile* sous *Borda*, 5.

BOURDILLANDE, BOIS DE BOURDILLANDE, Celui qui est propre à faire des pieux ou soliveaux. Gl. *Bordenale.*

BOURDOIRE, PLAGE BOURDOIRE, Le lieu où l'on bourdoit ou joutait. Gl. *Bohordicum.*

BOURDON, Bâton de pèlerin. Gl. *Burdo*, 5. — Bondon, *Burdus*, 2

BOURE, LE DIMANCHE DES BOURES, Le premier du Carême. *Burœ.*

BOUREL, Bourrelet, harnais, C. C.

BOURRELET, Massue. *Bourletta.*

*BOURELLE, Cruelle, L.

BOURESCHE , Instrument en forme de panier pour pêcher. Gl. *Bertavellus.*

BOURG, Bâtard, enfant illégitime. Gl. *Burgi.*

BOURGAGE, Bienvenue. *Bourgagium.* [Sorte de tenure, L.]

BOURGAIGNEAU, Droit que les habitants d'un bourg paient au seigneur du lieu. *Bourgagium.*

BOURGEOIS, FIEFFEZ, FRANCS, GRANDS, PETITS. Gl. *Burgenses.*

BOURGFRIDE, Paix. *Burgfrida.*

BOURGHESIE, Droit seigneurial sur les bourgeois d'une ville. Gl. *Burgencia*, 1.

BOU

BOURGIN, Sorte de filet pour la pêche. Gl. *Broginus.*

BOURGOISIE, FAIRE BOURGOISIE, Se reconnaître bourgeois de quelqu'un. — Droit seigneurial sur les bourgeois d'une ville. Gl. *Burgencia*, 1.

BOURGUIGNON SALÉ, terme injurieux, ou plutôt qui désigne les Bourguignons ; qui n'a certainement pas pour origine le massacre des Bourguignons à Aigues-Mortes en 1422. Gl. *Burgundiones.*

BOURIGNON, Sorte de filet pour prendre de petits poissons. Gl. *Broginus.*

BOURJONNER , Se répandre. G. G. Voyez *Boutonner.*

BOURLARDER, Remparer, palissader, p. e. pour *Boulvarder.* Gl. *Bolcrestare.*

BOURLETTE, Espèce de massue. Gl. *Bourletta.*

BOURLEUR, Engeoleur, séducteur, trompeur. Gl. *Burlare.*

BOURLOS, Plaisanterie, raillerie, dérision. Gl. *Burlare.*

BOURLOTE, Espèce de massue. Gl. *Bourletta.*

BOURNAGE, Bornage. Gl. *Bornagium.*

*BOURNAL, Rayon de miel, L.

BOURNAY, Essaim. *Bugazolus.*

BOURNEAU, Tuyau. *Bornellus.*

BOURNERIE, Bornage, le droit de régler les bornes. *Bornagium*

*BOURON, Cabane, L.

BOU

BOUROUAITE, Brouette. chariot à deux roues. Gl. *Birotum*.

BOURQUE-ESPINE , Sorte d'épine noire. Gl. *Pepula*.

BOURRACHE, pour BOURROICHE, Instrument en forme de panier pour pêcher. Gl. *Bertavellus*.

BOURRAS, Grosse toile faite d'étoupes de chanvre. *Bouratium*.

BOURRASSER, Travailler grossièrement, L.

BOURRE , Certaine pièce d'un moulin. Gl. *Propinnaculum*.

BOURREAU, BOURRÉE, BOURRELET, Partie et ornement de la coiffure des hommes et des femmes. Gl. *Borreletus*.

BOURRÉE , Espèce de poisson. Gl. *Borreletus*.

BOURROICHE , Instrument en forme de panier pour pêcher. Gl. *Bertavellus*.

BOURSE, Fisc, trésor royal. Gl. *Bursa*, 7. — FIEF DE BOURSE, Gl. *Feudum Bursæ*. — MARCHIÉ PAR BOURSE. Gl. *Forum Bursæ*, *Mercatum* et *Revocare ratione Bursæ*. — DEMOURER EN BOURSE. Gl. *Bursa*, 2. — Être COMPAIGNONS D'UNE BOURSE. Gl. *Bursa*, 8.

BOURSELET, BOURSELOT, BOURSET, Petite bourse. Gl. *Bursellula* sous *Bursa*.

BOURSERON DE FOIN, Certaine quantité de foin. Gl. *Postea*.

BOURSIER, Trésorier. Gl. *Burserius* sous *Bursa*.

BOURSIER, Officier de vaisseau, écrivain. *Bursarius* sous *Bursa*.

BOU

BOURSIER. Voyez *Boursal*.

BOURSIERE, Bourse. *Bursa*, 1.

BOURT, FRÈRE BOURT, Frère lai, convers. Gl. *Burs*, 1.

BOUS, Sorte de grande bouteille ou vase à mettre du vin. Gl. *Butta*, 3.

BOUSET, Bosquet.

*BOUSIN, Trompette, L.

BOUSNE, Borne, R. Ron.

BOUSON, Bouc, fange. Gl *Bosa*. — Sorte de flèche, trait d'arbalète, matras. Gl. *Bolzonus*.

BOUSSEAU, BOUSSEL, Espèce de nasse ou panier d'osier. Gl. *Bocella*, 2.

BOUSSER, Pousser, heurter avec force. Gl. *Boutare*.

BOUST, Bouieau. Gl. *Boulus*.

*BOUSTARIN, homme ventru, L.

BOUT, Espèce de poisson. *Luna*. — Point ou douleur de côté. Gl. *Punctura*, 2. — Espèce de hotte. Gl. *Boteronus*. — Bouteille. Gl. *Butta*, 3.

BOUTAGE, Droit sur le vin vendu en gros et en détail. Gl. *Botagium* sous *Butta*, 3.

BOUTAILLE , Espèce de grand panier, banne. *Alletes* et *Boutaillia*.

BOUTAS, Espèce de chanvre. Gl. *Bouket*.

BOUTE D'ESTEUBLE , Gerbe ou botte de cháume. Gl. *Boteronus*.

BOUTÉ, VIN BOUTÉ, Vin poussé,

BOU

gâté. Gl. *Boutare.* — Bout , morceau de terre. *Buteria,* 2.

BOUTÉE, Hottée, plein un *bout* ou une homme Gl. *Boteronus.* — Charrue. Gl. *Boutare.*

BOUTEHACHE, Fouine, instrument de fer à deux ou trois fourchons. Gl. *Fuscina.*

BOUTEHORS , Bouter-hors , Sorte de jeu. Gl. *Boutare.*

BOUTEILLAGE, Droit sur le vin vendu en gros et en détail. Gl. *Botellagium.*

BOUTEILLERIE, Echansonnerie, Gl. *Butta,* 3.

BOUTEIS, Pain bouteis, Mal. façonné qu'on disait aussi autrefois *Métourné.* Gl. *Boutare.*

BOUTEIS, Boutement, Choc, l'action de pousser. Gl. *Botare.*

BOUTER, Pousser, heurter. *Botare*

*BOUTERAME, Tranche de pain graissée de beurre, L.

BOUTEREZ, Moulins bouterez, Moulins à draps. Gl. *Botoerum.*

BOUTERIE de feu , Incendie , l'action de mettre le feu. Gl. *Boutatura.*

BOUTERIS , Tonneau , vase à mettre du vin. Gl. *Boutellus.*

BOUTEROLE, Ce qu'on met pour servir d'ornement ou de garniture au bout de quelque chose. Gl. *Bouteria,* 1.

BOUTERON , Sorte de panier, mane. Gl. *Boteronus.*

BOUTESACQUE, Perche qui soutient un filet tendu. Gl. *Boutoir.*

BOU

BOUTEURE , Choc, l'action de pousser. Gl. *Boutare.* — Ce qu'on met pour servir d'ornement ou de garniture au bout de quelque chose. Gl. *Bouteria,* 1.

BOUTI, Mal façonné. Gl. *Boutare.*

BOUTICLE, Mauvais lieu, lieu de débauche, Gl. *Botigia.* — Boutique. Gl. *Fenestra.*

BOUTIER, Officier d'échansonnerie chez le roi. Gl. *Bouterius.*

BOUTIERE , Ce qui termine le drap dans sa largeur. Gl. *Bouteria,* 1.

BOUTILLE, Pommeau. *Botellus,* 1

*BOUTILLER, Faiseur de bouteilles, L.

BOUTILLERIE , Echansonnerie. Gl. *Butta,* 3. — Droit sur le blé qui se vend au marché. Gl. *Botagium* sous *Butta,* 3.

BOUTILLETE , Petite bouteille. Gl. *Buticula* sous *Butta,* 3.

*BOUTIS, Tonneau, L.

BOUTOIR, Sorte de filet ou certaine façon de pêcher. *Boutoir.*

BOUTON, Ornements d'habits de femmes. Gl. *Bugulus.*

BOUTONE, Garniture de boutons.

BOUTONNER, Garnir de boutons. Gl. *Botonatus* sous *Botones.*

BOUTONNEURE , Garniture de boutons. — La marque du bouton qu'on a appliqué à un cheval. Gl. *Bottonatura.*

BOUTOUOIR, Moulin à draps. Gl. *Botoerum.*

BRA

BOUVART, Bouveau, Jeune bœuf. Gl. *Bovetta.*

BOUVERET, Labourage, culture des terres. Gl. *Boverius.*

BOUVERIE, *Estable à buefs.* Gl. *Bostar.*

BOUVET, Bouvillon, jeune bœuf. Gl. *Bouvellus.*

*BOUVINE, Race de bœufs, L.

BOUXON, Buisson.

BOUYANT, Facile à mettre en mouvement. Gl. *Bullire, 1.*

BOUYLLE, p. e. Bout, extrémité, pointe. Gl. *Butus, 3.*

BOUZON, Sorte de flèche, trait d'arbalète, matras. Gl. *Bolzonus.* — Buisson.

*BOYE, Bourreau, L.

BOYLE, Chèvre. Gl. *Boyl.*

BOISSEAX, Boisseaux. Gl. *Quartenerœ.*

*BOYTURE, Boisson, L.

BOZINE, Tuyau ou canal d'un privé. Gl. *Bozina.*

BRAC, Bracs, Braic, Bras, P.

BRACATGE, Orge. Gl. *Bracatge.*

BRACER, Bracier, Embrasser, R.

BRACEROLE, Manche, vêtement du bras, Gl. *Almucium.*

BRACH, Bras d'une balance, les deux côtés du fléau, *Branchea.*

BRACHE, Certaine mesure de terre, autant qu'un homme peut en labourer à bras dans un jour. Gl. *Brachicra.*

BRA

BRACHELES; Brassard, armure du bras. Gl. *Brachiale.*

BRACHER, Celui qui est chargé du soin des chiens appelés *Bracs.* Gl. *Bracco, Braconarii.*

BRACHET, Brac, espèce de chien de chasse. Gl. *Bracco.*

*BRACHIALEMENT, à tour de bras, L.

BRACHOIER, Marcher les bras ballants, Gl. *Brachium, 2.*

BRACHONNIER, Veneur. Gl. *Braconarii* sous *Bracco.*

BRACON, Brac, espèce de chien de chasse. Gl. *Bracco.*

BRACONAGE, Droit du seigneur sur les filles qui se marient; d'où *Braconner,* User de ce droit. Gl. *Braconagium.*

BRACONNIER, Veneur, celui qui est chargé du soin des chiens appelés *Bracs.* Gl. *Bracco.*

BRACONNIERE, Redevance, que doivent au seigneur ceux qui veulent chasser avec des *bracs.* Gl. *Braconarii* sous *Bracco.* — Brassard, armure du bras. Gl. *Brachiale.*

BRACQUEMART, Braquemart, sabre, épée courte et large. Gl. *Braquemardus.*

BRACQUONNIER, Celui qui est chargé du soin des chiens appelés *Bracs.* Gl. *Braconarii* sous *Bracco.*

BRAE, Brael, Braie, haut-de-chausses. *Brachœ* sous *Bracœ.*

BRAELLIER, p. e. Faiseur de haut-de-chausses ou caleçons. Gl. *Brachœ* sous *Bracœ.*

BRA

*BRAGARDEMENT, Gaiement. L.

BRAGAMAS, Sabre, épée courte et large. Gl. *Bragamardus.*

BRAGE, BRAGUE, Haut-de-chausses. Gl. *Bragœ* sous *Bracœ.*

BRAGONIERE, Brassard, armure du bras. Gl. *Brachiale.*

BRAGUER, FAIRE BRAGUES, Se parer avec affectation, tirer vanité de ses ajustements. Gl. *Bragare,* I, et *Bragatio.*

*BRAGUERIE, Bravade. L.

*BAGUEUR, Présomptueux. L.

BRAGUESTE, Braie, brayette. Gl. *Bragueta.*

BRAHAIGNE, Il· se dit principalement d'une jument ou d'un autre animal femelle qui est stérile, qui ne porte point. Gl. *Brana.*

BRAIDI, Violent, furieux. C. N.

BRAIE, Sorte de grain pour faire de la bière. — Instrument pour pêcher. Gl. *Brace.* — Basse enceinte. Gl. *Braca,* I.

BRAIEL, BRAIJEL, Ceinture au-dessus des braies. F. B.

BRAIL, Manière de prendre des oiseaux. Gl. *Brenexellus.* [Bois, forêt, buisson. L.]

BRAINE, Jeune vache, génisse. Gl. *Brana.*

BRAIS , Haut-de-chausses. Gl. *Bragœ* sous *Bracœ.* — Sorte de grain pour faire de la bière. Gl. *Brace.*

BRAIT, Cri, clameur. G. L.

BRAITERIE, Criaillerie. G. G.

BRA

BRAKENIER, Veneur, celui qui est chargé du soin des chiens appelés *Bracs.* Gl. *Braconarii* sous *Bracco.*

BRAME, Poisson de mer, dorade. Gl. *Aurata.*

BRAN, Sorte de pâtisserie, gâteau. Gl. *Torta,* I ?

BRANC, Épée, sabre. — Sorte de vêtement de femme, cape. Gl. *Branca,* I.

BRANCE, Espèce de froment très pur. Gl. *Sandalis.*

BRANCHER, Celui qui a une portion dans quelque chose, qui est de société avec un autre. Gl. *Branchia,* 2.

BRANCHIER, Oiseau de proie, qui se perche sur les branches des arbres. Gl. *Brancare* sous *Branca,* I.

BRANCHIERE , Poteau, où l'on attache la pancarte des droits de péage. Gl. *Billonius,* 2.

BRANCHIR, Avoir des branches ou feuilles. Gl. *Frondere.*

BRAND, Bouchon de paille, ou pennon aux armes du seigneur, qu'on met sur les héritages saisis. Gl. *Brando,* 2.

BRANDE, Bruyère, broussailles. Gl. *Branda,* 2.

BRANDELER, Remuer. G. G.

*BRANDER, Se remuer, trembler

*BRANDILLEMENT , Balancement. L.

BRANDIR, Branler, darder, lancer. Gl. *Palpare.*

*BRANDIS, Ardent, impétueux. L.

BRA

BRANDON, Bouchon de paille. *Le dimanche des Brandons*, le premier du Carême, Gl. *Brandones* sous *Brando*, 1.

BRANDONNEMENT , L'action d'apposer un *brandon* en signe de saisie ou arrêt. Gl. *Brandonare* sous *Brando*, 2.

BRANDONNER, Saisir, arrêter, mettre sous la main du seigneur ou de la justice en apposant un *brandon*. Gl. *Brandonare* sous *Brando*, 2. — DImanche Brandonner, Le premier dimanche du carême. Gl. *Brandones* sous *Brando*, 1.

*BRANDY, Allumé, enflammé. L.

BRANLE D'UN MOULIN, Ce qui sert à le mettre en mouvement. Gl. *Garrotus*.

BRANQUIART , Bûche , grosse branche d'arbre. *Branchia*, 1.

*BRANSQUETER, Piller. L.

BRAON, Le gros de la fesse. Gl. *Naticœ*.

*BRAOILLER, Mot obscène. L.

*BRAQUE, Tripot. L.

BRAQUEMENT, Braquemart, sabre, épée courte et large. Gl. *Braquemardus*.

BRASERET, MOULIN BRASERET, Celui qui moud le gain propre à faire la bière, appelé *Braie*. Gl. *Molendinum*.

BRASHOLES, BRAHOLES, Broussailles. C. N.

BRASSAGE, Frais de la fabrication des monnaies. *Brazeagium*.

BRASSE, Bière. Gl. *Brassium*.

BRA

BRASSÉE , Certaine mesure de terre, autant qu'un homme en peut labourer à bras dans un jour. Gl. *Brachiera*.

BRASSELET, Ornement de manche. Gl. *Brasseleres*.

BRASSERESSE, Brasseuse, femme qui fait ou vend la bière en gros. Gl. *Braxatrix* sous *Brace*

*BRASSEROLES, Bracelet. L.

BRASSIE, Brassée. Gl. *Brosastu*. [Botte de foin, L.]

BRASSIER , Laboureur à bras , homme de journée, manouvrier. Gl. *Brasserius*.

BRASSIN, L'action de *brasser* et de faire la bière. Gl. *Brassinus*.

BRAST, p. e. pour BOUST, Détour, tournant d'une rue. *Buttus*

BRAU, Taureau, jeune bœuf. Gl. *Brana*.

*BRAVEGER, Faire parade. L.

BRAY, Boue, limon, fange. Gl. *Braium*.

BRAYDONNE , Femme débauchée, prostituée. Gl. *Braydum*.

BRAYE, Partie de rivière resserrée entre deux digues , pour faciliter la pêche du poisson. Gl. *Braga*. — Sorte de filet. — Sorte d'armure, qui garantit le bas du ventre. Gl. *Brayia*.

*BRAYER, Frotter. L.

*BRAYEUX, Bourbeux. L.

BRAYOIRE, BRAYON, Ce qui sert à briser le chanvre, tout instrument propre à broyer ou à battre. Gl. *Brayia*.

BRE

*BRAZE, Braise, danger. L.

*BRAZERAIN, Brasier, réchaud. L

*BRAZILLANT, Brûlant. L.

BREBIAGE, Droit qui se prend sur les brebis. Gl. *Berbiagium.*

BREBIAIL, Troupeau de brebis. Gl. B*erbiagium.*

*BRÉ, De la poix. L.

BREBITAIRE , Presbytère , la maison d'un curé. Gl. *Brebenda.*

*RREDAILLE, Gros ventre. L.

BREGIE, Sorte de grain. Gl. B*re- gniatus.*

BREGIER, Berger. B*ergerius.*

BREGIN, Sorte de filet en usage sur la Méditerranée. B*roginus.*

BREGUIERE, Sorte d'herbe. Gl. B*rigeria.*

BREHAINE, Impuissant, incapable des actes du mariage ; d'où B*rehaigneté,* stérilité. B*rana.*

*BREHANS, Tente pour camp. L.

BREIER, Broyer. Gl. B*reiare.*

BREIL, Buisson, taillis. Gl. B*ro- lium,* I.

*BREILLER, Brouiller. L.

BREIZ , Espèce de grain pour faire de la bière, Gl. B*reschia.*

BRELENC, B*releng,* Table et le lieu où l'on joue au brelan. Gl. B*erlenghum.* — Arme ou bâton pour attaquer et se défendre. — Sorte de boisson , espèce de bière. B*riemardum.*

*BRELINGANT, Mot obscène. L.

BRE

BREMIE, ou p. e. B*renue,* Lieu où l'on exécute les criminels. Gl. B*anlauca.*

BREN, Son. Gl. B*ren.* [Boue, excrément, L.]

*BRENACIER, Le cul. L.

BRENAGE, B*renaice,* Ce que doivent les vassaux à leur seigneur pour la nourriture de ses chiens de chasse. Cette redevance, qui se payait d'abord en son, appelée B*ren,* fut nommée B*renage ;* elle a été ensuite évaluée en avoine et autres grains, ou en argent, sans changer de nom. Gl. B*renagium* sous B*ren.*

BRENEUX, B*renoux,* Mari dont la femme est infidèle. Gl. B*re- nacus* sous B*ren.*

BRENUE, Voy. ci-dessus B*remie.*

BREORE, Violent , impétueux , qui brise et renverse. B*reiare.*

BRÉS, Espèce de grain pour faire de la bière. Gl. B*resium.* — Berceau d'enfant. Gl. B*ressœ.* — Voyez B*rief.*

BRESCHE DE MIEL , Rayon de miel. Gl. B*risca.*

BRESCHE, Faible, dégarni. Gl. B*reschia.*

BRESDIR, Hennir. Gl. B*ragire.* Voyez B*redonner.*

BRESILLÉ, Teint avec du brésil. Gl. B*rasile.*

*BRESILLER, Briser. L.

BRESMEL, Brême, poisson. Gl. B*resmia.*

BRESMEN, Courtier, commissionnaire. Gl. B*ermarius.*

BRE

BRESQUE , p. e. Broussailles , terre inculte. Gl. *Broca*, 2.

*BRESSIER, Embrasser. L.

BRESSINE, Moulin à moudre le *brés*. Gl. *Braisina*.

BRESSOLET, Berceau d'enfant. Gl. *Berciolum*. Voyez *Berçuel*.

*BRET, Cri, lièvre, appeau. L.

BRETAGE, comme BRETECHE, ci-dessous. Gl. *Bretiagœ*.

BRETAGNE BRETONNANT, Basse Bretagne, où l'on parle le bas breton, par opposition à *Bretagne Gallot*, qui est la Haute Bretagne, où l'on parle français. Gl. *Brito*.

BRETEAUX, C'est le nom qu'on donne aux îles du Rhône. Gl. *Brotellus*, I.

BRETECHE , BRETESCHE , BRETRESKE, BRETHECHE, etc. Tour de bois garnie de créneaux, dont on se servait pour attaquer ou défendre les villes et châteaux ; lieu public où l'on faisait les cris et proclamations de justice. Gl. *Bretachiœ*.

BRETEQUER, Proclamer. Gloss. *Berthesca*.

*BRETECQUE, Halle. L.

*BRETELER, Quereller. L.

BRETESCHER , Fortifier, garnir de créneaux. Gl. *Bretachiœ*.

*BRETONNER , Bredouiller. L.

RETONNERIE, La Basse Bretagne. Gl. *Brito*.

BRETONS, Monnaie des ducs de Bretagne. — Les conseillers de

BRI

ceux qui se battaient en duel. Gl. *Brito*.

BREVE, Terme des monnayeurs. Gl. *Breva*.

BREUIL , BREUILLET , Buisson, lieu planté d'arbres, pré. Gl. *Brolium*, 1.

BREUILLE , Boyaux , intestins. Gl. *Burbalia*.

BREULLAT , Brouillard. Gloss. *Brolhardus*.

BREYON, Ce qui sert à broyer la pâte. Gl. *Brayia*.

*BRIBER, Morguer, Mendier. L.

BRIBERESSE , BRIBERRESSE , Mendiante, coureuse. Gl. *Briba*.

*BRIC, Piége. L.

BRICART, Qui parle beaucoup et d'une façon embarrassée. Gl. *Brigosus* sous *Briga*, 1.

BRICHE , Machine à jeter des pierres, espèce de fronde. — Sorte de jeu. — Tronc, grosse bûche. Gl. *Bricola*. [Trappe, piége. R. R.]

BRICOLLE, Machine à jeter des pierres, espèce de fronde. Gl. *Bricola*.

BRICON , Impudent , imposteur. Gl. *Briga*.

*BRICONNER, Tromper. L.

*BRICOSSE, Querelle. L.

BRICQUE, Sorte de jeu. *Bricola*.

*BRICS, Imbécile, sot. C. N.

BRIDURE , Terme de manufacture de draps, pour marquer un défaut dans l'étoffe. *Gratus*, 4.

BRI

BRIEF, pour Bref, brevet. Gl. *Brevis*.

*BRIEUFS, Passe-port. L.

BRIEMAS, BRIEMART, Sorte de boisson, espèce de bière. Gl. *Briemardum*.

BRIEVE, Terme des monnayeurs. Gl. *Breva* et *Brevia*.

*BRIEVELET, Petite lettre. L.

*BRIFFER, Manger goulûment. L.

*BRIG, Passage, pont. L.

BRIGADE, Troupe, compagnie, assemblée de gens. *Brigada*.

*BRIGAGES, Bavardages. L.

BRIGANDER, Faire le métier de brigand, voler à main armée, piller, d'où *Briganderie*, Volerie, pillerie, brigandage. Gl. *Brigandi*.

BRIGANDIN, Brigantin, sorte de vaisseau léger et vite. Gl. *Brigentinus*.

BRIGANDINE, Haubergeon, cotte de mailles. Gl. *Brigancii* et *Brigandina*.

BRIGANDINIER, L'ouvrier qui fait les *brigandines*, et le soldat qui en est armé. Gl. *Brigancii* et *Brigandina*.

BRIGANDISE, Brigandage, pillerie. Gl. *Brigandi*.

BRIGANS, Sorte d'infanterie légère ; pillards, voleurs. Gl. *Brigancii*.

*BRIGNON, Botte de foin. L.

BRIGOLE, Machine à jeter des pierres, espèce de fronde. Gl. *Bricola*.

BRI

*BRIGUETS, Gens issus de pères nobles et de mères roturières. L.

BRIGUEUR, BRIGUEUX, Querelleur. Gl. *Brigosus* sous *Briga*, 1.

*BRIL, Etincelle. L.

BRILLEUS, Celui qui chasse de nuit aux oiseaux à la lumière, ce qu'on appelle *Briller*. Gl. *Brilleus*.

*BRIMART, Balai. L.

*BRIMBALLE, Grelot. L.

*BRIMBALLEMENT , Balancement. L.

*BRIMBALLER, Culbuter. L.

BRIMBE. On dit encore *Bribe* dans quelques provinces : Morceau de pain ou de viande : d'où *Brimbeur*, Mendiant, à qui l'on ne donne que des morceaux ou des restes. Gl. *Briba*.

*BRIMBELETTES, Jouets. L.

*BRIMBOTER, Murmurer. L.

*BRINDESTOC, Grand bâton. L.

*BRINGADES , Bonds de danseurs. L.

*BRION, Mousse. L.

BRIQUETEUR , Briquetier, faiseur de briques. Gl. *Brica*, 3.

*BRIQUETTES, Bagatelles. L.

BRIQUOQUET, pour BIQUOQUET, Ornement de tête , espèce de chaperon. Gl. *Bigacia* et *Huca*.

BRIS, Fracture, rupture. *Brisare*.

BRISCHE, Sorte de jeu. *Bricola*.

BRISE, Soufflet. Gl. *Cervica*.

BRO

BRISEFOY, Celui qui manque à sa parole, qui ne tient pas ce qu'il a promis. Gl. *Fidefragus* sous *Fides.*

BRISER LE MARCHÉ, Empêcher que les denrées ne viennent au marché, ou ne s'y vendent librement. Gl. B*risare.*

BRISEUS, pour BRILLEUS. Gl. *Brilleus.*

*BRIVETÉ, Pauvreté. L.

*BRO, Bord. L.

BROC, Fourche. Gl. B*roca,* 4. — Charrette. Gl. B*rocius,* 1.

*BROCAIL, Blocage. L.

BROCANTEUR, Sorte de marchand. Gl. *Abbrocamentum.*

BROCART, Sorte de vase qui verse la liqueur par un tuyau ou robinet. Gl. *Brocheronnus.*

BROCE, Broussailles. B*roca,* 2.

*BROCELLE, Bois, taillis. L.

*BROCELLER, Chasser. L.

*BROCEREUX, Plein de broussailles. L.

BROCERON, Tuyau, robinet. Gl. B*rocheronnus.*

BROCH, Fourche. Gl. B*roca,* 4.

*BROCHART, Jeune cerf. L.

BROCHAT, Mesure de vin. Gl. B*rochata.*

BROCHE, Cannelle, fontaine qu'on met à un tonneau pour en tirer la liqueur. — Broussailles. — Fourche ou pieu pointu, pointe. Gl. B*roca,* 4.

BRO

BROCHÉE, Bourrée, fagot. Gl. *Brochata.*

*BROCHEN, Palissade. L.

*BROCHER, Piquer, éperonner. L.

BROCHIER, Percer. B*rochia,* 2.

BROCHON, Pieu pointu. B*roccœ.*

BROCHONNU, Noueux, qui est plein de nœuds. Gl. *Broca,* 4.

BROCHOUER, Brochoir, instrument de maréchal. Gl. B*rocheronnus.*

BROCIER, Sorte de vase qui verse la liqueur par un tuyau ou robinet. Gl. B*rocheronnus.*

BROCQUE, Broche. *Brocalium.*

*BROCQUETER, Mettre en perce L

BRODE, PAIN DE BRODE, Demi-blanc, fait de froment et de seigle. — Terme d'injure, galeux, teigneux. Gl. B*roda.*

BRODEURE, Broderie. B*roderia.*

*BROG, Pays, canton. L.

*BROGAR, Sol stérile. L.

*BROHON, Branche. L.

BROICHE, Broche, fontaine qu'on met à un tonneau pour en tirer la liqueur. Gl. *Classedra.*

BROIE, Ce qui sert à broyer la pâte. Gl. *Brayia.*

BROIGNE, BROINGNE, Cotte de mailles. Gl. B*runea.*

*BROIGNE, Brune. L.

*BROING, Lépreux. L.

BRO

*BROIIER, Contester. L.

*BROIL, Bois, forêt. L.

*BROILLAS, Brouillard. L.

*BROILLER, Barbouiller. L.

*BROILLERIE, Bagatelle. L.

BROILLET, BROILLOT, Buisson, lieu planté d'arbres. Gl. Brolium, 1.

*BROILLIS, Brouillerie. L.

BROISSE, Broussailles. Brossa.

BROISSERON, Tuyau, robinet. Gl. Brocheronnus.

BROISSETE, Sorte de vase qui verse la liqueur par un tuyau ou robinet. Gl. Brocheronnus.

BROKE, Pieu pointu. Broccæ.

BROMARDIER, Buveur, ivrogne. qui s'enivre de la liqueur appelée Bromars. Gl. Briemardum, Bruma et Celia.

BROMESTS, Grosse grappe de raisin. Gl. Bromests.

*BRON, Poitrine. L.

BRONCHE, Buisson, broussailles. Gl. Brossa.

BRONDE, Branche d'arbre. Gl. Sbrondatus.

BRONQUIER, Bouclier. Gl. Broquerius, 1.

*BROQUARDER, Railler. L.

BROQUE, Pointe. Ferir à Broque, Broquier, Frapper d'estoc. Gl. Brochia, 2.

BROSSE, Buisson, broussailles. Gl. Bossa et Bruscia.

BRO

BROSSERON, Sorte de vase qui verse la liqueur par un tuyau ou robinet. Gl. Brocheronnus.

BROSSONNEUX, Noueux, qui est plein de nœuds, qu'on appelait Broz. Gl. Broca, 4.

BROTEAUX, C'est le nom qu'on donne aux îles du Rhône. Gl. Brotellus.

BROUAILLES, Boyaux, intestins. Gl. Burbalia.

BROUAZ, Gelée blanche. Gl. Bruma, 2.

*BROUCHE, Nageoir. L.

*BROUÉ, Brouillard. L.

*BROUELLE, Etoffe grossière. L.

BROUESSE, Machine pour passer ou broyer le lin ou chanvre, seran. Gl. Brustia, 2.

BROUET, Chaudeau, et ce que les nouveaux mariés donnaient à leurs compagnons pour boire le jour de leurs noces. Gl. Brodum.

BROUGIDOUR, Canal, le bras d'une rivière. Gl. Robina.

*BROUINE, Petite pluie. L.

BROUIR, Brûler. Gl. Bruscare.

*BROUISSEMENT, Bourdonnement. L.

BROULLEUR, Charlatan, celui qui mêle plusieurs drogues ensemble. Gl. Imperia.

BROULLIZ, Brouillerie, querelle. Gl. Brolhardus.

BROUSSE, Buisson, broussailles. Gl. Brossa.

BRU

*BROUSSIN, Bosse, bassin. L.

BROUST, Coque ou écaille verte de noix. — Pâturage. B*rustum.*

BROUTÉE , Charge ou voiture d'une brouette. Gl. B*roueta.*

BROUTIER, Chasse-marée ; apparamment parce qu'il menait le poisson dans une voiture appelée B*rouete.* Gl. B*roueta.*

BROUVAIGE, Boisson. Gl. B*ruvagium.*

BROZ, Nœuds d'arbre. Gl. B*roca,* 4. Voyez B*rost.*

BRUAILLE, Menu bois, propre à chauffer le four, bourrée. Gl. B*ruscale.*

*BRUCHET, Tréteau. L.

BRUCIN, p. e. Buis. *Brucinus.*

BRUCROY, pour B*rueroi,* Bruyère, broussailles. Gl. B*rua.*

BRUE, p. e. Bruyère. Gl. B*rua.*

BRUEIL, BRUEILLE, BRUEL, Buisson , bosquet. Gl. sous B*rolium,* 1.

BRUEILLE , Boyaux, intestins. Gl. B*ruellæ.*

BRUELLET, Petit buisson, bosquet. Gl. B*ruillium.*

BRUEROI, Bruyère. Gl. B*rua.*

BRUESCHE, Sorcière. Gl. B*roxæ.*

BRUGER, Pousser, heurter. Gl. B*rugaria.*

BRUGIER, Beugler, mugir. Gl. B*rugitus.*

BRUHIER , Brutier , oiseau de proie. Gl. B*uhors.*

BRUIL , Buisson , bosquet. Gl. B*ruillium.* Voyez B*rueil.*

BRULAS, Dégât, ravage, pillerie. Gl. B*ruxare.*

BRULIER , Messier , garde des biens de la terre. B*ruillium.*

BRULLIAU, Sorte de poisson. Gl. B*ruillium.*

BRUMAN, Gendre, celui qui a épousé la fille d'un autre. Gl. B*ruma,* 3.

BRUMAT, Sorte de boisson, espèce de bière. B*riemardum.*

BRUMAZ , Gelée blanche. Gl. B*ruma,* 2.

BRUMENT, Allége, bateau. Gl. B*ruma,* 3.

BRUNEL, Minot, qui pèse cent livres. Gl. *Brunellus.*

*BRUNER, Meurtrir. L.

BRUNETTE, Espèce de drap. Gl. B*runeta.*

BRUNQUIER, Broncher, tomber à demi. Gl. B*roquerius,* 1.

BRUSCHET, Bréchet ou brichet. Gl. B*rucus,* 2.

BRUSSELLES, Drap qui se fabriquait à Bruxelles. B*ruxellensis.*

*BRUTIF, Brut, grossier. L.

*BRUTIVEMENT, Brusquement. L

BRUVAGE, Boisson. B*ruvagium.*

BRUYERE , p. e. Bronze, ou argent bruni. Gl. B*ruscatus.*

BU , Buste du corps humain , tronc. Gl. B*ustum.* 3.

BUF

BUAILLE, pour BRUAILLE, Menu bois, propre à chauffer le four, bourrée. Gl. *Bruscale.*

BUANDIERE, Blanchisseuse. Gl. *Buanderia.*

***BUBATTE**, Petite ampoule. L.

BUBINS, MAL BUBINS, Celui qui produit des bubons. Gl. *Buba.*

***BUC**, Bouc. L.

BUCALLÉE, p. e. Le droit qu'on paye pour le pâturage. Gl. *Bucallum.*

BUCHAIGE, Droit sur les *bûches* ou bois qu'on mène pour vendre. *Buscagium* sous *Boscus.*

BUCHATIER, Bûcheron. Gl. *Buchia.*

BUCHERET, BUCHIERE, Instrument pour pêcher. Gl. *Buchia.*

BUCHIER, Bûcheron, ou marchand de bois. Gl. *Buchia.*

***BUCHIS**, Cris, L.

BUDE, Butte, ou but contre lequel on tire. Gl. *Buda*, 2.

BUDINE, Nombril. Gl. *Bodellus.*

BUÉE, Vase à mettre du vin ou autre liqueur. Gl. *Buheterius.*

BUER, Laver, nettoyer, purifier. Gl. *Buanderia.*

***BUFFAIRE**, Fanfaron. L.

BUFFE, La partie du casque qui couvre les joues. — Coup sur la joue, soufflet. Gl. *Buffa.*

BUFFER, Bouffer, enfler les joues. Gl. *Buffare.*

BUFFET, VIN DE BUFFET, Vin

BUH

accommodé et composé. Gl. *Bufetarius.* — Coup sur la joue, soufflet. — Le devant de la tête. Gl. *Buffa.* — Le seuil de la porte. — Chambre, cabinet, bureau. Gl. *Buffetus.* 2.

BUFFETER, Souffleter, donner des coups sur les joues. *Buffa.*

BUFFETIER, Marchand du vin appelé *Buffet. Buffetarius.*

BUFFIER, BUFFOIER, Donner des soufflets. Gl. *Buffa.*

***BUFFOI**, Tromperie. L.

BUFFOIS, Bruit, rumeur, vacarme. Gl. *Buffa.*

***BUFFON**, Crapaud. L.

BUFOIER, Donner des *buffes* ou soufflets. Gl. *Buffa.*

***BUFOISE**, Orgueilleuse. L.

BUGHE, Pâturage. Gl. *Bugia*, 3.

BUGLE, Buffle, bœuf sauvage. Gl. *Bubalus.*

BUGNE, Tumeur, contusion. Gl. *Buba.*

BUGNON, Ruche à miel. Gl. *Bugazolus.*

BUHE, Buire, cruche; d'où *Buhetier*, L'ouvrier qui les fait ou les vend. Gl. *Buheterius.*

BUHORIAUX, Butors, espèce de héron. Gl. *Buhors.*

BUHORS, p. e. Le droit qu'on payait au seigneur pour la permission de prendre des *Buhoriaux* ou de chasser avec. Gl. *Buhors.*

BUHOT, Tuyau. Gl. *Buheterius.*

BUL

BUIES, Entraves, ceps, fers qu'on met aux pieds et aux mains des prisonniers. Gl. B*oia*.

BUIGNE, Tumeur, contusion. Gl. B*uba*.

BUIGNON, BUILLON, Morceau, bouchée. Gl. B*uilio*.

*BUILLONCIEL, Jet d'eau. L.

BUILLOT , Sorte de panier , manne. Gl. B*uiolium*.

BUION, Buire, cruche, pot. Gl. B*uheterius*.

BUIRON, Instrument pour pêcher. Gl. B*uireta*.

BUISE, Canal, conduit. B*usa*, 1.

BUISINE, Espèce de trompette; d'où B*uisiner* , Sonner de la *buisine. Fretella* et B*ustinare*.

*BUISINEOUR, Joueur de trompette. L.

BUISNART, Sot, hébété, imbécile ; d'où B*uisnardie*, Sottise, bêtise. Gl. B*usio*.

BUISSIER, p. e. Bûcher, ou le lieu où l'on trait les vaches. Gl. B*uccetum*.

BUISSIERE, Lieu planté de buis. Gl. B*uxeria*.

BUITARDE , Outarde , que les Champenois nomment *Bitarde*. Gl. B*uitarda*.

BULE, Feu en signe de réjouissance. Gl. B*uræ*.

BULETEIL, Bluteau. Gl. B*uletelus* et P*olentrudium*.

BULETTE , Certificat , bulletin. Gl. B*ulleta*. — Juridiction, qui

BUR

a le droit de sceller les actes. Gl. B*uletinum*.

BULLEITE, BULLETE, Petit sceau. Gl. B*uletinum*.

BULLETE, Bulletin, certificat. Gl. B*ulleta*.

*BULLOT, Grosse pomme. L.

BUNCHETTE, Sorte de mets en Vivarais. Gl. B*unchetta*.

BUNDIR. Voyez *Bondir*.

BUNIER , Certaine mesure de terre, *bonnier*. Gl. B*una*.

BURACHE , pour BOURROICHE , Instrument en forme de panier pour pêcher. Gl. B*ertavellus*.

BURC, Bourg. Gl. B*urcum*.

BURDELOIS , Bourdelais. Gl. B*urdegalium*.

*BURE, Lessive, bouteille. L.

BURE, LE DIMANCHE DES BURES, Le premier du carême. B*uræ*.

BUREAU, Grosse étoffe de laine. Gl. B*urellus* sous B*irrus*.

BURELÉ, Tas, monceau. Gl. B*urellus*.

*BURELURE, Fausseté. L.

BURESSE , Laveuse , blanchisseuse. Gl. B*ura*, 1.

BURETELE, Morceau , lambeau de *bureau*, ou petite bourse. Gl. B*urallus*.

BURGAGE, Droit dû au seigneur par ses bourgeois. B*urgagium*.

BURGALAISE, BURGALESE, Pique, lance. Gl. B*urgalaisia*.

BUS

BURGEOIS, Bourgeois, celui qui doit le *burgage*. *Avenagium*, 1.

BURGER, Pousser, heurter. Gl. *Brugaria*.

BURGESSOUR, Voleur qui entre de force quelque part. *Burgaria*.

BURGOINNE , Bourgogne. Gl. *Principalis dignitas*.

BURGUER, Pousser, heurter. Gl. *Brugaria*.

BURINE, Querelle où il ne se dit que des injures. Bl. *Burina*.

BURLETE, p. e. Petite bourse. Gl. *Burla*, 2.

*BURLETER, Sceller. L.

*BURNE, Lieu obscur. L.

BURNEIS, Bruni, poli ; du verbe *Burnir* , pour Brunir. D'où *Burnisseresse*, Femme qui brunit et polit l'argent. Gl. *Brunitus* et *Brunus*.

BURRE , Vêtement de l'étoffe appelée *Bure*. Gl. *Burra*, 1.

BUSART, Vaisseau à mettre du vin ou autre liqueur. Gl. *Boucellus* sous *Butta*, 3.

BUSCAGE, Droit sur les bûches ou le bois qu'on mène pour vendre. Gloss. *Buscagium* sous *Boscus*.

BUSCAIGE, Servitude ou corvée qu'un vassal doit à son seigneur pour couper le bois à son usage. Gl. *Boscagium*, 2.

BUSCHE, Sorte de grand bateau. Gl. *Bussa*. — Espèce de filet pour prendre des lapins. Gl. *Buschia*. — Bûche. Gl. *Busca*, et *Molla*, 1. — —

BUT

BUSCHE-GREFFE , Espèce de couteau. Gl. *Cultellus*.

BUSCHER, Abattre du bois, faire des bûches. Gl. *Boscairare*.

BUSE, Soupirail. Gl. *Busa*, 1. — Sorte de vaisseau ou navire. Gl. *Bussa*.

*BUSER, Mendier. L.

BUSETE , Diminutif de B*uise* , Canal, conduit. Gl. *Busa*, 1.

BUSHELE, Boisseau. Gl. *Bussellus* sous *Butta*, 3.

BUSQUE, Broussailles. *Buscarium*

BUSQUER , Heurter , frapper à une porte pour la faire ouvrir. Gl. *Butare*, 1.

BUSQUET, Touffe. Gl. *Buschetus*.

BUSSART , B*usse* , Vaisseau à mettre du vin ; en Anjou, une demi-pipe. *Buza* sous *Butta*, 3.

BUSSE, Sorte de grand bateau. Gl. *Bussa*.

BUSSEBRAN, Terme de raillerie pour un boulanger ; p. e. ventré de son. Gl. *Busus*, 1.

BUSSEL, Boisseau. Gl. *Bussellus* sous *Butta*, 3.

BUSTAIL, Bois de lit. *Busta*, 1.

BUSTE, Bûche. Gl. *Busta*, 1.

BUSTINER , Partager le butin. Gl. *Botinum*.

BUSUINE, Voyez B*uisine*, 2.

BUTALHE, pour BUCALLÉE, p. e. Droit de pâturage. *Bucallum*.

BUTÉ, Pot, cruche. Gl. *Butar*.

CAB

BUTEAU, Tombereau, brouette. Gl. *Butar.*

BUTEILLER, Celui qui fait les essais des vins à vendre. Gl. *Buticularius* sous *Butta,* 3.

BUTERIE, L'art de faire des *bous,* vaisseaux à mettre du vin. Gl. *Buteria,* 2.

BUTICLE, Boutique, sorte de bateau. Gl. *Buticula* sous *Butta,* 3.

BUTIERE, Ouverture, canal, par où les particuliers qui ont droit d'arrosage prennent l'eau, suivant la mesure réglée. *Boteria.*

BUTIN, JOUER A BUTIN, Être de moitié au jeu avec quelqu'un, en partager le gain ou la perte. Gl. *Botinum.*

CAB

BUTINER, Partager le butin. Gl. *Botinum.*

BUTINIER, Dépositaire du butin, et celui qui en fait le partage. Gl. *Botinum.*

BUVERIE, Repas, festin. Gl. *Buverium.*

BUVRAIGE, p. e. Labourage; ou Gouté. Gl. *Buverium.*

BUYS, Forme de soulier. *Buxum.*

*BUYSER, Boucher. L.

BYAUT, Sorte de vêtement fort léger, plus communément appelé *Bliaut.* Gl. *Bialdum.*

BYON, Espèce de vase. Gloss. *Buheterius.*

C

CAABLE, L'action d'abattre et de jeter par terre. — Arbre ou branche abattue et rompue par le vent ou autrement. Gloss. *Cabulus.*

CAAGE, Droit qu'on paye pour l'entretien des quais, pour pouvoir y charger et décharger les marchandises. Gl. *Caya.*

*CAAGETE, Petite cage. L.

CABAL, Capital, les fonds ou biens de quelqu'un Gl. *Cabale.*

CABALMENT, Entièrement. Gl. sous *Caballum.*

CABANNE, Ecurie. *Cabanacum.*

CABAR, Clou à tête, caboche. Gl. *Cabironalis.*

CABARET, Raquette ou battoir. Gl. *Cabaretus.* — Lieu fermé

de barreaux en forme de cage. Gl. *Cabia,* 3.

CABARETEUR, Cabaretier. Gl. *Cabaretus.*

*CABASSER, Voler, tourmenter. L.

*CABASSEUR, Trompeur. L.

CABATZ RABATU, Terme injurieux pour une femme. Gl. *Cabatius.*

CABAU, Capital, les fonds ou biens de quelqu'un. Gl. *Cabale.*

CABAUST, Lieu fermé de barreaux en forme de cage. Gl. *Cabia,* 3.

CABESTRAGE, Droit seigneurial en usage en Provence, qu'on paye en dédommagement des juments que les seigneurs prêtent à leurs vassaux pour fouler leurs grains. Gl. *Cabestragium.*

CAC

CABILLAU, Nom d'une faction en Hollande. Gl. *Cabelgenses.*

CABLE, Arbre ou branche abattue et rompue par le vent ou autrement. Gl. *Cabulus.*

CABOCEAU , CABOCIAU , Mesure de grain, de sel, etc. *Cabocellus.*

CABOT, Chabot, poisson. Gl. *Cabos* et *Capito,* 3.

CABOZ, Sorte de petite bourse. Gl. *Cabos.*

*CABRE, Obscur, triste. L.

*CABROTE, Chévrière. L.

CABUCEAU, Couvercle. Gl. *Cabusellus.*

CABUSER, Tromper, surprendre; d'où *Cabuserie,* Tromperie, supercherie; et *Cabuseur,* Trompeur, fourbe. Gl. *Cabusator.*

CABUSSER, p. e. Courbure ou élévation. Gl. *Cabusator.*

CACE, Trou d'une aiguille. *Camela.*

CACHE, Incursion, course sur une terre ennemie. — Poursuite en justice, ou Amende. Gl. *Cachia,* 2. — Côffre, cassette. Gl. *Cacia,* 1.

CACHÉEMENT, Secrètement, en cachette. Gl. *Repositus.*

CACHEFÉS, Levier. Gl. *Cacellus.*

CACHER, Percevoir, lever, exiger un droit. Gl. *Cachia,* 3.

CACHER (SE), Se blesser. Gl. *Cachia,* 3.

CACHEREAU, Cartulaire, papier terrier. Gl. *Cacherellus.*

CAG

CACHERIE, Chasse, le droit de chasser. Gl. *Cacheria.*

CACHEURE, Blessure, plaie. Gl. *Cachia,* 3.

CACHIER, Chasser, mener les bestiaux au pâturage. *Chacea,* 2.

*CACHIN, Fou rire. L.

*CACHINATEUR, Railleur. L.

CACLUTER, Publier, proclamer au bruit de quelque chose. Gl. *Clingere,* 2.

*CACOIGNÈRE, Querelleur. L.

CACOU , Terme injurieux en Basse Bretagne. Gl. *Cagoti.*

*CACOUTE, Secousse, L.

CADEFAUT, Échafaud. *Cadafalus.*

CADELLER , Conduire , mener. Gl. *Capdelare.*

*CADENE, Chaîne. L.

CAENNE, p. e. Quai. Sous *Caya.*

*CAFIGNON, Escarpin. L.

*CAFIN, Chausson. L.

CAGAREL, Sorte de poisson. Gl. *Sclave.*

CAGE, Espèce de filet pour la pêche. Gl. *Cagia,* 1.

*CAGEOIS, Villageois. L.

CAGETE, Petite cage ou boîte. Gl. *Cagia,* 2.

*CAGNARD, Débauché. L.

CAGOTS, Habitants du Béarn et de quelques parties de la Gascogne, méprisés et haïs du reste du peuple. Gl. *Cagoti.*

CAI

CAHARIE, Le droit qu'on lève pour l'entretien des quais. Gl. sous *Caya*.

CAHOER, Chandelle de cire, flambeau. Gl. *Quarrellus*, 3.

CAIIS, Sorte de vaisseau ou navire. Gl. *Galus*, 1.

CAHUET, Espèce de bonnet, la partie de l'aumusse ou de la chape qui couvrait la tête. Gl. *Belveria* et *Cahouetus*.

*CAHUTELLE, Cahute. L.

CAIELLER, p. e. pour *Cadeller*, Conduire, mener. *Capdelare*.

CAIER, Chandelle de cire, flambeau, torche. Gl. *Quarellus*. 3.

*CAIERE, Chaise, trône. L.

CAIGE, Toile pour prendre les sangliers. — Sorte de filet pour la pêche. Gl. *Cagia*, 1.

*CAILLET, Caillou. L.

*CAILLETTE, Lâche. L.

CAILLIER, Tasse, gobelet, vase à boire. Gl. *Caillier*. — Machine pour prendre les cailles. *Caillier*.

*CAIMAND, Mendiant. L.

*CAIMANDERIE, Geuserie. L.

CAINAGE, p. e. pour CAÏAGE, Le droit qu'on lève pour l'entretien des quais Gl. sous *Caya*.

*CAINE, Cheveux blancs. L.

CAINT, Ceinture, écharpe. Gl. *Fermeilletum*.

*CAINTE, Une enceinte. L.

*CAINTRE, Cacher. L.

*CAION, Porc. L.

CAL

*CAIR, Chariot. L.

*CAIS, Presque. L.

*CAISNE, Chêne. L.

*CAITIF, Captif. L.

*CAITIVEL, Chétif. L.

*CAITIVISSON, Captivité. L.

CALABRE, Machine de guerre pour assiéger les places. Gl. *Calabra*.

CALABRIEN, CALABRIN, Carabin, sorte de troupe légère. Gl. *Calabrinus*.

*CALAMAR, Ecritoire. L.

CALAMAY, La fête de la Chandeleur. Gl. *Candelaria*. 1.

*CALAMISTRER, Friser, plisser. L

*CALAMITE, Grenouille verte. L.

CALANGAGE, ALLER EN CALANGAGE, Entreprendre sur autrui. Gl. sous *Calumnia*, 1.

CALANS, Sorte de bateau, chaland. Gl. sous *Chelandium*.

CALCIAGE, Le droit qu'on lève pour l'entretien des chaussées. Gl. *Calcagium* sous *Calcea*.

*CALCITRER, Ruer, résister. L.

*CALE, Calotte. L.

*CALED, Raboteux. L.

*CALEIL, Lampe, œil. L.

CALENES, On appelle ainsi à Marseille la veille de Noël, et le repas qu'on y fait ce jour-là. Gl. *Festum Calendarium* sous *Festum* 1.

CAL

CALENGE, Demande en justice. Gl. *Calumnia*, 1.

CALENGER, Former une demande en justice. Gl. *Calumnia*, 1

CALETTE, Sorte de bonnet. Gl. *Calestra*.

CALEVRES, Trompeur, dissimulé, fourbe. Gl. *Calvere*.

CALIBURNE, Nom de l'épée du roi Artus. Gl. *Caliburne*.

*CALICUL, Duvet. L.

*CALIDITE, Chaleur. L.

*CALIGNEUS, Obscur. L.

CALIMIEL, Chalumeau. R. R.

*CALINAIRE, Ribaud. L.

CALIVALY, Charivari. Gl. *Chalvaricum*.

CALLATE, Rue qui va en baissant. Gl. *Calata*, 2.

CALLECTOIRE, Sorte de jeu. Gl. sous *Calletia*.

CALLENGE, Demande formée en justice. Gl. *Callengia*.

CALLIQUES, Espèce de sardine. Gl. *Aphya*.

*CALMAGE, Droit sur les boissons. L.

CALMINER, Crépir, couvrir d'un enduit. Gl. *Imbutamentum*.

CALOBE, p. e. pour *Colobe*, Sorte de vêtement sans manches, ou avec des manches fort courtes. Gl. *Colobium*.

*CALOFFE, Enveloppe. L.

*CALORGNE, Louche. L.

CAM

CALPHADEUR, Calfateur, celui qui calfate un vaisseau. Gl. *Calefactus*.

CALTRE, Draperie. Gl. *Calteria*.

CALVAGUETE, Service militaire à cheval. *Cavalgata* sous *Caballus*.

*CALVARDINE, Perruquier. L.

*CALVE, Chauve. L.

*CAM, Courbé. L.

CAMAHEU, CAMAHIER, Camaïeu, Gl. *Camahotus* sous *Camoeus*.

CAMAIL, Habillement de tête, sorte d'armure. *Camelaucum*.

CAMBAGE, CAMBAIGE, Le droit qu'on paye pour faire qu vendre de la bière et autres boissons. Gl. *Cambagium* sous *Camba*, 3.

*CAMBATA, Enjambée. L.

CAMBE, Brasserie. Gl. *Camba*, 3. [Jambe. L.]

CAMBGEUR, CAMBIADOR, Changeur, banquier. Gl. *Cambitor*.

CAMBIER, Brasseur, celui qui vend ou fait de la bière, dont la femme est appelée *Camberiere*. Gl. *Camberius* sous *Camba*, 3.

*CAMBISERIE, Sodomie. L.

*CAMBON, Champ fertile. L.

CAMBOURIERE, Chambrière. R.

CAMBRELAIGE, Office et droits du chambellan ; ou ce qui est dû à la *chambre* du seigneur à chaque mutation. Gl. *Cambellanus*.

CAMBRIER, Celui qui est sujet

CAM

aux droits de la chambre du seigneur. Gl. *Hospes.*

*CAMBROIS, Latrines. L.

CAMBRY, Voûte. Gl. *Camera,* 10.

CAMEILL, Sorte d'armure pour la tête. Gl. *Camelaucum.*

CAMEL, Chameau ou câble. Gl. *Camela.*

CAMELIN , Sorte d'étoffe. Gl. *Camelotum.*

CAMELINE, Certaine sauce. Gl. *Camelotum.*

*CAMELOTIER, Fripon. L.

CAMINADE, Chambre où il y a une cheminée. Gl. *Caminata.*

CAMISE, Chemise, sorte d'habillement. Gl. *Camisa.*

CAMOCAS, Camochat, Sorte d'étoffe riche. Gl. *Camoca* et *Camocatus.*

CAMOISIÉ, Couvert de plaies. Gl. *Camocatus.*

CAMOISIER, Camoisser, Préparer une peau comme le chamois. Gl. *Camocatus.*

CAMOSÉ, Ciselé. Gl. *Camocatus.*

CAMP, Combat, bataille. Gl. *Campus,* 1.

*CAMPAL, En plein champ. L.

CAMPANE, Cloche. Gl. *Campana banalis.*

CAMPANIER, Clocher. Gl. sous *Campana,* 2.

CAMPELET , Petit champ. Gl. *Campellus.*

CAN

CAMPENART, Clocher. Gl. sous *Campana,* 2.

CAMPESTRE, Champ labourable, et le laboureur même. Gl. *Campestris.*

CAMPIE, Messier, celui qui est chargé de veiller à ce qu'il ne soit fait aucun dommage aux fruits des champs. *Camperius.*

CAMPIESTRE, Qui est de la campagne. Gl. *Campestris.*

CAMPIGER , Camper , tenir la campagne. Gl. *Campizare.*

*CAMPIS, Brusque, colère. L.

*CAMPIUNS, Champion. C. R.

*CANABASSER, Discuter. L.

*CANAIN, Lieu creux. L.

CANABASSEUR, Celui qui fait ou vend de la toile, ou autre chose faite de chanvre. *Canabaserius.*

*CANCELER, Renfermer. P.

CANCELURE , Se dit des lignes qu'on tire sur un acte pour l'annuler. Gl. *Cancellatura.*

CANCHEL, Enceinte, clôture de murs. Gl. *Cancellus,* 1.

CANDALIE, Chandelier. Gl. *Candalies.*

CANDELABRE , Chandelier. Gl. *Candelabra.*

CANDELIER, La fête de la Chandeleur. Gl. *Candelaria,* 1.

CANDELLE, Confrairie. *Candela,* 2

CANDELLERIE , Candellière, La fête de la Chandeleur. Gl. *Candelaria,* 1.

CAN

CANDOILE, Chandelle. Gl. *Pecia candelœ.*

CANEL, Trame. Gl. *Canela.*

CANESTIAU, Échaudé, sorte de pâtisserie. Gl. *Canistellus.*

*CANESTREL, Corbeille.

CANET, Banc. Gl. *Canetum.*

CANEVIERE , Chènevière. Gl. *Canaveria.*

CANEYNE, Lieu rempli de cannes ou roseaux. Gl. *Caneria.*

CANGE, Gale. Gl. *Impetigo.*

CANGEOUR, Changeur, banquier. Gl. *Cambitor.*

CANIBOTE, Chènevotte, le tuyau du chanvre. Gl. *Canevale.*

*CANISE, Toile. L.

CANIVELLE, Chemise. *Canifellus.*

CANIVET , Couteau , canif. Gl. *Canivetus.*

*CANNOULE, Quenouille. L.

CANOGNE, Chanoine. *Canonicus.*

CANOISIE, Chapitre de chanoines. Gl. *Canonia.*

CANOLE, Trachée-artère, le canal de la respiration. Gl. *Cunnolla.*

CANON, Loyer, cens, redevance. — Flûte, chalumeau. *Canon,* 6.

CANONE, Chanoine. *Hœreditare,* 3

CANONGE, Le revenu d'un canonicat. Gl. *Canongia.*

CANONNE, Chanoine. *Canonicus.*

*CANORE, Sonore. L.

CAP

CANTATOURS, Nom de certains brigands. Gl. *Coterelli.*

CANTÉE, Sorte de mesure. Gl. *Centum,* 2.

CANTEL, Quartier, morceau. *Tenir en Cantel* ou *Cantiel,* Tenir, porter de côté, sur le côté. *Cantellus*

CANTON, Angle, encoignure. Gl. *Canto,* 1.

CANTONIERE, Prostituée, femme débauchée , qui se tient aux coins des rues pour débaucher les passants. Gl. *Canto,* 1.

CANTUARIE, Bénéfice de chantre. Gl. *Cantuarium.*

CANVRE, Prononciation picarde, pour Chanvre. Gl. *Canvum.*

CAOURSIN, Le pays de Cahors. Gl. *Caorcini.*

CAPAGE, Capitation, tribut imposé sur les personnes et sur les têtes, ou sur chaque maison. Gl. *Capitatio,* 1.

CAPAYROU, Sorte de chaperon. Gl. *Capayrona.*

CAPDAL, Capdau, Chef, seigneur, nom de dignité. *Capitalis,* 1.

CAPDET, Cadet, puîné. *Capdets.*

CAPDEULH , Chef ou principal manoir, château. Gl. *Capdolium.*

CAPE, Conduit d'eau. *Capa,* 2.

CAPECEUR , Voleur , celui qui prend ; ou Recors, aide de sergent. Gl. *Rogatum,* 2.

CAPEL, Chapel, Chapeau.

*CAPELER, Coiffe que l'on portait sous le casque. C. R.

CAP

CAPELERIE, Chapelle, bénéfice simple. Gl. *Capellania*, 1.

CAPELINE , Armure de tête , espèce de casque. *Capellina*, 3.

CAPELLAN , Prêtre , curé. Gl. *Capellani*, 2.

CAPETER, Vexer, tourmenter. Gl. *Capetus*.

CAPIAULX, Chapeau. *Capellus*, 1.

*CAPIFOL, Colin-maillard. L.

CAPILAIRE, pour Scapulaire. Gl. *Capularium*.

CAPISCOL, Écolâtre, dignité ecclésiastique. Gl. *Capischolus* sous *Caput*, 3.

CAPISTRE, p. e. Sorte d'étoffe. Gl. *Capizolus*.

CAPITAGE, Cens dû au seigneur chaque année par ses hommes de corps. Gl. *Capitagium*, 1.

CAPITAIN, Gouverneur. Gl. *Capitaneus generalis*.

CAPITAU, Capital, le sort principal. Gl. *Capitale*, 2. — Chef, seigneur, nom de dignité. Gl. *Capitalis*, 1.

CAPITELE , Chapitre , lieu où s'assemblent les chanoines et les moines. Gl. *Capitulum*, 4.

CAPITOLIER, Capituleur, Capitullier, Capitoul, échevin. Gl. *Capitulum*, 5.

*CAPLE, Combat, carnage. L.

*CAPLER, Hacher en pièces. L.

CAPLOIER , Combattre, frapper avec l'épée. Gl. *Capulare*.

*CAPNOMANTIE, Nécromantie. L.

CAPOULIÉ, Chef, conducteur ; et plus spécialement , celui qui conduit les moissonneurs. Gl. *Caporalis*.

CAPPE, Voûte. Gl. *Capa*, 5.

CAPPEL, Chapeau. Gl. *Capellus Beverinus*.

CAPPELINGE, Armure de tête, espèce de casque. *Capellina*, 3.

*CAPIETTEMENT, Adroitement L

CAPPILAIRE , pour Scapulaire, habit de moine. Gl. *Capularium*.

CAPPITLE, Chapitre. Gl. *Capitulum*, 4.

CAPPITULIER, Capitoul, échevin. Gl. sous *Capitulum*.

*CAPPULEUR, Bouffon, L.

*CAPRIN, Convulsif. L.

*CAPSIEUSETÉ, Finesse. L.

CAPSINE , Poignée, autant que la main peut en contenir. Gl. *Capunta*.

CAPSOOL, Capsou, Le droit dû au seigneur sur le prix de la vente de ce qui relève de lui. Gl. *Capisolidum* et *Capsol*.

CAPTAL, Captau, Chef, seigneur, nom de dignité. *Capitalis*, 1.

CAPTALIER, Entrepreneur, fermier, celui qui a la conduite de quelque chose. Gl. *Captalerius*.

CAPTIONNER, Mettre en prison. Gl. *Captio*.

CAPUIS, Nom d'une faction en Auvergne. Gl. *Caputiati*.

CAR

CAPULAIRE , pour Scapulaire , sorte d'habit. Gl. *Scapulare.* [Cercueil, L.]

CAQUEHAN, Cabale, conspiration. Gl. *Caquus.*

CAQUEHARENG, Hareng en caque. Gl. *Caquus.*

*CAQUETOIR, Babillard. L.

CAQUEUX , CAQUINS , Espèce d'hommes regardés et traités comme Juifs en Bretagne. *Cagoti*

CAQUIN, Caque, petit tonneau. Gl. *Caquus.*

*CAR, Chariot, char. [Pourquoi, or ça. L.]

*CARABAS, Grand carrosse. L.

*CARABATE, Cravate. L.

CARAIE , Espèce de sortilége , billet écrit en caractères magiques. Gl. *Caraula.*

*CARAMARAS, Bohémien. L.

CARAMOT, Salicoque, crevette. Gl. *Squilla.*

*CARATE, Caractère. L.

CARATERE, Le champ d'un sceau. Gl. *Caracter*, 3.

CARAVANIER, Métayer, qui fait valoir des terres, vignes, etc., à moitié des fruits. Gl. *Caravellis.*

CARAUDE, CARAUX, Espèce de sortilége, billet écrit en caractères magiques. Gl. *Caurala.*

CARAUDESSE, CARAULDE, Sorcière, qui emploie des *Caraudes.* Gl. *Caraula.*

CARAYROL, CARAYROU, Sentier,

CAR

en Languedoc et en Provence. Gl. *Careironum.*

*CARBASES, Voiles. L.

CARBONNAGE, Le droit de faire ou prendre le charbon nécessaire pour son usage. Gl. *Carbonagium* sous *Carbo*, 3.

CARBONNÉE, Charbonnée, morceau de chair grillée. Gl. *Carbonea*, 2, et *Carbonata.*

CARCAIRE , p. e. Éperon. Gl. *Calcar*, 1.

*CARCAS, Carquoi. L.

CARCE, Prison. Gl. *Carcellaria.*

CARCELLIER, Geôlier. Gl. *Carcellaria.*

*CARCHE, Charge. L.

CARDINAL , Nom du chef des jeunes gens élu chaque année à Boulogne-sur-Mer. *Cardinalis.*

CARDONNAL, Cardinal, dignité ecclésiastique. Gl. *Cardialis.*

CARDONNEREULE, Chardonneret. Gl. *Acathalantis.*

*CARE, Visage. L.

CARÉE, Charretée. Gl. *Carea.*

*CARENCE, Omission. L.

CARESME DES FEMMES, Terme de quarante jours à compter de la mort du mari, pendant lequel on doit assigner le douaire à la veuve. Gl. sous *Quarentena*, 4.

CARESMENTRANT , CARESME-PRENANT, Le mardis gras, ou le premier dimanche de carême. Gl. *Carementrannus.*

CAR

CARETON, Charretier. Gl. *Caretonus.*

CARGUE, Charge, imposition, redevance. Gl. *Chargia,* 3.

CARIAGE, p. e. Grosse toile, serpillière, canevas. *Cariagium,* 2.

CARIBARY, Charivari. *Caria,* 2.

CARIER, p. e. pour Carder. Gl. *Cariagium,* 2.

CARIN, CARINLIER. Gl. *Carena,* 1.

CARION, Le dixième de la dîme, que prenait celui qui la conduisait à la grange du décimateur. Gl. *Cario.*

*CARITATIF, Charitable. L.

CARITÉ, Le vin du marché. Gl. *Caritas,* 1.

*CARLIER, Charron. L.

CARLIN, CARLY, Petite monnaie en usage dans la Navarre et dans le Bigorre. Gl. *Carleni.*

CARME, Prononciation picarde, pour Charme, arbre. *Carmus.*

CARMENTRAN, Le mardi gras ou le premier dimanche de carême. Gl. *Carementrannus.*

*CARNAGE, Chair, viande. L.

CARNAL, CARNAU, Droit seigneurial sur les bêtes prises en dommage. Gl. *Carnale,* 3.

CARNALER, User du droit appelé *Carnal.* Gl. *Carnale,* 3.

CARNALITÉ, Chair, corps. Gl. *Carnalitas.*

CARNAU, Voy. ci-dessus *Carnal.*

CAR

CARNE, pour *Carme,* Charme, arbre. Gl. *Carmus.*

*CARNEUEMENT, Charnellement

CARNEUS HOME, Homme de chair, un mortel. *Carnalis,* 3.

*CARNICIER, Bourreau. L.

CARNIER, Boucher, celui qui vend de la chair. *Carniceria.*

CARNILIER. Gl. *Carena,* 1.

*CARNIN, Sortilége. L.

CARNIQUET, Terme de gaieté, de belle humeur. Gl. *Gamba,* 1.

CAROLE, Danse; d'où *Caroler,* Danser. Gl. *Carola,* 2.

CARONGNE, Charogne, le corps humain. Gl. *Caronia,* 2.

CAROTTE, RETOURNER CAROTTE, Changer de parti. Gl. *Caravira.*

CARPANT, Hachis. Gl. *Carpeia.*

CARPENTEMENT, Charpente. Gl. *Carpentura.*

CARPENTIER, ENVOYER LES ROUGES CARPENTIERS, Mettre ou faire mettre le feu à une grange, à une maison. Gl. *Carpentarii.*

CARPIERE, Réservoir de carpes et d'autres poissons. Gl. *Carpana.*

*CARPIR, Maltraiter. L.

CARPITE, Tapis, sorte de drap. Gl. *Carpita.*

CARQUAIS, Carquois, sorte d'armure. Gl. sous *Gambeso.*

CARQUE, Charge, poids. Gl. *Carrecta,* 2.

GAR

*CARQUENAL, Gibet. L.

*CARRAIRE, Chemin. L.

CARRAIROL, CARRAIROU, Chemin, sentier. Gl. *Carreria*, 1.

CARRE, Char, sorte de voiture. Gl. *Marcellum*.

CARREAU, Outil de tonnelier, tarière. Gl. *Careda*.

CARRÉE, Certaine mesure, p. e. la même que la Quarte. Gl. *Carraria*, 4. — Bouge, petite chambre. Gl. *Carta*, 3.

CARREFEU, pour CERREFEU, Couvre-feu. Gl. *Ignilegium*.

CARREIGNON, Cachet, sceau. Gl. *Ceraculum*.

CARREL, Place publique. Gl. *Carretum*, 2.

CARRELER, Garnir. Gl. *Carola*, 1.

CARRETAGE, Le droit qu'on lève sur les chariots. *Carreagium*, 2.

CARRETE, p. e. Vrille, villebrequin, tarière. Gl. *Careda*.

CARRETTE, Prononciation picarde, pour Charrette. Gl. *Carrecta*, 2.

CARRIE, p. e. Catafalque. Gl. *Caricallum*.

CARRIERE, Chemin, par lequel peut passer un char. *Carreria*, 1.

CARROLER, Garnir ; p. e. pour *Carreler*. Gl. *Carola*, 1.

CARRON, Charron. Gl. *Caronnius*.

CARROS, Chariot qui portait le principal étendard de l'armée. Gl. *Carrocium*.

CAR

CARROUEIL, CARROUGE, Carrefour. *Carouellum* et *Carubium*.

CARROY, Rue, place. *Carretum*, 2

CARRUÉE. Voyez *Caruée*.

CARSONNIER, Sorte d'emploi dans un vaisseau. *Carcionarius*.

CARTARENCHE, Certaine mesure de grain, la même que la Quarte. Gl. *Cartarenchia*.

CARTAS, p. e. Flèche, javelot. Gl. *Carrotus*.

*CARTE, Prison. L.

CARTEL, CARTELLET, Petit billet, bulletin. Gl. *Cartellus*, 1.

CARTELÉE, Quartier, la quatrième partie d'un arpent. Gl. *Curtata*.

CARTERIER, Geôlier. Gl. *Carcerarius*. — Infirme, qui ne peut sortir de la maison, qui est enfermé. Gl *Carcer*, 2.

CARTIERE, Certaine mesure de grain, la même que la Quarte. Gl. *Quarteria*, 2.

CARTON, Charretier. *Caretonus*.

CARTRIER, Prisonnier. *Carcer*, 2

CARTULAIRE, Ce qu'on paye pour l'enregistrement des marchandises, et celui qui tient ces registres. Gl. *Cartularium*, 2.

*CARTULE, lettre, billet. L.

CARUBLE, *Païer par Carubles à chascun son avenant*, dans les Assises de Jérusalem, ch. 195. *Varouble*, dans le même sens, ch. 199. Payer au marc la livre.

CARUÉE, Certaine mesure de

CAS

terre, autant qu'une charrue en peut labourer daus une année. Gl. *Carrucata.*

CARVANE, pour Caravane. Gl. *Caravanna.*

CARY, Cri usité dans le Boulenais, pour exciter à courir sus à ceux qui lèvent des impôts que le peuple regarde comme injustes. Gl. *Caria.* 2.

CASAL, Place vague où l'on peut bâtir une maison ou faire un jardin, etc. Gl. *Casal.* Hameau, ferme, métairie. Gl. *Casale.*

CASALÉ, Serf, homme de corps attaché à une métairie. *Casati.*

CASALET, Petit bassin, sorte de plat. Gl. *Casalet.*

CASCAVEL, Grelot, sonnette. Gl. *Cascavellus.*

CASÉ, Fieffé, celui qui tient un fief à titre de *Casement. Casati.*

CASEMENT, Terre, château tenu en fief sous certaines conditions. Gl. *Casamentum,* 1.

CASENIER, Habitant, domicilié. Gl. *Casana,* 3.

CASIER, Laiterie, le lieu où l'on fait le fromage. Gl. *Casiatum.*

*CASSADE, Ruse, tromperie. L.

CASSAL, Place vague, où l'on peut bâtir une maison, ou faire un jardin, etc. Gl. *Casal.*

CASSANIER, Habitant, domicilié. Gl. *Casana.* 3.

CASSE, Châsse, reliquaire. Gl. *Capsa.* 1. — Vaisseau de cuivre pour la cuisine, poêlon, casserole. Gl, *Cassa.* 7. — Caisse.

CAS

Gl. *Cassa,* 8. — Chêne, en Languedoc ; d'où *Cassenat,* Jeune chêne. Gl. *Casnus.*

CASSENIER, Habitant, domicilié. Gl. *Casana,* 3.

CASSERON, Espèce de poisson de mer. Gl. *Casseron.*

*CASSETTE, Chaumière. L.

CASSOATA, Chêne, dans le comté d'Armagnac. Gl. *Cassoata.*

CASSON, Certaine mesure de terre, la quatrième partie d'un arpent. —Motte de terre. *Cassero*

CASSOT, Lépreux, de race sujette à la lèpre, en Auvergne. Gl. *Mezellus.*

CASTELAGE, Le droit qu'on paye pour l'entrée et la sortie d'un château où l'on a été prisonnier. Gl. *Castellagium.*

CASTELERIE, pour CAUTELERIE, Astuce, finesse, chicane. Gl. *Castellaria.*

CASTELLAN, Poignard. Gl. *Castellanus.*

CASTELLERIE, Châtellenie, fief, office de châtelain. *Castellaria.*

GASTICE, GASTICHE, Chaussée, digue. Gl *Casticia.* [Ediffce L].

CASTICHEMENT, Le même. Gl. *Casticia.*

CASTICHEUR, CASTICHIER, Celui qui construit les *Castiches.* Gl. *Casticia.*

CASTIERESSE, Celle qui châtie et corrige. Gl. *Castigatus.*

CASTIERS, Correction, changement. Gl. *Castigatus.*

CAT

CASTIJER, Se corriger, changer.
Gl. *Castigatus*.

CASTILLE, Querelle, différend.
Gl. *Catillare*. I.

CASTIS, Chétif, terme de mépris.
Gl. *Allevaticius*.

CASTLEGARDE, Le service de
garde ou de guet que doit un
vassal à son seigneur. Gl. *Gue-
tagium* sous *Wuctœ*.

CASTOIER, Se corriger, changer
de vie. Gl. *Castigatus*.

CASTRAT, Mouton, *Castratus*.

CASTRIMARGINARIEN, Bécasse.
Gl. *Castrimarginarius*.

CASTRIS, Mouton. Gl. *Castritius*.

CASUESNE, p. e. Chouette. Gl.
Couanna.

CASURE, Chasuble, habit sacerdotal. Gl. *Casularius*.

CATEL, Biens mobiliers, de quelque nature qu'ils soient. Gl.
Catallum.

CATELLIER, Harceler, attaquer.
Gl. *Catillare*. 1.

CATEPON, Celui qui est chargé
en chef de quelque chose, Gl.
Catapanus.

CATERNE, Cahier. Gl. *Caternus*
sous *Quaternio*. 1.

CATHEDRATION, Feste de la
cathedration de S. Pierre,
que nous nommons, de la Chaire
de S. Pierre. Gl. *Festum S.
Petri epularum*, sous *Festum*. 1.

CATHICE, Cathiche, Chaussée,
digue. Gl. *Casticia*. ...

CAU

CATHONNET, Alphabet, livre où
les enfants apprennent à connaître leurs lettres. Gl. *Pars*.

CATILLIER, Harceler, attaquer.
Gl. *Catillare*. 1.

*CATOPROMANTIE, Devination L

CATTEL. Droit de meilleur cattel, Ce que le seigneur a droit
de prendre dans les effets mobiliers de son vassal après sa
mort. Gl. *Catallum*.

CAUCADOIRE, Sorte de vaisseau
où l'on foule le raisin avant que
de le jeter dans la cuve. Gl.
Calcadoyra

CAUCEMENTE, Chaussure. Gl.
Calceus.

CAUCH, Chaux. Gl. *Caucinarius*

CAUCHE, Prononciation picarde,
Chausse. Gl. *Calceus*.

CAUCHEMENTE, Chaussure. Gl.
Calceus.

CAUCHER, Ranger, tasser, Gl.
Calcare, 2.

CAUCHETIER, Marchand ou fai-
séur de chausses. Gl. *Chauceterius*.

CAUCHIE, Chaussée. Gl. *Calciator*

CAUCHIER, Soulier. — Chausser,
fournir la chaussure. Gl. *Calceus*. — Paver; d'où *Cauchieur*,
Paveur. Gl. *Calciator*.

CAUCIAGE, Le droit qu'on lève
pour l'entretien des chaussées.
Gl. *Calcagium* sous *Calcea*.

*CAUQUEMARE, Cauchemar. L.

CAUCOIRE, Fête de village. Gl.
Caucus, 2.

CAU

CAUDEMELLE, Caudemellée, Querelle vive, batterie émue subitement et sans dessein prémédité. Gl. *Calidameya* et *Mesleia.*

CAUDERETTE, Petite chaudière. Gl. *Cauderia.*

CAUDERON, Prononciation picarde, Chaudron. — Espèce de poisson. Gl. *Cauderia.*

CAUDESTREPE, Chiendent. Gl. *Cauda.* 8.

CAUDRELACH, Caudrelas, Airain, cuivre. Gl. *Caudera.*

CAUDRELIER, Chaudronnier. Gl. *Cauderarius.*

CAUDUNS, Extrémités des animaux, issues, tripes. Gl. sous *Cauda.* 8.

*CAUFOUR, Four à chaux. L.

CAUFFOIR, Chaufour; d'où *Cauffourer*, Construire un Chaufour; et *Cauffourier*, Chaufournier, ouvrier qui fait la chaux. Gl. *Calidusfurnus.*

CAULDIERE, Chaudière. Gl. *Cauderarius.*

CAULE, Sorte d'impôt. *Caula,* 3.

CAULT, Fin, rusé. Gl. *Cautelose.*

*CAUPRESSER, Comprimer. L.

CAURE, Chêne. Gl. *Cor.* 2. [Chaleur. L].

CAURESSE, Sorcière, qui emploie des *caraudes* pour faire des sortiléges. Gl. *Caraula.*

CAURETAGE, pour Courtage. Gl. *Corratagium.*

CAURRETIER, Courtier, celui

CAV

qui fait commerce de blé, blatier. Gl. *Corratarius.*

CAUSER, Mettre en cause, accuser. Gl. *Causare* sous *Causa,* 4

CAUSSET, Cachot. Gl. *Caussetus*

*CAUT, Prudent. L.

*CAUTELE, Ruse. L.

CAUTELLER, Agir avec trop de précaution. Gl. *Cautelose.*

CAUTEMENT, Avec prudence et circonspection. Gl. *Cautelose.*

CAUTILLEUSEMENT, Cauteleusement, avec ruse. Gl. *Cautelose*

*CAUVELAUS, Maquignon. L.

CAVAGE, Capitation, tribut imposé sur les personnes et sur les têtes, ou sur chaque maison. Gl. *Cavagium* sous *Capitale,* 5.

CAVAIN, Cavée, chemin creux, vallée. — Jeu ou espèce de joute, qui se faisait le jour des brandons; p. e. parce qu'elle s'exécutait dans une plaine. Gl. *Cava,* 1.

CAVALET, Chevalet. Gl. *Cavalletus,* 1.

CAVARAS, Creux, trou. *Cava,* 1.

CAVECHEUL, Cavecheux, Cheval qu'on mène par le licou, pour le distinguer de celui qui est attelé à une charrette. Gl. *Cavestrum.*

CAVEL, Cheville de bois. *Cavile.*

CAVERON, Chevron. *Caveriata.*

CAVESTRE, Gavettre, Pendart, coquin, qui mérite la corde. Gl. *Cavestrum.*

CEL

ÇAVETIER, Çavetonnier, Savetier, faiseur de souliers de basane, celui qui raccommode les souliers. Gl. *Chavateria.*

CAVILLEUX, Fin, subtil, rusé. Gl. *Cavilantia.*

CAYMANT, Cayment, Mendiant, coquin, vagabond. Gl. s. *Quœsta*

CAYR, Choir, encourir. Gl. *Cadere.*

CEAU, Suif. Gl. *Ceuxum.*

CEBERON, Sorte de bois pliant. Gl. *Ceberus.*

CEDERIE, Soierie, marchandise ou commerce de soie. *Cederia.*

CEGNAIL, Chambre haute. Gl. *Cellarium.* [Cellier, office L].

*CEISAN, Vassal. L.

CEINSIST, pour *Ceignit,* du verbe Ceindre. Gl. sous *Cingulum,* 1.

CEINT, Lange, dont on ceint ou enveloppe un enfant. Gl. *Cinctura.* 2.

*CELADEMENT, en cachette. L.

CELDAL, pour *Cendal,* Étoffe de soie. Gl. sous *Cendalum.*

*CELE, Lieu secret. L.

CELÉEMENT, En cachette, secrètement. Gl. *Celamentum.*

CELERAGE, Droit sur les celliers et sur les vins. Gl. *Celeragium.*

CELERIER, Buvetier, *Cellerarius.*

CELERIN, Sorte de poisson de mer, semblable à la sardine. Gl. *Celerinus.*

CELET, pour Seillet, espèce de seau. Gl. *Cedcellus.*

CEN

*CELLE, Maison, hermitage. L.

CELLERAGE, pour Scesterage ou Stellerage, Le droit de mesurage des blés. *Sestairagium.*

*CELOTEUR, Astronome. L.

CEMBEL, Jouter, tournois. Gl. *Cembellum.* [Concert, danse. L]

*CEMBELER, Jouter. L.

*CEMBILLIER, Clignoter. L.

CEMONCE, Cemonceur, pour Semonce et Semonceur. Gl. *Submonitor* sous *Submonere.*

CENAGE, Droit pour la permission de pêcher à la *Cene* ou *Cesne.* Gl. *Cenagium.*

CENCHET, Ceinture, *Cenchetum.*

CENDAL, Étoffe de soie. Gl. *Cendalum.*

CENDRÉE, Cendre propre à affiner l'argent. Gl. *Cendreia.*

*CENDRIER, Lange, Linceul. L.

CENDREUS, Vil, méprisable, lâche. Gl. *Cendreia.*

CENDRINS, Cendrous, Cendré, couleur de cendre. Gl. *Cendreia* et *Saxaroli.*

*CENDROYER, Réduire en cendre. L.

CENELE, Cenelle, Fruit du houx, ou Prunelle sauvage; chose vile et de nul prix. Gl. *Cenitus.*

CENER, Manger, faire un grand repas. Gl. *Cœnaticum.*

CENGLE, Enceinte Gl. *Cinctada.*

CENGLER, Sanglier. *Cenglaris.*

CEN

CENHER, Ceindre, mettre une ceinture. Gl. *Cenchetum*.

CENIER, Office claustral, celui qui est chargé du repas du soir pendant l'été. Gl. *Cœnator*.

CENS, Redevances de différentes espèces. Gl. *Census*.

CENSAIGE, Cens ou redevance annuelle due au seigneur. Gl. *Censa*, 4.

CENSAL, Courtier, Gl. *Censarius*. — Cens, redevance à titre de cens. Gl. *Censalis* sous *Census*.

CENSAULE, Qui est sujet au cens, qui doit le cens. Gl. *Censalis* sous *Census*.

CENSE, Taille, imposition. *Censa* 4

CENSEABLE, Qui est sujet au cens, qui doit le cens. Gl *Censulis* sous *Census*.

CENSEL, Cens, redevance à titre de cens. Gl. *Censile* sous *Census*.

CENSEUR, Censier, Fermier, celui qui tient à cens. Gl. *Censerius*, 2.

CENSIER, Officier d'un monastère, qui a soin des censes ou métairies qui en dépendent. Gl. *Censerius*, 1.

*CERIN, Acéré ou d'acier. L.

CENSIF, Le territoire qui est sujet au cens. Gl. *Censaria*. 2.

*CERITE, Fou, furieux. L.

CENSIFVE, Censivierre, Terre chargée de cens. Gl. *Censiva terra* sous *Census*.

CENSIR, Donner à cens. Gl. *Censire* sous *Census*.

CER

CENSIVE, p. e. Servante. *Censiva*.

CENSSEL, Cens, redevance à titre de cens. *Censalis* sous *Census*.

CENT, Certaine mesure de terre. — Sorte de jeu. Gl. *Centum*, 2.

CENTEE, Sorte de mesure. Gl. *Centum*, 2.

CENTINE, Espèce de petit bateau ou nacelle sur la Loire. *Centina*.

CEP, Soc de la charrue. Gl. *Cippus*, 1. [Chaîne de prisonnier. L.]

CEPAGE, Droit ou office de geôlier, geôlage. Gl. *Cippus*, 1.

CEPIEL, Cep, entrave. *Cippus*, 1.

CEPIER, Ceppier, Ceper, Geôlier. Gl. *Cippus*, 1.

CERANCIER, pour *Serancier* ou *Serancer*, passer le lin ou le chanvre par les serans. *Pessale*.

*CERACERON, Grillon. L.

*CERBER, Couper. L.

CERCEAU, Enseigne de vin à vendre en détail. *Circulagium*.

*CERCEL, Cercle. L.

CERCELÉ, Frisé ou crêpé. Gl. *Cercenatus*.

CERCELLE, Espèce d'insecte volant, papillon. Gl. *Cercella*.

CERCHE, Tournée, ronde. Gl. *Cercha*. — Cercle, cerceau. Gl. *Cerchium*.

CERCHIER, Dignité dans l'église de Metz. Gl. *Circator*. — Parcourir, aller de tous côtés. Gl. *Cercha*.

CERCLE d'or, Couronne des impératrices d'Occident. Gl. *Circulus aureus, 1.*

CERCLE de nuit, p. e. pour *Cerche,* Celui qui est chargé de faire le guet ou la ronde pendant la nuit. Gl. *Cercha.*

CERCLOUERE, p. e. Sarcloir. Gl. *Cerclarius.*

CERCUS, Sorte de vêtement, *surcot.* Gl. *Surcotium.*

CERE, Nom d'un vent. Gl. *Circius.* [Cire. L.]

SERESS, Ceretz, Soie. *Mataxa.*

CERJAT, Sorte d'outil. Gl. *Cernea.*

CERIE, p. e. Paquet, Ballot d'un poids déterminé. Gl. *Cerrus.*

CERILIGION, Porc-épic, espèce de hérisson. Gl. *Chirogryllus.*

CERIS, Faucille dentelée. *Serra,*4.

CERKEMANAGE, Cerkemanerie, Cerquemanage, Cerquemanement, Enquête juridique pour parvenir à faire un bornage ; du verbe *Cerquemaner,* Mettre des bornes ; d'où *Cerquemaneur,* Celui qui avait droit de poser et fixer des bornes, dont était question. Gl. *Cerchemanare,* et *Circamanaria.*

CERMEAU, Sorte de serpe. Gl. *Cerminiculum.*

CERNE, Cercle, rond, enceinte. Gl. *Cernea.*

CERNELIERE, Cercle. Gl. *Cernea.*

CERNOER, Cernoire, Cernouer, Instrument à cerner les noix. Gl. *Cernea.* — —

CERQUEMANAGE, etc. Voyez ci-dessus *Cerkemanage.*

CERRE, Pois chiche. Gl. *Pisum.*

CERREFEU, Couvrefeu, signal pour se retirer chez soi. Gl. *Ignitegium.*

CERS, Nom d'un vent. *Circius.*

CERTAINERIE, p. e. Le nom d'un quartier de la ville de Chinon ; ou, s'il fallait lire *Cettainerie,* Un droit levé sur les marchandises de soie. Gl *Certificatio* sous *Certificare.*

CERTAINETÉ, Certanité, Certitude, vérité assurée. Gl. *Certificatio* sous *Certificare.*

CERTES, A certes, Sérieusement, de propos délibéré. Gl. *Certive.*

CERVE, Biche. Gl. *Cervia.*

CERVELIERE, Sorte d'armure de tête. Gl. *Cervellerium.*

*CERVIS, La tête. L.

CERVOISE, Boisson différente de la bière, et dont on faisait plus de cas. — Brasserie, ou lieu où l'on vend de la *cervoise.* Gl. *Cerevisia.*

CERVOISIER, Brasseur de *cervoise,* ou celui qui la débite. Gl. *Cerevisia.*

CÉS, Aveugle, du latin *Cœcus.* Gl. *Epistolœ farcitœ* sous *Farsia.* — Interdit, censure ecclésiastique, qui suspend pour un temps l'office divin et l'administration des sacrements dans un lieu. Gl. *Cessatio.*

CESME, Suite, cortége. Gl. *Coesse.*

CHA

CESSER, Prononcer le *Cés*, l'interdit. Gl. *Cessatio.* — Céder, laisser, donner. Gl. *Cessus*, 2. — Mesure de grain, setier. Gl. *Quarteria*, 2.

*CESTI, Celui, celui-ci. L.

CETIF, Captif, prisonnier. Gl. *Captivare*, 2.

CEU, Suif. Gl. *Ceuxum.*

CEVECHEL, Chevet, oreiller. Gl. *Capitacium.*

CEVELET, Ornement d'habit de femme, p. e. Collet. *Ceverium.*

CEVELIER, Officier monastique, le même que le cellérier. Gl. *Cellarius.*

CEURE, Coutume, loi municipale; d'où *Ceurier*, Juge, échevin. Gl. *Cora.*

*CEUS, Aveugle. L.

CEX, CEZ, Censure ecclésiastique, interdit, qui suspend pour un temps l'office divin et l'administration des sacrements dans un lieu. Gl. *Cessatio.*

CEZE, Pois chiche. Gl. *Ceza.*

CHAABLE, Perrière, machine de guerre pour jeter de grosses pierres. — Arbre ou branche abattue et rompue par le vent ou autrement. — Meurtrissure, contusion. Gl. *Cabulus.* — Câble. Gl. *Chaablis.*

CHAALONS, Monnaie des évêques de Châlons-sur-Marne. Gl. *Moneta Baronum.*

CHAATON, Morceau de cristal ou de verre, dont on se servait au lieu de pierre précieuse. Gl. *Chasto*, 2.

CHA

CHABENE, Cabane, loge. Gl. *Chabena.*

CHABLE, Meurtrissure, contusion. Gl. *Cabulus.*

CHABLEUR, Celui qui doit fournir les câbles nécessaires pour tirer un bateau, ou celui qui est chargé de le conduire ou passer. Gl. *Chaablum.*

CHABRIOT, Chevron. Gl. *Cabrio.*

*CHABROUILLER, Charbonner. L

CHABUTZ, Collet, partie de l'habillement qui joint le cou. Gl. *Cabes.*

CHAÇAIGE, Impôt qu'on est en droit d'exiger. Gl. *Cachia*, 3.

CHACE, L'action de poursuivre vivement. Gl. *Chacia.*

CHACELEU, Louvetier, celui qui est chargé de chasser les loups. Gl. *Luparius.*

*CHACELLE, Fauteuil. L.

CHACEOR, CHACEOUR, Cheval pour la chasse. Gl. *Caçor* sous *Caciare.*

CHACEPOL, Sergent, celui qui lève les impôts. Gl. *Cacepollus.*

CHACERIE, Chasse, droit de chasser. Gl. *Cacheria.*

CHACHAGE, Impôt qu'on est en droit d'exiger. Gl. *Cachia*, 3.

CHACHE, Cognée, hache. Gl. *Chacia calida.*

CHADELER, Conduire, mener. Gl. *Capdelare.*

CHADELERRES, Chef, capitaine. Gl. *Capdelare.*

CHA

***CHAELER**, Faire ses petits. L.

CHAFAUT, Échafaud. Gl. *Chaufarium.*

CHAFFAUT, p. e. Appentis. Gl. *Chaaffalum.*

***CHAFFOURER**, Griffonner. L.

CHAFRESNER, Reprendre avec force, faire une vive réprimande. Gl. *Frœnarii.*

CHAGRINEUX, Fâcheux, chagrin, de mauvaise humeur. Gl. *Melencolia.*

CHAIEL, Chaielle, petit chien, petite chienne. Gl. *Canis Alanus.*

***CHAIERE**, Prison, captivité. L.

CHAIGNON, Chignon, le derrière du cou. Gl. *Cervix.*

***CHAILLOU**, Caillou. L.

CHAIMBE, Jambe. *Cambagno.*

CHAINGLE, Enceinte, parc fermé de mur ou de haie. Gl. *Cinctada.*

CHAINSE, Chainsil, Sorte de vêtement. Gl. *Camisa.*

CHAINT, Ceinture. *Cinctum*, 2.

CHAINTRE, Terre entourée d'une haie. Gl. *Cinctada.*

***CHAINTUAIRE**, Relique. L.

CHAINTURE, Ceinture. Gl. *Cingulum*, 1.

CHAISEL, Sorte de vêtement. Gl. *Campsilis* sous *Camisa.*

CHAISNE, Voyez *Caisne.*

CHAISTERON, Chétron, petite layette en forme de tiroir,

qu'on fait au haut d'un des côtés d'un coffre. *Chartothesium.*

CHAITIVETÉ, Chetivoison, Captivité, bassesse, faiblesse, chose de peu de valeur. *Captivare*, 2.

CHAIZ, Petite maison, cabane, loge. Gl. *Caya.*

CHALAMER, Réclamer, former une demande en justice. Gl. *Calumniare* sous *Calumnia*, 1.

CHALAN, Bateau où l'on nourrit le poisson, boutique. Gl. *Chelandium.*

CHALANDAS, Qui est disputé, ce qu'on s'efforce d'obtenir. Gl. *Calumnia*, 1.

CHALANDRE, Chaland, espèce de bateau. Gl. *Chelandium.*

CHALANT, Ami déclaré d'une femme, son amant. *Chelandium.*

CHALBINDER, Terme obscène. Gl. *Calbares.*

CHALDEL, Certaine partie d'un navire. Gl. *Chalcidium.*

CHALEIL, Lampe, vaisseau propre à faire brûler de l'huile ou de la graisse pour éclairer. Gl. *Crassa*, 2.

CHALEMASTIT, Terme de mépris qui paraît désigner un emploi fort bas. Gl. *Calamites.*

CHALEMELER, Jouer de la flûte; d'où *Chalemelloin*, Joueur de flûte. Gl. *Calamella*, 1.

CHALEMINE, Calamine. Gl. *Calammaris.*

CHALENDELER, Jouer du chalumeau, de la flûte. Gl. *Calamizare*, 2. [Glaner. L.]

CHA

CHALENÉE, La charge d'un chaland. Gl. *Chelandium.*

CHALENER, Conduire un chaland. Gl. *Chelandium.*

CHALENGE, Demande en justice. Gl. *Calumnia,* 1. [Délateur L.]

CHALENGER, CHALENGIER, Réclamer, demander quelque chose comme son propre. Gl. *Calumnia,* 1.

CHALEREUSEMENT, Par un prompt mouvement de colère. Gl. *Calidameya.*

CHALEUREUX, Vif, prompt, sentant la colère. Gl. *Calidameya.*

*CHALINE, Temps orageux. L.

CHALIVALI, CHALIVARI, Charivari, tumulte, émeute. Gl. *Catervanarium, Chalvaricum.*

CHALLE, Moule à faire pâtisserie, ou gaufres. Gl. *Rosola.*

CHALLEMELLE, CHALLEMIE, Chalumeau, flûte. Gl. *Calamella,* 1.

CHALLENGE, Demande en justice. Gl. *Callengia.*

*CHALOIR, Se soucier, souper. L.

CHALON, Chaland, sorte de bateau. Gl. *Chelandium.*

CHALONGE, Espèce de monnaie. Gl. *Chalongia.*

CHALOUREUSEMENT, Par un prompt mouvement de colère, avec vivacité. Gl. *Calidameya.*

CHALUC, Espèce de poisson de mer. Gl. *Labeo.*

CHAMBALON, Courge, bâton dont on se sert pour porter de l'eau. Gl. *Cambagno.*

CHAMBARERIE, Office, dignité de *Chambarier* ou Chambrier. Gl. *Cambrerius,* 2.

CHAMBELLAGE, CHAMBELLENAGE, Ce qui est dû à la *Chambre* du seigneur féodal à chaque mutation. Gl. *Chamberlagium.*

CHAMBERECHE, Cens ou rente que la *Chambre* du seigneur lève sur les terres de ses vasseaux. Gl. *Cambellanus.*

CHAMBERIE, Office, dignité de chambrier. Gl. *Camerarius.*

CHAMBERLAGE, Ce qui est dû à la *Chambre* du seigneur féodal à chaque mutation. Gloss. *Chamberlagium.*

CHAMBERLAIN, CHAMBERLENC, Chambellan. Gl. *Abatis, Cambellanus,* et *Camerarius.*

CHAMBERT, La partie du derrière du cou. Gl. *Cervix.*

CHAMBION, Pied ou jambon. Gl. *Cambagno.*

CHAMBRE, Fisc, domaine. — Ce qui est accordé à la femme, comme meubles, après la mort du mari. CHAMBRE BASSE, COURTOISE, COYE, Privé, latrines. Gl. sous *Camera.*

CHAMBRELAGE, Ce qui est dû à la *Chambre* du seigneur féodal à chaque mutation. Gloss. *Cambellanus.*

CHAMBRELENS, Chambellan. Gl. *Ostiarius.*

*CHAMBRILLON, Petite servante. L.

CHAMBRILLOUR, Compagnon, qui est de la même chambrée. Gl. *Chambrelania.*

CHA

CHAMELLAN, Chambellan. Gl. *Cambellannus.*

CHAMELLER, Jouer du chalumeau, de la flûte. *Calamella,*1.

CHAMENTE, Sorte de vêtement; si cependant on ne doit pas lire *Chevance.* Gl. *Camigia.*

*CHAMER (SE), Se plaindre. L.

CHAMERANDE, Enduit. Glos. *Cameratus.*

CHAMERLAIN, Chambellan. Gl. *Cambellanus.*

CHAMION, Camion, haquet. Gl. *Campolus,* 2.

*CHAMOISIÉ, Voyez *Camoisié.*

CHAMON, p. e. Terre en friche, qui n'est pas cultivée. *Champ.*

*CHAMNER, Chamailler. L.

CHAMP, Camp. Gl. *Campus,* 2. — Duel qui se fait en champ clos. Gl. *Campus,* 3.

CHAMPAGNE, Champ, fonds d'une étoffe, etc. *Campania,* 3.

CHAMPAIER, pour **CHAMPOIER**. Gl. *Champeare.*

CHAMPAIGE, Champ à mettre paître les bestiaux, pâturage. Gl. *Champagium.*

CHAMPAIGNE, Campanne, plaine Gl. *Campania,* 1.

*CHAMPAR, Droit de partage. L.

CHAMPARER, Lever le droit de champart. Gl. *Champardum.*

CHAMPELET, Petit champ. Gl. *Campellus.*

CHAMPESTRE, Qui est de la campagne, paysan. *Campestris.*

CHAMP-ESTROIT, Sorte de jeu. Gl. *Campus arctus.*

CHAMPIL, CHAMPIS, Bâtard, soit incestueux, soit adultérin. Gl. *Campenses.*

CHAMPINEUL, Champignon. Gl. *Pungus.*

CHAMPISSE, Fille ou femme débauchée. Gl. *Campenses.*

*CHAMPISTEAU, irascible. L.

CHAMPOIER, faire paître ses bestiaux dans les champs. — Garnir, orner le champ ou fonds de quelque chose. — Se battre avec quelqu'un. Gl. *Champeare.*

CHANAL, bois, forêt. Gl. *Canale.*

CHANCELLE, Chambre de la femme, meubles et habits. Gl. *Camera,* 8.

CHANCER, Jouer à la chance aux dés. Gl. *Grangium.*

CHANCERE, Dot assignée sur un fonds de terre. Gl. *Vercheria.*

*CHANCHER, Cacher, L.

CHANDELLE, Espace de temps dans la nuit. Gl. *Candela,* 4.

CHANDELIER SAINT DENIS, Espèce de serf. Gl. *Candela,* 3.

CHANDELIERE, Branche de la ferme du grand poids à Rouen. Gl. *Candelaria,* 3.

CHANDELLE, Espace de temps dans la nuit. Gl. *Candela,* 4.

CHANE, CHANEL, Canal, lit d'une rivière. Gl. *Chanecia.*

CHA

CHANEL, Sorte de mesure. Gl. *Chanecia.*

CHANESIE, Canonicat, prébende d'un chanoine, p. e. pour *Chanoisie.* Gl. *Canonia.*

CHANETIER, Espèce de vase. Gl. *Canneta,* 1.

CHANETTE , Burette à l'usage d'église. Gl. *Canneta,* 1.

CHANEVACERIE, Négoce, commerce de toiles de chanvre. Gl. *Canava,* 2.

CHANEVACIER , CHANEVASSIER, Marchand ou fabricant de toiles de chanvre. Gl. *Canabascrius.*

CHANGE, Chemise ; p. e. pour *Chainse.* Gl. *Camisa.*

CHANGOINT, Sorte de mesure pour le sel. Gl. *Canu,* 3.

CHANGON, Cérémonie qui précédait le jour du mariage, assemblée des parents et amis des futurs époux, entrevue. — Terme injurieux. Gl. *Changia.*

*CHANIR, Blanchir. L.

CHANLANT, pour CHALANT, Gl. *Chelandium.*

CHANNÉE , Espèce de mesure, autant que contient le vase appelé *Canne.* Gl. *Cana,* 3.

CHANNETEIL, Chanson bruyante ? Gl. *Sidelia.*

CHANOINIE, Chapitre de chanoines. *Canonica* sous *Canonicus.*

CHANOLE, CHANOLLE , Trachéeartère, le canal de la respiration. Gl. *Cannolla.*

CHANOYER, Sorte de danse. Gl. *Crochetus.*

CHA

*CHANPER, Attaquer, charger. L.

CHANTE, pour Jante. Gl. *Canta.*

CHANTEAU, Morceau, partie de quelque chose. Gl. *Chantellus.*

CHANTEL, Le dos de la main, sa partie extérieure. *Chantellus.*

CHANTELAGE, Droit sur le vin vendu en détail. *Chantelagium.*

*CHANTELET, Petite chanson. L.

CHANTEMENT, Enchantement ; du verbe *Chanter,* pour Enchanter, jeter un sort, ensorceler. Gl. *Cantatores.*

CHANTER , Célébrer la messe, même à voix basse. *Cantare,* 6.

CHANTEREL, Livre d'église ; p. e. Celui qu'on appelle *Graduel.* Gl. *Canterellus.*

CHANTERIE, Office solennel des morts. Gl. *Cantare,* 3.

CHANTERRE , Chanteur. Glos. *Canterma.*

CHANTIÉE, Droit sur le vin vendu en détail. Gl. *Chantelagium.*

CHANTIER, Place vague, cour. Gl. *Chanterium.*

CHANTILLE, Morceau, partie de quelque chose. Gl. *Chantellus.*

*CHANTILLONNER , Chantonner. L.

CHANTRERIE , Office solennel des morts. Gl. *Cantare,* 3.

CHANU, Qui a les cheveux blancs de vieillesse. Gl. *Canutus.*

*CHAON, Viande grillée. L.

*CHAOR, Tomber, échoir. L.

CHA

CHAOUNEZ, p. e. Sorcier. Glos. *Caoetus.*

CHAOURSE, Chaorse, p. e. Caours, ville de Piémont. *Caorcini.*

CHAOURSIER, Usurier. *Caorcini.*

CHAPE, Voûte, lieu voûté. Glos. *Capa,* 5.

*CHAPE CHAETE, Hasard. L.

CHAPEL, Hangar. Gl. *Capellus,* 5. [Lieux obscur. L.]

CHAPELERIE, Chapellerie, Chapelle, bénéfice simple. Gl. *Capellania,* 1. — Par manière de chapelet, par ordre, à son tour. Gl. *Capelletum.*

*CHAPELET, Petit chapeau, chaperon, couronne, guirlande L.

CHAPELLE, Couvercle d'un alambic chez les chimistes. *Capella,* 11

CHAPEREZ, p. e. Équarri. Glos. *Chapero.*

*CHAPERON, Habillement de tête. L.

CHAPERONNÉE, Autant que peut contenir un chaperon. Glos. *Capayrona.*

*CHAPERONNETTE, Bourgeoise. L.

CHAPERONNEUSE d'Anjou, Chaperon propre aux Angevines. Gl. *Capayrona.*

*CHAPETE, Manteau. L.

*CHAPIGNER, Frapper. L.

*CHAPION, Champion. L.

*CHAPITOIRE, Chapitre. L.

CHAPLE, Blessure faite avec une

CHA

arme qui taille. Gl. *Capulatura* sous *Capulare.* Chapleis, Chaplement, Combat à l'épée. Gl. *Capulatura* sous *Capulare.*

CHAPLECHO, Instrument de musique dans le Lyonnais. Glos. *Capriola.*

*CHAPLEISON, Carnage. L.

*CHAPLEMENT, Combat. L.

CHAPLER, Chaploier, Combattre, frapper avec l'épée. Gl. *Capillare* sous *Capulare.*

*CHAPOTER, Hacher. L.

CHAPOTOIS, Sorte de monnaie. Gl. *Chapotensis moneta.*

CHAPOULER, Couper, tailler. Gl. *Capulare.*

CHAPPE de plonc, Sorte de supplice. Gl. sous *Capa,* 1.

CHAPPELET. Petit chapeau. Gl. *Capelletum.*

CHAPPELINE, Armure de tête, espèce de casque. *Capellina,* 3.

CHAPELLIER de fleurs, Celui qui faisait les chapeaux de fleurs. Gl. *Capellus rosarum.*

CHAPELLUS, Clou à grosse tête. Gl. *Capus,* 4.

CHAPPERONS rouges, Les chanoines de la congrégation de Saint-Maurice en Vélay. *Caparo.*

CHAPPIN, Espèce de petit couteau. Gl. *Cultellus.*

CHAPPITRER, Tenir chapitre, être assemblés en chapitre. Gl. *Capitulare,* 5, sous *Capitulum,* 4.

CHAPPLE, Chapplis, Plaie, bles-

CHA

sure faite avec une arme qui taille. Gl. *Capulare.*

CHAPPUIZ, Billot à l'usage des tonneliers, appelé Tronchet ou Trouchet. Gl. *Chapuisare.*

CHAPPUSER, Tailler du bois de charpente pour le mettre en état d'être assemblé. *Chapuisare*

CHAPT, Terme injurieux. Glos. sous *Cavestrum.*

CHAPTEL, Biens mobiliers de quelque nature qu'ils soient. Gl. *Cattallum.*

CHAPUCIER, Couper, tailler. Gl. *Capulare.*

CHAPUIS, Chapuiseur, Charpentier, ouvrier en bois. *Chapuisare.*

CHAPUISER, Tailler du bois de charpente pour le mettre en état d'être assemblé. Gl. *Chapuisare.* Voyez ci-dessus *Chapler*

CHAR, Race, famille. Gl. *Caro,* 6. [Chair, visage. L.]

CHARAIE, Espèce de sortilége, billet écrit en caractères magiques. Gl. *Caraula.*

CHARAUDERESSE, Sorcière, celle qui emploie des *caraudes.* Gl. *Caraula.*

CHARBONAGE, Droit ou redevance pour le charbon dont on use. Gl. *Carbonagium,* sous *Carbo,* 3.

*CHARBOT, Escarbot. L.

*CHARBOUCLE, Escarboucle. L.

CHARCHANT, Carcan. Gl. *Carcannum.*

CHARCHE, Charge, ce qui cause

de la peine. Gl. *Charchia.* — p. e. Ce qu'on paye pour le guet ou la garde de quelque chose. Gl. *Cercha.*

*CHARCHERE, Prison. L.

*CHARCLOIE, Char couvert. L.

*CHARCUTIS, Carnage. L.

CHARDONAL, Cardinal. Glos. *Cardinalis.*

*CHARDONNERETTE, Artichaut sauvage. L.

CHARAI, Espèce de sortilége, billet écrit en caractères magiques. Gl. *Caraula.*

*CHARÉE, Charretée. L.

CHAREIL, Lampe, vaisseau propre à faire brûler de l'huile ou de la graisse pour éclairer. Gl. *Crucibulum.*

*CHAREIN, Haie, clôture. L.

*CHARENTON, Charençon, L.

*CHARESSER, Caresser. L.

*CHARETÉ, Marque. L.

CHARETÉE, Espèce de tonneau, et ce qu'il contient. *Charetillus.*

CHARETON, Charretier. Gl. *Carraterius,* 1.

CHARGAGE, Chargaige, droit dû pour charger sur un chariot des tonneaux de vin, et les transporter ailleurs. Gl. *Chargiagium.*

CHARGANT, Arbre chargant, p. e. Arbre portant fruit. *Arbor.*

CHARGEE, Charge, une certaine quantité. Gl. *Chargia,* 2.

CHA

CHARGEOIR, Machine à porter le fumier. Gl. *Chargatorium*.

CHARGEOUR, Espèce de grand plat. Gl. *Chargeour*.

CHARGNE, p. e. Celui qui reçoit pour le seigneur le droit appelé *Charnage*. Gl. *Carnaticum*. [Boucher. L.]

*CHARIÈRE, Route pour voiture. L.

CHARINER, Se moquer, railler, tourner en ridicule. Gl. *Carina*.

CHARIOTÉE , CHARIOTTÉE, Espèce de tonneau, et ce qu'il contient. Gl. *Charetillus*.

*CHARIR, Charrier. L.

*CHARITATIF, Charitable. L.

CHARITÉ, Réfection, repas, festin. Gl. *Caritas*, 3. — Le vin du marché, ce qu'on donne au-delà du prix convenu. Gl. *Caritas*, 1. — La fête d'un lieu, foire, parce qu'on y boit et mange. Gl. *Caritas*, 13. — On appelait *Charitez* les biens donnés à une église ou à un monastère, à charge de prières, aumônes et repas extraordinaires le jour de l'anniversaire de la mort de quelqu'un. Gl. *Caritas*, 2 et 3.

CHARLERIE, Le métier d'un *Charlier*, ou ouvrier de charrue. Gl. *Carlarius*.

CHARME , Sorte de redevance. Gl. *Charmea*.

CHARMEGNERESSE , Sorcière, femme qui fait des charmes. Gl. *Carminare*, sous *Carmen*, 1.

CHARMER UNE PLAIE, User de charmes pour la guérir. Glos. *Carminare*, sous *Carmen*, 1.

*CHARMOYER, Enchanter. L.

CHARNAGE, CHARNAIGE, Droit seigneurial sur les troupeaux qui passent ou paissent sur les terres d'un seigneur. Gl. *Charnagium* sous *Carnaticum*.

CHARNALITÉ, Passion déréglée, débauche. Gl. *Carnalitas*.

CHARNEL, Parent, qui est de la même race ou famille. Glos. *Carnalis*, 1.

CHARNEUMENT, Charnellement. Gl, *Carnaliter*.

*CHARNIE, Chemise. L.

*CHARNIE, Echalas. L.

CHARNIER, Saloir, vaisseau où l'on conserve les viandes salées. Gl. *Charnerium*.

CHAROIZ, Espèce de sortilége, billet écrit en caractères magiques. Gl. *Caraula*.

CHAROLLE, Danse. *Charolare*.

CHARONIER, Charron, ou celui qui conduit la charrue. Glos. *Charronnerius*.

*CHAROPIER, Carnassier. L.

CHARPE, Charme, arbre. Glos. *Charmen* . — Instrument de fer pour couper et tailler. Gl. *Charpa*.

*CHARPES, Harpe. L.

CHARPINER, Carder. *Cardare*.

CHARRAL, Espèce de tonneau. Gl. *Carrale* , sous *Carreda*. [Charreté. L.]

CHARRAN, Chemin par où peut passer un char. Gl. *Carreria*,1.

CHA

CHARRASSON, en Limousin et ailleurs, Échalas mis debout et en travers pour soutenir les ceps de vigne, espèce de treillage. Gl. *Carratium.*

CHARRÉE, Charretée. Gl. *Charrea.* [Cendres après la lessive.L]

*CHARREOUR, Charretier. L.

CHARRET, Rouet. Gl. *Charétum.*

CHARRETÉE, Espèce de tonneau. Gl. *Charetillus.*

CHARRETIN, CHARRETY, Le corps de la charrette posé sur l'essieu. Gl. *Charretium.*

CHARRETON, Charretier. Glos. *Carraterius.*

CHARREY, Charroi, sorte de corvée qu'on doit faire par charroi. Gl. *Charrerium.*

CHARRIÈRE, Bac, bateau propre à passer des charrettes. Gl. *Charreria,* 1, 2. — Chemin par où peut passer un char, rue. Gl. *Carreria,* 1.

CHARRIERESSE, Sorcière, femme qui emploie des *Charaies.* Gl. *Caraula.*

*CHARRIN, Berceau. L.

CHARROIABLE, Celui qui doit à son seigneur la corvée des charrois. Gl. sous *Carropera.*

CHARROIE, Espèce de sortilége, billet écrit en caractères magiques. Gl. *Caraula.*

CHARROTE, Charrette à deux roues. Gl. *Charriotum.*

CHARROUSSÉE, Charretée. Gl. *Charrea.*

CHA

CHARROY, Espèce de sortilége, billet écrit en caractères magiques. Gl. *Caraula.*

CHARRUAIGE, Autant de terre qu'une charrue peut en labourer dans un an. *Carruata terræ.*

CHARRURIE, Tout ce qui concerne char ou charrue. Gl. *Charretarius.*

CHARRY, Lieu couvert, où l'on serre les charrettes, charrues, et autres choses servant au labour, chartil. Gl. *Carrucia,* 1.

CHARTELAIGE, Ce qu'on paye pour l'enregistrement des marchandises. Gl. *Cartularium,* 2.

*CHARTENIER, Gardien des chartes, geôlier. L.

CHARTERIER, Geôlier, celui qui a la garde des *chartres* ou prisons. Gl. *Carcerarius.*

*CHARTI, Prisonnier. L.

CHARTIE, Charte, acte public et authentique. Gl. *Charta,* 1.

CHARTIN, Le corps de la charrette posé sur l'essieu. Glos. *Charretium.* — Espèce de monnaie. Gl. sous *Moneta.*

CHARTON, Charretier. *Calceia.*

*CHARTRE, Prison. L.

CHARTRENIER, Geôlier. Glos. *Carcerarius.*

CHARTRER, Accorder une *Chartre,* un privilége. Gl. *Chartis-donatio.*

CHARTRIER, Prisonnier, celui qui est en *chartre.* Gl. *Carcer,* 2. — Geôlier. Gl. *Carcerarius.*

CHARTRIME, p. e. Celui qui

CHA

tient registre de quelque chose. Gl. *Cartularium*, 2.

CHARTRON, Chétron, petite layette en forme de tiroir qu'on fait au haut d'un des cotés d'un coffre. Gl. *Chartothesium*.

CHARUAGE, Terres labourables. Gl. *Carrucagium*, 2.

CHAS, Cuisine, lieu où l'on cuit et prépare les viandes. Glos. *Chassum*. [Pertuis, trou. L.]

CHASAL, Masure, maison qui tombe en ruine. Gl. *Casalenum*. — Ferme, métairie. Gl. *Casale* et *Chasellum*.

CHASBIQUEL, Chefecier, dignité ecclésiastique. Gl. *Capiceriatus*.

CHASCEOR, Cheval propre pour la chasse. Gl. *Chaçaator*.

CHASÉ, Celui qui tient un fief, une maison, etc., en *Chasement*. Gl. *Casati*.

CHASEMENT, Terre, château tenu en fief sous certaines conditions. Gl. *Casamentum*, 1, et *Casati*.

CHASGNON, Certaine partie d'une charrue, l'échelle. Gl. *Casnus*.

CHASIER, Sorte de panier pour faire égoutter le fromage. Glos. *Casearius*.

CHASNAISSES, Menues branches de chêne ou d'autre arbre, fagots. Gl. *Casnus*.

CHASSAIN, Espèce de bois, p. e. Chêne. Gl. *Casnus*.

CHASSE, Poursuite en justice ; ou amende. Gl. *Cachia*, 3. — p. e. pour CHAUSSE, Instrument pour pêcher. Gl. *Chassa*.

CHA

CHASSEMENT, Terre, château tenu en fief sous certaines conditions. Gl. *Cassamentum*.

CHASSER, Pêcher. *Chassiare*.

CHASSETE, Chaton, ce qui enchâsse. Gl. *Chassicia*.

CHASSE-VILAIN, Oiseau, vaisseau qui sert à porter le mortier dans les ateliers. *Chacea*, 2.

CHASSEURE, Chassoire, fouet. Gl. *Chacea*, 2.

CHASSIER, Celui qui tient en fief, à titre de *Chasement*. Gl. *Chazati*.

*CHASSIN, Assassin. L.

CHASSIPOLE, Sergent, celui qui lève les impôts. Gl. *Cacepollus*.

*CHASSIPOT, Concierge. L.

CHASSOUÈRE, Chassoire, fouet. Gl. *Chacea*, 2.

*CHASTAIGNE, Châtain. L.

CHASTÉE, Chasteté. Cl. *Castimonium*.

*CHASTEILLON, Petit château. L.

CHASTEL, Biens mobiliers, de quelque nature qu'ils soient. — Gain, profit. Gl. *Catallum*.

*CHASTELAIN, Brave. L.

CHASTELAINE, Dame de château. Gl. *Castellum*, 1.

*CHASTELET, Château. L.

CHASTELLAIN, Commandant dans un château. *Castellanus*, 2.

CHASTELLERIE, Châtellenie, fief, office de châtelain. Gl. *Castellaria*, sous *Castellum*, 1.

CHA

*CHASTIABLE, Punissable. L.

CHASTIER, Remontrer, reprendre, donner des avis, faire des reproches. — CHASTOIER, se corriger changer de vie. Glos. *Castigatus.*

CHASTON, Morceau de cristal ou de verre, dont on se servait au lieu de pierre précieuse. Glos. *Chasto,* 2.

CHASTOY, CHASTROY, Correction, châtiment. Gl. *Castigatus.*

CHASTRE, Manteau de cheminée. Gl. *Chasto,* 2.

CHASTRÉ, TRUIE CHASTRÉE, Bouclée, qui ne saurait engendrer. Gl. *Casto,* 2.

CHASTRI, CHASTRON, Mouton. Gl. *Casto,* 2.

CHAT, Certain gros vaisseau, navire. Gl. *Gatus,* 1. — Machine de guerre pour mettre à couvert ceux qui ...quent. Glos. *Catus,* 2.

CHATAIGNE, CHATAINE, CHATAINGNE, Capitaine, celui qui est chargé en chef de quelque chose. Gl. *Cataneus* sous *Capitaneus.*

CHATE, CHATEL, TENIR A CHATE ou CHATEL, Tenir à condition de partager le profit avec le bailleur, sauf le capital. Glos. *Catallum.*

CHATEL, Homme de corps, qui doit le cens capital. Gl. *Capitales homines.*— CHATEZ, Biens mobiliers de quelque nature qu'ils soient. Gl. *Catallum.*

*CHATELLER, Gouverner. L.

*CHATIEN, Soutien. L.

CHATILLON, Lamproie, à Toulouse. Gl. *Lampetra.*

*CHATONNÉ, Espièglerie. L.

CHATTE, pour CHASSE, Instrument pour pêcher. Gl. *Chassa.*

CHATTEL, Biens mobiliers, de quelque nature qu'ils soient. Gl. *Catallum.*

*CHAUBOUILLER, Brûler. L.

CHAUCEAU, Sorte d'habillement ou de chaussure. *Chaucelletus.*

CHAUCEMENTE, Chaussure. Gl. *Calceus.*

*CHAUCER, Fouler, presser. L.

CHAUCERIE, Le métier de *Chaucier,* celui qui fait des chausses. Gl. *Chauceterius.*

CHAUCHA, Sorte de vase, en Rouergue. Gl. *Casiatum.*

CHAUCHIERE, p. e. Four à chaux. Gl. *Chalcheria.*

CHAUCIER, Marchand ou faiseur de chausses. Gl. *Chauceterius.*

CHAUDEIRE, Chaudière *Caldaria*

CHAUDEL, CHAUDELET, Chaudeau, sorte de bouillon, bouillie. Gl. *Calenum.*

*CHAUDEMELLE, Emportement. L.

CHAUDERÉE, Chaudière. Glos. *Chauderea.*

*CHAUDIER, Animer, échauffer. L

CHAUDIERE, VALET DE CHAUDIERE, Office de cuisine. Glos. *Chauderea.*

CHA

CHA

CHAUDRELAS , Airain, cuivre ;
d'où *Chaudrelier* , Celui qui
travaille ces matières,chaudron-
nier. *Caudera* et *Cauderarius.*

CHAUDUNS, Extrémités des animaux, issues, tripes, Gl. sous
Cauda, 8.

CHAUFECIRE , Officier de la
chancellerie et de la fruiterie
chez le roi. Gl.*Calefactor ceræ.*

CHAUFEÇON, Espèce de cheminée. Gl. *Chaufeçon.*

CHAUFFAUDER, Échafauder. Gl.
Chaufarium.

CHAUFFAULT, Espèce de tour de
bois, machine de guerre propre
à l'attaque et à la défense. Glos.
Chaufaudus.

CHAUFFAUT , Échafaud. Glos.
Chaufarium.

CHAUFFOUR, Certain droit de
passage, péage.*Calidus-furnus.*

CHAUFFRITE, Chaufferette. Gl.
Chaufeta.

CHAUFOUR, Espèce de cheminée.
Gl. *Calfatorium.*

CHAULE, Bille, boule. *Choulla.*

*CHAUMENI, Moisi. L.

CHAUMETTE, Espèce de faucille
propre à couper le chaume. Gl.
Calma, 2.

*CHAUS, Chauve. L.

CHAUSA,Sorte de vase, en Rouergue. Gl. *Casiatum.*

CHAUSIER, Marchand ou faiseur
de chausses. Gl. *Chauceterius.*

CHAUSOIR, Chausson, espèce de
chaussure. Gl. *Pedana*, 1.

CHAUSSÉE, Droit pour l'entretien
des chaussées par où l'on passe.
Gl. *Calcagium* sous *Calceu*, et
Calceia.

CHAUSSEOR, Celui à qui l'on
paye le droit de *Chaussée.* Gl.
Calcagium sous *Calcea.*

CHAUSSES, Présent, honoraire,
salaire. Gl. *Calceradigum.* —
Sorte de filet pour la chasse et
la pêche. Gl. *Caligæ alatæ*
sous *Caliga.*

CHAUSSETIER, Marchand ou faiseur de chausses. *Chauceterius.*

CHAUSSIE , Droit pour l'entretien des chaussées par où l'on
passe. Gl. *Calceia.*

CHAVAIGE, Cens dû au seigneur
tous les ans par chaque tête de
ses hommes de corps. Gl. *Che-
vagium* sous *Capitale*, 5.

CHAVAIGNE , Sorte de corvée
due au seigneur par chacun de
ses vassaux, et le rachat en argent de cette servitude. Gl. *Capitagium*, 1.

CHAVALER, Tomber à la renverse , comme un cheval les
quatre fers en l'air. Gl. *Cavalcare* sous *Caballus.*

CHAVATERIE, Rue ou quartier
des savetiers, qu'ils appelaient
Chavatiers. Gl. *Chavateria.*

CHAVENACIER, Marchand ou fabricant de toiles de chanvre.Gl.
Canabaserius.

CHAVENYS,pour CHANEVIS, Chènevis. Gl. *Cana*, 4.

CHAVER,Creuser,faire une fosse.
Gl. *Cava*, 1.

CHE

CHAVERIN, Chevreau. *Caprollus.*

CHAVESSAILLE, La partie de l'habit qui entoure le cou,collet. Gl. *Chevessellia.*

CHAVESSIER, Chefecier, dignité ecclésiastique. Gl. *Capitiarius* sous *Capitium*, 2.

CHAVESTRAGE, Le droit du palefremier quand on achète un cheval. Gl. *Chavestragium.*

CHAVETERIE,Le métier de *Chavelier* ou *Chavetonnier,* Celui qui faisait des souliers de basane, savetier. Gl. *Chavateria.* .

CHAVIGNON, p. c. Cheville, ou l'échelle d'une charrue.*Cavigia.*

CHAVISSIER, Pêcherie, Gord.Gl. *Nasserium.*

CHAVRETAGE, Droit que payent ceux qui ont des troupeaux de chèvres. Gl. *Caprinum.*

CHAY, Cellier, cabaret, boutique. Gl. *Cayum* sous *Caya.*

CHAZÉ, Chazier. Fieffé, celui qui tient à titre de *Chazement.* Gl. *Casati.*

CHAZEMENT,Terre, château tenu en fief sous certaines conditions. Gl. *Tenementum* sous *Tenere*,1.

CHEAINE, Chêne, arbre. *Casnus.*

CHEANNE, Chaîne. Gl.*Pedana*,1.

CHEAU, Petit d'une chienne, et par métaphore l'enfant d'une femme libertine. Gl. *Canis alanus.* — Rejeton. *Capriolus*, 4.

CHECHAL, Celui qui ordonne d'une fête pour *Séchal*, abrégé de *Sénéchal*. Gl. *Senescalcus.*

CHE

CHEF DE BOURG, Lieu principal. Gl. *Caput burgi* sous *Caput*, 3.

CHEFAU, Maison, principale demeure. Gl. *Capmansium.*

CHEF-MEZ , CHEF-MOIS , CHEF D'HERITAGE, Chef-lieu principal manoir. Gl. *Caput mansi* sous *Caput*, 3.

CHEILLIER, Cellier. *Celerium.* 1.

CHEINCERIE, Lingerie. Gl. sous *Camisa.*

CHEINSE, CHENSIL, sorte d'habillement de toile. Gl. *Campsilis* sous *Camisa.*

CHEITE, Chute, perte d'un procès. Gl. *Cadere.*

CHEITIF, Chétif, qui est de petite valeur ; d'où *Cheitivement,Cheitiveté.* Gl. *Captivare*, 2. et ci-dessous *Chetiveté.*

CHELEVALET, Charivari. Glos. *Chalvaricum.*

*CHELME, Fanfaron. L.

*CHEMARD, Maigre. L.

CHEMBEL, Joute, tournois. Glos. *Cembellum.*

CHEMIER ou CHEMIEZ, Chef de famille, de maison. Gl. *Caput mansi* sous *Caput*, 3.

CHEMIN, Péage, droit sur les voitures qui passent par le grand chemin. — DEMANDER CHEMIN ROYAL, C'est demander d'y passer sans que la justice puisse vous arrêter. — FEMME DE CHEMIN, Femme ou fille débauchée, de mauvaise vie, qui se tient sur les chemins pour débaucher les passants. Gl. sous *Cheminus*, — CHEMIN VOISINAL, Chemin de

CHE

traverse. Gl. *Via convicinalis,* sous *Via,* 1.

CHEMINAGE, Droit pour le passage sur le grand chemin, péage Gl. *Cheminagium,* sous *Cheminus,* 1.

CHEMINE, Cheminel, Chenet. Gl. *Chiminale.*

CHEMINÉE, Chevalier de cheminée, Nom donné par dérision à un chambellan qui reste auprès de son maître lorsque les autres chevaliers vont à la guerre Gl. *Caminata,* 1.

*CHEMINET, Petit chemin. L.

*CHEMINON, Petit fourneau. L.

CHEMISE de Chartres, Sorte de cotte de mailles. — Chemisete, Couverture de livres. Gl. sous *Camisa.*

CHENAIL, Grange, grenier. Gl. *Chenalis.*

CHENAL. Cheneau, gouttière Gl. *Canale.*

*CHENAYE, Lière planté de chênes. L.

CHENBEL, Joute, tournois; d'où *Chenbeler,* Jouter. *Cembellum.*

CHENEL, Petit chien. Gl. *Canis alanus.*

CHENELÉE, ou Chevelée, Provin. Gl. *Chenellus.*

*CHENETTON, Corde, licou. L.

CHENEVAS, Corbeille. *Canestella*

CHENEVEL, Espèce de poisson. Gl. *Cheneverium.*

CHE

CHENEVEUX, Chènevis, graine de chanvre. Gl. *Cheneverium.*

CHENEVOTE, Chènevotte, paille de chanvre. Gl. *Lumera.*

CHENEVRAU, Chenevreau, Chenevril, Chenewis, Chènevière. Gl. *Cheneverium.*

CHENEX, Gouttière. Gl. *Chenalis.*

CHENGLIS, p. e. Chènevis. Gl. *Cheneverium.*

CHENILLE, Terme employé pour avertir les gardes des vignes qu'on y vole du raisin. Glos. *Vinearius.*

*CHENNETIER, Valet de chiens. L.

CHENNEWIS, Chènevière. Gl. *Cheneverium.*

CHENOIGNE, Chanoine. Glos. *Canonicus.*

CHENOLLE, Trachée-artère, le canal de la respiration Hos. *Cannolla.*

CHENU, Qui a les cheveux blancs de vieillesse. Gl. *Canutus.*

*CHENUECE, Cheveux blancs. L.

CHEOLLER, Jouer à la *chole.* Gl. *Cheolare.*

CHEP, Fers qu'on met aux pieds et aux mains des prisonniers, pour *Ceps.* Gl. *Cippus,* 1. — La partie d'un champ, par laquelle il aboutit à un autre. *Capus,* 3.

CHEPIER, Geôlier. Gl. *Cipparius* sous *Cippus.*

CHEPTEL, Tenir a cheptel, Tenir à condition de partager le profit avec le bailleur, sauf le capital. Gl. *Cattallum.*

CHE

CHER , Char, chariot à qnatre roues. Gl. *Charriotum.*

CHER cens, Le même que CHEF cens. Gl. *Census carus* sous *Census.*

CHERAGE, p. e. pour CHEVAGE, Écot, ce qu'on paye par tête.Gl. sous *Capitagium*, 1.

CHERCEL, Espèce de houe, bêche ou pioche. Gl. *Cerchium.*

CHERCHE, Religieuse qui fait la ronde dans le monastère, pour voir s'il ne s'y passe rien contre la règle. Gl. *Circa*, 3.

CHERCHEL, Cercle. *Cerchium.*

CHERCHEMENEMENT, Enquête juridique pour parvenir à un bornage, le bornage lui-même. Gl. *Circamanaria.*

CHERCHER, Parcourir, aller de tous côtés. Gl. *Cercha.*

CHERCHET, Espèce de mesure pour les grains. Gl. *Cherchet.*

CHERCLE D'OR, Couronne, ornement de tête. Gl. *Circulus.*

CHERDENERUES, Ornements de chandeliers. Gl. *Florentius.*

CHERE, Le visage, la tête. Glos. *Chara*, 2, et *Cara*, 1.

*CHERESSE, Sécheresse. L.

CHERFOIR, Serfouir, donner un labour avec la *Serfouete.* Glos. *Excodicare.*

CHERFUEL, Cerfeuil. *Porcada.*

CHERGABLE, Ce qui est à la charge et contre quelqu'un. Gl. *Chargia*, 4.

CHERKEMANANT, Juge des bor-

CHE

nes et partage des terres, et quelquefois d'autres causes. Gl. *Circamanaria.*

CHERKEMANERIE, Enquête juridique pour parvenir à un bornage. Gl. *Cerchemanare.*

*CHEROIGNE, Chanoine. L.

CHERQUELER, Faire le partage des terres, assigner à chacun ce qui lui en appartient. Gl. *Circamanaria.*

CHERQUEMANAGE , CHERQUEMANEMENT , CHERQUEMINEMENT, comme*Cherkemanerie*ci-dessus Gl. *Circamanaria.*

CHERQUEMENER, Fixer les bornes d'une terre. *Cerchemanare.*

CHERQUER, Parcourir, voyager dans plusieurs pays. Gl. *Reversatus*, 2.

CHERQUIJER, Chercher, examiner avec soin. Gl. *Cercare*, 2.

CHERRIERE, Chemin par où peut passer un char, rue. Glos. *Carraria*, 3.

CHERSEL, CHERSSEL, Cerceau, enseigne de vin à vendre en détail, et le droit qu'on paye pour mettre cette enseigne. Gl. *Circulagium* et *Serchelum.*

CHERUE, Navette, petit vaisseau où l'on met l'encens. Gl. *Cassella*, 2.

*CHERVE, Chanvre. L.

CHERVOISE, Sorte de boisson. Gl. *Cerevisia.*

CHESEAU, Fieffé, celui qui tient à titre de *Chasement.* — Botte, fagot. Gl. *Chescati.*

CHE

CHESNÉE, Mesure de terre contenant vingt-cinq pieds, qu'on appelle communément *Perche*. Gl. *Cathenata*.

CHESNIN, Qui est de chêne. Gl. *Chesnus*.

CHESSAL, Celui qui ordonne d'une fête. Gl. *Senescalcus*.

CHESSEAU, Fieffé, celui qui tient à titre de *Chasement*. *Cheseati*.

CHESTIS, Chétif, qui est de petite valeur. Gl. *Captivare*, 2.

***CHESTREUX**, Pauvre, misérable. L.

CHESTRON, Cheston, Chétron, petite layette en forme de tiroir qu'on fait au haut d'un des cotés d'un coffre. Gl. *Chartotesium.*

***CHET**, Fin, conclusion. L.

CHETEL, Tenir a chetel, Tenir à condition de partager le profit avec le bailleur, sauf le capital. Gl. *Catallum*.

CHETIF, Seigneurs des chetifs, Nom du chef d'une société appelée *Chetiveté*. *Foire des Chetiz* à Reims. Gl. *Captivare*, 2.

CHETIVETÉ, Chetivoisin, Chetivoisson, Captivité, bassesse, chose vile et de peu de valeur. Gl. *Captivare*, 2.

CHETOIRE, Ruche d'abeilles, dans un Gl. Lat.-Fr. MS. de la Bibl. du roi, cot. 4120. *Alveare, Chetoire.*

CHEUVAIGE, Cens dû au seigneur tous les ans par chaque tête de ses hommes de corps ou serfs. Gl. *Capitagium*, 1.

CHEVAGIER, Serf, homme de corps, qui doit le cens capital. Gl. *Capitales humaines.*

CHEVAIGE, Cens dû au seigneur tous les ans par chacune tête de ses hommes de corps. Gl. *Capitagium*, 1.

CHEVAIGNE, Sorte de corvée due au seigneur par chacun de ses vassaux, et le rachat en argent de cette servitude. Glos. *Capitagium*, 1.

CHEVAIS, Chevet, la partie de l'église qui est derrière le chœur. Gl. *Capitium*, 2.

CHEVAL du regne, Coursier du royaume de Naples. Glos. *Regnum*, 2.

CHEVALÉE, La charge d'un cheval. *Caballata* sous *Caballus.*

CHEVALER, Monter un cheval, le charger de quelque chose. Gl. *Cavalcare* sous *Caballus.* — Suivre quelqu'un de près. Glos. *Cheminare*.

CHEVALEREUX, Brave, courageux. Gl. *Caballarius* sous *Caballus.*

CHEVALEROT, Homme à cheval, cavalier. Gl. *Cavaillerii* sous *Caballus.*

CHEVAL-FEUST, Chevalet à l'usage de plusieurs ouvriers. Gl. *Cavalletus.* — Chevalet, espèce de supplice. Gl. *Cavalletus.*

CHEVALIER de cheminée, Nom donné par dérision à un chambellan qui restait auprès de son maître lorsque les autres chevaliers allaient à la guerre. Glos. *Caminata*, 1.

CHEVALIERE, Fief de chevalier. Gl. *Cavalaria* sous *Caballus.*

CHE

*CHEVANCE , Fortune , biens, occasion favorable. L.

*CHEVANCER, Fiancer. L.

*CHEVAUCHÉE , Droit de fief, course à cheval. L.

CHEVAUCHEUR, Office de l'écurie chez le roi. Gl. *Caballerius* sous *Caballus*. — Sorcier, qui va au sabbat à califourchon sur un balai. Gl. *Caballarii* sous *Caballus*.

CHEVAUCHIE , L'obligation de monter à cheval pour servir en guerre son seigneur. Gl. *Chevaucheia* sous *Caballus*.

*CHEVAUCHONS , A califourchon. L.

*CHEVÉ, Profond, escarpé. L.

*CHEVECAGNE, Cavalerie. L.

*CHEVECAILLE, Col, gorge. L.

CHEVECE, Le chef, la tête. Gl. *Capitium*, 2.

CHEVECEL, Chevet, oreiller. Gl. *Capitacium*.

CHEVECERIE, Habitation du *chevecier*. Gl. *Capiceria*.

*CHEVECEURE, Chevelure. L.

CHEVECHAILLE, Collet, la partie de l'habit qui entoure le cou. Gl. *Chevessellia*.

CHEVECHEL , CHEVECIEL, Chevet, oreiller. Gl. *Capitacium*.

CHEVECHIER , CHEVEGE, CHEVESTRE, Coquin, pendard, qui mérite la corde. Gl. *Cavestrum*.

CHEVEL, FIEF CHEVEL, Celui qui relève dûment du roi. Gl. *Feu-*

dum capitale sous *Feudum*. — Capital, principal. Gl. *Caput mansi* sous *Caput*, 3.

CHEVELÉE, Mot douteux, Provin Gl. *Chenellus*.

*CHEVELER, Echeveler. L.

CHEVELIER, Officier d'un monastère, le même que Cellérier. Gl. *Cellarius*.

CHEVELISE, Territoire où l'on peut exiger le cens capital. Gl. *Chevenaceria*.

CHEVENEAU, Espèce de poisson. Gl. *Cheneverium*.

CHEVENERI, Chènevière. Glos. *Chevenerinum*.

CHEVENOIR, p. e. Chanvre, ou Chènevis , graine de chanvre. Gl. *Chevenerinum*.

CHEVER, Creuser. Gl. *Cava*, 1.

CHEVERSEUL, Le dossier d'un lit. Gl. *Capitacium*.

CHEVESCE , CHEVESSAILLE, Gl. Chaperon, collet, la partie de l'habit qui entoure le cou. Gl. *Capitium*, 1, et *Chevessellia*.

CHEVESSE , L'ouverture supérieure de la jupe d'une femme. Gl. *Capitum*, 1.

CHEVESSEL, Chevet, oreiller. Gl. *Capitacium*.

CHEVESTRAGE, Droit pour les licous appelés *Chevestres*. Glos. *Capistragium* et *Capistrium*.

CHEVESTRE, Licou, bride. — comme ci-dessus CHEVECHIER. Gl. *Cavestrum*.

CHEVETAIN, CHEVETAINE, Capi-

CHI

taine, celui qui commande en chef; d'où *Chevetainerie*, Dignité de *Chevetaine*. Gl. *Cheuptanus*.

CHEVILLER. Cheval cheviller, Limonier. Gl. *Limonerius*.

CHEVIR, Traiter, composer, transiger. — Se tirer d'embarras. — Se défaire de quelque chose, la vendre. — Se rendre maître de quelqu'un. Gl. *Cheviare*.

CHEVISSANT, Traité, accord, convention. Gl. *Chevisantia*.

CHEVOISTRE, *Chevestre*, licou, Gl. *Capistrium*.

CHEVRETTE, Crevette, salicoque. Gl. *Squilla*. — Espèce d'instrument de musique. *Capriola*.

*CHEVRIE, Musette. L.

CHEVRONNEUSE, Espace qui est entre les chevrons. *Chevro*.

CHEZEAU, Habitation, manoir, avec une certaine portion de terre à cultiver. Gl. *Casale*.

*CHIABRENER, Minauder, niaiser. L.

CHIBOIRE, Espèce de dais, soutenu par quatre colonnes audessus d'un autel. *Ciborium*.

*CHICHARD, Avare. L.

*CHICHERON, Bout de la mamelle. L.

CHICHEUS, Chassieux. *Cassida*, 2.

*CHICOTER, Vétiller. L.

CHIEF, Homme de chief, Celui qui doit le cens capital. Gl. *Capitales homines*.

CHIEFVETAINE, Capitaine, celui

CHI

qui commande en chef. Glos. *Cheuptanus*.

CHIENAILLE, Chenil. *Chenaria*.

CHIENERIE, Redevance due au seigneur pour la nourriture de ses chiens de chasse. Glos. *Chenaria*.

CHIENES, Sorte de petites monnaies. Gl. *Chienes*.

CHIENESSE, Meute de chiens. Gl. *Canaria*.

CHIENNET, Petit chien. Gl. *Canis alanus*. — CHIENNEZ, Chenet. Gl. *Chenetus*.

CHIERCHAINE, Enquête juridique. Gl. sous *Cercha*.

CHIERE, Le visage, la tête. Glos. *Cara*, 1.

CHIEREMENT, Fortement, avec instance. Gl. *Cheviare*.

CHIERKEMINAGE, Enquête juridique pour parvenir à un bornage. Gl. *Circamanaria*.

CHIERTÉ, Dépens, frais. Gl. *Caritia*, 1. — Cherté. Gl. *Caristia*, 2. — *Chierté da temps*. Gl. *Caritudo*, 2.

CHIEUVRETE, Espèce d'instrument de musique. Gl. *Capriola*.

CHIEVAGE, CHIEVAIGE, Cens dû au seigneur tous les ans par chaque tête de ses hommes de corps ou de cerfs. Glos. *Capitagium*, 1.

CHIEVER, Creuser. Gl. *Cava*, 1.

*CHIFETIER, Chiffonnier. L.

CHIFFONIE, CHIFONIE, Espèce d'instrument de musique; d'où

CHI

Chifonieux, Celui qui joue de cet instrument. Gl. *Symphonia*.

CHIFFRES, Zéro, chose inutile. Gl. *Cifræ*.

CHIME, Ciment, mortier. Gl. *Cimentum, 1.*

CHIMENTIERE, Cimetière, l'enceinte qui est devant une église. *Cimiterium* sous *Cœmeterium*.

CHINCELIER, Baldaquin, dais, tente, rideau, tour de lit. Gl. *Cincinerium*.

CHINCHERIE, Lingerie. *Camisa*.

CHINGLE, Enceinte. Gl. *Childa*.

CHINQUAU, Amas de gerbes par cinq. Gl. *Cinquina*.

*CHINQUER, Trinquer. L.

*CHINTRE, Levée de terre. L.

CHIOUERE, Latrines, privé. Gl. *Cloacarius* sous *Cloaca*.

CHIFHOENE, Sorte d'ellébore. Gl. *Veratrum*.

CHIPHONIER, Jouer de l'instrument musical appelé *Chiffonie*. Gl. *Symphonia*.

CHIPHRE, Instrument pour la pêche. Gl. *Ciphus*.

*CHIPPE, Guenille, chiffon. L.

CHIRAT, Monceau de pierres amassées dans une terre nouvellement défrichée. Gl. *Chirat*.

CHIRCEAMBER, CHIRCEOMER, Sorte de cens dû aux églises en Angleterre. Gl. *Ciricsetum*.

CHIRER, p. e. Clos, verger. Gl. *Chiostra*.

CHO

CHIROGRAFFE, Acte passé devant les officiers publics et qui n'est pas scellé. *Chirographum*.

CHIROGRAPHE, Ecrit double entre des parties. Glos. *Chirographum*.

CHIRON, Monceau de pierres. Gl. *Chierrat*.

CHIRSEED, Sorte de cens dû aux églises en Angleterre. Glos. *Ciricsetum*.

CHISEL, Ciseau. Gl. *Cisellus*.

CHITOUAL, Zédoaire, espèce de gingembre, épice. Gl. *Zedoaria*.

*CHIVE, Oignon. L.

CHOAISIE, Choix. Gl. *Choisire*.

*CHOCAILLER, Trinquer. L.

*CHOCAS, Corneille. L.

*CHOCQ, Souche. L.

CHOE, pour *Choue*, Halle. Glos. *Chaua*. [Corneille. L.]

CHOESNE, Choine, pain blanc et délicat. Gl. sous *Panis, 2.*

*CHOINE, Pain blanc et délicat. L.

CHOISIR, Apercevoir de loin, découvrir, ne pas voir clairement. Gl. *Choisire*.

CHOIST, ESTRE CHOIST, Être abattu, tombé. Gl. *Excussare*.

*CHOL, Chou. L.

*CHOLE, Violenté, coleré. L.

CHOLE, CHOLER, CHOLOIRE, Espèce de jeu de mail. Gl. *Choulla*, et *Cheolare*.

CHO

CHOLET, Boule pour le jeu de la *chole*. Gl. *Choulla*.

CHOMAGE, Cessation, disconti-nuation. Gl. *Chomare*.

*CHOMAS, Paresseux, L.

CHOMER, Se reposer, dormir. Gl. *Chomare*.

CHON, Choux, Gl. *Disclaudere*.

CHONIN, p. e. pour CHAORSIN, Banquier. Gl. *Caorcini*.

*CHOPADE, Faux-pas. L.

CHOPE, Sorte de manteau. *Chopa*.

*CHOPER, Broncher, couper. L.

CHOPPET, L'action de choquer quelqu'un pour le faire tomber à terre. Gl. *Assopire*.

CHOQUE, Souche, Bûche. *Choca*.

*CHORE, Chœur. L.

CHORIAL, Chantre, clerc ou prê-tre qui chante au chœur. Glos. *Choralis*.

CHORUM , Espèce d'instrument de musique. Gl. *Chorus*, 3.

CHORUN, Coin, encoignure. Gl. *Coronnus*.

CHOSE, Terme obscène. *Chosia*.

CHOSER, Désapprouver, blâmer. Gl. *Causare* sous *Causa*, 4.

CHOT, Chouette. Gl. *Cauanna*.

CHOTIER, L'endroit d'une cui-sine où on lave la vaisselle. Gl. *Excaldare*.

CHOU POUR CHOU, Expression qui

CHU

désigne un échange pur, fait but à but. Gl. *Cauleria*.

CHOUAGE, Le droit de hallage ; de *Choue*, Halle. Gl. *Choua*.

CHOUCAGE, Ce qu'on paye au seigneur pour la permission de prendre des *choques* ou souches dans ses bois. Gl. *Chocagium*. sous *Choca*.

CHOUE, Halle. Gl. *Choua*.

CHOUEN, Hibou, chat-huant. Gl. *Cauana*.

CHOULE, Espèce de jeu de mail ; d'où *Chouler*, Jouer à ce jeu. Gl. *Choulla*.

CHOULOIL, Sorte de lampe. Gl. *Lucibrum*.

CHOUQUET, Diminutif de *Cho-que*, Souche, bûche. Gl. *Cheoca*.

CHOYS, Taux, prix. Gl. *Choisire*.

CHRESTIENNETÉ, CHRESTIENTÉ, Baptême, cérémonies du bap-tême. Gl. *Christianitas*.

CHRISTIAN, Chrétien. *Christiani*.

CHUCRE, Sucre. Gl. *Chucrum*.

*CHUCADES, Sucreries. L.

*CHUENEL, Crâne. L.

*CHUER, Flotter. L.

*CHUEUR, Complaisant. L.

*CHUITE, Pot, baril. L.

CHUNCHIER, Conchier, remplir d'ordures. Gl. *Concagatus*.

CHUQUER, Espèce de jeu de bil-lard. Gl. *Chuca*.

CIF

CHUPIER, dont le métier s'appelait *Chupperie*, paraît être le même que Corroyeur. Gloss. *Coiratorium*.

*CHURQUETTE, Ratière. L.

CHURRIAUS, Morceaux usés de drap ou d'étoffe. Gl. *Pannuceus*

CHYNGLE, Enceinte. *Cinctada*.

CHYPHONIE, Instrument de musique. Gl. *Symphonia*

CIBOIRE, Tabernacle, armoire sur l'autel, où l'on garde le saint sacrement. Gl. *Ciborium*.

CICHAROU, Poisson, espèce de maqu…au. Gl. *Saurus*, 2.

CIEF, Suif. Gl. *Ceuxum*.

CIEL, Ce qui couvre les murs d'une chambre, tapisserie. Gl. *Cælum*.

CIERGE, Nom d'un vent. *Circius*.

CIERCER, Parcourir, aller de tous côtés. Gl. *Circare* sous *Circa*, 3.

CIERE, Visage, d'où *Faire ciere*, Faire mine. Gl. *Chara*, 2.

CIERGIER, Marchand, ou ouvrier en cire. Gl. *Cerarius*.

CIERQUIER, Chercher. *Cercare*, 2.

CIERS, Certain, assuré. *Certive*.

CIEU, Suif. Gl. *Ceuxum*.

CIEURGIEN, Chirurgien. Glos. *Physicus*.

*CIEUS, Aveugle. L.

CIF, Suif. Gl. *Ceuxum*.

CIN

CIFFRE, Instrument pour la pêche. Gl. *Cifræ*.

CIGLATON, Sorte de vêtement d'étoffe précieuse. Gl. *Cyclas*.

*CILCUN, Quelqu'un. L.

*CIMAU, Droit de prendre la cîme des arbres d'une forêt pour se chauffer. L.

CIMBOUL, Clochette, grelot. Gl. *Cimbolum*.

CIMBRE, pour *Timbre*, Instrument de musique. *Cimber*, 2.

CIMETIERE, Église où l'on enterre. Gl. *Cœmeterium*.

CIMITOIRE, Cimetière. Gl. *Adjuratio*, 1.

CINADE, Espèce de crevette ou salicoque. Gl. *Squilla*.

CINCE, Ceinture. Gl. *Cincta*.

CINCELIER, Baldaquin, dais, tente, rideau, tour de lit. Glos. *Cincinerium*.

CINCENAUDE, CINCENELLE, CINCERELLE, Petite mouche, cousin ; d'où *Cincenaudier*, Cousinière. Gl. *Zinzala*.

*CINCES, Chiffons, guenilles. L.

CINCHE, Espèce de massue. Gl. *Cinctorium*.

CINIL, Sorte de légume. *Cinile*.

CINQUANTENIER, Officier d'un quartier dans une ville. Glos. *Cinquantina*.

*CINS, Sein. L.

*CINTRÉ, Trompé, attrapé. L.

CIR

CINTRAIGE, Sorte de redevance. *Cintrum.*

CINTURE, Queue. Gl. *Centura.*

CION, pour Scion, menu brin de bois. Gl. *Sium.*

CIRCONCIS, Prépuce. Gl. *Circumcisio,* 2.

*****CIRCONDER**, Environner. L.

CIRCUE, Lien ou corde qui tient le bœuf attaché au timon de la charrette. Gl. *Barrota.*

CIRCUITE, Cirquitude, Circuit, enceinte. Gl. *Circuitus.*

*****CIRCUMVALIER**, Séduire. L.

*****CIRE**, Cierge. L.

CIREAU, Ciriau, Geste de mépris, coup de la main sous le menton. Gl. sous *Barba,* 1.

CIREIRIER, pour Cueirier, Juge des causes civiles, échevin. Gl. *Chora.*

CIRIMANATGE, Cirmenage, Espèce de redevance dans le Béarn. Gl. *Cirmanagium.*

CIROGRAFFE, Cirograife, Acte coupé en deux, dont on remettait les deux portions aux parties contractantes. Gl. *Chirographum.*

CIROGRAPHE, Acte passé devant des officiers publics et qui n'est pas scellé. Gl. *Chirographum.*

*****CIRONNER**, Pétiller. L.

CIRURGIE, Cirurgien, pour Chirurgie et Chirurgien ; d'où Chirurgier, panser un blessé, exercer la *Chirurgie.* Gloss. *Chirurgicus.*

CIZ

CISAILLES, Gros ciseaux. Glos. *Cisellus.*

CISEAU, Le morceau de fer qui est au bout d'une flèche. Glos. *Cisellus.*

CISEL, Ciseau. Gl. *Sciselum.*

CISNE, Cygne. Gl. *Cignitus.*

CISTEYAUZ, Droit de cisteyauz, Le droit civil et municipal. Gl. *Civilis.*

CISTRE, Cidre. Gl. *Cistra.*

CITADINAGE, Le droit de bourgeoisie. Gl. *Citadanagium.*

CITIEN, Citoyen, bourgeois. Gl. *Citanaticum.*

CITOIEN, Civil. Gl. *Civilis.*

CITOLE, Sorte d'instrument de musique. Gl. *Citola.*

CITOLET, Citollet, Sorte de boisson faite avec du grain. Gl. *Sitonicum.*

CITOUAL, Zédoaire, espèce de gingembre, épice. Gl. *Zedoaria.*

*****CIVADE**, Avoine. L.

CIVADIER, Civaier, Civier, Certaine mesure de grain, la huitième ou la seizième partie du setier. Gl. *Civaderium,* 1.

CIVARE, Faire de civare, Vanter beaucoup, priser. Gl. *Cluere.*

CIVIL, Adroit, subtil, rompu dans les affaires ; d'où *Civilité,* Habileté, subtilité. Gl. *Civilis.*

CIVILEMENT, Au civil, par opposition au criminel. Gl. *Civiliter* sous *Civilitas,* 2.

CIZAILLE, Ce qui reste d'une

CLA

lame de métal quand on en a coupé ce qu'on en veut prendre. Gl. *Cisellus.*

CLACELIER, Clacellier, Clachelier, Celui à qui l'on confie les clés de quelque chose. Gl. *Clavicularius.*

CLACERIERE, Portière. Gl. *Clavicularius.*

CLAIE, Le dos ou le revers de la main. Gl. *Cleia.*

CLAIMER, Nommer, appeler. Gl. *Clamare,* 1.

CLAIN, Demande juridique pour réclamer quelque chose. Glos. *Clameum.*

CLAIRER, Déclarer, exposer clairement. Gl. *Clarum facere.*

CLAKE, Sorte de vêtement, manteau. Gl. *Cloca,* 3.

CLAM, Demande juridique pour réclamer quelque chose. Glos. *Clameum.*

*CLAMANCER, Réclamer. L.

CHAMER, Former une demande en justice. Gl. *Clamare,* 2.

CLAMEUR, Clamor, Demande juridique pour réclamer quelque chose. Gl. *Clamor,* 2.

CLAPET, Crécelle. Gl. *Clapetum.*

*CLAPETER, Babiller. L.

CLAPOIRE, Mauvais lieu. Gl. *Claperius* sous *Claperia.*

CLAPON, Porc. Gl. *Clapo.*

CLAPPIER, Monceau de pierres. — Mauvais lieu, lieu de débauche. *Claperius* sous *Claperia.*

CLA

CLAQUE, Soufflet. Gl. *Claca.*

CLAQUIN, Monnaie de Flandre. Gl. *Clicquardus.*

CLAR, pour Glas, en Auvergne. Gl. *Clarum* et *Classicum.*

CLARAIN, Clarant, Clare, Clarine, sonnette qu'on attache au cou des animaux qui sont en pâture. Gl. *Clarasius.*

CLARE, Claret, Hypocras. Glos. *Claretum.*

CLAREQUIN, pour Claquin, Monnaie de Flandre. Gl. *Clicquardus.*

CLARIFFIER, Expliquer, éclaircir. Gl. *Clarificatio.*

CLARIN, Clarine, sonnette. Gl. *Clarasius.*

*CLAROYER, Devenir clair. G.L.

CLARUISE, Mettre a claruise un fossé, Le nettoyer en sorte que l'eau y soit claire. Glos. *Clarum facere.*

*CLAS, Glas. L.

CLASEAU, Clarine, sonnette. Glos. *Clarasius.*

*CLASSIAIRE, Amiral. L.

*CLAU, Clou. L.

CLAUSELE, Clause, réserve, exception. Gl. *Clausula,* 2.

*CLAUSURE, Exclusion. L.

CLAUSATGE, Clos, lieu fermé. Gl. *Clausatga.*

*CLAVAIN, Clauen, Haubert. C.N.

CLAVAIRE, Officier chargé du recouvrement et de la garde des

CLE

deniers publics, dont l'office est appelé *Clavairie.* Gl. *Clavarius.*

CLAVE, Massue. Gl. *Clava,* 2.

CLAVÉ, Garni de têtes de clou. Gl. *Buccula,* 1.

CLAVEL, Instrument pour la pêche. Gl. *Clavus,* 2. — Clou, clavette. C. N.

*CLAVELLER, Clouer. R.

CLAVER, Pétrir la terre qui doit former la chaussée d'un étang. Gl. *Clawa.*

CLAVERELEUX. Clavelé. Glos. *Clavelus.*

*CLAVETE, Petite clef. C. N.

CLAVETER, Heurter à une porte. Gl. *Clavare,* 3.

CLAVEUCHE, Petit clou pour servir d'ornement. Gl. *Clavatura.*

CLAVEURE, Serrure ; d'où *Claveurier,* Serrurier. Gl. *Clavatura* et *Clavicularius.*

CLAVIER, Portier, qui a les clefs de la maison. Gl. *Clavicularius.*

*CLAVIN, Haubert. L.

CLAWIER, Pieu. Gl. *Clawa.*

CLAYE, Le dos ou revers de la main. Gl. *Cleia.*

*CLAYEL, Clôture. L.

CLAYQUIN, Monnaie de Flandre. Gl. *Clicquardus.*

*CLEDAT, Enclos. L.

CLEDE, Claie. Gl. *Cleda,* 2.

CLEMENTIS, Chapelains de l'é-

CLE

glise de Rouen, ainsi nommés de Clément VI, leur fondateur. Gl. *Clementini.*

CLENCHE, Verrou. *Clingere,* 1.

CLER, Sorte d'étoffe. Gl. *Clara.* — Pour Clerc. Gl. *Clerici.*

CLERC, Voyez les différentes acceptions de ce mot sous *Clerici.*

CLERE, Blanc d'œuf. — p. e. Vallée. Gl. *Clara.*

CLEREMENT, En petit nombre. Gl. *Clarum.*

*CLERES, Barreaux. L.

CLERGASTRE, Ecclésiastique méprisable. Gl. *Reliquiœ,* 1.

CLERGE, Ecclésiastique. Gl. *Clericaliter.*

CLERGEAUMENT, Doctement, savamment. Gl. *Litteraliter,* 1.

CLERGESSE, Femme qui cultive les sciences. Gl. *Clerici.*

CLERGEUMENT, Clergiaument, Cléricalement. Gl. *Clericaliter.*

CLERGIE, Science, littérature. Gl. *Clerici.* — Bénéfice clérical. Gl. *Clericatura,* 1. — Greffe, office de greffier. Gl. *Clergeria.*

CLERGON, Clerjon, Enfant de chœur. Gl. *Clerici,* et *Clergonus.*

CLERIN, Cleron, Clarine, sonnette qu'on attache au cou des animaux qui sont en pâture. Gl. *Clarasius.*

CLERKOIS, La langue latine à cause qu'elle est pour les sciences. Gl. *Clerici.*

*CLESCHÉ, Percé à jour. L.

CLI

CLEUFICHER , Clouer, attacher avec des clous. Gl. *Clavellare.*

CLEUZER, ou CLEUZEUR, Sorte de lampe. Gl. *Lucibrum.*

CLICART, Crosse, mail. *Clicha.*

*CLICE, Éclisse. C. N.

CLICHE, Clisse, terme de chirurgie. Gl. *Plumaceus.*

CLICHOUERE , Rigole par où l'eau s'écoule, évier. *Goterius.*

CLICORGNE, De côté, de travers, ou en clignotant. *Clingere,* 1.

CLIDE, Claie. Gl. *Cleda,* 2.

CLIDER, Glisser, en Saintonge. Gl. *Clidare.*

CLIER , CLIHIER , CLIIER, Lieu fermé de c'aies. Gl. *Cloea.*

*CLIN. FAIRE CLIN, S'incliner. G. V.

*CLINEIS, Salut. L.

*CLINEL, Crible. L.

*CLINER, Incliner. L.

CLINES, Tuyau du moulin par où tombe la farine. *Taratantura.*

CLINQUART, Sorte de monnaie de Flandre. Gl. *Clicquardus.*

CLINQUET, Voyez *Cliquet,* 2.

CLINSSER, Glisser. Gl. *Clidare.*

*CLIPÉE, Coup sur un bouclier. L.

CLIPET, Battant de cloche. Glos. *Clyppeus,* 2.

CLIPON, Bâton, espèce de massue Gl. *Clyppeus,* 2.

CLIQUART, Sorte de monnaie de Flandre. Gl. *Clicquardus.*

CLO

*CLIQUÉ, Fermé. L.

CLIQUET, Le son de la cloche au matin. Gl. *Cliquetum.* — Instrument pour la pêche. Gl. *Cliquetum.* — Loquet. Gl. *Cliquetus.*

CLISTRER, Couvrir de *clustriaus* ou haillons. Gl. *Clustare.*

*CLITELLES, Paniers. L.

CLOANT, Ce qui tient quelque chose fermé, agrafe. *Cloeria,* 1.

CLOCETTE, Petite cloche. Glos. *Clocheta.*

CLOCHE , Sorte de vêtement , manteau. Gl. *Cloca,* 3.

CLOCHEMANT, Sonneur. Glos. *Clocherius.*

*CLOCHIER, Boîter. L.

*CLODIS, Enclos. L.

CLOEBE, Pile, vaisseau où l'on met les draps pour être foulés. Gl. *Cloeria,* 2.

CLOEUR, Celui qui enferme un champ de haies ou d'autre chose. Gl. *Clausagium.*

CLOFICHEURE, Trou fait par un clou. Gl. *Clavellare.* [Cicatrice faite par un clou. L.]

CLOFICHIER , Clouer, attacher avec des clous. Gl. *Clavellare.*

*CLOFIS, Cloué, percé. L.

CLOIE, Claie. Gl. *Cleia.*

CLOIERE, Pile, vaisseau où l'on met les draps pour être foulés. Gl. *Cloeria,* 2.

*CLOISER, Ouvrir et fermer alternativement. L.

CLO

CLOISON, Impôt pour enclore de murs, une ville ou un château. Gl. *Clausura.*

***CLOISTRIER**, Moine cloitré. R. R.

CLOISTRIERE, Fille ou femme de mauvaise vie. Gl. *Clausuræ.*

CLOKE, Sorte de vêtement, manteau. Gl. *Cloca*, 3.

CLOKETE, Clochette. Glos. *Tintinnabulum.*

***CLOKIER**, Clocher. F. B.

CLOP, Boîteux; d'où *Clopiner*, Boîter. Gl. *Cloppus.*

***CLOPER**, Boîter. L.

CLOQUE, Sorte de vêtement, manteau. Gl. *Cloqua.*

CLOQUETÉ, Couvert de clochettes. Gl. *Bursa*, 1.

CLOS, Boîteux. Gl. *Cloppus.*

CLOSAGE, Espèce de fief. Glos. *Closaria.*

CLOSELET, Petit clos. *Closellum.*

CLOSÉMENT, Entièrement, sans exception. Gl. *Clausim.* [Secrètement. L.]

CLOSERIE, Clos, lieu fermé de murs ou de haies. *Clausaria.*

CLOSIER, Concierge, celui qui a la garde d'une maison. — Fermier, métayer. Gl. *Closarius*, 2.

***CLOSIN**, Clôture. L.

***CLOSTRE**, Enclos. L.

***CLOT**, Trou, fosse. L.

***CLOTE**, Chambre voûtée. L.

COA

***CLOTIR**, Blottir. L.

ᵗCLOUATIER, Cloutier. L.

CLOUASTRE, Cloître. Gl. *Claustrum regulare.*

***CLOUCHIER**, Clocher. L.

CLOUER, Fermer. *Jour clouant,* Jour fermant ou tombant. Gl. *Cloeria*, 1.

CLOUETTIÈRE, Certaine quantité de clous. Gl. *Clavasona.*

CLOUP, Boîteux. Gl. *Cloppus.*

CLOUSURE, Clos, lieu fermé de murs ou de haies. Gl. *Clausa.*

CLOUYÈRE, Pile, vaisseau où l'on met les draps pour être foulés. Gl. *Cloeria*, 2.

***CLOUZEAU**, Petit clos. L.

CLOYE, Le dos ou le revers de la main. Gl. *Cledatum.*

CLOYSON, Enceinte d'une ville. Gl. *Clausura.*

CLUD, Faire clud, Vanter, priser beaucoup. Gl. *Cluere.* [Conclure. L.]

CLUNAGITER, Remuer les fesses. Gl. *Clunagitare.*

CLUSE de pache, Clôture des fêtes de Pâques, le dimanche de Quasimodo. Glos. *Pascha clausum.*

CLUSTRIAUS, Haillons. *Clustare.*

CLUT, Raclure, fragment. Glos. *Frustrare.*

CLYE, Lieu fermé de claies. Gl. *Cleda*, 2.

COADJUTEUR, Celui qui, con-

COC

jointement avec un autre , a droit à quelque chose. Glos. *Coadjutores.*

*COADUNATION, Assemblée. L.

COAGE, pour CAAGE, Droit qu'on lève pour l'entretien des quais. Gl. *Caiagium* sous *Caya.*

*COAGIER, Commissionnaire. L.

*COAILLE, Grosse lame. L.

*COARDIE, Couardise. L.

*COARETER, Contraindre. L.

COART , Lâche , poltron. Glos. *Caudatus.*

*COBBIR, Ecraser. L.

*COBE, Coupe. L.

*COBETER, Frapper. L.

COBILLON, Sorte de filet pour la pêche. Gl. *Cobla.*

COBRE, Acquisition. *Cobrancia.*

COBRER, Prendre, saisir, s'emparer. Gl. *Cobrare.*

COCAINGNE, p. e. Contestation, querelle. Gl. *Cocagium.*

*COCARD, Sot, niais. L.

COCATRIX , Espèce de basilic, crocodile. Gl. *Cocatrix.*

*COCAUTIER, Héritier. L.

COC-EN-PLEU, Avantageux, suffisant. Gl. *Gallus.*

COCHE, Truie. Gl. *Cocha,* 3.

*COCHER , Fendre , faire une coche. G. G.

COCHET, Présent en viande, vin,

COE

ou en argent, qu'un nouveau marié donnait à ses compagnons. — Sorte de bateau. Gl. *Cochetus* sous *Cogo.* [Jeune coq. L.]

COCHOIZ, Sorte de filet ou instrument pour la pêche. *Cobla.*

*COCOUZ, Sali. Gl. *Salebrare.*

COCQ-LIMOGES, Faisan. *Gallus.*

*COCQUE, Souche. L.

COCQUET, Caque, petit baril. Gl. *Caquus.*

*COCUL, Coucou. L.

CODE, Certaine quantité. *Coda.*

*CODRE, Coudre. L.

*COE, Queue. R.

COECATEUR , Celui qui est chargé de la répartition des tailles. Gl. *Cohecare.*

COEFFE, Casque ou espèce de calotte de fer ou d'acier. Glos. *Coifeta.*

COELLART, Animal qui n'est pas coupé. Gl. *Coittum.*

*COÉQUÉ, Associé. L.

*COER, Cœur. L.

*COERNIE, Honte. L.

*COERS, Cour. L.

*COES, Choix. L.

COESSIN, Coussin. Gl. *Coisinus.*

COESTRON, Bâtard , fils illégitime. Gl. *Quœstuarius,* 2.

*COETICE, Fourrure. L.

*COETIE, Nécromancie. L.

COH

*COETIVER, Echauffer. L.

CŒUVRE, Cuivre. Gl. *Cuprum.*

COFEL, Certaine mesure. Glos. *Cofellus.*

COFFE, Sorte de vase. Gl. *Cofellus.* — Coffre. Gl. *Cophrus.*

COFFERT, Coffre. Gl. *Cofferum.*

COFFIN, Panier, corbeille.—Terme injurieux. Gl. *Coffinus.*

COFFINEAU, Petit panier, corbeille *Coffinellus* sous *Coffinus.*

*COFFINET, Petit panier. L.

*COFINER, Courber. L.

COGAMENT, Secrètement. Glos. *Cogeus.*

COGENT, Nécessaire. Gl. *Cogeus.*

*COGIER, Forcer. L.

*COGITACION, Pensée. L.

*COGNACION, Parentée. L.

COGNOMER, Surnommer. Glos. *Cognomenans.*

COGNUSSANT, Faire cognussant Faire savoir. Gl. *Arramiatio,* sous *Adramire.*

*COGOLE, Cagoule. C. N.

COGUL, Le mari dont la femme est infidèle, en provençal.

*COHECTION, Cuisson. L.

*COHERCER, Retenir. L.

COHERCION, Le pouvoir de corriger et de punir ceux qui sont en faute. Gl. *Cohercio.*

*COHERITION, Adhésion. L.

COI

*COHERTÉ, Héritage. L.

COHOORTEUR, Cohoorterresse Homme ou femme qui porte par la ville des marchandises, qu'il engage à acheter. Gl. *Cohortalis.*

COHUAGE, Le droit que paye un marchand pour sa place dans la Cohue ou halle. Gl. *Cohuagium* sous *Cohuœ.*

COHUE, Halle, lieu couvert où l'on vend les marchandises. — Auditoire, le lieu où s'assemblent les officiers de justice. Gl. *Cohuœ.*

COI, Paisible, tranquille. Gl. *Coëtus*

*COICHES, Broussailles. L.

*COIEMENT, Doucement. L.

COIFFE, Soufflet. Gl. *Coifeta.* — COIFFETTE, Casque, ou espèce de calotte de fer et d'acier. Gl. *Coifeta.*

COIFFIERES, Marchand ou faiseur de *coiffes* à couvrir la tête. Gl. *Coifferius.*

*COIGEAU, Monceau. L.

COIGNER, Sceller, marquer avec un *coin* ou sceau. Gl. *Cognus,* 2.

COIGNIER, Coignassier ; quelquefois *Coigner.* Gl. *Coinus,* 1. — Battre, frapper monnaie. Gl. *Coniare.*

*COILART, Dissimulé. L.

*COILER, Celer, taire. L.

*COILIVER, Cultiver. L.

COILLAGE, Ce qu'un nouveau marié donnait à ses compagnons le jour de ses noces, pour qu'ils

COI

le laissassent coucher avec sa femme. Gl. *Culagium*.

COILLART, pour COULLART, Machine de guerre pour jeter de grosses pierres. Gl. *Coulevrina*.

COILLUT, Animal qui n'est pas coupé. Gl. *Coittum*.

COILYON, Aine. Gl. *Anguinalia*.

COIN, Sceau. Gl. *Cognus*, 2. — AVOIR COIN, Jouir du droit de battre monnaie. Gl. *Cuncus*, 2.

*COINGNER (SE), Se lancer. G.G.

COINT, Ajusté, paré; du verbe *Cointer*, dans le même sens. Gl. *Cointises* et *Consutitii*.

*COINTEMENT, Galamment. L.

*COINTER, Parer. L.

*COINTESTE, Rusée. L.

COINTISE, Discernement. Glos. *Cointises*. — COINTOIEMENT, Ajustement, parure, ornement Gl. *Cointises*.

COINTOIER, Orner, parer, ajuster. Gl. *Cointises*.

COINTOIER (SE), Se complaire à ce qu'on fait, s'écouter, être affecté. Gl. *Cointises*.

COIOIHERIE, p. e. pour COIRACHERIE ou COIROIHERIE, Tannerie, lieu où l'on prépare les cuirs. Gl. *Coiratorium*.

COIPEL, Copeau. Gl. *Coipellus*.

*COIRAUX, Bœufs engraissés. L.

*COIRS, Course, voyage. L.

*COIS, Choix. P.

COL

COISIER, Frapper, blesser. Glos. *Coisonum*.

COISIN, Coussin. Gl. *Coisinus*.

COISIR, Apercevoir, découvrir. Gl. *Choisire*.

COISONNER, Blâmer, faire des reproches. Gl. *Coisonum*.

*COISPEL, Gobelet. L.

COISSE, Droit de mesurage. Gl. *Cossa*, 1. [Cuisse. L.]

COISSER, COISSIER, Faire de la peine, incommoder. — COISSER TABOURS, Battre du tambour. Gl. *Coisonum*.

*COISSONNER, Réprimander. L.

*COIT, Tranquille. L.

COITE, Robe, sorte d'habit. Gl. *Coilta*. — A COITE D'ÉPERON, A toute bride. Gl. *Coisonum*.

*COITER, Courir. L.

COITEUS, Qui désire ardemment. Gl. *Coisonum*.

*COITIÉ, Empressé. L.

COITIER, Serrer, mettre à couvert. Gl. *Gagnagium*. — [Aiguillonner. G. V.]

COITIVER, Cultiver; d'où *Coitiveur*, Cultivateur, laboureur, et *Coitiveure*, Culture. Gl. *Cultivare* et *Cultura*, 1.

*COIVRE, Cuivre. L.

*COIZ, Testicule. L.

COJURE, Espèce de ceinture. Gl. sous *Gambeso*.

COL, Coup. Gl. *Colaphus*.

COL

COLACION, Harangue, discours. Gl. *Collatio*, 2.

*COLAFFE, Soufflet. L.

COLAICE, COLAISE, Coulisse, herse. Gl. *Colacius* et *Collissa porta*.

COLAYE, Charge, autant qu'on peut porter sur le cou. Gl. *Colerium*, 4.

COLE, Coule, habit de moine. Gl. *Coulla*. — Bile, humeur colérique. Gl. *Calidameya*.

COLÉE, COLEIE, Coup sur le cou, ou soufflet. Gl. *Alapa*, et *Colaphus*.

*COLER, Embrasser. L.

*COLÉRISER, Irriter. L.

*COLETIER, Courtier. L.

*COLEURER, Briller. L.

COLIER, Se livrer à la mélancolie, être de mauvaise humeur. Gl. *Coleria*, 3. — Sorte d'armure pour couvrir le cou, Gl. *Coleria*. — Charge qu'on porte au cou. Gl. *Colerium*, 4.

COLIERE, Croupière, ce qui passe sous la queue du cheval. Glos. *Culera*, 1.

*COLIEUX, Irrité. L.

*COLIN, Espèce de Corneille. L.

COLIS, Coulisse, herse. *Colacius*.

COLIVIRINIER, pour COULEVRINIER, Bombardier, de *Coulevrine*. Gl. *Pixidarii*.

COLLACE, Certaine quantité de terre cultivée. Gl. *Colacium*.

COLLATION, Assemblée d'après souper, pour conférer de quelque chose. — Harangue, discours. — Communication. Gl. *Collatio*.

*COLLAUDATION, Louange. L.

COLLECTAIRE, Livre d'église qui contient les collectes. Glos. *Collectarium*.

COLLECTER, Cueillir, lever les impositions. Gl. *Collectare*.

COLLECTIER, Sorte de métier à Bruges, p. e. Traiteur. Gl. *Collectarius*, 3.

COLLEGEAT, Boursier d'un collége. Gl. *Collegiati*.

*COLLÉGIÉ, Associé. L.

COLLETAGE, COLLETAIGE, Collecte, levée des tailles et impositions. Glos. *Collectio* sous *Collecta*, 1.

COLLETERE, Livre d'église qui contient les *Collectes*. Gl. *Collectarium*.

COLLIER, Charge qu'on porte au cou. Gl. *Colerium*, 4. — Carcan. Gl. *Colare*, 5.

COLLOGUI, Louage, convention. Gl. *Collogium*, 2.

COLOIER, Affecter certain mouvements du cou ou de la tête. Gl. *Colaphus*. — Être de mauvaise humeur, se livrer à la mélancolie. Gl. *Colera*, 3. — Donner des coups sur le cou, ou souffleter. Glos. *Colaphus*. [Cultiver. L.]

COLOIGNE, Quenouille. Glos. *Conucula*.

COLOMBEL, COLOMBEYS, Poteau,

COM

jambage d'une porte. Gl. *Columba*, 4.

COLOMIER, Colombier. Gl. *Colombarium*.

COLONIERE, La maison de celui qui cultive un champ. Gl. *Colonia* sous *Colonus*.

*COLP, Coup. R.

*COLPER, Couper. L.

COLUMBE, Poteau, jambage d'une porte. Gl. *Columba*, 4.

COLUME, Petit colombier, volet, fuie. Gl. *Calombarium*.

*COLUMEL, Herbe. L.

COLUNGE , Métairie , et p. e. Terre nouvellement défrichée. Gl. *Columgerius* et *Columgia*.

*COM, Cum, Comme. R.

COMAN , Grand seigneur d'un pays, comte. Gl. *Comes*, 2.

COMARQUE, Frontière. Gl. *Commarchia*.

COMBATEMENT, Attaque. Glos. *Combattere*.

COMBATEUX, Querelleur, agresseur. Gl. *Combattere*.

COMBE, Vallée enfermée entre deux montagnes. Gl. *Cumba*, 2.

COMBLE, Petite mesure, litron. Gl. *Comblus*, 1.

COMBLELLE, Diminutif de *Combe*, Petite vallée. Gl. *Cumba*, 2.

*COMBONNEUR, Recéleur. L.

COMBRE, Pêcherie faite de pieux fichés dans une rivière pour y étendre des filets et y prendre du poisson. Gl. *Cumbra*.

COMBRER, Empoigner, prendre avec force. Gl. *Combri*.

*COMBRESELLE, Culbute. L.

COMBRISEMENT , L'action de briser. Gl. *Tritio*.

COMBRISSABLE, Facile à briser, à écraser. Gl. *Tritile*.

*COME, Chevelure. L.

COMMANCZANT LE LETTRIN, Celui qui entonne au lutrin. Glos. *Incipere*, 3.

COMMANDACION, Droit qu'a le seigneur sur celui qui s'est mis sous sa protection. Glos. *Commandatio*, 2.

COMMANDE, Avertissement. Gl. *Mandatagium*. — Ce qu'on paye au seigneur pour le droit de protection qu'il accorde. — COMMANDIE, COMMANDITE, DONNER EN COMMANDE, etc. Donner pour un temps limité et à certaines conditions. *Commenda*.

COMMANDÉEUR, Certain officier d'un monastère. Gl. *Commendatorius*.

COMMANDEMENT , Procureur, celui qui agit au nom d'un autre. Gl. *Mendatum*, 3.

COMMANDER , Mettre sous la garde et protection d'un autre. Gl. sous *Commenda*, 3.

COMMANDIE. Gl. *Commenda*, 3. [Volonté, commandement, droit de fief. L.]

COMMANDISE, Commandement, ordre, jussion. Gl. *Commandesia*. — Dépôt. *Commanda*, 1.

COM

COMMANDITE, Voyez ci-dessus *Commande*.

COMMANT, Procureur, celui qui agit au nom d'un autre, officier subalterne de justice. Gl. *Mandatum*, 3. [Manant, habitant, ordre. L.]

*COMMARCHANNE, Contigue, limitrophe. L.

*COMMELURE, Mélange. L.

COMMEMORABLE, Mémorable, digne de mémoire. Gl. *Commemorare*.

COMMENCHAILLE, Commencement. Gl. *Definitio*.

COMMENDACES, Certaines prières pour les morts, différentes des vigiles ou de l'office des morts. Gl. *Commendationes*.

COMMENDISE, Ce qu'on paye au seigneur pour le droit de protection qu'il accorde. Gl. *Commendisa*.

*COMMENTION, Mention. L.

*COMMES, Commentaires. L.

*COMMESSATEUR, Qui aime la bonne chère. L.

*COMMESTIVES, Action de manger. L.

COMMETTRE, Encourir *commise*, manquer au devoir d'un vassal. Gl. *Committere*, 1.

COMMEUS, Emu. L.

*COMMINER, Menacer. L.

*COMMINUER, Broyer. L.

COMMISE, Confiscation d'un fief. Gl. *Commissio*, 2.

CHI

COMMISSAIRE, Exécuteur testamentaire. Gl. *Commissarii*.

*COMMISSEUR, Coupable. L.

*COMMON, Passage commun. L.

COMMUN, Droit que payent les communes au roi ou à leurs seigneurs pour leur établissement. — Octroi, imposition accordée en faveur d'une commune. Gl. sous *Commune*, 1.

COMMUNAL, COMMUNEL, Commun, uni de biens, d'amitié, d'intérêt. Gl. *Communalis*, 1.

COMMUNIER, Habitant ou officier d'une commune. Gl. *Communerius*.

COMMUNIQUER, Approcher. Gl. *Communicare*.

COMMUNISTE, Officier d'une ville ou de commune. Gl. *Communalis*, 1.

*COMPACTION, Pacte, L.

COMPAGNER, Être en commerce ou familiarité avec quelqu'un. Gl. *Companium*.

*COMPAIRER, Comparaître. L.

COMPAGNON D'ARMES, Celui avec qui on a fait la guerre. Glos. *Compagus*.

COMPAIGNABLE, Compagnon, jeune homme qui n'est pas marié. Gl. *Compagus*.

COMPAIGNE, pour Compagnie. Gl. *Compagna*. — BONNE COMPAIGNE, Femme d'un commerce aisé. Cl. *Companium*.

COMPAIGNER, Soutenir le parti de quelqu'un. — Accompagner, faire cortége. — Avoir com-

COM

merce avec une femme. Glos. *Companium*.

COMPAIGNIE, Association, communauté de biens. Glos. *Communio*, 8. — COMPAIGNIE FOLE, Commerce illicite avec une femme. Gl. *Companium*.

COMPAIGNON, Sorte de monnaie de Flandre. Gl. *Compaignonus*. COMPAIGNON DE CUISSE, Le concurrent du mari. *Companium*.

COMPAIN , Compagnon . Glos. *Companium*.

COMPAINGNON, Associé, copartageant. Gl. *Communio*, 8. — Titre que les abbés de Corbie donnaient aux prévôts, religieux de leur abbaye. Gl. *Compagus*.

COMPANAGE, Ce qu'on donne dans un repas au delà du pain et du vin. Gl. *Companagium*.

COMPARAGER , COMPARAGIER , Comparer, égaler. *Comparitas*.

COMPARANCE, Terme de droit, comparution. Gl. *Comparentia*.

COMPARER, Payer, être puni de quelque faute. Gl. *Comparare*, 3.

*COMPARTIR, Partager. L.

*COMPAS, Ordre. P.

*COMPASSÉ, Pressé. C. C.

*COMPASSERES , Ordonnateur. C. N.

*COMPECTER, Appartenir. L.

*COMPÉDITER, Attacher. L.

COMPEINS , Compagnon, mari. Gl. *Compar*.

COM

COMPELLIR , Contraindre. Gl. *Compellare*.

COMPENAGE, Dariole, sorte de pâtisserie. Gl. *Companagium*.

COMPENELLE, Ornement ou partie de la bride d'un cheval. Gl. *Scala*, 10. [Clochette. L.]

COMPERAUMENT. En compère. Gl. *Compaterniter* sous *Compater*.

*COMPESTER, Paître. L.

COMPIENG, Bourbier. Gl. *Compiegnium*.

COMPILATION, Cabale, Conspiration. Gl. *Compilatim*.

* COMPLAIGNEMENZ , Plaintes. C. N.

COMPLANT , COMPLENT , Terre cédée par le seigneur ou le propriétaire pour y planter des vignes, à la charge d'une redevance appelée aussi *Complant* et *Complanterie*. Gl. *Complanatum*, et *Complantagium* sous *Complantare*.

COMPLEXIONNÉ , en parlant d'un pays ; Qui est d'une certaine température. Gl. *Complexionatus*.

COMPLIR, Compléter, achever, finir, Gl. *Complere*, 2.

COMPORT, Proportion, rapport. Gl. *Comportus*.

COMPORTE, Vase propre à porter quelque chose. *Comportalitius*.

COMPORTER, Porter çà et là, colporter ; d'où *Comporteur*, Colporteur, petit marchand qui porte ses marchandises par la ville. Gl. *Comportare*.

COM

*COMPOS, Posture. L.

COMPOSER, Imposer, taxer. Gl. *Componere*, 2.

COMPOSITION , Sorte d'impôt. Gl. *Compositio.*

COMPOSITIONNER, Taxer une amende, ou en composer. Gl. *Compositio.*

COMPOSTE, Sorte de confiture, compote. Gl. *Compositarius.*

COMPOSTURE , COMPOTURE, Temps ou saison de l'engrais des terres. Gl. *Compostus.*

COMPOUST , Comput, supputation des temps. *Computus,* 1.

COMPREHENSABLE, Qui est sujet ou soumis à quelque chose. Gl. *Comprehendalis.*

COMPRENDRE , Admettre , se soumettre. Gl. *Comprehendalis.*

COMPRINS, COMPRIS, Enceinte. Gl. *Comprehendalis.*

COMPTAIGE, Ce qui est dû au *Compteur* du bois qu'on livre à l'acheteur. Gl. *Computator* sous *Computus,* 1.

COMPTE, pour Comte, le prévôt d'une confrérie. sous *Comes,* 2.

COMPTEUR, Trésorier. Gl. *Computator* sous *Computus,* 1.

COMPTOUER, Chambre ou cour des monnaies. *Computatorium.*

COMPTOUOIR, Comptoir, coffre ou cassette à enfermer de l'argent. Gl. *Computatorium.*

COMTÉ, Seigneurie, domaine. Gl. *Comitatus,* 4.

CON

*COMTINNE, Comtesse. L.

COMUN, Droit que les communes payent au roi ou à leurs seigneurs pour leur établissement. Gl. *Communis,* 2.

*COMVIAUX, Convoi, chemin. L.

CONARDS, Société ou confrérie établie à Rouen et à Évreux, qui se permettait beaucoup de plaisanteries. Glos. *Abbas Conardorum.*

*CONCATENÉ, Enchaîné. L.

*CONCEL (A), En secret. L.

CONCELER, Cacher, celer par fraude ; d'où *Concelement* , Fraude, l'action de celer. Glos. *Concelatio* sous *Concçilum.*

CONCEPTION, Idée, projet. Gl. *Conceptio,* 2.

*CONCEULZ, Conjuré. L.

*CONCEVEMENT, Conception C.N

CONCHELEÉMENT, Fraude, surprise ; du verbe *Concheler,* Celer, cacher. Gl. *Concelamentum* sous *Conceilum.*

CONCHET, pour COCHET, Présent en viande, vin, ou en argent, que donnait un nouveau marié à ses compagnons. Glos. *Cochetus,* 3.

CONCHIEMENT, Mélange d'une chose médiocre avec une bonne. Gl. *Concagatus.*

CONCHIER, Souiller, salir, barbouiller. Gl. *Babewynus, Concagatus.*

*CONCHIERE, Poltron. L.

CONCILE, Conseil, assemblée. —

CON

Synode , assemblée des curés d'un canton. sous *Concilium*,1.

*CONCION, Discours. L.

CONCISTOIRE, pour CONSISTOIRE Assemblée d'échevins. Gl. *Consistorium*, 4.

CONCITAIN , Concitoyen. Glos. *Concivium*.

*CONCITATEUR, Factieux. L.

*CONCITER, Exciter, L

*CONCLUS, Vaincu. R. R.

*CONCOUCHIER, Ebranler. L.

*CONCREANCE, Naissance. L.

*CONCREIRE, Confier. C. N.

*CONCREMER, Craindre. L.

CONCUBIN, Débauché, qui vit avec des concubines. Gl. *Concubinarius*.

CONCUEILLIR, CONCUILIR, Cueillir, ramasser. Gl. *Conciliare*.

*CONCULQUER, Fouler. L.

*CONDAT, Confluent. L.

CONDESCENDRE, SE CONDESCENDRE, Se soumettre. Gl. *Condescendere*, 1.

*CONDELIT, Volupté. L.

CONDIGNE, Proportionné. Glos. *Condignare*.

CONDIR, Accommoder, panser. Gl. *Cornetum*, 1.

CONDITION, Humeur. Gl. *Conditio*, 6. — PERSONNE DE CONDITION, Serf. Gl. *Conditionati*.

CONDITIONÉ, Qui est de *condition*, serf. Gl. *Conditionales*.

CON

CONDITIONNER, Stipuler, faire une convention, traiter des contions d'un accord. Glos. *Conditionare*.

CONDOL, CONDOT, La partie élevée d'une ornière ou sillon. Gl. *Condis*.

*CONDOLOIR, Compatir L.

*CONDONNER, Pardonner. L.

*CONDOSMER, Détruire. L.

CONDUCHER, Espèce de clerc de chanoine dans certaines églises ; dans d'autres, c'est un chanoine du second rang : on appelle aussi de ce nom, dans quelques prieurés dépendant de Saint-Victor de Marseille, un clerc ou prêtre qui est nourri et pensionné. Gl. *Conducharii* et *Conducherii*.

CONDUCT , CONDUICT, Maison, habitation. Gl. *Conductus*, 3.

CONDUCTIER, Officier militaire qui conduit une troupe. Glos. *Conductor*, 5.

CONDUIL, Charretier. Gl. *Conductor*, 1.

CONDUIS, Sorte de cantique. Gl. *Conductus*, 11.

CONDUISÉEUR, Curateur, procureur, celui qui conduit les affaires d'un pupille. Gl. *Conductor*, 6.

CONDUISEMENT, Conduit, canal. — Conduite, direction. Gl. *Conductus*, 4.

CONDUISEUR, Charretier, celui qui conduit des voitures. Glos. *Conductor*, 1.

CONDUIT, Droit pour la conduite

CON

ou le transport des marchandises d'un lieu à un autre. Glos. *Conductus*, 2. — Tuteur, curateur, celui qui conduit les affaires d'un pupille. *Conductor*, 6.

CONESSANT, Faire conessant, Faire connaître, faire savoir. Gl. *Marchio.*

CONESTABLESSE, La femme du connétable. Gl. *Conestabularia* sous *Comes*, 2.

*CONFABULATION , Conversation familière. L.

*CONFAIRE, Exécuter. L.

*CONFANON, Drapeau. G. V.

*CONFECT, Rempli. L.

*CONFECTER, Achever. L.

CONFERMANCHE , Confermement, Confirmation. Gl. *Confirmarius.*

CONFERMENT, Droit qu'on paye au seigneur pour la confirmation de quelque privilége. Glos. *Confirmarius.*

*CONFES , *Se faire confès*, Se confesser. G. L.

CONFESSION, Déposition, déclaration. — Homme de confession, Habitant d'une ville. Gl. *Confessio*, 8.

CONFICHIER, Confisquer Glos. *Confiscare.*

CONFLAERIE , pour Confrérie. Gl. *Confraria.*

*CONFLOU, Foule. L.

CONFOLER, Fouler, gâter avec les pieds. Gl. *Follare.*

CON

*CONFONDRE, Renverser. P.

CONFONNE, p. e. Bornage ; ou Consonne, p. e. Convention. Gl. *Confinare*, 2.

*CONFORS, Consolation. F. B.

CONFORTEMENT , Soulagement, consolation. Gl. *Confortamen.*

CONFRAIRIE, Association illicite, conspiration. Gl. *Confratria.*

CONFRARIE, pour Confrairie. Gl. *Confraria.*

CONFREMANCE , Confirmation. Gl. *Confirmarius.*

*CONFROISSER, Accabler. L.

*CONFUIR, Provoquer. L.

*CONFUTER, Réfuter. L.

CONGÉER, Donner congé, chasser, bannir. Gl. *Congeare.*

*CONGIÉ, Permission. F. B.

CONGLE, Ce qui joint les bœufs attachés à un chariot. — Pour Congre, poisson ressemblant à l'anguille. Gl. *Conjugla.*

*CONGOIR, Se réjouir. L.

CONGNOISSAMENT , Congnoissaument , Avec connaissance. Gl. *Cognitionaliter.*

CONGRÉER , Agréer ensemble, convenir. Gl. *Congreare.*

CONGRIER , Clôture faite de pieux dans une rivière, pour y retenir le poisson. *Cogrerium.*

CONGUISE, pour Conquise, Acquisition. Gl. *Conquerementum.*

CONHET, Petit couteau à cerner les noix. Gl. *Conhassa.*

CON

CONIL, Conin, Lapin. *Conillus.*

*CONILLER, Faire le poltron. L.

*CONJOIR, Congoir, Faire fête, caresser. G. L.

*CONJOUISSABLE, Affable. L.

*CONJOY, Caresse, faveur. L.

*CONJUR, Conjuration. F. B.

CONJURE, Sémonce, avertissement. Gl. *Conjuramentum* sous *Conjurare*, 2. — Assemblée des échevins et jurés d'une ville ou commune. Gl. *Conjuratio* sous *Conjurare*, 2.

CONJUREMENT, Espèce de sortilége en usage autrefois pour guérir une blessure. Glos. *Conjurium.*

CONJURER, Chasser, bannir. Gl. *Conjurare*, 3.

CONJUROISON, Conjuration. Gl. *Appensatus.*

*CONMU, Emotionné. P.

CONNESTABLE, Commandant des troupes qui sont en garnison. — Celui qui est chargé de l'administration de la justice dans une province ou une ville principale. — Sorte de commissaire pour la justice ou police. — Le chef d'une compagnie ou confrérie. Gl. sous *Comes*, 2.

*CONNESTABLIE, Bataillon. R.

*CONNILIER, Chenil. L.

CONNIN, Lapin. Gl. *Conillus.*

CONNINEUR, Le fermier, ou celui qui a la garde d'une garenne. Gl. *Conillus.*

*CONNIVER, Condescendre. L.

CON

CONNOILLE, Quenouille. Glos. *Conucula. Conoille.*

CONNOISSANCE, Bannière, habit de guerre armorié. Gl. *Cognitiones.*

CONOINGNOLE, Outil de tisserand, p. e. Quenouille. Glos. *Conuculo.*

*CONNAISSAUMENT, Franchement. L.

CONOPEU, Conopieu, Voile, rideau. Gl. *Conopeum.*

*CONPENELE, Sonnette. L.

CONQUE, Sorte de plat, ou ustensile de cuisine. Gl. *Concha,*1.

*CONQUEILLIR, Recueillir. R.

CONQUERIR, Saisir, enlever. Gl. *Conquœrere.*

CONQUEST, Profit, gain, avantage. Glos. *Conquestus*, sous *Conquestare.*

CONQUILLIR, Cueillir. Gl. *Conciliare.*

CONQUIS, Abáttu, découragé. Gl. *Conquisus.*

CONQUISE, Acquisition. Glos. *Conquerementum.*

CONRAER, Conréer, Préparer, arranger, parer, bien recevoir quelqu'un et le traiter. Glos. sous *Conredium.*

CONRASIER, Celui qui est chargé du soin de la table, dont l'office est appelé *Conraserie. Conresarius* sous *Conredium.*

CONRATIER, Corroyeur. Glos. *Conreatores.*

CONROI, Ordre, rang, troupe

CON

rangée. — Repas, droit de gîte. — Le droit de celui qui conduit des marchandises. Gl. sous *Conredium*.

CONRRYE, Clôture faite de pieux dans une rivière, pour y retenir le poisson. Gl. *Cogrerium*.

CONSAUL, Conseil, assemblée de juges. Gl. *Consilium*, 2.

CONSEGUIN, pour CREUSEQUIN, Coupe, gobelet, vaisseau à boire ou à autre usage. *Crusellus*, 1.

CONSEIL , Secret. Gloss. sous *Consiliare*.

CONSEILLER, Consulter. Glos. *Consiliare*.

CONSEILLIERS. Gl. *Major domus, Conseiller secret*. Gl. *Auricularius*, 1.

*CONSEIZ, Réglements. L.

*CONSENC, Cousin. L.

*CONSENCE, Accord, aide. L.

CONSENTEUR, Celui qui donne son consentement à quelque chose. Gl. *Consentanius*.

*CONSERTE, Conférence. L.

CONSEUL, METTRE A CONSEULX, Renvoyer à un plus ample informé. Gl. *Consilium*, 1.

CONCEUS, Projet, dessein. Glos. *Consilium*, 1.

*CONSIEVIR, Heurter. L.

*CONSIEVRER, Conserver. L.

*CONSIREE, CONSIR, Désir. L.

*CONSIRER, Considérer. L.

CON

CONSISTOIRE , Assemblée des États. Gl. *Consistorium*, 2.

*CONSOBRINE, Cousine. L.

CONSOLAT, Comté, ou juridiction d'échevins, qu'on appelait *Consuls*. Gl. *Consulatus*, 1.

CONSOLATION, Divertissement, récréation. Gl. *Consolatio*, 2.

CONSONNE, Voyez *Confonne*.

CONSSOUS, Échevin, officier de ville. Gl. *Consul*, 3.

CONSTRAIGNEMENT , CONSTRENTE, Contrainte. Gl. *Constringibilis*.

*CONSTUPRATION , Fornication. L.

*CONSUIVRE, Atteindre. L.

CONSULAT, Le lieu où s'assemblent les *consuls* ou échevins, hôtel de ville, l'office ou dignité de *Consul*. Gl. *Consulatus*, 6.

CONSUT, TOUTES SONT CONSUTES, Arrêtés, demeurés. Glos. *Consutitii*.

*CONTAGE, Contagion. L.

CONTAGIEUX, Sujet à différentes maladies, infirme. Gl. *Contagiatus*.

*CONTAMINER, Souiller. L.

*COMTEMNER, Mépriser. L.

CONTEMPLE, EN CE CONTEMPLE, En ce même temps. Gl. *Contemporalis*.

*CONTENANTE, Modeste. L.

*CONTENCER, Combattre. L.

CON

CONTENÇON, Contestation, dispute. *Intentio* sous *Intendere*, 9.

CONTENDRE, Tâcher, faire ses efforts. Gl. *Contendere*.

CONTENEMENT, État, revenu. Gl. *Continentia*, 3.

CONTENIR (SE), Se conduire. G.V

CONTENS, Contestation, dispute, procès. Gl. *Contentia*.

CONTENTOR, Terme latin usité dans les actes écrits en français, pour marquer que le droit de registre a été payé. *Contentor*.

*CONTEOR, Conteur. L.

CONTEST, Procès, querelle, contestation. Gl. *Contestus*.

CONTEUR, Avocat. Gl. *Advocati*.

CONTHORAL, Femme, épouse. Gl. *Conthoralis*.

*CONTICINE, De silence. L.

CONTIENNEMENT, Contenance, disposition. Gl. *Continentia*, 6.

*CONTINGENTEMENT, Fortuitement. L.

CONTINUE, Suivant, qui vient après. — Fièvre continue. Gl. *Continuare*, 2.

CONTINUENTÉ, Suite, continuité, dépendance d'une même chose. Gl. *Continuare*, 2.

*CONTIR, Se repentir. L.

CONTOUR, Conseiller, assemblée de conseillers ou juges. Glos. *Contorneriœ*. — Marguiller. Gl. *Custos*, 1.

CONTRABOUT, Fonds de terre qu'on donne pour sûreté d'une

CON

rente ou d'un cens dû sur un autre fonds. *Adboutamentum*.

CONTRACT MOBILIAIRE, Qui concerne les choses réputées meubles. Gl. *Contractio*.

CONTRAIER, Contracter. Glos. *Contrahere*, 2.

CONTRAIGNEMENT, Contrainte, violence. Gl. *Constringibilis*.

CONTRAINTISVEMENT, Par contrainte, par force. Gl. *Constringibilis*.

CONTRAIRE, subst. Ennemi, adversaire. Gl. *Contrarius*, 2. — Contracter. Gl. *Contrahere*, 2. [Contrariété. C. C.]

CONTRAIT, Contrat, convention. Gl. *Contractio*. — Contrefait, difforme, estropié. Gl. *Contractus*, 3.

*CONTRAITIER, Disputer. L.

CONTRAITURE, Contraction de nerf. Gl. *Contractoria domus*.

CONTRALIER, Contrarier, ne pas être de même avis. Gl. *Contrariari*.

CONTRAPLEGEMENT, CONTR'APPLEGEMENT, Caution que fournit le défendeur. Gl. *Applegiare* et *Contraplegiamentum* sous *Plegius*.

CONTRASTER, S'opposer. Glos. *Contrastare*.

*CONTR'ATENDRE, Attendre. P.

CONTRATEUR, Courtier. Glos. *Corraterius*.

CONTRE, Environ, vers. — A cause, pour. Gl. *Contra*, 4.

CON

CONTRE-ADVEU, Opposition à une demande ou complainte ; d'où *Contre-advouer*, Former cette opposition en justice et *Contre-advoueur*, Celui qui la forme. Gl. *Adveutum*.

CONTRE-APOIAL, Barre d'une porte, ce qui appuie. Gl. *Apodiamentum*.

CONTRE-AVANT, Auvent, contrevent. Gl. *Auventus*.

CONTRECENS, Fonds donné pour sûreté d'un cens dû sur un autre fonds. Glos. *Adboutamentum*.

* **CONTRECLAIN**, Récrimination. L.

CONTRECURÉE, Armure qui défend le ventre, les intestins. Gl. *Corata*.

CONTREDAIGNER, Répliquer, contredire. Gl. *Groussare*.

*CONTREDAINGNER, Daigner. G. G.

CONTREFERME, Serment fait en justice, pour affirmer son bon droit contre son adverse partie. Gl. sous *Firma*, 1.

CONTREFORCHIER, Résister, opposer la force à la force. Gl. *Fortia*, 2.

CONTREGAGE, Caution, nantissement. Gl. *Contragagiamentum* et *Contragagium*.

CONTREGAIGIER, User de représailles. Gl. *Contrayagium*.

*CONTREGARDER (SE), Se garder. F. B.

CONTREGUETTER, Veiller pour se garantir des insultes que quelqu'un cherche à nous faire. Gl. *Guaytare* sous *Wactœ*.

CONTREMANT, Excuse légitime pour ne pas comparaître en justice, proposée par un chargé de procuration, qu'on appelait *Contremanderes*. Gl. *Contramandare*.

*CONTREMONT, En haut. A.

CONTREMONTER, Gagner, augmenter, faire des progrès. Glos. *Montare*, 3.

CONTREPANT, Fonds de terre assigné pour sûreté d'une rente ou d'un cens dû sur un autre fonds. Gl. *Contravadium*.

CONTREPANER, p. e. pour CONTREPACTER, Faire compensation. Gl. *Contropatiq*.

CONTREPART, Partie adverse. Gl. *Contraria*.

CONTREPENSÉ, Réfléchi, médité. Gl. *Appensatus*.

CONTREPLEGE, Caution. Glos. *Contraplegiatio*. — Le répondant de la caution. Glos. *Contraplegii*.

CONTREPOIDS, CONTREPOISER. On pesait autrefois les malades, et surtout les enfants, devant les reliques des saints, qu'on réclamait pour leur guérison ; auxquels on offrait autant de blé ou d'autres choses que pesait le malade, ou bien l'on donnait l'équivalent en argent, ce qu'on appelait le *Contrepoids*. Gl. *Ponderare*, 1.

CONTRE-RABAT, Saillie de cheminée, le manteau. *Rabattere*.

CONTREROLEUR, Contrôleur. Gl. *Contrarotulator*.

CON

CONTREROLEUX, Critique, qui contrôle volontiers les actions d'autrui. Gl. *Contrarotulator.*

CONTRESTER, Résister, s'opposer. *Non Contrestant*, Nonobstant. Gl. *Contrastare.*

CONTRET, Contrefait, difforme, estropié. Gl. *Contractoria.*

CONTRETEMPESTE DE VENT, Ouragan. Gl. *Tempesta.*

CONTRETENEUR, Haute-contre. Gl. *Contratenens.*

CONTRETENIR, S'opposer, empêcher. — Contenir, modérer. Gl. *Contrastare.*

*CONTREVAL, En bas. C. N.

*CONTREVALOIR, Avoir même valeur. C. R.

CONTREVENCE, CONTREVANCEMENT, Vengeance, représailles. Gl. *Contravengia.*

CONTREVENGUER, Se venger, user de représailles. Gl. *Contravindicare.*

CONTROVERSION, Débat, différend. Gl. *Controversiones.*

*CONTREVIRER, Tourner. L.

*CONTRISE, Contradiction. L.

*CONTRISER, Battre. L.

*CONTRIULER, Ecraser. L.

*CONTROVAILLE, Fable. L.

*CONTUMÉLIE, Outrage. L.

CONTUMACION, Contumace, terme de pratique. *Contumacia.*

CONVAINCRE, Prendre, s'emparer, saisir; d'où *Convainerie,*

Saisie, l'action de prendre. Gl. *Convadium.*

CONVALOIR, Recouvrer la santé, être en convalescence. Glos. *Convalescentum.*

*CONVANT, Couvent. L.

CONVEANCE, Convention. Glos. *Convenantia.*

CONVENANCIER, S'engager à quelque chose par traité et convention. Gl. *Convenire*, 1.

CONVENANT, Convention, la chose convenue. *Mettre en Convenant*, Convenir, être d'accord. Gl. *Convenientum, Convenire*, 1, et *Convenium.*—Contenance, disposition. Gl. *Continantia*, 6.

CONVENCE, Convention. Glos. *Convenantia.*

CONVENEMENT, Convention par écrit. Gl. *Chirographum.*

CONVENENT, Marché, convention. Gl. *Convenium.*

CONVENIR, Appeler, citer en justice. Gl. *Convenire*, 2.

CONVENT, Accord, convention, engagement. Gl. *Convenium.*

CONVENTER, Faire une convention, convenir. Gl. *Convenire*, 1.

CONVERS, Converti, nouveau chrétien. — Repaire, retraite de bêtes farouches. *Conversio.*

*CONVERSE, Contraire. L.

CONVERSION, Habitude, liaison familiarité. Gl. *Conversio.*

CONVI, CONVIER, Repas, festin. Gl. *Convivium.*

*CONVICER, Injurier. L.

COP

***CONVIN**, Festin. L.

CONVINE, Façon de vivre, état, disposition d'une personne ou d'une chose, conspiration, projet. Gl. *Covina.*

CONVINTAILLE, p. e. pour Con-vinçaille, Convention, accord. Gl. *Conventia*, 1.

***CONVITIEUX**, Injurieux. L.

CONVITOIEMENT , pour Coin-toiement, Ajustement, parure, ornement. Gl. *Cointises.*

CONVIVE, Repas, festin. Glos. *Convivium.* — Convine ou Cou-vine, Contenance, disposition. Gl. *Covina.*

CONVOIER, Conduire, accompagner. D'où *Convoiement* et *Convoy*, Compagnie, cortége. Glos. *Conviare.*

***COOIGNOLE**, Piége. R. R.

COP, Prisée, estimation. — A Cop, Aussitôt, dans le moment. Gl. *Colpus*, 2. — Sorte de redevance en blé, qu'on payait à la mesure de ce même nom. Glos. *Cupa*, 4.

***COPAUT**, Cocu. L.

COPE, Certaine mesure de grain et de sel. Gl. *Copa*, 2.

COPEAU, Rigole, coupure, portion d'eau tirée d'une rivière. Gl. *Colpo.*

COPER les fermes, Les délivrer, les adjuger. Gl. *Copare*, 2.

COPER les harens, Sorte de jeu ou de divertissement qui se faisait à la fin du carême. Glos. *Copare*, 2.

COP

COPERE, Copereau , Mari qui souffre et favorise les infidélités de sa femme. Gl. *Copaudus.*

COPHE, Creux. Gl. *Cophrus.*

COPIE , Abondance, jouissance. Gl. *Copia.*

***COPIER**, Railler. L.

***COPITENANT**, Tenancier. L.

***COPLER (SE)**, S'accoupler. L.

COPOIER, Blâmer, accuser quelqu'un d'une faute. *Inculpare.*

COPON, Certaine mesure de grain. Gl. *Copponus.*

COPPAU, Mari qui souffre et favorise les infidélités de sa femme. Gl. *Copaudus.*

COPPE, Sorte de péage. Gl. *Copa*, 5. — Haut, sommet, cime. Gl. *Copa*, 4.

COPPÉE , Certaine mesure de grain. Gl. *Copata.*

COPPEGORGE , Coppegorgias , Dague, poignard. *Copagorgius.*

COPPE-LE-TESTE, Avoir coppe-le-teste, Avoir le cou coupé. Gl. *Copagorgius.*

COPPETE, Petite coupe, tasse. Gl. *Coppetella.*

COPPETER, Copter, faire battre le battant d'une cloche seulement d'un côté. Glos. *Missa copetata.*

COPPON, Tronçon, morceau. — Coupure ou pièce d'eau provenant d'une rivière, étang, etc. Gl. *Colpo.* — Bougie, chandelle de cire. Gl. *Copallus.*

COQ

COPPUIEZ, *Coppuis*, p. e. Le droit de couper les rejets des arbres. Gl. *Copellus*, 2.

*COPULER, Réunir. L.

COQ DE PAROISSE, Celui qui domine avec dureté et qui vexe ses semblables. Gl. *Gallus*.

COQUART, Mari dont la femme est infidèle, sot, nigaud. Glos. *Coquibus*.

COQUE, Sorte de bateau ou vaisseau. Gl. *Coccha*. — Espèce de cerceau. Gl. *Cerchium*.

COQUEBERS, *Coquebin*, Sot, nigaud, impertinent. Gl.*Coquibus*.

COQUELOOTE, Pierre blanche taillée en forme d'œuf, qu'on met sous les poules pour les accoutumer à couver. Glos. *Cubare ova*.

COQUELUCHE, Coqueluchon, ce qui couvre la tête ; d'où *Coquelucher*, Celui qui porte un coqueluchon. *Abbas*, et *Coqucia*.

*COQUER, Heurter. L.

COQUERELLE, Celle qui garde des dames chanoinesses de Remiremont depuis l'extrême-onction jusqu'à leur enterrement, dans les Mémoires de la Houssaie, tom. 1, pag. 9.

COQUET, Caque, petit baril. Gl. *Caquus*. — Petit bateau en forme de coquille, nacelle. Gl. *Coccha*, et *Cochetus* sous *Cogo*. — Présent en viande, vin, ou en argent, qu'un nouveau marié donnait à ses compagnons. Gl. *Cochetus*, 3.

COQUIBUS, Coqueluchon. Glos. *Coquibus*.

COR

COQUILLARD, Mari dont la femme est infidèle, sot, nigaud. Gl. *Coquibus*.

COQUILLE, Sorte de chaperon ou coiffure en forme de coquille. Gl. *Coquibus*.

COQUIN, Mendiant ; d'où *Coquiner*, Mendier, et *Coquinerie*, Métier de mendiant. *Coquinus*.

COQUON, JEU DE COQUON. Gloss. *Cucho*.

COQUSSE, Coqueluchon. Gloss. *Coqucia*.

COR, Extrémité. — Cormier. — Choix.

*CORAGE, Cœur. L.

*CORAIGEUS, Rancunier. L.

CORAILLE, Intestins, entrailles, boyaux. Gl. *Corralum*, 1.

CORAL, Chêne. Gl. *Corallus*.

*CORAME, Cuir. L.

*CORB, Corbeau. L.

CORBAN, Couchant, habitant. Gl. *Cubantes*.

CORBARAN, Trésor, lieu où l'on garde le trésor. Gl. *Corbona*.

CORBAU, Sorte de poisson. Glos. *Coracinus*.

CORBEILLOGNEUR, Faiseur de corbeilles. Gl. *Corbio*.

CORBEILLONNÉE, *Corbellonnée*, Corbeillée, une corbeille pleine de quelque chose. Glos. *Corbellatd*.

*CORBER, Renverser. L.

CORBESSON, Joug, morceau de

COR

bois courbé où l'on attèle les bœufs. Gl. *Corba*, 3.

CORBET, Instrument de fer propre à couper du bois, serpe. Gl. *Corba*, 3.

CORBETE, Ornement de selle de cheval. Gl. *Corba*, 3.

CORBIERE, p. e. Lieu fermé de claies. Gl. *Corbitaria*.

CORBILLIER, Chanoine qui n'a qu'une demi-prébende dans l'église d'Angers. Gl. *Corbecula*.

*CORBINER, Dérober. L.

CORBISIER, Marchand de corbeilles, ou celui qui porte sa marchandise dans une corbeille ou balle. Gl. *Corbio*.

CORCIÉ, Battu, maltraité. Glos. *Cabulus*. [Courroucé. A.]

*CORCION, Enfant naturel. L.

CORDAGE, CORDAIGE, Droit sur les marchandises mesurées à la corde. Gl. *Cordagium*, 2.

*CORDAGÉ, Magie, cabale. L.

CORDAIL, CORDAILLES, Corde, cordages d'un vaisseau. Glos. *Cordagium*, 1.

CORDE, Sorte de mesure pour les terres. Gl. *Corda*, 1.

*CORDÉ, Étoffe commune de laine. R. G.

*CORDÉIS, Sangles. P.

CORDER, Former le cordon d'un bâtiment, soit en pierres, soit en bois. Gl. *Cordonus*.

CORDIC, Corde ou lice d'un champ clos. Gl. *Corda*, 5.

COR

CORDOAN, CORDOUAN, Espèce de cuir qui vient de Cordoue. Gl. *Cordebisus*.

CORDOANNIER, CORDOUANNIER, Celui qui prépare ou emploie le cuir appelé *Cordoan*. Gloss. *Cordebisus*.

CORDON, Soliveau du cordon d'une charpente. Gl. *Cordonus*.

CORDURIER, Couturier, tailleur. Gl. *Cordurieyra*.

CORE, p. e. Cornet à encre. Gl. *Coreus*. — Juridiction des *Coremans* ou juges des causes civiles, et échevins. Gl. *Chora*.

CORÉE, Intestins, entrailles, boyaux. Gl. *Corata*.

*CORÉOR, Coureurs. L.

CORER, p. e. Collier. Gl. *Corea*.

CORET, p. e. L'ouverture du cornet à encre. Gl. *Coreus*.

COREUMENT, Cordialement, de tout le cœur. Gl. *Cordialiter*.

COREUX, Qui fait soulever le cœur, qui cause des nausées. Gl. *Cordia*, 3.

CORGE, Espèce de bâton ou d'arme offensive. Gl. *Corgo*.

*CORGIÉ, Fouet. L.

CORGOSSON, Calendre. Gl. *Curculiunculus*.

CORIAL, Chantre, clerc, ou prêtre chantant au chœur, enfant de chœur. Gl. *Choralis*.

CORIER, Celui qui fait ou vend des courroies. Gl. *Coriarius*, 2.

CORIERS, Échevins, juges des causes civiles. Gl. *Cora*.

COR

CORINE, Colère, mauvaise humeur, dépit. Gl. *Corina.*

CORLIEUS, Courrier, messager. Gl. *Corerius,* 1.

*CORN, Cor. C. N.

*CORNABUS, Bête à cornes. R. R.

CORNAGE, Redevance en grains pour les bêtes à cornes. — TENIR PAR CORNAGE, A charge d'avertir par le son du cornet des irruptions que tenteraient les ennemis sur la terre de son seigneur. Gl. *Cornagium.*

CORNARDIE, Condition, qualité de l'homme dont la femme est infidèle. Gl. *Coquibus.*

CORNART, Mari dont la femme est infidèle. Gl. *Cornu,* 8.

CORNAU, Quartier, canton. Gl. *Cornale.*

CORNAY, p. e. Le temps où se payait la redevance appelée *Cornage.* Gl. *Cornagium.*

CORNE, CORNERE, Extrémité de quelque chose qui finit en pointe. Gl. *Cornu,* 6.

CORNEBER, Certain outil de tisserand. Gl. *Conucula.*

CORNÉER, Tympaniser, blâmer quelqu'un en public. Gloss. *Cornare,* 2.

*CORNEL, Créneau. L.

CORNEMUSEUR, Joueur de *cornemuse,* farceur, comédien ; et *Cornemusaresse,* Femme qui fait le même métier. Gl. *Cornamusator.*

CORNER, Jouer du cornet. Glos. *Cornare* et *Cornator.*

CORNERIE, L'action de sonner du cor. Gl. *Cornare,* 1.

CORNET, Coin, angle. — Pointe. — Lieu retiré, caché. — La partie de la tête qu'on appelle temple. Gl. *Cornetum,* 1.

CORNETE, Vêtement et ornement de tête pour les hommes et les femmes. Gl. *Corneta.*

CORNETEAU, Redevance en grains pour les bêtes à cornes. Gl. *Cornagium.*

CORNEUR, Joueur de cornemuse, farceur, comédien. Gl. *Cornamusator.*

CORNIART, Cornet, espèce de trompette. Gl. *Corneta.*

CORNIER, Angulaire, qui fait le coin. Gl. *Corneirus.*

CORNIERE, Coin, extrémité de quelque chose. Gl. *Cornetum,* 1. — Vêtement et ornement de tête, comme *Cornete.* Gloss. *Corneta.*

CORNU, Sorte de monnaie de France et d'autres pays. Gloss. *Cornutus,* 3.

CORNUDE, Espèce de seau ou vase à deux anses. Gl. *Cornua,* 2.

CORNUDEAU, Échaudé, gâteau fait en forme triangulaire. Glos. *Cornuta,* 2.

CORNUE, Espèce de seau ou vase à deux anses. Gl. *Cornuda.*

CORNUEL, Espèce de massue, bâton armé de pointes. Glos. *Cornuda.*

CORNUYAU, Échaudé, gâteau fait en forme triangulaire. Gloss. *Cornuta,* 2.

COR

COROÉ, Corvée, servitude corporelle qu'un vassal doit à son seigneur. Gl. *Coroada.*

CORON, Coin, encoignure. Gloss. *Coronnus.*

CORONNÉ, Clerc, tonsuré. Glos. *Corona clericalis.*

COROYETTE, Petite ceinture. Gl. *Corrigiola.*

CORP, Corbeau, espèce de poisson. Gl. *Coracinus.*

CORPE, Faute, crime ; d'où *Corper*, Commettre une faute, faire un crime. Gl. *Culpare.*

CORPEL, Poignée d'une épée. Gl. *Corpellus.*

CORPORALIER, Boîte où l'on serre les corporaux. *Corporale.*

CORPORALLIER, Ciboire, vase sacré où l'on conserve le corps de N. S. Gl. *Corporale.*

CORPORER, Donner du corps, engraisser. Gl. *Corporare,* 1.

CORPOREUS, Corporu, Puissant, robuste qui a de l'embonpoint, grand et gros. Gl. *Corporosus.*

CORPS DE NOTRE SEIGNEUR, Le saint sacrifice de la messe. Gl. *Corpus Christi.* — Deuil, funérailles. *Corps naturel,* Cadavre. *Feste d'un Corps,* Repas qu'on donnait à ceux qui avaient assisté à un enterrement. Glos. sous *Corpus.*

CORRAGE, Sorte de redevance ou impôt. Gl. *Coragium,* 3.

CORRATIER, Courtier, maquignon. Gl. *Corratarius.*

CORRE, Verrou. R. R.

COR

***CORRER**, Couler. L.

CORRIGEMENT, Correction, avertissement. Gl. *Correctio.*

CORROIE, Corvée, servitude corporelle qu'un vassal doit à son seigneur. Gl. *Coroada.*

CORRORE, Corrompre, suborner, séduire. Gl. *Corrumpere.*

***CORROT**, Courroux. L.

CORRUGIER, Corriger, punir, châtier. Gl. *Correctio.*

CORRUMPEMENT, Défloration d'une fille. Gl. *Corrumpere.*

CORRUMPRE, Abolir, annuler ; d'où apparemment *Corrumpre nature,* pour signifier les effets trop prompts d'un tempérament très-vif dans l'action du mariage. Gl. *Corrumpere.*

***CORRUNGIER**, Ronger. L.

***CORRUP**, Corrompu. L.

CORRUPTER, Violer, déflorer. Gl. *Corrumpere.*

***CORRUSCATION**, Eclair. L.

CORRUSION, Corrosion, dépravation. Gl. *Corrosio.*

***CORRUSQUER**, Briller. L.

***CORS**, Cours. — Corps. R.

CORSABLEMENT, Communément, assez ordinairement. Gl. *Cursorie,* 2.

CORSETIERE, Petit sac, ou bourse. Gl. *Corsatus.*

CORSIERE, Galerie, chemin des rondes. Gl. *Corseria.*

COS

CORSON, Cours de ventre. Glos. *Continuare*, 2.

*CORSOR, Coulant. L.

CORSSIN, Corsin, Banquier. Gl. *Caorcini*.

*CORSUS, Gras ,gros. L.

*CORT, Court. L.

CORTE-LAINGUE , Languedoc. Gl. *Lingua*.

CORTIBAUT, Vêtement d'église, sorte de dalmatique. Gl. *Curcinbaldus*.

*CORTIL, Jardin, verger. R.

CORTILLAGE , Jardin, potager, verger. Gl. *Cortillagium*.

CORTINER , Orner un lieu de tapisseries. Gl. *Incortinare*.

*CORTIEUS, Courtois. L.

*CORTOIER,Résider à la cour.L.

CORTOISIEN, Terme injurieux, p. e. Voleur de *courtils* ou potagers. Gl. *Curtillarius* sous *Cortis*, 1.

CORVAGE , Corvaige, Corveyrac, Le droit d'exiger des corvées. *Corruagia* et *Corvagium*.

CORVOISIER , Cordonnier qui emploie de vieux cuirs, dont le métier s'appelle *Corvoiserie*. Gl. *Corvesarii*.

COS, Cos fendans,Coups de taille. Gl. *Ictus*.

COSEL, Chaumière, maisonnette. Gl. *Coscez*.

COSER, Gronder, faire des réprimandes. Gloss. *Causare* sous *Causa*, 4.

COS

COSINAIGE, Parenté. *Cosinus*.

COSINE, Mets apprêté à la cuisine. Gl. *Coquina*.

*COSME, Chevelure. L.

COSSOUS, Courtier, maquignon. Gl. *Corratarius*.

COSTAGE, Coût, frais, dépens. Gl. *Costagium* sous *Custus*, 1.

COSTE , Cotte, sorte d'habillement militaire. Gl. *Cota*, 1. — Panier, corbeille. Gl. *Costa*, 5.

COSTÉER, Côtoyer, être au côté ou au long de quelque chose. — Qui est de même sang, issu de même race. Gl. *Costa*, 2.

COSTEMENT , Coût, frais, dépens. Gl. *Constamentum* sous *Custus*, 1.

COSTENT, Certaine mesure. Gl. *Costerellum*.

*COSTER, Coûter. L.

COSTERÉ, Espèce de vaisseau ou hotte pour la vendange. Gloss. *Costerellum*.

COSTEREAUX,Brigands, pillards. Gl. *Coterelli*.

COSTERET, Sorte de mesure de vin, ou d'autre liqueur. Gloss. *Costerellum*.

COSTERIE, Voyez ci-après Costre.

COSTET, Manche ou bras d'une civière. Gl. *Costerium*, 1.

COSTIERE, Côte maritime. Glos. *Costera*.

*COSTIZ, Coteau. C. N.

COSTRE, Coin. Gl. *Costris*. —

COT

Coutre, trésorier, dont l'office ou dignité se nommait *Costerie.* Gl. *Custodia,* 9.

COSTUMEL, Redevance établie de temps immémorial. Gl. *Costumia* sous *Consuetudo,* 4.

*COSTUTÉ, Constipé. L.

COTAGE, Terre roturière. Glos. *Cotagium.* sous *Cota,* 2.

COTAIGE, Cens cotaige, Surcens. Gl. *Census.*

COTE, Gens de cote, Ceux qui tiennent en *cotage* ou roture, à charge de cens, services et corvées. *Cotmanni* sous *Cota,* 2.

COTE-HARDIE, Cotelle, Sorte de vêtement commun aux hommes et aux femmes. Gl. *Cotardia* et *Cotella* sous *Cota,* 1.

COTELLETTE, Petite cotte, diminutif de *Cotelle.* Gl. *Cotella* sous *Cotta,* 1.

COTEREL, Coteriau, Espèce de grand couteau, ou épée. Gloss. *Costalarius* et *Coterelli.* [Bandit. C. N.]

COTERIE, Tenir en coterie, Posséder en roture, à charge de cens, services et corvées. Gloss. *Coteria.*

COTHIDIAN, Ce qui est d'un usage journalier. Gl. *Cotidiana.*

COTIDIANNEMENT, Chaque jour. Gl. *Cotidie.*

COTIELLE, Cotte, sorte de vêtement commun aux hommes et aux femmes. Gl. *Cotella* sous *Cota,* 1.

COTIER, Celui qui tient en *cotage* ou roture. *Juge Cotier,* Celui

COU

qui connaît des délits commis dans les blés, vignes, etc. Glos. *Cotarius* sous *Cota,* 2, et *Coterius.*

COTIN, Chaumière, cabane. Gl. *Cota,* 2.

COTIR, Cogner, battre. *Costris.*

COTTE-HARDIE, Cottelle, Sorte de vêtement commun aux hommes et aux femmes. Gl. *Cotardia* et *Cotella* sous *Cota,* 1.

COTTEREL , Espèce de grand couteau, ou épée. Gl. *Coterelli.*

COTTERIE, Roture. Gl. *Coteria.*

COTTIER. Cens cottier, Surcens. Gl. *Cotagius* sous *Cota,* 2.

COTU, Qui a plusieurs coins ou angles. Gl. *Cotulosus.*

COUAGE, Sorte de droit sur les vaisseaux qui portent des marchandises. Gl. *Couagium.*

COUANE, Fiente, excrément. Gl. *Fronssatus.*

COUARD, Lâche, poltron. Gloss. *Caudatus.*

COUARDEMENT, Avec timidité, avec crainte. Gl. *Caudatus.*

COUARDER, Agir en lâche, se comporter en poltron. Gloss. *Caudatus.*

COUARLLIER , Tasse, gobelet, vase à boire. Gl. *Caillier.*

COUARZ, Certains serfs qui devaient un cens seigneurial. Gl. *Caudatus.*

COUBLE, p. e. Solive, ou sorte de filet. Gl. *Coble.*

COU

COUBRER, Prendre, saisir, s'emparer. Gl. *Cobrare.*

COUCHET , Présent en viande, vin, ou en argent, qu'un nouveau marié donnait à ses compagnons. Gl. *Cochetus,* 3.

COUCUOL, Mari dont la femme est infidèle. Gl. *Cucullus,* 2.

COUDÉE, Lien, ce qui sert à attacher ; d'où *Couder,* Lier, attacher : ou p. e. Poignée, autant que la main peut contenir. Gl. *Cubitare,* 1.

COUDERC, Pâturage commun. Gl. *Coudercum.*

COUDIERE, La partie de l'habit qui couvre le coude. Glos. *Cubitale,* 2.

COUDOULÉ , Petit caillou , en provençal. Gl. *Cotulosus.*

COUDRIER, pour *Poudrier,* Plume pourrie et gâtée. Gloss. *Coudreia.*

*COUEIGNE, Chignon. R. R.

COUERS, Mari qui souffre et favorise les infidélités de sa femme. Gl. *Copaudus.*

COUET, Espèce de bonnet. Gloss. *Cahouetus.*

COUETTE, Paillasse. Gl. *Cottum.*

COUFFOURT, COUFORT, Sorte de bâton ferré, demi-glaive, javelot. Gl. *Gaverlotus.*

COUGOT, Cagot, sot. Gl. *Cugus.*

COUGOURDE, COUHOURDE, Courge. Gl. *Cucurbita,* 1.

COUILLETTE. COUTEAU A COUILLETTES. Gl. sous *Cultellus.*

COU

*COULABLE, Volage. L.

COULAT, Alose, à Bordeaux. Gl. *Alosa.*

COULDIER, La partie de l'habit qui couvre le coude. Glos. *Cubitale,* 2.

*COULE, Froc. C. N.

COULEICE, Coulisse, herse. Gl. *Colisa porta.*

COULEIS, Ce qui est à coulisse. Gl. *Colacius.*

COULETIER, Courtier. Gl. *Corratarius.*

COULIN, Mal lu pour *Tonliu,* Droit sur les denrées et marchandises. Gl. *Coulerum.*

COULIS, Inondation , débordement d'eaux. Gl. *Colare,* 2.

COULLAGE, COULLAIGE, Présent en viande, vin, ou en argent, qu'un nouveau marié donnait à ses compagnons, pour qu'ils lui laissassent la liberté de coucher avec sa femme. Gl. *Culagium.*

COULLART, Machine de guerre qui jetait de grosses pierres. Gl. *Coulevrina.*

COULLETAIGE, Courtage, l'office ou le droit d'un courtier. Glos. *Corratagium.*

COULLETE, COUTEAU A COULETE. Gl. sous *Cultellus.*

COULLIER, Lâche, poltron, sans cœur. Gl. *Caudatus.*

COULLU, Animal qui n'est pas coupé. Gl. *Coittum.*

COULOMBAGE, BOIS A COULOMBAGE, Celui qui est propre à

COU

faire des poteaux et jambages de portes, qu'on appelait *Coulombes*, *Coulombis* et *Coulomeaux*. Gl. *Columba*, 4.

*COULON, Pigeon. L.

COULOT, Conduit par où l'eau s'écoule. Gl. *Colare*, 2.

COULPER, Accuser. L.

COULTRERIE, Office de *Coultre*, sacristain et clerc de paroisse. Gl. *Coulter*.

COUNTE, pour Comte. Glos. *Indentura*.

COUPAULE, Coupable. Gl. *Culpabilis*.

COUPAUT, Mari qui souffre et favorise les infidélités de sa femme. Gl. *Copaudus*.

*COUPE, Faute. C. N.

COUPEL, Le haut d'un arbre, les branches. Gl. *Copa*, 4.

COUPEREAU, Mari qui souffre et favorise les infidélités de sa femme. Gl. *Copaudus*.

COUPERON, Coupet, Cime, la partie la plus élevée d'une montagne. Gl. *Copa*, 4.

COUPET, Chignon, partie du derrière du cou. Gl. *Cervix*.

*COUPIERS, Echanson. L.

COUPLEL, Couple, lien dont on couple les chiens. Gl. *Copula*, 1.

COUPLER. Se coupler sur quelqu'un, Se jeter sur lui avec violence, l'embrasser pour le renverser. Gl. *Acouplare*.

COUPLET, Le haut-de-la tête. Gl.

Copa, 4. — Charnière. Gloss. *Copula*, 1.

COUPOIER, Blâmer, accuser d'une faute. Gl. *Inculpare*.

COUPON , Certaine mesure de grain. Gl. *Copponus*. — Certaine quantité de quelque chose. Gl. *Copallus*.

COUPPAUT, Mari qui souffre et favorise les infidélités de sa femme. Gl. *Copaudus*.

COUPPE , Certaine mesure de terre. Gl. *Copata*.

COUPPEAU, Gâteau de miel. Gl. *Besana*, 1.

COUPPERÉ , Couppereau, Mari qui souffre et favorise les infidélités de sa femme. Gloss. *Copaudus*.

COUPPIER, Coupeau, branchage. Gl. *Copellus*, 2.

COUPPLE, Lien qui tient deux choses jointes ensemble. Gloss. *Copata*, 1.

COUPPLES, Droit d'amarrage. Gl. *Copula*, 1.

COUQUAGE, Couchage ; du verbe *Couquer*, pour Coucher. Gloss. *Couquacium*.

COUQUIOL, Mari dont la femme est infidèle. Gl. *Cucullus*, 2.

COURAGE, Dignité, rang, condition. Gl. *Coragium*, 2.

COURAGEUX, Fier, hautain, orgueilleux. Gl. *Coragium*, 2.

COURAIGE, Fâché, irrité, qui est en colère. Gl. *Coragium*, 2.

COURANCE, Courant d'eau. Gl. *Corratorium*.

COU

COURATIER, Courtier, celui qui se mêle de faire vendre les marchandises. Gl. *Corraterius.*

COURATIERE, Entremetteuse. L.

COURAU, p. e. Corail. Gl. *Corelhare.*

COURAUX, Vaisseaux légers. Gl. *Cursoriæ.*

*COURBASSÉ, Voûté. L.

COURBEIL, COURBET, Serpe. Gl. *Corba, 3.*

*COURCELLE, Petite cour. L.

COURCET, Sorte de coiffure de femmes. Gl. *Corcellus.*

*COURCEUR, Colérique. L.

*COURCIBOT, Homme gros et court. L.

*COURCIE, Galère. L.

COURCIERE, Petite cour entourée d'étables et autres bâtiments rustiques. Gl. *Courceria.*

COURÉE, Intestins, entrailles, boyaux. Gl. *Corata.*

COUREGE, Courroie. *Correseyria*

COUREIER, Juge ordinaire d'un seigneur. Gl. *Correrarius.*

COURGÉE, Ce que contiennent deux seaux qu'on porte ordinairement avec une courge. Glos. *Corgo.*

COURGNON, Espèce de nasse. Gl. *Bertavellus.*

COURLONGE, Droit de gîte. Gl. *Correium.*

COURON, Coin, encoignure. Gl. *Coronnus.*

COU

COURONNATION, Couronnement la cérémonie de couronner un roi. Gl. *Corona.*

COURONNE, Tonsure des clercs; d'où ils étaient appelés *couronnés.* — Ornement de tête, commun aux hommes et aux femmes. Gl. sous *Corona.*

COUROYE, Courant d'eau. Gloss. *Corratorium.*

COURPE, pour Coup, mauvais traitement. Gl. *Culpa.*

COURRATAGE, Courtage, droit de courtier. Gl. *Corratagium.*

COURRATERIE, Office, charge de courtier. Gl. *Corrateria, 1.*

COURRE, Câble, grosse corde. Gl. *Curreia.*

COURREACIER, Courroucer. Gl. *Infenderc.*

COURREIL, Verrou. Gl. *Corale,1.*

COURREOUR, Corroyeur. Gloss. *Conreutores.*

COURRERIE, Course de gens de guerre, incursion. Gl. *Corsa.*

COURRESEUSEMENT, Avec colère. Gl. *Coragium, 2.*

COURRETAGE, Courtage, droit de courtier. Gl. *Courretagium.*

COURRIER, Celui qui chante l'office divin. Gl. *Cursus, 2.* — Juge ordinaire d'un seigneur. Gl. *Correrarius.*

COURROIE, Petit sac, bougette, porte-manteau. Gl. *Corrigia, 3.*

COURROIER, Ceinturier, celui qui fait et vend des *courroies* ou ceintures. Gl. *Coriarius, 2.*

COU

COURROIL, Verrou. *Corale*, 1.

COURROUCER , Courroucier , Frapper, battre, maltraiter. Gl. *Coragium*, 2.

COURS, Service de table. Gloss. *Cursus*, 9.

COURSABLEMENT , Communément, assez ordinairement. Gl. *Cursorie*, 2.

COURSEL, Tombereau, brouette. Gl. *Curellus*, 1.

COURSIERE , Galerie , chemin des rondes. Gl. *Corsseria*.

COURSSON, Cours de ventre. Gl. *Continuare*, 2.

COURT, Juridiction, ressort. Gl. *Curia*, 4.

COURTE-HEUSE , Surnom de Robert, comte de Normandie, fils de Guillaume le Bâtard, à cause de sa taille grosse et courte. Gl. *Brevisocrea*.

COURTELLER, Jardinier. Gloss. *Ortilio*.

*COURTERESSE, Insolvabilité. L.

COURTIBAULT , Vêtement d'église, sorte de dalmatique. Gl. *Curcinbaldus*.

COURTIL, Jardin, potager, verger. Gl. *Curtile* sous *Cortis*, 1.

COURTILAGE , Courtilaige , Courtillage, Jardin, potager, verger, les fruits qui y croissent. Gloss. *Cortilagium* sous *Cortis*, 1.

COURTILLEUR, Celui qui cultive un *Courtil*, jardinier. Gl. *Curtilarius* sous *Cortis*, 1.

COU

COURTILLIER , Office monastique, celui qui est chargé du soin des *courtils* ou potagers, et de fournir les légumes nécessaires. — Celui qui tient en *courtillage*, ou à la charge de se trouver à la cour et aux assises de son seigneur. Gloss. *Curtilarius* ou *Cortis*, 1.

COURTILLIÈRE, Jardin potager ; ou Jardinière. Gl. *Ceparia*, 2.

COURTOIS, Courtisan. Gl. *Corthesanus*.

COURTOISIEN , Seigneur de Courtray. Gl. *Cortisani* sous *Cortis*, 1.

COURVAGE, Le droit d'exiger des corvées ; ou ce qu'on paye pour en être exempt. Glos. *Corvagium*.

COURVÉE, Certaine mesure des terres. Gl. *Corvata*. — Sorte de jeu, ou de combat simulé. Gl. *Corvchia*.

COURVOISIER, Cordonnier qui emploie de vieux cuirs, dont le métier s'appelait *Courvoiserie*. Gl. *Corvesarii*.

*COUS, Cuisiniers. C. R. Cocu. R.

COUSEL, Tenir en cousel, Posséder en roture, à charge de cens, services et corvées. Glos. *Coteria*.

COUSIN, Fraireur, Cousin germain. *Cousin en autre* ou *second*, Cousin issu de germain. *Cousin en tiers*, Cousin au troisième degré. Gl. *Cosinus*.

COUSINANMENT, Comme cousin, en parent. Gl. *Attinenter*.

COUSOIL, Dire a cousoil, En

COU

secret, à l'oreille. Glos. Consilium, 1.

COUSSER, Coite, matelas, lit de
plume. Gl. Cottum.

COUSTAGE , Coustange, Coût,
frais, dépens. Gl. Costengia et
Constangium sous Custus, 1.

COUSTANGÉ, Celui qui souffre
des cousts et dépens extraordinaires. Gl. Constangiatus.

COUSTE, Coite, matelas, lit de
plume.Gl. Couta, 1.— Coude P.

COUSTELESSE , Coutelas , poignard. Gl. Coutelarius.

COUSTELET, Petit couteau. Gl.
Cultellinus, 2.

COUSTEMENT, Coût, frais, dépens. — Tout ce qui est nécessaire à l'entretien de quelque
chose. Gl. Constamentum sous
Custus, 1.

COUSTENGIÉ, Celui gui souffre
des cousts et dépens extraordinaires. Gl. Constangiatus.

*COUSTENGUE, Dépense. C. C.

COUSTENTINOYS , Habitant du
Cotentin. Gl. Constantinus.

COUSTEPOINTE, Une des façons
de donner la question. Gloss.
Coustepointarius.

COUSTEPOINTIER, Faiseur de
Coustepointes. Gl. Coustepointarius.

COUSTERET, Sorte de mesure de
vin. Gl. Costerellum.

COUSTEUR , Coutre, sacristain,
clerc de paroisse, magister. Gl.
Costurarius.

COU

COUSTICIER, Coustier, Faiseur
de coustes ou matelas et lits de
plume ; dont le métier s'appelait Cousterie et Cousticerie.Gl.
Couta, 1.

*COUSTIER, Matelasser. L.

COUSTILLE, Coutelas, poignard.
Gl. Cultellus.

COUSTILLER , Coustilleur ,
Coustillier , Gendarme qui
portait pour arme principale
une Coustille ; Page d'un homme d'armes. Gl. Cultellus.

COUSTIVER , Cultiver. Gloss.
Cultivare.

COUSTUMABLE, Savant dans les
coutumes. Gl. Coustumarius
sous Consuetudo, 4.

COUSTUME, Corps de métier. —
Crier coustume , Exiger une
dette. Gl. Consuetudo, 1.

COUSTUMÉ, Qui est dans l'usage
commun. Gl. Costumare sous
Consuetudo, 4.

COUSTUMÉEMENT , Selon la
coutume et l'usage. Gloss. Consuenter.

COUSTUMEMENT, Habitude, ce
qu'on a coutume de faire. Glos.
Consuenter.

*COUSTUMENCON, Coutume. L.

COUSTUMENT, Coût, frais, dépens. Glos. Custumentum sous
Custus, 1.

COUSTUMERIE, Redevance établie de temps immémorial. Gl.
Costumia sous Consuetudo, 4.

COUSTUMIER, Savant dans les
coutumes. — Celui qui est
chargé de maintenir les coutumes et usages d'un corps et

COU

d'une société. — Celui qui lève le droit appelé *Coustume*. — Roturier, qui est sujet au droit de *coustume*. Gl. *Coustumarius* sous *Consuetudo*, 4.

COUSTURERIE, Office de coutre ou clerc de paroisse. Gl. *Costurarius*.

COUTE, pour Coude et Coudée. Gl. *Cubitare*. — Coite, matelas, lit de plume. Gl. *Couta*, 1.

COUTELASSE, Coutelas, Poignard Gl. *Coutelarius*.

*COUTELEURE, Coupure. L.

COUTELIERE, Etui à couteaux, gaîne. Gl. *Coutelarius*.

COUTEMENT, Frais. Glos. *Constamentum*.

*COUTEZ, Caparaçon. L.

COUTILLE, Coutelas, poignard. Gl. *Cultellus*.

COUTIVER, Cultiver. *Cultivare*.

COUTOUFFLE, Bouteille. Gloss. *Cowele*.

*COUTRE (SE), Frapper. G. G.

COUTURE, Lieu cultivé. Glos. *Cultura*, 1.

COUVELSQUE, Couvercle. Glos. *Covercellum*.

COUVEN, Piquette, sorte de boisson. Gl. *Bibende*.

*COUVERCEAU, Couvercle. L.

COUVERT, En couvert, En cachette. Gl. *Couvertum*.

COUVERTEUR, Couvercle. Gloss. *Couvercla*. — Couverture de lit. Gl. *Copertoria*, 1.

COV

COUVERTIZ, Droit qu'on paye pour la permission d'étaler ses marchandises sous une halle couverte. Gl. *Cooperta*, 2.

COUVERTOIR, Couverture de lit. Gl. *Copertoria*, 1.

COUVET, Vent lâché sans bruit par derrière. Gl. *Couvetz*.

COUVETZ, p. e. Espèce de grain. Gl. *Couvetz*.

COUVICE, Geline couvice, Poule qui couve. Gl. *Cubare ova*.

COUVIGNABLE, Convenable, qui vient à temps. Gl. *Convenabilis*.

COUVIN, Piquette, sorte de boisson. Gl. *Bibende*.

COUVINE, État, disposition d'une personne ou d'une chose, conspiration, projet. Gl. *Covina*.

COUVRANCE, Acquisition. Glos. *Covrantia*.

COUVRECHEF, Ce qu'on met pour couvrir la tête. Gl. *Capitegium*.

COUVRECHIAS, Couvercle. Glos. *Couvercla*.

COUVRETOIR, Couverture de lit. Gl. *Copertoria*, 1.

COUX, Couyol, Mari dont la femme est infidèle. Gl. *Cugus*.

COUYTE, Coite, matelas, lit de plume. Gl. *Couta*, 1.

COUZ, Queux, pierre à aiguiser. Gl. *Cotella*. — Mari dont la femme est infidèle. Gl. *Cugus*.

*COVANT, Couvent, Accord. G. V.

*COVENANCE, Promesse. C. N.

COZ

*COVENIR, Convenir. A.

*COVERT, Protégé. L.

*COVERTURE, Mariage. L.

*COVETER, Convoiter. C. N.

COVIGNABLEMENT, A propos, à temps, convenablement. Glos. *Convenabilis.*

COVIGNABLETÉ , COVIGNANCE, Convenance, conjoncture favorable. Gl. *Convenabilis.*

COVINE, État, disposition d'une personne ou d'une chose, conspiration, projet. Gl. *Covina.*

*COVIR, Convoiter. L.

COVRECIAUS, Vaisseau plat et étendu, couvercle, patène. Glos. *Patena.*

*COYCIN, Oreiller. L.

COYER, Attacher, joindre ensemble. Gl. *Coytare.*

*COYETÉ, Paix, repos. L.

COYE-VERITÉ, Jugement rendu sans enquête juridique et sans avoir entendu les défenses de l'accusé. Gl. *Veritas,* 1.

COYFIER, Faiseur ou marchand de coiffes. Gl. *Coyfia.*

COYS, Droit sur les vaisseaux qui échouent à la côte, ou le droit d'ancrage et amarrage. Gloss. *Peccium.*

COYTAR, Dépêcher, en languedocien. Gl. *Coytare.*

COYVRE, Cuivre. Gl. *Covricum.*

COZINE, Dispute, querelle, contestation. Gloss. *Cocinare* sous *Cocina.*

CRA

CRAANTER, Promettre, garantir, cautionner. Gl. *Creantare.*

CRABACER , CRABASIER , Renverser , détruire, abattre. Gl. *Crabota.*

*CRABATE, Grabat. L.

CRABE, CRABOT, Chèvre, chevreau. Gl. *Crabota.*

*CRACET, Lampe. L.

CRACHE, Étable, écurie. *Craccia.*

CRAEIRE, p. e. Le droit qu'on paye au seigneur pour la permission de tirer de la craie. Gl. *Craeria.*

CRAFFER, Écailler. Gl. *Cranare.*

CRAIER , Sorte de vaisseau de guerre. Gl. *Craiera.*

*CRAIG, Pierre. L.

CRAMAIL, faute, pour TRAMAIL, Sorte de filet pour la pêche. Gl. *Crammale.*

CRAMELIÉ, Crémaillère. Gloss. *Crammale.*

CRAMIGNOLE, Espèce de bonnet ou toque. Gl. *Crammale.*

CRAMILLON, CRAMMIS, Crémaillère, Gl. *Crammale.*

*CRAMPI, Courbé. L.

*CRAN, Dégât, promesse. L.

CRANEQUIN , Sorte d'arbalète, ainsi appelée de l'instrument dont on se servait pour la bander ; d'où *Cranequinier,* Celui qui portait cette arbalète. Glos. *Crenkinarii.*

CRANNER, Boucher les *crans* ou

CRA

fentes de quelque chose. Gloss. *Cranare.*

*CRANPI, Cramponné. R. R.

CRANT, CRANTEMENT, Promesse, garantie, cautionnement. Gloss. *Creantum.*

CRAPAULT, Guichet, petite porte. Gl. *Crapaldus.*

CRAPIN, Criblure, le blé qui tombe du van, quand on le vanne. Gl. *Crapinum.*

CRAPOIS, Sorte de poisson de mer. Gl. *Craspiscis.*

CRAQUELIN, Pâtisserie fort sèche et cassante. *Compositarius.*

*CRAQUETER, Claquer. L.

*CRAS, Demain. L.

*CRASIR, Ecraser. L.

*CRASSER, Cracher. L.

CRASSET, Lampe, vaisseau propre à faire brûler de l'huile ou de la graisse pour éclairer. Gl. *Crassa*, 2. *Lucubrum*, et *Crucibulum.*

CRASSIER, Graissier, marchand de graisse, dont le commerce s'appelait *Crasserie.* Glos. *Crassarius.*

*CRASSITIE, Grosseur. L.

CRASTIER, Lampe, comme *Crasset.* Gl. *Crucibulum.*

CRASTIN, Lendemain. Gl. *Crastinum.*

CRASTINE, Lendemain d'une fête, où se tient une foire. Gl. *Crastina.*

*CRAVANT, Petite oie, L.

CRE

*CRAVANTER, Renverser. L.

*CRAVER, Ecraser. L.

CREABLE, Croyable, digne de foi. Gl. *Credibiles viri.*

CREANCE, Crédit. Gl. *Creantia.*

*CREANCÉ, Rançonné. L.

*CREANCER, Consentir. L.

CREANT, Promesse, garantie, cautionnement. Gl. *Creantum.*

CREANTE, Consentement, agrément. Gl. *Creantatio.*

*CRÉANTEMENT, Obligation, contrat. L.

CREANTER, Promettre, garantir, cautionner. Gl. *Creantare.*

CREANZ, Criblures. *Crapinum.*

CREAT, Esturgeon. Gl. *Creacus.*

CREAULE, Croyable, digne de foi. Gl. *Credibiles viri.*

CREBE, Crèche. Gl. *Craccia,*

CRECHE, Cruche. Gl. *Creche.*

CREDENCE, Croyance, confiance. Gl. *Credentia*, 4. — TEMOIN DE CREDENCE, Celui qui dépose simplement qu'il croit que la chose est ainsi. Gl. *Credentes*, 1.

*CREDIER, Cardeur. L.

CREDITEUR, Créancier. Gloss. *Creditor.*

CRÉER, Sorte de vaisseaux de guerre. Gl. *Craiera.*

CRÉERRES, Créateur. *Creator.*

CREFFE, Écaille, gale. *Cranare.*

CRE

CREIL, Claie. Gl. *Cleia.*

*CREIME, Crainte. L.

*CREISSANCE, Accroissement. L.

CREISTRE, Accroître, augmenter. Gl. *Crescere,* 3.

CRELER Vargaigne, Passer un contrat, faire un marché, une convention. Gl. *Vargaigne.*

*CRELINCOUTANT, Dandinant. L

*CREMABLE, Effroyable. L.

CREMAIL, Chèvre ou chevreau. Gl. *Cravarius.*

*CREMANCHE, Crainte. L.

*CREMEAU, Coiffe. L.

CREMER, Craindre, redouter, avoir peur. Gl. *Crematus.*

CREMEREUX, Cremeteux, Timide, craintif, peureux. Gloss. *Crematus.*

CREMETEUSEMENT, Avec crainte. Gl. *Crematus.*

*CREMETILLEUX, Dangereux. G.

CREMEU, Cremu, Qui se fait craindre, qui est à appréhender. Gl. *Crematus.*

CREMEUR, Crainte, inquiétude. Gl. *Torta,* 1.

CREMILLIÉE, Crémaillère. Glos. *Cremale.*

CREMIR, Craindre, redouter. Gl. *Crematus.*

CRENELLE, Sorte de vaisseau de guerre. Gl. *Craiera.*

CRENEQUIN, Sorte d'arbalète,

CRE

ainsi appelée de l'instrument dont on se servait pour la bander ; d'où *Crennequinier,* Celui qui portait cette arbalète. Glos. *Crenkinarii.*

CRENQUENIER, Sergent, officier de justice. Gl. *Crenkinarii.*

CRENTER, Promettre, garantir, cautionner. Gl. *Creantiare.*

*CRENU, Crinière. L.

*CREPER, Agiter, remuer. L.

CREPIN, Gaufre ou beignet ; d'où *Crépillon,* Repas où l'on mange de ces beignets ou gaufres. Gl. *Crespellæ.*

CREPON, Crépi, enduit de mortier qu'on met sur la muraille de moellon, etc. Gl. *Crepida.*

*CREPON, Crespon, Croupion. A.

CREQUIER, Prunier ou cerisier sauvage, qui croît dans les haies, particulièrement en Picardie. Je crois qu'on ne sera pas fâché de trouver ici ce qu'un héraut d'armes, qui vivait sous Henri VI, roi d'Angleterre, observe sur cet arbre dans son traité ms. de l'Office des hérauts et poursuivants : *Créquiers sont arbres qui ont poy de feuilles et ont foison de picans, et en fait on volentiers cloture ; car ils croissent communément en hayes, et sont leurs poignans tant crains, que personne n'ose bonnement toucher à la haye qui en est faite ; et senefie que celuy qui premier les porta en armes estoit homme de pou de parolles, et poignant et agu contre son ennemi, et de lui faisoit on volentiers haye et cloture de bataille, pour la crainte que avoient les ennemis*

CRE

partout où il estoit, pour les pointures et vaillances de luy, qu'il fuisoit en batailles, et sa nature estoit d'estre tousjours en déffense, comme la haye fait le jardin. La maison de Créquy porte cet arbre pour armes.

CRESCHE, Étable, écurie. Gloss. *Craccia.*

CRESME, Juridiction ecclésiastique, son district. Gl. *Chrisma.*

CRESMEAU, CRESMIER, Vaisseau où l'on conserve le saint chrême ou les saintes huiles. Gloss. *Chrisma.*

CRESMELER, Oindre du saint chrême, confirmer. Gl. *Chrismare* sous *Chrisma.*

CRESPINIER, Ouvrier en crêpe. Gl. *Crespa.*

CRESPINOIS, Qui porte le nom de *Crespin;* ou qui a les cheveux frisés ; du verbe *Crespir,* friser. Gl. *Crispicapillus.*

CRESSEMENT, Taillis, ou plant de jeunes arbres. Gl. *Creissiamentum.*

CRESSOL, Sorte de tombereau. Gl. *Cotus,* 6.

CRESSONNIERE, Mare, amas d'eaux. Gl. *Cressonaria.*

CRESTE, Bois propre pour le comble d'une maison. Gloss. *Cresta,* 2.

CRESTEAU, CRESTIAU, Créneau. Gl. *Cresta,* 3, et *Quarnellus.*

CRESTELÉ, Qui a des entailles en forme de dents. *Cresta,* 3.

CRESTER, Peigner, dans le sens qu'on le dit populairement, pour Maltraiter. Gl. sous *Cresta,* 2.

CRE

CRESTIENNEMENT, CRESTIENNETÉ, Baptême, cérémonies du baptême. Gl. sous *Christiani.*

CRESTINE, Crue d'eau, débordement. Gl. *Cretina.*

CRESTON, Chevreau. Gl. *Cresto.*

*CRESVIS, Effraction. L.

*CRET, Plége, caution. L.

CRETE, Terrain élevé ou inculte autour d'une maison de village. Gl. *Cresta,* 2.

*CRETEL, Créneau. F. B.

*CRETIN, Corbeille. L.

CRETINE, Crue d'eau, débordement, inondation. Gl. *Cretina.*

CRETON, Sorte de mets fait de graisse de porc hachée par petits morceaux et frite. Gloss. *Cremium.*

CRETU, Bâton ou arme offensive qui a des entailles en forme de dents. Gl. *Cresta,* 3.

CRETURE, Crue d'eau, débordement, inondation. Gl. *Cretina.*

CREVELLIERE, pour CERVELLIERE, Armure de tête. Gloss. *Cervelleria,* 1, *Gorgale* et *Plata,* 1.

CREVEQUINERS, pour CRENEQUINIERS. Gl. *Crenkinarii.*

CREVISSE, pour ESCREVISSE, Espèce d'armure, cuirasse. Gloss. *Cancer,* 4.

*CRÉUMENT, Cruellement. C. N.

CREUSEQUIN, Coupe, gobelet, vaisseau à boire, ou à autre usage. Gl. *Crusellus,* 1.

CRI

CREUSEUL, Espèce de lampe. Gl. *Lucibrum.*

CREUTE, Habitation creusée sous terre, maison souterraine. Gl. *Cruta.*

*CREZIEU, Lampe. L.

CRIAGE, Cri, publication. Gloss. *Crida*, 1. — Office de crieur public, ou de celui qui annonce quelque chose. Gl. *Cridatio.* — Le droit dû pour le cri ou publication du vin à vendre en détail. Gl. *Criagium*, 1. et *Cridagium.*

*CRIAL, Cruel. C. N.

*CRIBELLE, Crête. L.

*CRIBLEUX, Fier, hautain. L.

*CRIBUNEL, Chevelure. R. R.

CRIDE, Cri, publication. *Crida*, 1.

CRIÉE, Indice, marque. *Crieia.*

CRIEN, Le droit de celui qui voiture la dîme à la grange du décimateur. Gl. *Crientia.*

CRIEOUR, CRIERRES, Crieur public. *Campiones*, et *Cridatio.*

CRIER, CRIERES, Créateur. C. N.

CRIESME, Crime. *Criminalitas.*

*CRIGNE, Chevelure. L.

CRIMINEL, Malheureux, funeste. Gl. *Criminalitas.*

CRINCHON, Barbe, long poil qui est au bout des épis. Gloss. *Crientia.*

CRINE, Crinière, chevelure. Gl. *Crines.*

CRO

CRIQUE, Petit port sans art, ou baie. Gl. *Creca.*

CRIQUET, Bâton qui sert de but au jeu de boule. Gl. *Crieia.*

*CRISNER, Craquer. L.

CRISTALLIER, Ouvrier en cristaux. Gl. *Cristallum.*

CROAVÉE, Corvée, servitude corporelle. Gl. *Corvagium.*

CROB, Cachot, cul de basse fosse. Gl. *Scroba.*

CROC, Instrument pour bander une arbalète. Gl. *Crocaretius.*

*CROCERON, Petite crosse. L.

CROCHE, Crochet ou courson; c'est la branche de vigne taillée et raccourcie à trois ou quatre yeux. — Certaine mesure de sel. Gl. *Crocha.*

CROCHERE, Joug, morceau de bois courbé où l'on attelle les bœufs. Gl. *Crocha.*

CROCHET, Sorte d'échasse. Gl. *Crochetum.* — p. e. Recette d'un droit ou impôt. *Croceum.*

CROCHETEUR, Voleur, larron qui crochette les portes. Gloss. *Crochetum.*

*CROCHUER, Recourber. L.

CROÇON, Croix de par Dieu, alphabet. Gl. *Crosetta.*

CROEZ, Espèce de jeu. *Croiseta.*

CROICEFIZ, Crucifix. Glos. *Crucifixum.*

*CROICER, Tourmenter. L.

CROICHET, Sorte de jeu et de

CRO

danse où l'on accroche les jambes les unes dans les autres. — Bâton qui tient ferme une charrette. Gl. *Crochetum.*

CROICIR, Augmenter, accroître. Gl. *Crescere*, 3.

CROIL, Verrou. Gl. *Corale*, 1.

CROILLE, Fourchette de cuisine. Gl. *Creaga.*

CROIRE, Vendre à crédit. Gloss. *Credere*, 1.

CROISADE, Pénitence monastique, l'action de tenir les bras en croix. Gl. sous *Crux.*

CROISAIGE, Contribution qu'on paye à l'ennemi par convention faite avec lui. Gl. *Crosatus.*

CROISBET, L'action de hausser à quelqu'un le menton, en le lui faisant branler et claquer les dents ; ce qui est une marque de mépris. Gl. *Barba*, 1.

CROISÉE, Croisade. Gl. *Crosata.*

CROISEMENT, Croiserie, Croisade, l'action de se croiser et de s'engager à faire le voyage de la terre sainte pour combattre les infidèles. Gl. sous *Crux.*

CROISETTE, Sorte de jeu. Gloss. *Croiseta.*

*CROISEULE, Cruche. L.

CROISIE, Ce qui partage quelque chose en croix, ou qui est fait en forme de croix. Gl. *Croiseia.* — Croisade. Gl. *Crosata.*

CROISIEU, Lampe de veille, ainsi nommée à cause de sa forme. Gl. *Crucibulum.*

CROISILLE, Petite croix plantée sur les chemins. Gl. *Cruciliæ.*

CRO

CROISON, Ce qui est en forme de croix. Gl. *Croiseia.*

CROISSEL, Lampe de veille, ainsi nommée à cause de sa forme. Gl. *Crucibulum.*

*CROISSER, Craquer, faire du bruit. L.

*CROISSERESSE, Cliquetis. L.

*CROISSET, Grenouille. L.

CROISSIR, Craquer, le bruit que fait un vaisseau qui donne contre un écueil. Gl. *Cruscire.*

CROIST, Augmentation, croissance. Gl. *Cressementum.*

CROISTRE, Craquer, comme fait un arbre prêt à tomber. Gloss. *Cruscire.*

CROISUEL, Lampe de veille, ainsi nommée à cause de sa forme. Gl. *Crucibulum.*

CROIX, Procession de l'église, à cause des croix qu'on y porte. Gl. sous *Crux.* — Manche, poignée, dont une partie est en forme de croix. Gl. *Croiseia.* — Sorte de jeu. Gl. *Croiseta.* — Croix Noires, Le jour de Saint-Marc, ainsi appelé des processions qu'on a coutume d'y faire, et des habits noirs dont se vêtaient en signe de pénitence ceux qui y assistaient. Gl. sous *Crux.*

CROIZ, Bailler a croiz, Donner du bétail à la charge d'en avoir ou d'en partager le produit ou l'augmentation. Gl. *Crescentia*, 3. — Vent qui sort du corps par derrière avec bruit. Gloss. *Cruscire.*

*CROLIÈRE, Fondrière. L.

CRO

CROLLE , CROLLEYS , Secousse, tremblement. Gl. *Grollare.*

CROLLER, Murmurer, chanter à voix basse. Gl. *Grollare.*

CROMBE, La même chose peut-être que *Crampe.* Espèce de goutte, ou engourdissement des muscles et des nerfs ; celui qui est attaqué de cette maladie. Il se trouve encore dans un autre sens , mais qui m'est inconnu. Gl. *Crampa.*

*CRONIFIQUE, Colifichet. L.

CRONISER, Écrire l'histoire selon l'ordre des temps ; ou noter ce qui mérite d'être remarqué. Gl. *Chronicans.*

CROPET , Trapu , homme fort gras et de petite taille. *Cropa.*

CROPIE, Espèce de filet pour la chasse, et le temps où les lièvres et autres animaux vont le soir au gagnage. Gl. *Cruppa*

CROPIR, S'accroupir. L.

CROQUE, CROQUEBOIS, CROQUE-ROIS, CROQUET, Bâton armé d'un croc, ou qui est recourbé. Glos. *Croqum.*

*CROQUETEUR, Gourmand. L.

CROQUIER , Faire le crochet, donner le croc en jambe. Glos. *Hancha.*

CROS, Creux, fossé. Gl. *Crosus,*1.

CROSLER , Remuer , branler , trembler. Gl. *Grollare.*

CROSSE, Bâton psur chasser la balle. Gl. *Crossare.*

CROSSER, Courber, plier. Gloss. *Crossare.*

CRO

*CROSTER, Encrouter. L.

CROT, Creux, fossés. Gl. *Crotum.*

CROTE, Grotte, caverne. — Cave, cellier. Gl. *Crota.*

CROTÉ, SOUPE CROTÉE, Espèce de potage ou ragoût. *Crotatus.*

CROTON, Cachot, cul de basse fosse. Gl. *Scroba.*

*CROU, Parc. L.

CROUCIT, Bâton ou perche armée par le bout d'un croc de fer. Gl. *Contassare.*

CROUÉE, Terre cultivée et enfermée de murs ou de haies, clos, et p. e. pour *Corvée. Croada,*2.

CROUFTE, Clos. Gl. *Croftum.*

CROULE, Secousse, tremblement. Gl. *Grollare.*

CROULER, Se remuer, se mouvoir. Gl. *Grollare.*

CROUPIE, Espèce de filet pour la chasse, et le temps où les lièvres et autres animaux vont le soir au gagnage. Gl. *Cruppa.*

CROUPTE, Chapelle souterraine. Gl. *Crypta.*

CROUSTE, Grotte, caverne. Glos. *Crota.* — Voûte. Gl. *Crota.* — Mare, creux rempli d'eau. Gl. *Crusta,* 2.

CROUTEILLE, Espèce de gâteau. Gl. *Cripiscula.*

CROYER, Créer, Gl. *Creare,* 1.— Sorte de vaisseau de guerre. Gl. *Craiera.*

CROZAT, Sorte de monnaie marquée à une croix. *Crosatus,* 2.

CRY

CRUCET, Lampe de veille, ainsi nommée à cause de sa forme. Gl. *Crucibulum*

*CRUCHE, Ecaille. L.

CRUCHON, Sorte de redevance, ou droit, impôt. *Crusellus*, 2.

*CRUCIER, Tourmenter. L.

*CRUCON, Croissance. L.

CRUDELITÉ, Cruauté, férocité. Gl. *Crudellus*.

CRUEL, Redoutable, terrible. Gl. sous *Crudellus*.

CRUELTÉ, Cruauté. Gl. *Culverta*.

CRUEUSEMENT , Cruellement , outrageusement. Gloss. sous *Crudellus*.

CRUGEON, Cruchon, petite cruche. Gl. *Cruga*.

*CRUISEL, Creuset. R.

CRULURE , Criblure, le menu grain qui reste après que le blé a été vanné et nettoyé. Gloss. *Crapinum*.

CRUPPÉE, Une volée de coups de bâton. Gl. *Crupa*, 1.

CRUSSET, Lampe de veille, ainsi nommée à cause de sa forme. Gl. *Crucibulum*.

CRUYE, Cruche. Gl. *Cruga*.

CRUYSE, Têt, morceau de pot cassé. Gl. *Cruga*.

*CRUZ, Croix. C. N.

CRY, Le droit de faire des proclamations publiques. *Cridatio*.

CRYE, Crieur public, celui qui

CUE

annonce quelque chose. Gloss. *Cridatio*.

CUAULDRE, Recueillir, faire la récolte. Gl. *Collecta*, 9.

CUBARIE, Cellier, lieu où l'on met les cuves. Gl. *Cuba*, 5.

CUBEL, Petit tonneau ou vaisseau pour mettre du vin. Gloss. *Cubellus*.

*CUCÉ, Caché. L.

CUCHON, Mulon, tas de foin. Gl. *Cucho*.

CUCU, Coucou, oiseau. *Cugus*.

CUCUAULT, Mari dont la femme est infidèle. Gl. *Cucullus*, 1.

*CUCULE, Capuchon. L.

CUCUSER, Débaucher la femme ou la maîtresse d'autrui. Gloss. *Cucusare*.

CUDE, pour CRIDE, Crieur public. Gl. *Cridatio*.

CUEILLETE, Récolte, moisson.— Taille, toute espèce d'imposition. Gl. *Collecta*.

CUEILLETEUR, Collecteur, celui qui lève la taille ou une imposition. Gl. *Collectarius*, 2.

CUEIRIER, Échevin ou juge des causes civiles. Gl. *Chora*.

CUELIEUR, Receveur d'un droit ou péage. Gl. *Collectarius*, 2.

CUELLÉE, Assemblée tumultueuse, sédition. Gl. *Collecta*, 4.

CUENS, Comte, dignité. Gl. sous *Comes*, 2, *Cuens Palais*.

*CUER, Cœur. L.

CUI

*CUERBILLE, Corbeille. L.

CUERE, Juridiction des échevins ou juges des causes civiles. Gl. *Chora.*

CUERFRERE, Homme soumis à à la juridiction des *Cueriers.*Gl. *Chora.*

CUERIER, Échevin ou juge des causes civiles. Gl. *Chora.*

*CUERN, Cahier. L.

CUERSEUR, Femme soumise à la juridiction des *Cueriers. Chora.*

CUETTE, Coude. Gl. *Cubitale,* 2.

*CUEVRE, Carquois. L.

CUEVREFEU, Couvre-feu, signal de retraite. Gl. *Ignitegium.*

CUEURIER, Chantre, celui qui tient le chœur. Gl. *Chorarii.*

CUEUX, Queux, pierre à aiguiser. Gl. *Cotella.*

CUEZ, Queux, cuisinier. Gloss. *Coquus.*

CUFFERE, La cérémonie ou le festin des relevailles. Gloss. *Gesina,* 1.

CUFFET, Coiffe, couverture de tête. Gl. *Cuffa.*

*CUGNE, Queue. L.

CUGNET, Coin, ou pièce de terre terminée en pointe. Gloss. *Cugnus,* 2.

CUGNIETE, Petite cognée. Gloss. *Cugnieta.*

CUI, pour A qui, auquel. Gl. *Nabilis* et *Orgeria.*

*CUIDANCE, Croyance. L.

CUI

*CUIDER, Croire. L.

CUIDEREAU, Téméraire. L.

CUIDIAUS, Instrument propre à la pêche. Gl. *Cuidens.*

CUIGNAT, CUIGNATE, Beau-frère, belle-sœur. Gl. *Cognatus.*

CUIGNET, Sorte de gâteau à plusieurs angles. Gl. *Cuneus,* 3.— Pointe, coin, angle. *Cugnus,* 2,

CUIGNETE, Petite cognée. Gloss. *Cugnieta.*

CUILLIE, Récolte, moisson. Glos. *Collecta,* 9.

CUIRE, p. e. pour CUITE, Coudée, mesure. Gl. *Cubitus.*

CUIRÉE, Chasse le loup. Gloss. *Cuirena.*

CUIRET, Peau dont la laine a été tondue, mais qui n'est point passée à la mégie. Gl. *Cuirena.*

CUIREUR, Ouvrier qui couvre le cuir les selles. Gl. *Cuirena.*

CUIRIE, Colletin, pourpoint sans manches. Gl. *Cuirena.*

CUIRIER, Couvrir de cuir, et même d'autre chose. Gloss. *Cuirena.*

CUISAGE, Cuisson. Gl.*Cuechum.*

CUISIAUX, Cuissard, l'armure des cuisses. Gl. *Cuissetus.*

CUISINE, Mets apprêté à la cuisine. Gl. *Coquina.*

CUISSEL, CUISSERE, Cuissard.Gl. *Corale,* 3, et *Coxale.*

CUISSETE, Ce qui couvre la cuisse de l'animal. Gl. *Cuissetus.*

CUL

CUISSEUX, Les côtés de la selle où posent les cuisses du cavalier. Gl. *Cuissetus*.

CUIVERT, Homme de condition serve, infâme, perfide. Gloss. *Culverta*.

CUL, Poignée, manche. *Culata*.

CULAIGE, Présent en viande, vin, ou en argent, qu'un nouveau marié donnait le jour de ses noces à ses compagnons, pour qu'ils le laissassent coucher avec sa femme. Gl. *Culagium*.

*CULCER, Coucher. C. R.

CULDÉES, Moines, ceux qui sont consacrés au Culte ou service de Dieu. Gl. *Colidei*.

CULÉ, Chaton. Gl. *Culea*.

CULEVRINE, Coulevrine. Gloss. *Colubrina*.

CULLAGE, Droit prétendu par les seigneurs sur les nouvelles mariées la première nuit de leurs noces. Gl. *Marcheta*.

CULLET, Espèce de drap ou de peau. Gl. *Cullicolum*.

CULLIR, Cueillir, lever la taille ou un impôt. Gl. *Culitia*.

CULLOT, Espèce de chien. Gloss. sous *Canis*, 2.

CULOT, Sorte de bourse. Gloss. *Cullicolum*.

CULTE, Coite, matelas, lit de plume. Gl. *Culta*, 2.

CULTIS, Courtil, jardin potager, verger. Gl. *Cultillus*.

CULTIVAGE, Labourage, culture des terres. Gl. *Cultivare*.

CUR

CULTIVEMENT, CULTIVEURE, Le culte qu'on rend à Dieu ou aux saints. Gloss. *Cultura*, 2, et *Latria*, 1.

CULVERT, Infâme, perfide, traître. Gl. *Culverta*.

*CULVERTAGE, Esclavage. C. N.

CUMBEL, Vallon. Gl. *Cumbale*.

CUNARDIR, Entreprendre, se charger de l'exécution de quelque chose. Gl. *Cunitilare*.

CUNCHIÉ, CUMCHIÉ, Souillé, gâté. Gl. *Concagatus*.

*CUNCTATION, Retard. L.

*CUNIAC, Confluent. L.

CUNTRAT, Estropié, contrefait. Gl. *Contractoria domus*.

CUQUELIN, p. e. Certain poids ou mesure. Gl. *Coket*, 1.

CURACHE, Cuirasse. Gl. *Curacia*.

*CURAGIER, Soigner. L.

*CURAILLE, Epluchure. L.

CURALIER, Broussailles. Gloss. *Curalha*.

CURATERESSE, Curatrice. Glos. *Curatela*.

CURATERIE, Curatelle. Gloss. *Curatela*.

CURATIER, Tanneur, cordonnier, cureur de puits. — Courtier. Gl. *Curaterius*, 2. — Curateur, celui qui a soin des biens d'un mineur. Gl. *Curatela*.

CURATRIE, Lieu de débauche. Gl. *Curia*, 2.

*CURE, Souci. F. B.

CUR

CUREAULX, Choristes, enfants de chœur. Gl. *Choralis.*

CUREBOISSON, Bêche, hoyau, instrument de fer pour ôter les racines. Gl. *Curata, 3.*

CURECTE, Curet, Curete, Instrument avec lequel on *cure* ou nettoie quelque chose. Gloss. *Curata, 3.*

CURETTE, Cure-dent, cure-oreille. Gl. *Cureta.*

CUREUR, Curateur, celui qui gouverne les biens d'un mineur. Gl. *Curatela.* — Instrument avec lequel on *cure* ou nettoie quelque chose. Gl. *Curata, 3.*

CUREURE, Ordure, immondice. Gl. *Curata, 3.*

CURFU-BELL, Cloche qui annonce le couvre-feu. Gl. *Ignitegium.*

CURIALITÉ, Courtoisie, bon office. *Curialitas* sous *Curialis, 4.*

CURIAUX, Enfants de chœur, choristes. Gl. *Choralis.*

CURIE, Envie, désir. Gl. *Cura, 6.*

CURIEUX, Soigneux, vigilant, exact. Gl. *Curiosus, 3.*

CURIHOL, Pain destiné pour les domestiques ou ceux de la cour d'un seigneur. Gl. *Panes curiales,* sous *Panis, 2.*

CUROTTE, Instrument avec lequel on *cure* ou nettoie quelque chose. Gl. *Curata, 3.*

CURRE, Chariot, sorte de voiture. Gl. *Carrocium.*

CURTAYSIE ou Curtesie d'Angleterre. On appelle ainsi en Angleterre l'usage qui laisse à

CUY

un mari la jouissance pendant sa vie d'un fief non noble que sa femme a apporté en mariage, après le décès d'elle et des enfants. Gl. *Curialitas Angliœ* sous *Curialis, 4.*

CURTIL, Courtil, verger, jardin potager. Gl. *Curticuli.*

CURTILLAIGE, Herbes potagères, légumes. Gl. *Cortillagium* sous *Cortis, 1.*

CURTIN, Courtil, verger, jardin potager. Gl. *Curtinus.*

CURTINER, Enfermer, enclore. Gl. *Incortinare* sous *Cortis, 2.*

CURTIU, Curtiul, Courtil, verger, jardin potager. *Curticuli.*

CUSTODE, Courtine, rideau. Gl. *Custoda,* et *Custodia, 7.* —Coffre, armoire où l'on garde quelque chose. — Platine. Gloss. *Custoda.*

CUTE, Cache, lieu secret; d'où *Cuter,* Cacher. Gl. *Cuta.*

CUVAIGE, Cellier, lieu où l'on serre les cuves. Gl. *Cuvella.*

CUVELIER, Tonnelier, faiseur de cuves. Gl. *Cupius.*

CUVELLETTE, Petite cuvette. Gl. *Cuvella.*

CUVERT, Infâme, perfide, traître. Gl. *Culverta.*

*CUVERTAIGE, Servitude. L.

CUVERTIERE, Couverture, toit d'une maison. Gl. *Copertura.*

*CUVERTISE, Méchanceté. L.

CUYGNIÉ, Coin ou pièce de terre terminée en pointe. Gloss. *Cugnus, 2.*

DAL

CUYRIEN , Taxe, impôt sur le cuir. Gl. *Cuirena*.

CUYSOT, Jambon. *Cuissetus*, 2.

CYBOINGNE, pour CIBOIRE, Tabernacle sur l'autel, dans lequel on garde la sainte Eucharistie. Gl. *Ciborium*.

CYMAISE , Vase ou pot d'étain à mettre du vin ou autre liqueur. Gl. *Cimia*.

CYMEAULX, Les extrémités des branches d'un arbre. Gloss. *Cimeyœ*.

CYMERON, Le bout ou globe du nez. Gl. *Cimerium*.

CYMOISE, Vase ou pot d'étain à mettre du vin ou autre liqueur. Gl. *Cimia*.

DAM

CYNAMOME, Cannelle. Gl. *Cinamomum*.

CYNELE, Fruit du houx, ou Prunelle sauvage, chose vile, de nul prix. Gl. *Cenitus*.

*CYRAGIE, Goutteux. L.

CYROGRAPHE, Signature. Glos. *Chirographum*.

CYSEAU, Flèche, dard, javelot. Gl. *Cisellus*.

CYTHOLOUR, Joueur de l'instrument musical appelé *Citole*. Gl. *Citola*.

CYTOAIN , Bourgeois, habitant d'une cité. Gl. *Corthesanus*.

CYTOAL , Zedoaire, espèce de gingembre, épice. Gl. *Zedoaria*.

D

*DAARAIN, Dernier. L.

DACE, Tribut, impôt. *Data*, 1.

*DACHER, Lancer. L.

*DADÉE, Niaiserie. L.

DAGONE, p, e. Certaine quantité de cuir. Gl. *Dacra*.

DAGUE, Poignard, épée courte. Gl. *Dagger*. — Raillerie, parole piquante. Gl. *Dagha*.

*DAIGON, Donjon. L.

*DAIL, Faux. L.

DAINE, Sorte de poisson. Gloss. *Piscis regius*.

*DAITÉE, Divinité. L.

DALPHINOIS, Partisans de Char-

les V. Dauphin de Viennois. Gl. *Navarreni*.

*DAM, Dommage. R.

DAMAGE, DAMAGHE, Dommage. Gl. *Damnamentum*.

DAMAIANT, Dommageable, nuisible, désavantageux. *Damnacius*.

DAMAIGER, Causer du dommage. Gl. *Damnare*.

DAMATICLE, Dalmatique, habit d'église. Gl. *Dalmatica*.

DAME, Belle-mère, celle dont on a épousé la fille. Gl. *Domina*, 11.

DAME-DIEU, Seigneur Dieu. Gl. *Domnus*.

DAME-GRANT, Grand'mère maternelle. Gl. *Domina*, 11.

DAN

DAMGE, Dommage. *Damnatio.*

*DAMNER, Condamner. L.

DAMOISEL, Titre des fils de rois, princes et autres grands seigneurs qui n'étaient point encore armés chevaliers ; Écuyer. Gl. *Domicellus,* 1.

*DAMOISELLAGE, Célibat. L.

DAMOISELLE, Fille de joie, et celle qui les gouverne. Gloss. *Domicella,* 2.

DAMP, Dom, monsieur. Gloss. *Domnus.*

DAMPNISIER, Causer du dommage. Gl. *Damnare.*

DANCE, Les noms de différentes danses en usage autrefois. Gl. *Chorea.*

* DANCEL, Danzele, Damoiseau. L.

DANCER en la main, Mener quelqu'un par la main en dansant. Gl. *Chorea.*

DANDIN, Clochette qu'on met au cou des animaux, nommée ainsi à cause du son qu'elle rend par le mouvement continuel qu'elle fait. Gl. *Sonailla.*

DANDO, Maladie, espèce de coqueluche, dans le Journal de Paris sous l'an 1427. Comme qui dirait, *Dans le dos ;* parce que cette maladie rendait le corps tout courbé.

DANGER, Etre en danger de quelqu'un, Être son redevable ou obligé. Gl. *Dangerium,* 1. *Fief de danger,* ibid.

*DANGERER, Supplier. L.

DAR

DANGEREUX, Sergent dangereux, Celui qui veille à la conservation des terres qui sont en défens, et des bois sur lesquels le roi a le droit de *Dangier.* — Qui est en danger, infirme, malade. — Difficile, épineux, de mauvaise humeur, sentant la dispute. Gl. *Dangerium,* 4.

DANGIER, Terre en défens. Gl. *Damnum,* 2. — Droit qu'a le roi sur les forêts de Normandie, consistant en ce que les propriétaires ne peuvent les vendr ni exploiter sans sa permission et sans lui payer le dixième, sous peine de confiscation. — Droit de confiscations sur les biens dont les charges ne sont point acquittées. — Difficulté, contestation, opposition. — Détroit, défilé. Gl. *Dangerium.*

DANJON, Donjon ou dongeon. Gl. *Dunjo.*

DANRÉE, Valeur d'un denier. Gl. *Danrata.*

DANT, Dom, monsieur. *Domnus.*

DANZEL, Demoisel, Écuyer. Gl. *Domicellus,* 1.

DAR, Dard, javelot. Gl. *Dardus.*

DARCIDOINE, p. e. Dardanie. Gl. *Dardena.*

*DARDANAIRE, Usurier. L.

DARDE, Dard, javelot, épée courte, poignard. Gl. *Dardus.*

DARDILLE, Petite *darde,* ou javelot. Gl. *Dardus.*

DAREMENT, Déclaration de guerre. Gl. *Daramare.*

DARIOLE, Sorte de pâtisserie. Gl. *Companagium.*

DAY

*DARIOLET, Débauché. L.

*DARIOLETTE, Soubrette. L.

*DARON, Domaine. L.

DART, Faux, et surtout le fer de la faux. Gl. *Dalha.*

*DASER, Rêvasser. L.

DAT, En Languedoc et en Provence, Dé. Gl. *Decius.*

*DASERIE, Rêve. L.

DATE, Pissat, urine. Gl. *Urinale.*

DATIL, Datte, fruit du palmier. Gl. *Datilis.*

DATOUR, Caution, répondant. Gl. *Datores.*

DAUCHERON, Outil de tonnelier, p. e. Doloire. Gl. *Doleria.*

*DAUNOI, Amour. L.

DAUQUI-EN-AVANT, Désormais, à l'avenir. Privil. des habit. de Grancey de 1348, Reg. 161, du Tr. des Chart. pièce 69 : *Et dauqui-en-avant seroit de la condition des autres habitans de la ville de Grancey.*

DAURADE, Sorte de poisson. Gl. *Aurata.*

DAUTIER, Parement d'autel. Gl. *Altarium,* 2.

DAUX, Faucille. Gl. *Dalha.*

DAUXE, Gousse d'ail ; d'où *Dauxer,* Frotter avec une gousse d'ail. Gl. *Dalha.*

*DAVER, Chagriner. L.

DAYER, Assemblée du soir, où les femmes travaillent. Gloss. *Dacria.*

DEB

DÉ, Dieu. Gl. *Decius.*

DEABLAGE, Redevance en blé. Gl. *Bladare* sous *Bladum.*

DEABLIE, Diablerie, ce qui provient du diable. Gl. *Diabolicum.*

DEAMBULER, Parcourir, aller çà et là. Gl. *Deambulationes.*

DEAN, Doyen, dignité ecclésiastique. Gl. *Decanus,* 4.

DEANNE, Espèce de cens ou rente. Gl. *Datitia.*

DEARNE, Partie, portion, morceau. Gl. *Darnus.*

DEAUBLAGE, Redevance en blé. Gl. *Buscagium* sous *Boscus.*

DEAUL, Dé. Gl. *Digitarium.*

DEBAGUER, Dévaliser, détrousser, voler. Gl. *Baga,* 1.

DEBAILLER, Découvrir quelque chose pour le mieux toucher et manier. Gl. *Obtractáre.* — Dégager, retirer un gagé. Gloss. *Devadiare* sous *Vadium.* — Lancer un dard, tirer d'une arbalète. Gl. *Desserare.*

*DEBARATER, Déranger. L.

*DEBEFFER, Raturer. L.

*DEBELEUR, Vainqueur. L.

DEBITE, DEBITEMENT, Impôt, taille, toute espèce de redevance. Gl. *Debitum,* 2.

DEBLAVER, Moissonner un champ couper les blés. Gl. *Debladare* sous *Bladum.*

*DEBLEURE, Récolte. L.

DEBOENER, Oter ou changer les bornes. Gl. *Deboynare.*

DEC

*DEBOIT, Dégoût. L.

DEBONNEMENT, Traité, convention , abonnement ; du verbe *Debonner*, Abonner, fixer un droit qu'on percevait d'une façon incertaine. *Abonamentum.*

*DEBONNER, Affranchir. L.

*DEBOURDER, Converser. L.

DEBOUTEMENT, L'action de repousser, de chasser ; du verbe *Débouter* , Repousser. Gloss. *Debotare.*

*DEBROISSER, Faire retentir. L.

DEBRUSER, Briser, rompre. Gl. *Disbotare.*

DEBTEUR, Débiteur, créancier. Gl. *Debitis.*

*DEC, Borné. L.

*DECACHIER, Chasser. L.

DECAIR, Décheoir. Gl. *Decatere.*

DECARNELER, Couper, tailler. Gl. *Decarnare.*

*DÉCASSER, Déchirer. L.

DECAUPER , Briser, mettre en pièces. Gl. *Circulatus.*

DECENDE, Sorte de vêtement. Gl. sous *Epidecen.*

DECEPTE, Fraude, tromperie. Gl. *Deceptiosus.*

*DÉCEPTEUX, Trompeur. L.

DECEPTIF, Frauduleux, plein de fourberie. Gl. *Deceptiosus.*

DECEPTIVEMENT, Frauduleusement, avec tromperie. Gloss. *Deceptiosus.*

DEC

DECEPVERES, Trompeur, séducteur. Gl. *Deceptiosus.*

DECERCLER, Rompre les cercles qui soutiennent quelque chose. Gl. *Circulatus.*

*DECEU, A l'insu. L.

*DECEVANTMENT, Decevaument Déception. C. N.

DECEVEMENT , Tromperie, séduction. Gl. *Deceptiosus.*

DECEVERER, Quitter, séparer, abdiquer. Gl. *Decevisset.*

DECEVRER, Tromper, séduire. Gl. *Adjungare.* — Séparer, casser un mariage. Gl. *Decevisset.*

DECHAIR, Oter, retrancher, diminuer. Gl. *Degueyra.*

DECHANT, Chant en faux-bourdon ou en parties. *Discantus.*

*DÉCHARBOTER, Débarrasser. L

DÉCHARONGNER, Déchirer, couper malproprement de la viande. Gl. *Caronia,* 2.

DECHEOIR, Quitter un emploi, sortir de charge. Gl. *Decessor.*

DECHERQUELER, Faire le partage des terres. *Circamanaria.*

DECHÉS, Dechet, Décès, mort. Gl. *Decessorium.*

*DECIPÉ, Tromperie. L.

DECIPLE, Disciple, qui est attaché à quelqu'un. Gl. *Discipulus.*

* DECLIQUER , Décharger un coup. L.

*DECOIVRE, Surprendre. L.

DEC

*DECOLPER, Couper. L.

DECOMPOTER, Changer le temps de l'engrais des terres. Gloss. *Compostus.*

DECOPEMENT, Déchirement, démembrement. Gl. *Laceramen.*

DECOPPER, Blesser avec une épée en frappant de taille. Gl. *Coparc,* 2.

DECOREMENT, Embellissement, décoration. Gl. *Decoramentum.*

*DECORRE, Découler. R.

DECOUCHER, Se lever du lit. Gl. *Decubare.*

DECOULOURABLE, Dont la couleur est gâtée. Gl. *Discolor.*

DECOUPPER, Blesser avec une épée en frappant de taille. Gl. *Copare,* 2.

DECOUREMENT, Écoulement. Gl. *Rodos.*

*DECOUSTRER (SE), Se débander. L.

*DECREANCE, Défiance. L.

DECREATION, Dégradation, diminution, dans les privil. de Peyrusse de 1368, tom. v, des Ordon. pag. 703.

DECREPITE, Décrépitude, faiblesse, langueur. *Decrepitas.*

DECRETALLE, Espèce de bâton. Gl. *Decretalis Monachus.*

*DECROER, Décrocher. L.

DECROIRE, Ne pas ajouter foi, ne pas croire. Gl. *Decrederc.*

*DECRUPPÉ, Démonté. L.

DEF

*DEDALU, Labyrinthe. L.

*DEDENTRAIN, Intérieur. L.

*DEDETE, Loyer. L.

DEDICASSE, Fête du patron d'un lieu. Gl. *Dedicatio.*

DEDICATION, Dédicace d'une église. Gl. *Dedicatio.*

*DEDUIABLE, Agréable. L.

DEDUIRE, Se divertir, se réjouir. Gl. *Deportare,* 2.

DEDUIT, Amusement, ce qui sert à amuser. Gl. *Deductus* sous *Deductio,* 2.

DEEL, Dé. Gl. *Digitabulum.*

*DEERNE, Servante. L.

DEESPOIR, Mépris, dédain. Gl. *Despitus.*

DEFACION, Mutilation, perte d'un membre. Gl. *Diffaccre.*

DEFALQUER, Supprimer. Gloss. *Deffalcare.*

DEFARDELER, Déballer, dépaqueter. Gl. *Diffardare.*

DEFAURRE, Défaillir, manquer. Gl. *Defectivus,* 2.

DEFAY, Terre, bois, garenne ou étang dont l'usage n'est permis qu'à ceux auxquels le propriétaire l'accorde. Gl. *Deffaia.*

*DEFEATER, Faillir. L.

DEFECTIF, Celui à qui il manque quelque chose. *Defectivus,* 2.

DEFEISANCE, L'action de défaire, d'annuler ce qui est fait, abolition ou abandon d'un fait. Gl. *Defesantia.*

DEF

DÉFENAL, Mois défenal, Juillet. Gl. *Fenalis mensis.*

DEFENDERRES, Défenseur, protecteur. Gl. *Deffensivum.*

*DEFENIR, Dépérir. L.

DEFENS, Forteresse. Gl. *Defensabilis.*

DEFENSABLE, Dont l'usage est prohibé et interdit. Gl. *Defensa,* 3. — Qui est de défense. Gloss. *Defensabilis.*

DEFERGER, Oter les chaînes ou entraves à quelqu'un. Gloss. *Disferriare.*

DEFES, Terre, bois, garenne ou étang dont l'usage n'est permis qu'à ceux auxquels le propriétaire l'accorde. Gl. *Defesium.* — Être defés, Être puni de mort, ou privé de quelque membre. Gl. *Diffacere.*

*DÉFETER, Rendre nul, L.

*DEFEUBLER, Dépouiller. L.

DEFFACER, Deffacier, Dévisager, défigurer le visage à quelqu'un. Gl. *Diffigurare.*

DEFFAÉ, Infidèle, païen, qui ne croit pas en Jésus-Christ. Glos. *Diffidatus,* 2.

DEFFAIRE, Abolir, supprimer.— Réparer, ôter les défauts. Gloss. *Defacere.*

DEFFAIS, Deffaix, Terre, bois, garenne ou étang dont l'usage est prohibé et interdit. Gl. *Defensa,* 3, et *Defesium.*

DEFFARDELER, Déballer, dépaqueter. Gl. *Diffardare.*

DEF

DEFFAUTRER (SE), Se mettre en pièces. L.

DEFFEG, comme Deffais ci-dessus. Gl. *Defesium.*

DEFFENDEMENT, Défense, secours. Gl. *Deffensivum.*

DEFFENDERRES, Défenseur, protecteur. Gl. *Deffensivum.*

DEFFENSABLE, Dont l'usage est prohibé et interdit. Gloss. *Defensa,* 3.

DEFFERGEMENT, L'action de délier, d'ôter les fers à quelqu'un ; du verbe *Defferger,* dans le même sens. Gloss. *Disferriare.*

DEFFERMER, Ouvrir, lever ou ôter ce qui ferme quelque chose. Gl. *Diffirmare* sous *Firmare,* 6.

DEFFERRE, Vieux fers de chevaux Gl. *Defferratus.*

DEFFESSE, Défense, moyen de droit. Gl. *Defensa,* 2.

*DEFFET, Difforme. L.

DEFFIAILLE, Défi, appel. — Dommage, préjudice. Gl. *Diffidatio.*

DEFFIANCE, Défi, appel. Gloss. *Diffidatio.*

DEFFIEUR, Batteur à gage. Glos. *Diffidatus,* 2.

DEFFLUER, Découler. Gl *Aquarium,* 2.

DEFFOIS, Terre ou bois dont l'usage est interdit à d'autres qu'au propriétaire, ou à ceux auxquels il l'accorde. Gl. *Defensa,* 3, et *Deffaia.*

DEF

DEFFORCER, Defforcher, Prendre ou retenir par force et contre justice, refuser ou dénier justice. Gl. *Difforciare.*

DEFFORE, Dehors. Gl. *Deforas.*

DEFFORTUNE, Infortune, accident malheureux. Glos. *Diffortunium.*

DEFFOSSÉ, Enceinte formée par des fossés. Gl. *Defacere.*

DEFFOUIR, Fouir, creuser, ôter quelque chose qui est en terre. Gl. *Disboscatio* et *Extumulare.* — S'enfuir, se retirer. Gloss. *Defuga.*

DEFFOUQUIER, S'enfuir, se sauver. Gl. *Defuga.*

*DEFFOURNER, S'enfuir. L.

*DEFFOURNIR, Dégarnir. L.

DEFFRAITIER, Défrayer, payer la dépense d'un autre. Gloss. *Deffrahere.*

*DEFFRIR, Frissonner. L.

*DEFFROISSIS, Froissement. L.

DEFFUEURS, Dehors. *Deforas.*

*DEFFRUCHER, Echapper. L.

DEFFUIR, S'enfuir, se cacher, éviter d'être vu. Gl. *Defuga.*

DEFFULER, Oter son chapeau ou bonnet pour saluer quelqu'un. Gl. *Defibulare.*

DEFFUMÉ, Glorieux, superbe, enorgueilli, dans Froissard, ch. 131, tom. 2.

DEFFINAILLE, Fin. Gl. *Definitio.*

DEFINER, Finir, achever. Gloss. *Definitio.*

DEG

*DEFLIS, Las. L.

*DEFLOCHÉ, Affaibli. L.

DEFLORATEUR, Celui qui ôte la virginité à une fille. Gloss. *Deflorare,* 1.

DEFOIS, Terre ou bois en défens. Gl. *Deffaia.*

DEFOLER, Fouler aux pieds. Gl. *Defolcare.*

DEFORCER, Prendre ou retenir par force et contre justice, refuser ou dénier justice. Gloss. *Difforciare.*

DEFORS, Dehors. Gl. *Deforas.*

*DEFORT, Fortement. L.

DEFOULER, Mépriser comme quelque chose qu'on foule aux pieds — Fouler aux pieds, jeter par terre. Gl. *Defolare,* et *Defolcare.*

DEFOURMÉ, Terme injurieux à Liége, p. e. Bâtard. Gloss. *Deformosus.*

DEFRAICHIR, Défricher, arracher. Gl. *Defrondare.*

*DEFRELER, Déplier. L.

*DEFRIPER, Être embarrassé. L.

*DEFROI, Désordre. L.

DEFUIR, S'enfuir, se retirer. Gl. *Defuga.*

DEFUNDRE, Enfoncer, faire naufrage. Gl. *Esguogozamentum.*

DEGABEMENT, Mépris, raillerie; du verbe *Dégaber,* Rire de quelqu'un, le tourner en ridicule, le mépriser, refuser. Gl. *Gabator.*

DEG

DEGAN, Sergent messier, garde d'un territoire. Gl. *Deguarius.*

*DEGANNER, Se moquer. L.

DEGASER, p. e. pour DÉGASTER. Gl. *Deguastare.*

DEGASTER, Gâter, détruire, ravager. Gl. *Deguastare.*

*DEGAUDIR, Réciter. L. .

*DEGÉ, Expulsé. L.

*DEGEREMENT, Serment. L.

DEGETTER, Agiter, tourmenter. Gl. *Jactare,* 2.

DEGIBIER, Se divertir avec agitation, et en se donnant beaucoup de mouvement. Gloss. *Gibetum.*

*DEGIÉ, Délicat. L.

*DEGOILLÉ, Egorger. L.

*DÉGOIS, Ramage. L.

*DEGOISIR, Bavarder. G. G.

*DEGONSIR, Dégorger. L.

*DEGOURT, Dégourdir. L.

DEGOT, Gouttière. Gl. *Degot Fractellum* et *Fratellum.*

DEGRAS, FAIRE SES DEGRAS, Se décharger le ventre. Gloss. *Degravare,* 2.

*DEGRATER (SE), Prendre ses ébats. L.

*DEGRAVER, Décharger. L.

DEGRÉPIE, Veuve. Gl. *Perea.*

DEGUEIR, Retrancher, diminuer. Gl. *Degueyra.*

DEL

DEGUERPIE, Veuve. Gl. *Derelicta,* et *Relicta.*

DEGUIEMENT, Bornage, limites posées par la justice ; du verbe *Déguier;* Poser des bornes. Gl. sous *Deguarius.*

DEGUISÉ, Qui n'est point à l'ancienne *guise* ou mode. Gloss. *Deguisatus.*

DEHACHER, DEHACHIER, Mettre en morceaux, hacher. Gloss. *Dispecare.*

DEHAIT , Maladie, incommodité, chagrin, peine. Gloss. *Alacrimonia.*

*DEHAITER (SE), Se désoler. L.

*DEHALÉ, Maigri. L.

DEHOCHÉ, Ebranlé. L.

DEHONTÉ, Honteux, confus, embarrassé. Gl. *Dehonestare.*

DEHURTER , Heurter, pousser rudement , renverser. Gloss. *Hurtare.*

DEICIER, Faiseur de dés. Gloss. *Decius.*

DEINS-NÉ, qui est né dans le pays. Gl. *Denizatio.*

DEJOUXTE, Auprès, proche. Gl. *Dejuxta.*

DEIS , Dé. Gl. *Digitarium,* et *Theca,* 2.

DEJUGIER, Juger, terminer un différend. Gl. *Dejudicare.*

DEL, Dé. Gl. *Digitarium.*

*DELAIER, Différer. L.

DELASSER (SE), Se désoler, s'affliger beaucoup. Gl. *Delaniare.*

DEL

DELAYEMENT, Délai, retardement ; du verbe *Délayer*, Différer, causer ou donner du délai. Gl. *Dilatare*, 1.

*__DELECHER (SE)__, Se délecter.

*__DELÉEMENT__, Subtilement. L.

*__DELEZ__, A côté. R. R.

DELIBERATION, Délai, retard. Gl. *Deliberatio*, 5.

DELICATIVETÉ, Délicatesse ; *Délicatif*, Délicat, friand. Glos. *Lautia*.

DELICIEUX, Délicat, difficile. Gl. *Deliciosus*.

DELINGANCHE, Abandonnement. Gl. *Delinquentia*.

DELITABLE, Délectable, agréable, qui plaît. Gl. *Atemplare*, et sous *Trufa*.

DELITER, Délecter, avoir de la joie, du plaisir. Gl. *Deliciari*, 2.

DELIVER, pour Délivrer, Expédier, finir. Gl. *Deliberare*, 3.

DELIVRE, Mettre au delivre, Délivrer, rendre, remettre. Gl. *Deliberare*, 3.

DELIVRÉ, Délibéré, hardi, résolu. Gl. *Deliberare*, 3.

DELIVRÉMENT, Librement, sans empêchement. Gloss. *Deliberate*.

DELIVRER, Servir, être attaché à quelqu'un. — Livrer par trahison. Gl. *Deliberare*, 3.

*__DELOBBÉ__, Insulté. L.

*__DELOYER__, Délier. L.

*__DELROTER__, Céder. L.

DEM

DELUGE. Mestre du deluge, Celui qui est chargé du soin des eaux et écluses. Gl. *Diluvii magister*.

*__DÉLUGER__, Dévorer. L.

DELUGIER, pour Déjugier, Juger. Gl. *Dejudicare*.

*__DELUIE__, Déluge. L.

*__DELUITER__, Contester. L.

*__DELUSOIRE__, Trompeur. L.

DEMAINE, pour Domaine. Gloss. *Demanium*. — Seigneur de fief, grand vassal. Il se prend aussi adjectivement pour Souverain, principal, fils aîné. Gl. *Demanalis*, et *Dominicus* sous *Dominicum*, 3.

DEMAINEMENT, Conduite d'une affaire. Gl. *Dismanare*.

*__DEMALAYSER__, Guérir. L.

*__DEMANCHER__, S'ébranler. L.

DEMANDER, Contremander. Gl. *Demandare*, 8.

DEMANDIERRES, Celui qui forme une demande en justice, demandeur. Gl. *Demandator*.

DEMANOIS, Noble, illustre. Gl. *Demanalis*.

*__DEMANUER__, Sortir de la main. L

DEMARCHIER, Marcher sur quelque chose, fouler aux pieds. Gl. *Defolare*.

*__DEMARTELER__, Martyriser. L.

*__DEMASSER__, Dissiper. L.

DEMEINE, Seigneur de fief, grand vassal. Gl. *Demanalis*.

DEMEINNER, Agir, conduire. Gl. *Dismanare*.

DEM

*DEMENABLE, Agile. L.

DEMENCHÉE, Demanchie, Certaine mesure de terre. Gl. *Demanchiata.*

DEMENER un cheval, Le monter, le conduire. Glos. *Caballus maletus.*

DEMENEURE, Domaine, seigneurie. Gl. *Demeneura.*

DEMENGUER, Manger, dévorer. Gl. *Mango,* 4.

DEMENIER, Seigneur domanier, propriétaire. Gl. *Demanalis.*

DEMENOIS, Seigneur de fief, grand vassal. Gl. *Demanalis.*

DEMENTER (SE), Se plaindre, se lamenter ; d'où *Dementoison,* Plainte, pleurs. Gl. *Dementare* et *Rocta.*

*DEMERGUER, Abîmer. L.

DEMIAUS, Sorte de mesure de blé. Gl. *Demellus.*

DEMIÇAINT, Demiceint, Tablier. Gl. *Semicinctium.*

DEMIERKES, Mercredi ; de *dé,* jour, et *mierkes,* mercredi. Gl. *Mercurinus dies.*

DEMINEMENT, Saisie faite au nom du seigneur ou propriétaire ; du verbe *Deminer,* Mettre sous la main du seigneur et propriétaire, ou réunir au fisc. Gl. *Dominicare.*

DEMION, Sorte de mesure, demisetier. Gl. *Demionus.*

DEMI-TEMPS, Partie de bréviaire, celle d'hiver ou d'été. Glos. *Semissis.*

DEN

DEMOIGNE, Domaine, propriété. Gl. *Dominicum,* 3.

DEMOINE, Seigneur de fief, grand vassal. Gl. *Demanalis.*

DEMOISELLE, Fille de joie, et celle qui les gouverne. Gloss. *Domicella,* 2.

DEMONCELER, Oter d'un morceau. Gl. *Exaggare.*

DEMONIACLE, Fol, insensé. Gl. *Dœmoniacus.*

DEMONIE, Obstacle, opposition, chose désagréable. Gl. *Dœmon.*

*DEMORÉE, Demeure. L.

DEMOURANCE, Résidence. Gl. *Remanentia,*1.-Bien vacant par mort. Gl. *Remanentia,* 2.

*DEMOURS, Résidence. L.

DEMOURER, Repos. *Demorari.*

DEMOYNE, Domaine, propriété. Gl. *Dominicum,* 3.

DEMPREZ, Auprès, proche. Gl. *Ramale.*

*DEMPUIS, Depuis. L.

DEMUÇER, Dissimuler, chercher à éviter d'avouer quelque chose. Gl. *Demussare.*

DEMUSSER, Cacher. *Demussare.*

DEMY-CANON, Petite flûte, chalumeau. Gl. *Canon,* 6.

DENARIAL, Étalon du poids de l'espèce de la monnaie que l'on fabrique. Gl. *Denariale.*

*DENNEAU, Démon. L.

DENOMMEMENT , Dénombre-

DEP

ment, déclaration qu'on fait au seigneur dominant de tous les fiefs, droits et héritages qu'on reconnaît tenir de lui. Gl. *Denombramentum.*

DENONCIATEUR, Courtier. Gl. *Denonciatio.*

*DENOTANCE, Désignation. L.

DENQUI, Jusque. Gl. *Pergus.*

DENRÉE, Valeur d'un denier; certaine mesure de terre ou d'autre chose ; toute espèce de marchandise, surtout celle vendue en détail. Gl. *Denariata.*

DENRENER, Négocier, exercer le commerce. Gl. *Denarietas, 1.*

DENTAL, Ce qui tient le coutre de la charrue. Gl. *Dentales.*

*DENTÉE, Coup sur les dents. L.

*DENTEURE, Bas-âge. L.

DEODANDE , Accident qui fait perdre la vie. Gl. *Deodunda.*

*DEPAIRÉ, S'en retourner. L.

DEPAISIÉ, Qui est transporté de colère, furieux. Gl. *Dispacatus.*

DEPANÉ, DEPANNÉ, Déguenillé, déchiré, ce qui est en lambeaux. Gl. *Depanare.*

DEPARAIGER, Mésallier. Gloss. *Disparagare.*

*DEPARLER, Dépriser. L.

DEPAROLER, Médire, parler mal de quelqu'un. Gl. *Disloqui.*

*DEPARSONNER, Injurier. L.

*DEPART, Séparation, divorce. L.

DEP

DEPARTIR, Départ, l'action de quitter un lieu. Gl. *Demorari.*

DEPECHEUR, Infracteur, transgresseur. Gl. *Depescare.*

DEPECHIER , DEPECIER, Déchirer, rompre, mettre en pièces. Gl. *Depescare.*

DEPECIER UN JUGEMENT, l'Annuler. Gl. *Depescare.*

DEPENDRE, Dépenser. Gl. *Dependitum.*

DEPERT, Perte, dommage. Glos. *Depertum.*

DEPESCHEMENT, Division, partage. Gl. *Feudum devidere* sous *Feudum.*

*DEPESTELER, Piétiner. L.

*DEPESTRIR, Fouler. L.

*DEPIÉ, Démembrement. L.

DEPIÉS DE MEMBRE, Mutilation. Gl. *Depitare.*

DEPITÉMENT , DEPISEUTEMENT, Avec chagrin et colère. Gl. *Despectuose* et *Raffarde.*

DEPITTEAIRE, Qui se dépite aisément, colère. Gl. *Despitare.*

*DEPLAYÉ, Blessé. L.

DEPLEABLE, TEMPS DEPLEABLE, La saison où l'on retire des champs ce qui n'y sert qu'en été. Gl. *Deplere.*

DEPOINTER, Oter de place, priver d'un office ou de quelqu'autre chose. Gl. *Depunctare.*

DEPOPULER, Dépeupler, ravager, détruire. Gl. *Depopulare.*

*DEPORCER, Epargner. L.

DER

DEPORT, Faveur, ménagement. — Badinage, raillerie. Gl. *Deportare*, 2.

DEPORTER , Favoriser. Gloss. *Deportare*, 1.— Supporter, donner du délai. *Deportare*, 2. — Se divertir, se réjouir. Gloss. *Deportare*, 2.

DEPRENDRE, Découvrir, surprendre, dans des lett. de 1314, tom. 1. des Ordon.

*DEPRIANTE, Suppliante. L.

DEPRIER , Prier avec instance, supplier. Gl. *Deprecari.*—Composer pour avoir diminution du prix qu'on demande. Gloss. *Despretium.*

DEPRIMER , Réprimer. Gloss. *Defrangere.*

DEPRIS, Convention sur le prix de quelque chose. Gloss. *Despretium.*

DEPRIVER. Cesser de traiter familièrement quelqu'un. Gloss. *Deprivare.*

DEPULIER , Publier, annoncer. Gl. *Depublicare*, 2.

DEPUTAIRE, Perfide, traître. Gl. *Despitare.*

DEPUTER, Accuser une femme de prostitution. Gl. *Putagium.*

*DEQUEURER, Languir. L.

*DER, Derrière. L.

DERAISNIER, Prouver son droit en justice. Gl. *Deresnare.*

*DEREGNE, Désaveu. L.

*DEREIGLE, Dérèglement. L.

DER

DERIDER, Deriser, Se moquer, se railler. Gl. *Deludere.*

*DERIEULER, Déranger. L.

*DERIPER, Piller. L.

DERLIERE, Lieu où l'on tire de la terre, espèce de sablonnière dans les Revenus du Comté de Namur de 1289. Reg. de la Chambre des Comptes de Lille, nommé le *Papier aux aysselles*, fol. 60, r°: *Encor i a li cuens une derlière, c'est à savoir où on prent terre, de coi li bateur ovrent à Dynant et à Bouigne.*

*DERNE, Tronçon. L.

*DEROCHER, Précipiter. L.

DERODER, Cultiver. *Derodere.*

DEROMPRE , Déranger, débaucher. Gl. *Disrumpere.*

DEROMPTURE, Rupture, hernie. Gl. *Chetucola.*

*DEROUÉ, Trompeur. L.

*DEROY, Dérèglement. L.

*DEROYÉ, Egaré. L.

DERRAMME, Serment fait en justice, par lequel on s'engage à prouver, et surtout par témoins, la vérité de ce qu'on avance. Gl. sous *Adramire.*

DERRIÈRE, Estre en derriere, Devoir beaucoup d'arrérages. Gl. *Dereragium.*

*DERRUBAN, Précipice. L.

DERS, Derselet, Dais. *Dagus.*

DERTRUYIE, La maladie de *dartres*, grattelle. *Impetiginositas.*

DES

* DERUNEMANT , Bouleverse-
ment. L.

DERVÉE, Chênée, lieu planté de
chênes. Gl. *Dervum*.

DERVER, Être insensé, extravaguer. Gl. *Deviare*.

DERVERLÉE, Folie,extravagance,
Gl. *Deviare*.

DESAAIGE, Minorité. *Aagiatus*.

DESABELIR, Déplaire, être désagréable. Gl. *Abelimentum*.

*DESABORDER(SE),S'éloigner.L

DESACOINTIER, Désaccoutumer,
rompre une liaison, cesser de
vivre en familiarité avec quelqu'un. Ville-Hard.

*DESACORAGIER, Rendre con-
traire. L.

DESADNARDER, Défricher. Gl.
Derodere.

*DESADRECIER, Détourner. L.

DESADVOUER Dieu, Le renier.
Gl. *Deadvoare*, 2.

*DESAERDRE, Se détacher. L.

*DESAESMER (SE), Se méapren-
dre. L.

DESAFEUTRER un cheval, Lui
ôter le caparaçon, déharnacher.
Gl. *Feltrum*.

DESAFFUBLER, Découvrir, dépouiller. Gl. *Defibulare*.

DESAFIER, Défier, faire un appel.
Gl. *Diffidare*, 1.

*DESAFRENÉ, Effréné. L.

DESAFUBLÉ, Déshabillé. Gloss.
Scarpus.

DES

*DESAGIÉ, Malaise. L.

DESAGIÉ, Mineur. Gl. *Aagiatus*.

*DESAGRÉER, Déplaire. L.

*DESAGUERRIR, Décourager. L.

DESAHERDRE, Débarrasser, détacher. Gl. *Adhœrere*, 3.

DESAIER, Abuser. Gl. *Deabuti*.

DESAILLER, Desceller. *Desillare*.

*DESAIRER, Dénicher. L.

*DESAIRIER, Brûler. L.

*DESAJANCER, Déranger. L.

*DESALATER, Abandonner. L.

*DESALOURER, Désoler. L.

DESAMI, Fort ami, familier. Gl.
Diamicus.

*DESAMONTER, Descendre. L.

*DESANGOISSER, Consoler. L.

*DESANIMER, Décourager. L.

*DESAOMBRER, Justifier. L.

*DESAPARIER, Dépareiller. L.

*DESAPERTI, Affligé. L.

DESAPOINTER, Destituer quelqu'un d'une charge, d'un emploi ; d'où *Desapointement*, la
destitution même. Déshabiller.
Gl. *Desapunctare*.

DESAPPAREILLER, Oter l'appareil d'une plaie. Gloss. *Apparamenta*, 2.

*DESARBORER, Abattre. L.

DESARER, Errer, aller çà et là.
Gl. *Erare*.

DES

DES

*DESARITER, Déshériter. L.

*DESARNIR, Désharnacher. L.

DESARRIVER, S'éloigner de la rive. Gl. *Arrivagium.*

* DESARROIANCE , Dérèglement. L.

*DESARTIR, Briser. L.

DESASSAMBLEMENT, Déroute. Gl. *Assembleia.*

*DESASSENTIR, Refuser. L.

DESASSEMBLÉE, Assemblée. Gl. *Assembleia.*

*DESASSEURER, Intimider. L.

*DESASTRÉ, Infortuné. L.

*DESATALENTER , Déplaire. L.

DESATEMPRÉ, Desatenpré, Immodéré, déréglé, excessif. Gl. *Distemperare.*

*DESATIRIÉ, Dénué. L.

DESATOURNER, Oter ses atours, et tout ce dont on est vêtu. Gl. *Atour.*

*DESATROCHER, Se débander. L

*DESATROPELER , Mettre en désordre. L.

DESATTELER , Dételer. Gloss. *Attelatus.*

DESATTIEZ, Maladie. Glos. *Alacrimonia.*

DESAVANCER, Retarder, différer. Gl. *Retardare,* 1.

DESAVANT, Qui s'écarte. *Desavant de son sens,* Qui est hors de sens. Gloss. *Desavenans* et *Potare.*

DESAUBAGE, Repas, qu'on faisait le huitième jour après le baptême d'un enfant, et dans lequel les parents donnaient des gâteaux aux enfants. Glos. sous *Alba,* 4.

DESAUBER, Oter l'aube, ou la robe blanche. Gl. sous *Alba,* 4.

DESAVENANT, Malhonnête, indécent. Gl. *Desavenans.*

*DESAUSER, Décourager. L.

*DESAVANTURE, Infortune. L.

*DESAVENABLE, Excessif. L.

*DESAVENCENT, Désastre. L.

*DESAVISER, Contredire. L.

*DESAVOIER, Mettre en déroute.

DESAVOUER Seigneur, Refuser de le reconnaître et de lui rendre ce qu'un vassal doit à son seigneur. Gl. *Deadvocare.*

*DESBARATEMENT, Déroute. L.

*DESBARETER, Désillusionner. L

DESBASTONNER, Désarmer. Gl. *Busto.*

*DESBATIR, Détruire. L.

*DESBESTORNEZ, Retourné dans le bon sens. L.

DESBLAER, Acquitter, débarrasser. Gl. *Debladire.*

DESBLAMER , Disculper , justifier. Gl. *Blasphemare.*

DESBLAVER, Nettoyer, déblayer; d'où *Desblavement,* Déblai, dégagement. — Moissonner, couper les blés. Gl. *Debladire.*

DES

DESBLÉE, Moisson, le temps de la moisson. Gl. *Debladare* sous B*ladum* et *Debladatio.*

DESBLÉER, Moissonner, couper les blés. Gloss. *Debladare* sous *Bladum.*

DESBLÉURE, Moisson, les blés encore sur pied, le temps de la moisson. Gl. *Debladatio* et *Debladare* sous B*ladum.*

DESBLOUER, Eclairer. L.

DESBOCHIER, Déraciner. Gloss. *Disboscatio.*

*DESBONER, Sortir. L.

DESBOURSER, Retirer un héritage des mains d'un acquéreur. Gl. *Revocatio per bursam* sous *Bursa*, 1.

DESBUSCHER, Oter les fers ou liens dont est entravé un cheval. Gl. *Imbogare.*

DESCAIER, Couper, scier. Gloss. *Dissicio.*

DESCANTER, Chanter en faux-bourdon ou en parties. Gloss. *Discantus.*

DESCARCHIER, Décharger, délivrer. Gl. *Discargare.*

*DESCARPIR, Déchirer. L.

DESCAUPER, Retrancher, diminuer. Gl. *Discopare.*

DESCENDEMENT , Descendue, Succession, héritage de père ou de mère, et en ligne directe. Gl. *Descendua.*

DESCENIMENT, Sorte de défense. Gl. *Desceniment.*

DESCEPLINE , Discipline, punition corporelle. Gl. *Disciplina.*

DES

DESCERNER , Séparer, diviser. Gl. *Cernea.*

DESCHALLER, Défricher, mettre une terre en valeur. Gl. *Examplare* sous *Exemplum*, 2.

DESCHANT, Chant ou ramage des oiseaux. Gl. *Discantus.*

DESCHANTER, Chanter comme en faux-bourdon, ou en parties. Gl. *Discantus.*

DESCHARNER, Lâcher les charnières. Gl. *Copula*, 1.

DESCHARPIR, Échapper, dégager, débarrasser, séparer. Gl. *Discapire.*

DESCHAUFFAUDER , Oter un échafaud. Gl. *Chaufarium.*

DESCHAUSSAGE, Deschaussaille, Ce qu'une nouvelle mariée, le jour de ses noces, donnait aux jeunes garçons pour boire. Gl. *Culagium.*

DESCHAUSSOERE , Deschaussoire, Deschaussouere, Houe, instrument à remuer la terre. Gl. *Discalcire.*

DESCHENDEMENT, Succession, héritage en ligne directe. Glos. *Descendua.*

DESCHEVACHER, pour Deschevaucher, Démonter. Gl. *Discavalcatus.*

DESCHEVAUCHER, Deschevauchier, Démonter, ôter à quelqu'un son cheval. Glos. *Discavalcatus.*

*DESCHÈVEMENT, Décadence. L.

DESCIREURE, Déchirure, plaie. Gl. *Discereura.*

DES

DESCLAIRCIR, Prouver, montrer clairement. Gloss. *Clarum facere.*

DESCLIQUER, Détendre, débander. Gl. *Clicha.*

DESCLOS, Ouvert, qui n'est pas fermé. Gl. *Disclaudere.*

DESCOGNOISSANT DE RAISON, Déraisonnable, usant peu de sa raison. Gl. *Decognoscere*, 2.

DESCOLPE, Excuse, justification. Gl. *Descolpare.*

DESCOMBRER, Décharger, débarrasser, nettoyer. Glos. *Discombrare.*

DESCOMPOTER, Changer le temps de l'engrais des terres. Gloss. *Compostus.*

DESCONFÉS, Qui ne s'est point confessé, qui est mort intestat. Gl. *Intestatio.*

DESCONGNOISSANCHE, Reconnaissance détaillée. Gl. *Decognoscere*, 2.

DESCONGNOISTRE, Se déguiser, se travestir. *Decognoscere*, 2.

DESCONNOISSANCE, Méconnaissance, ingratitude. Glos. *Decognoscere*, 2.

DESCONNOITRE, Méconnaître. Gl. *Decognoscere*, 2.

*DESCONSEILLER, Désoler. L.

*DESCONTENGER (SE), Se racheter. L.

*DESCONTRER, Détruire. L.

DESCONVENABLE, Qui n'est pas convenable, indécent. Gl. *Disconvenire.*

DES

DESCONVENUE, Malheur, défaite. Gl. *Disconficere.*

*DESCORD, Discorde. L.

DESCORDABLE, Contentieux, qui est en dispute. *Discordator.*

DESCORDÉ, Le sujet du différend, ce qui est disputé. Gloss. *Discordator.*

DESCORDÉEMENT, Avec discorde. Gl. *Discordiose.*

DESCORDER, N'être point d'accord, être d'un autre avis. Gl. *Concordare*, 2.

*DESCOREILLIER, Dévérouiller.

DESCOTER, Porter un coup à travers les côtes. Gl. *Decotare.*

DESCOUCHER, DESCOUCHIER, Se lever du lit. Gl. *Decubare.*

DESCOUCHIER, Le lever, l'heure où l'on sort du lit. *Decubare.*

*DESCOUDRE, Rapporter. L.

DESCOULPE, Excuse, défense, justification ; du verbe *Descoulper*, Disculper, décharger un accusé. Gl. *Descolpare.*

DESCOUPABLE, Innocent, exempt de crime. Gl. *Descolpare.*

*DESCOURAER, Déranger. L.

*DESCOURRE, Séparer. L.

*DESCOURU, Détruit. L.

DESCOUSTUMANCHE, Droit que la coutume autorise. Gl. *Consuetudo*, 4.

*DESCOUTANGER, Défrayer. L.

*DESCOUTUMER, Deshabituer. L.

DES

DESCOUVREUR, Espion, qui va à la découverte. Glos. *Discoöperatores.*

*DESCRIVERE, Décrire. L.

DESCROIS, Bailler au descrois, Donner au rabais. Gloss. *Discrescere.*

DESCROISIER, Relever du vœu de se croiser. Gl. sous *Crux.*

*DESCULER, Reculer. L.

DESDEBTER, Acquitter ses dettes. Gl. *Debita.*

DESDRUIR, Affaiblir, rendre moins fort, moins robuste. Gl. *Druda.*

*DESDUIRE, Disputer. L.

DESEAGÉ, Mineur, enfant ou jeune homme. Gl. *Aagiatus.*

DESEMPARER, Démolir, détruire. Gl. *Desemparare.*

DESEMPECHER, Délivrer, lever l'empêchement mis. Gl. *Desembargatus.*

DECENCUSER, Justifier quelqu'un, le décharger d'une accusation. Gl. *Descolparc.*

DESENDRUIR, Affaiblir, rendre moins fort, moins robuste. Gl. *Druda.*

*DESENEURER, Affliger. L.

DESENGAGER, Prendre gage et assurance, saisir, arrêter pour sûreté d'une dette. Gl. *Disvadiare* sous *Vadium.*

*DESENGIR, Déguerpir. L.

DES-EN-QUI-EN-AVANT, Désormais, dans la suite, dans les

DES

Ordon. tom. IV, pag. 336, art. 9; et pag, 339. art. 5.

*DESENHORTER, Dissuader. L.

*DESENIR, Finir. L.

DESENSELLER, Jeter quelqu'un hors de la selle de son cheval. Gl. *Sellare* sous *Sella,* 2.

*DESENVILLIR, Nettoyer. L.

DESERPILLÉ, Qui est vêtu de mauvais habits. Gl. *Serpeilleria.*

DESERPILLER, Dépouiller, dérober. Gl. *Serpeilleria.*

DESERT, Ruiné, dépouillé de ses biens. Gl. *Deshoredare.* — Estre désert, Abandonné, abrogé. Gl. *Desertare,* 2.

*DESERTABLE, Détestable. L.

DESERTATION, Abandonnement, délaissement. Gl. *Desertitudo.*

DESERTE, Mérite, récompense, salaire. Gl. *Deservire,* 2.

DESERTER, Gâter, ruiner, détruire. Gl. *Desertare,* 1.

DESERTINE, Désert, solitude. Gl. *Desertum.*

DESERTIR, Rompre, détruire, ruiner. Gl. *Desertare,* 1.

DESERVEUR DE FIEF, Celui qui acquitte au nom d'un autre les devoirs d'un fief. *Descrvire,* 1.

DESERVIR, Mériter. *Deservire,* 2.

*DESESMÉ, Epuisé. L.

DESESPERANCE, Désespoir. Gl. *Desperantia.*

*DESESTABLIR, Destituer. L.

DES

'DESESTANCE, Malaise. L.

***DESESTOURNÉ,** En désordre. L

DESEVEUZER, S'excuser. Gloss. *Desavouare.*

***DESEVEUZER,** Refuser. L.

DESEVRANCE, Déroute, défaite. Gl. *Decevisset.*

***DESEVRANCE,** Départ. L.

***DESEURAIN,** Surcot. L.

***DESÉUREIS,** Infortuné. L.

DESEVRER, Diviser, séparer. Gl. *Decevisset.*

***DESFAÉ,** Déloyal. C. N.

***DESFAITER,** Dépiter. L.

***DESFINCELLER,** Débarrasser. L

DESFOIS, Terre ou bois, dont l'usage est interdit. Gl *Deffaia.*

***DESFOUCHIER,** Débander. L.

***DESFOURNER,** Se retirer. L.

***DESFOURRER,** Dédaigner. L.

***DESFRIPER,** Aplanir. L.

***DESFROISSER,** Ecorcher. L.

***DESFUBLER,** Dépouiller. L.

DESGAGER, Desgaiger, Faire payer l'amende pour dégât fait dans les champs; ou prendre gage pour sûreté de l'amende, ou d'une dette. Gl. *Desgagium* et *Disvadiare,* sous *Vadium.*

***DESGANCIR,** Détacher. L.

***DESGARDER,** Abandonner. L.

***DESGAROTTÉ,** Déguenillé. L.

DES

***DESGEUNER,** Se repaître. L.

***DESGIGLER,** Deshabiller. L.

DESGLAINER, p. e. Couper un épi, et par métaphore, Couper la gorge, tuer. Gl. *Degluere.*

DESGOUGENER, Desgougonner, Desgoujonner, Oter les goujons ou chevilles de fer d'un coffre, etc. Gl. *Gojo.*

DESGRAIN, Desgren, Le droit de moudre son grain avant les autres et sans payer la mouture ; ce qu'on appelait *Degrener.* Gl. *Degranare, Degranum.*

DESGUCHER, Faire retirer quelqu'un, l'obliger à quitter la place. Gl. *Deguastare.*

DESGUERAIN, comme ci-dessus *Desgrain.* Gl. *Degranum.*

DESHABILITER, Rendre ou déclarer inhabile. Gl. *Inhabilitare.*

DESHAITIÉ, Malade, infirme. Gl. *Alacrimonia.*

***DESHERDRE,** Détacher. L.

***DESHERNÉ,** Ereinté. L.

DESHERS, Ruiné, dépouillé de ses biens. Gl. *Desheredare.*

***DESHET,** Chagrin, peine. P.

***DESHEURER,** Déranger. L.

DESHOIRER, Déshériter. Gl. *Desheredare.*

DESHONESTER, Déshonorer. Gl. *Dehonestare.*

DESHOUSER, Oter ses houseaux, se débotter. Gl. *Housellus.*

DES

DESIER, Désir, volonté. Gloss. *Diabolus.*

*DESIEZ, Indigent. L.

DESJEUNEMENT, Déjeuner. Gl. *Dejejunare.*

DESIEURIES, Demande en justice. Gl. *Desiderium.*

*DESIGANCE, Inégalité. L.

DESIGNÉ, Orné de *signes* ou figures. Gl *Designum.*

DESINGAL, Inégal. *Disœquare.*

DESJOINTER, Rompre les joints de quelque chose. Gl. *Cernea.*

DESJOUGLER, Se moquer. Gl. *Deludere.*

DESIRÉ, Sorte de monnaie. Glos. *Desideratum.*

*DESIRIER, Discerner. L.

DESIRRIERS, Prières, actes de religion. Gl. *Desiderata.*

*DESJUN, Déjeuner. L.

DESKEVILLAGE, Sorte de droit. Gl. *Cavile.*

DESLARRÉ, Débraillé, celui dont les habits sont mal attachés. Gl. *Nodellus.*

DESLAVÉ, Qui n'est point lavé. Gl. *Delavatus.*

DESLÉEL, Déloyal, contraire aux lois. Gl. *Exlex, 3.*

DESLENGIER, Injurier de paroles. Gl. *Ladare* sous *Lada, 1.*

*DESLER, Déloyauté. L.

DESLIENER, Refuser, dénier. Gl. *Delere.*

DES

DESLIGEMENT, Acquit, payement. Gl. *Disligare.*

*DESLIGNAGIER, Déroger. L.

DESLITELER, Oter la lisière. Gl. *Listadus.*

DESLOCHER, Disloquer. L.

DESLOER, dissuader, déconseiller. Glos. *Dislaudare* sous *Laudare, 2.* — Disloquer, démettre. Gl. *Disligare, 1.*

DESLOIER, Désunir, séparer. Gl. *Desligare.*

DESLOUER, Dissuader, déconseiller. Glos. *Dislaudare* sous *Laudare, 2.* — Disloquer, démettre. Gl. *Disligare, 1.*

DESLOYAUTER, Manquer à la foi donnée. Gl. *Adlegiare.*

*DESLOZ, Dissuasion. L.

DESMABLE, Sujet à la dîme. Gl. *Decimagium* sous *Decimæ.*

DESMAILLER, Briser les mailles d'une armure. Gl. *Peciatus* sous *Pecia.*

*DESMANÉ, Egaré. L.

DESMANTEMENT, Démenti. Gl. *Dementitio.*

DESMARCHER, DESMARCHIER, S'écarter, se ranger, marcher en arrière. Gl. *Demanere.*

*DESMAULER, Enlever. L.

DESMEMBRANCE, Démembrement, l'action de démembrer, couper. Gl. *Demembrare.*

DESMENTEMENT, Démenti. Gl. *Dementitio.*

DES

DESMENTIR, Donner un démenti. Gl. *Dimentiri.*

DESMENTISSEMENT, Démenti. Gl. *Dementitio.*

DESMENTOISON, Démenti. Glos. *Dementitio.*

DESMERIE, Dîme, le droit de lever la dîme. Gl. *Decimagium* sous *Decimæ.*

*DESMERS, Ceux qui paient la dîme. L.

*DESMESURANCE, Excès, folie. L.

*DESMESURES, Excès. L.

*DESMETTRE, Fondre. C. R.

DESMEUBLÉ, Appauvri, ruiné, dépouillé. Gl. *Mobile.*

*DESMIER, Dépouiller. L.

*DESMONTER, Dépouiller. L.

DESMOUVOIR, Apaiser une émeute. Gl. *Demovere.*

*DESMUER, Remuer. L.

DESMURER, Mettre hors de prison. Gl. *Immurare.*

DESNOQUER, Lâcher la noix d'une arbalète. Gl. *Nux.*

DESNOUER, Disloquer, rompre. Gl. *Denodare.*

*DESOR, Dorénavant. L.

*DESOSVENU, Qui a perdu le souvenir. L.

*DESOTROIER, Nier. L.

DESOUBITER, Irriter, faire enrager quelqu'un. Gl. *Desubitare.*

*DESOUBITER, Dépiter. L.

DES

*DESOUBLIANCE, Avilissement.

DESOUCER, Dépouiller, piller. Gl. *Housellus.*

*DESOUSTRAIN, Bas. L.

DESOYVRE, Bornage. Gl. *Dissire.*

*DESPAINDRE, Arracher. L.

*DESPAIRER (SE), Se séparer. L.

DESPAISIÉ, Qui est transporté de colère, furieux. *Dispacatus.*

DESPAISIER, Aller hors de son pays, se dépayser. *Dispatriare.*

*DESPAISSIER, Se régaler. L.

DESPANDRE, Dépenser. Gloss. *Dispendere.*

DESPANER, Déchirer, mettre en pièces. Gl. *Depanare.*

DESPARAGER, DESPARAGIER, Mésallier. Gl. *Disparagare.*

DESPAREIL, A DESPAREIL, Dépareillé. Gl. *Disparilitas.*

*DESPARNY, Dégarni. L.

*DESPASSER, Négliger. L.

DESPECHER, Briser, mettre en pièces. Gl. *Dispecare.*

DESPECHIER, Débarrasser, dépêtrer un cheval. Gl. *Intricare.*

DESPECIER UN MARCHÉ, le rompre. Gl. *Depescare.*

DESPECIER LA NOISE, Apaiser la querelle. Gl. *Depescare.*

DESPESCHEMENT, p. e. Expédition militaire. Gl. *Depescare.*

*DESPEITAUDE, Méprisable. L.

DES

***DESPENSER**, Défrayer. L.

DESPENSE, Petit vin pour les domestiques et les pauvres gens, piquette. Gl. *Despensa.*

DESPENSIER, Maître d'hôtel. Gl. *Dispensator.*

***DESPERAGE**, qui est d'âge différend. L.

DESPERS, Désespéré. Glos. *Desperatus, 2.*

***DESPERT**, Vif, acharné. L.

DESPESCHIER, Décharger, libérer. Gl. *Depescare.*

***DESPESSIER**, Eclaircir. L.

DESPIÉ, Démembrement, division. Gl. *Dispeare.*

DESPINOS, Terme usité pour exciter un paresseux à travailler. Gl. *Despinare.*

DESPIRE, DESPIRER, Mépriser, dédaigner, Gl. *Despitus.*

DESPITÉMENT, Avec colère, d'un air fâché. Gl. *Despectuose.*

DESPITER, Mépriser, dédaigner. Gl. *Despitare.*

DESPITEUSEMENT, Avec colère. Gl. *Despectuose.*

***DESPLANETIÉ**, Dépossédé. L.

DESPLAQUIER, Oter une *plaque* ou marque. Gl. *Dessigillare.*

***DESPLEU**, Déplaisant. L.

DESPLIANCE DE MARCHANDISE, Étalage, et le droit qu'on paye au seigneur de la foire ou du marché pour y étaler. Gloss. *Scavagium.*

DES

***DESPLICÉ**, Dépouillé. L.

DESPLOIER, Délier. *Deplicare, 2.*

DESPOILLE, Dépouille. *Manubla.*

DESPOINCTIER, DESPOINTER, DESPOINTIER, Destituer quelqu'un d'une charge, d'un emploi, le priver de quelque chose. Gl. *Depunctare.*

***DESPOIREMENT**, Désespoir. L.

DESPOISE, Mélange d'argent et d'étain pour diminuer le poids et la bonté de la monnaie. Gl. *Ponderatio.*

***DESPONDRE**, Expliquer. L.

***DESPORTER**, S'abstenir. L.

***DESPOURIERE**, Chétive. L.

DESPOURVEUMENT, Sans réflexion. Gl. *Inpræmeditatus.*

***DESPRINS**, Dépouillé. L.

DESPRIS, Méprisé, bafoué. Gl. *Depanare.*

***DESQUANS**, Jusques dans. L.

DESQUARQUAIGE, Droit payé pour la décharge des vins. Gl. *Dechargiamentum.*

DESQUERQUIER, Décharger. Gl. *Cercare, 2.*

DESQUET, Panier pour vendanger. Gl. *Desca, 1.*

DESRAINABLE, Déraisonnable. Gl. *Deresnare.*

DESRAINER, Plaider, défendre en justice. Gl. *Ratio, 1.*

DESRAINIER, Prendre par raison, choisir. Gl. *Deresnare.*

DES

*DESRAMER, Dépouiller. L.

DESRAMME, Serment fait en justice, par lequel on s'engage à prouver, et surtout par témoins, la vérité de ce qu'on avance. Gl. sous *Adramire*.

DESREIGNER, Plaider, défendre en justice. Gl. sous *Ratio*, 1.

DESRENE, Desresne, Action, discussion, plaidoyer; d'où *Desrener*, Plaider, défendre en justice. Gl. sous *Ratio*, 1.

DESRENEMENT, Déplacement de quelque os, entorse. Gloss. *Disligare*, 1.

DESRENG, Séparation faite par une raie ou sillon. Gloss. *Circamanaria*.

DESRESNIER, Rendre raison de quelque chose, l'expliquer. Gl. *Desresnare*.

*DESRESTER, Débarrasser. L.

DESRIEQUIR, Défricher. Gloss. *Derodere*.

*DESRIEULER, Se débander. L.

*DESRIOTÉ, Délié. L.

DESRISER, Se moquer, railler. Gl. *Deludere*.

DESROBEOR, Voleur, pirate. Gl. *Desrobare*.

DESROCHER, Abattre, détruire. Gl. *Derocare*.

DESROI, Désarroi, dommage. Gl. *Derotare*.

DESROIER, Composer pour avoir diminution du prix qu'on demande. Gl. *Despretium*. [Se débander. L.]

DES

DESROQUER, Jeter d'en haut, précipiter du haut d'un rocher. Gl. *Derochare*.

DESROTER, Retirer, enlever. Gl. *Derotare*. [Dégager. L.]

DESROYAUTER, Oter la couronne à un roi. Gl. *Regalitas*, 1.

DESROYER, Changer la culture d'une terre. Gl. *Diroiare*.

*DESSAFRÉ, Dédoré. L.

DESSAIGNIER, Oter un *signe*, ou marque. Gl. *Dessigillare*.

DESSAISONNER, Faire quelque chose hors de la saison et le temps convenable et ordinaire. Gl. *Satio*.

DESSAMBLER, Déguiser, changer la ressemblance. Gl. *Similare*. — Dessembler, Séparer, diviser. Gl. *Assemblare*.

DESSARTER, Essarter, défricher. Gl. sous *Exartus*.

*DESSAUCHIER, Détourner. L.

DESSENARDER, Défricher. Gl. *Derodere*.

*DESSEOIR, Déplaire. L.

*DESSERER, Lâcher. L.

DESSERPILLEUR, Voleur de grands chemins. *Serpeilleria*.

DESSERTE, Mérite, récompense, salaire. Gl. *Deservire*, 2.

DESSERVIR, Mériter. Gloss. *Deservire*, 2.

DESSEVRAILLE, Séparation. Gl. *Decevisset*.

DESSEVRANCHE, Dessevrée, Dessevrement, Séparation; du

DES

verbe *Dessevrer*, Séparer, rompre, casser un mariage. Gloss. *Decevisset*.

DESSICEMENT, Déchirement. Gl. *Laceramen*.

DESSIR, Lever, arracher, démolir. Gl. *Dissire*.

*DESSOIVER, Etancher la soif. L.

DESSOIVRE, Bornage, limite, ce qui sépare. Gl. *Dissire*.

DESSONIER, Décharger, libérer. Gl. *Essonium*.

DESSOUBZ, A son dessouez, A son avantage. Gl. *Desubter*.

*DESSOUDE (A LA), A l'improviste. L.

DESSOUNIIER, Décharger, libérer. Gl. *Essonium*.

DESSOUS, Mettre a son dessous, Accabler, opprimer. Gl. *Desupbter*.

DESSOUZ, La partie inférieure du dos, le derrière. Gl. *Desubter*.

DESSUS, A son dessus, A son avantage. Gl. *Desuper*, 2.

DESTAINDRE, Éteindre. Gloss. *Stinctus*.

*DESTANPRÉ, Déréglé. L.

*DESTENDRE, Courir. L.

*DESTENGIÉ, Rassasié. L.

DESTERGIR. Diviser, partager. Gl. *Desteglare*.

DESTESER, Abaisser une arme dont on menaçait quelqu'un pour l'en frapper. Gloss. sous *Intendere*, 9.

DES

*DESTIERE, Ci-devant. L.

DESTILPER, Vendre, débiter. Gl. *Distrahere*.

*DESTILTRE, Effiler. L.

*DESTIT, Tourmenté. L.

*DESTOCHIÉ, Déguenillé. L.

*DESTOMBIR, Dégourdir. L.

DESTORBEIR, Détourner, empêcher. Gl. *Disturbare*.

DESTORBER, Détourner, empêcher. Gl. *Desturbium*.

*DESTORCE, Détour. L.

*DESTORCHER, Enlever. L.

*DESTORCHIER, Peine. L.

*DESTORER, Détruire. L

*DESTOUELLIER, Débrouiller. L.

DESTOULPER, Destouper, Déboucher, ouvrir. Gl. *Stupare*.

DESTOURBER, Détourner, empêcher, troubler ; d'où *Destourbier*, Empêchement, dérangement. Gl. *Desturbium*.

*DESTOURBEUR, Qui interrompt qui fait obstacle. L.

DESTOURNÉE, Conduit fait pour détourner l'eau de son cours ordinaire. Gl *Desviatorum*.

*DESTOURPOIS, Petites branches de bruyères. L.

*DESTOURSER, Détrousser. L.

*DESTOYER. Sortir. L.

*DESTRAIGNAUMENT, Etroitement. L.

DES

DESTRAGE, p. e. pour ESTRAGE, Maison, demeure. Gl. *Estaga* sous *Stagium*.

DESTRAINDRE , Arrêter, réprimer, punir sévèrement, forcer, contraindre par saisie des biens. Gl. *Distringere*, 1 et 2.

DESTRAINS, Les différentes pièces d'un procès. *Distringere*, 2.

*DESTRAINT, A court de. L.

DESTRAIRE, Médire, décrier, calomnier. Gl. *Detractare*, 2.

DESTRAITTER, Débarrasser un cheval des traits dans lequel il est empêtré. Gl. *Intricare*.

DESTRAL, Cognée, hache. Gloss. *Dextralis*.

*DESTRAMPÉ, Désordonné. R.R.

DESTRAPER, DESTRAPPER, Dégager , débarrasser, dépêtrer. Gl. *Trappa*.

DESTRAU, Cognée, hache. Gloss. *Dextralis*.

*DESTRAVÉ, Effréné. L.

*DESTRAVER (SE) , S'éloigner.

DESTRE, La main droite. Gloss. *Dextrarii*.

*DESTRÉE , Espace de terre , qu'embrasse le pas d'un homme.

DESTREIGNABLE , Saisissable, qui peut être saisi. Gl. *Distringibilis* sous *Distringere*, 3.

*DESTREINDRE, Etreindre. L.

DESTRIC, Démêlé, contestation. Gl. *Destrictus*.

DESTRIER, Cheval de distinction,

DES

cheval de bataille. Gl. *Dextrarii*. — Sorte de marteau à l'usage d'une forge. Gl. *Dextralis*.

DESTRIZ , DESTROIZ , Amende prononcée en justice. Gloss. *Districtus*.

*DESTROCHER, Ecarter. L.

*DESTROCHIER, S'élancer. G.G.

*DESTROIS, Peine pécuniaire. L.

*DESTROIT, Affligé. C. R.

DESTROIT , Angoisse, détresse. Gl. *Distringere*, 2.

*DESTROIT, Rudement. L.

DESTROITEMENT, Étroitement, exactement. Gl. *Plenitudo*, 1.

DESTRONCENER, Briser, mettre en pièces. Gl. *Troncire*.

*DESTROPELER , Abandonner sa troupe. L.

*DESTROS, Etroit. L.

DESVÉE, La levée d'une défense. Gl. *Devezium*.

DESVER, Être fou, extravaguer ; d'où *Desverie*, Manie, folie, extravagance. Gloss. *Deviare* et *Mania*, 1.

*DESVEREZ, Déréglé. L.

*DESVEST, Dépossession. L.

*DESVEU, Dévotion. L.

*DESVIÉ, Mort. L.

DESVOIDEUR, Dévidoir. Gloss. *Girgillus*.

DESVOIÉ, Fou, insensé. Gloss. *Deviare*.

DET

DESVOINDIER, Revendre, débiter. Gl. *Devacuare.*

DESVOUTOUERE, Dévidoir. Gl. *Devolutorium.*

*DESVOYABLE, Impraticable. L.

DESVOYDER, Dévider. Gl. *Exalabrare.*

DESVOYÉ, Écarté, éloigné de tout lieu public. Gl. *Deviare.*

*DESVUIDER, Lancer. G. G.

DESWAIGIER, Dégager, prendre des gages. Gl. *Disvadiare* sous *Vadium.*

DETAILLERIE, Droit levé sur les marchandises vendues en détail. Gl. *Detaillum.*

DETAILLIER, Détailleur, qui vend en détail. Gl. *Detaillum.*

*DETAPPER, Déboucher. L.

DETAYER, Oter la taie d'un oreiller. Gl. *Intectamentum.*

DETE, DETEAU, Caution, répondant. Gl. *Deyta.*

*DETENEMENT, Retardement. L.

DETENIR UN COUP, Le retenir, le rompre. Gl. *Destornare,* 1.

*DETENSEMENT, Contrainte. L.

DETERMINER, Terminer, finir. Gl. *Determinare,* 2.

DETESER, Abaisser un arme dont on menaçait quelqu'un pour l'en frapper. Gl. sous *Intendere,* 9.

DETIERRES, Caution, répondant. Gl. *Deyta.*

DETORDRE, Tordre. *Detorcere.*

DEV

*DETORTEILLER (SE), Se détourner. L.

DETOURBER, Détourner, empêcher. Gl. *Disturbare.*

DETRACTÉMENT, En blâmant, en médisant. Gl. *Invectiva.*

*DETRACTER, Médire. L.

DETRAHENT. PAROLES DÉTRAHENS, qui tendent à ôter la réputation à quelqu'un. Gl. *Detractare,* 2.

DETRAIRE, Médire, décrier, calomnier. Gl. *Detractare,* 2.

DETRAISE, Obligation, nécessité. Gl. *Distringere,* 2.

*DETRAYER, Déchirer. L.

*DETRI, Retard, dispute. L.

DETRIANCHE, Délai, prolongation, retardement. *Detricatio.*

DETRIEMENT, comme *Detrianche.* Gl. *Detricatio.*

DETRIER, Différer, prolonger, refuser. Gl. *Detricatio.*

DETRIES, De travers. Gl. *Gildum.*

*DETRIGOUERES, Dévidoir. L.

*DETURPATION, Honte. L.

*DETURPER, Souiller. L.

DEU, pour Dieu. Gl. sous *Abatis.*

*DEUGIE, Délié, mince. L.

*DEVALER, Descendre. C. N.

DEVANCHIER, Devancier, prédécesseur, auteur. *Antenatus.*

DEVANT, Passer et repasser devant quelqu'un qui a été battu était une injure. *Ante-ambulo.*

DEV

DEVANTAIL, Devantel, Tablier. Gl. *Antependium*.

DEVANTIER , Ornement qu'on met devant l'autel. Gl. *Dorserium*. — Tablier. Gl. *Limas*.

*DEVANTIÈRE, Tablier. L.

*DEVATES, Débats. L.

DEVEEMENT, Défense. *Devetare*.

DEVÉER , Develer , Défendre, prohiber. *Devetare* et *Forgia*,1.

*DEVENER, Devider. L.

*DEVERTUER, Décourager. L.

DEVESE, Pâturage réservé, défendu. Gl. *Devesia*.

DEVEST , Dessaisine, abandon ; d'où *Dévestir*, Priver quelqu'un de ce qu'il possède. Gl. *Devestire* sous *Vestire*, 1.

DEVESTISON, Droit seigneurial dans les mutations. Gl. *Vestitio*.

DEVET, Défense, publication pour interdire l'usage de quelque chose. Gl. *Devezium*.

DEVETTUERE, Dévidoir. Gloss. *Devolutorium*.

*DEVICES, Richesses. L.

DEVIER, Mourir, sortir de la vie. Gl. *Deviare*.

*DEVILER, Déprécier. G. G.

DEVINAILLE, Devin, sorcier. Gl. *Divinus*, 1.

*DEVINEOR, Sorcier. (Rou.)

DEVISE, Armes, armoiries. Glos. *Devisamentum*. — Testament. Gl. *Divisa*, 1. —,Partage, division. Gl. *Divisa*, 1 et 3. — Bor-

DIA

ne, limite. Gl. *Divisa*, 4. — Volonté. Gl. *Divisa*, 5. — Robe de deux différentes couleurs.Gl. *Divisa*, 6.

DEVISEOUR, Juge, arbitre. Glos. *Divisor*, 1.

DEVISER,Disposer par testament. Gl. *Dividere* sous *Divisa*, 1.

*DEVOCIENNEMENT , Convenablement. L.

DEVOTION, Prières, exercice de piété. Gl. *Devotiones*.

DEVOYER, Se réjouir, écarter la tristesse. Gl. *Deviare*.

DEX , Amende pour dommage faits aux fruits de la terre. Gl. *Dechi*.

DEXTRE, La main droite. Gloss. *Dextrarii*. — Certaine mesure. Gl. *Dextri*.

DEXTÉRISÉ, Adroit, habile. L.

DEYCIER, Faiseur de dés. Gloss. *Decius*.

DEYTRAU,pour Destrau,Cognée, hache. Gl. *Dextralis*.

*DEZEUR, Dessus. L.

DI, Jour. Gl. *Dies*, 1.

DIABLER, Décrier quelqu'un,dire le *diable* de lui. Gl. *Diabole*.

DIACULON,Espèce d'onguent.Gl. *Diaquilon*.

*DIAME, Diadème. L.

DIASPRE, Jaspe. Gl. *Diasprus*.

DIASPRÉ,Sorte d'étoffe précieuse. Gl. *Diasprus*.

DIAULES,Diable,démon.*Diabolus*

DIF

DIBLER, Plat à servir les viandes. Gl. *Dibler*.

*DICENDRE, Samedi. L.

DICTEUR, Habile écrivain, qui écrit et compose bien. Gloss. *Dictare*, 1.

DICTIÉ, Écrit, livre. *Dictare*, 1.

DIEGUER, Faire une digue; d'où *Diéguerie*, L'action de la construire. Gl. *Dicare*.

DIEMENCE, DIEMENCHE, DIEMOINE Dimanche. Gl. *Dominica*.

DIEN, DIENZ, Doyen, dignité ecclésiastique. Gl. *Decanus*, 4.

DIENSTMAN, Sergent, valet de ville, dont l'office s'appelle *Dienstmanschepe*. Glos. *Dienstmannus*.

*DIER (SE), Se consacrer. L.

DIERVÉ, Insensé, extravagant. Gl. *Deviare*.

DIESME, Dîme. Gl. *Redecima*.

DIESTRE, Certaine mesure. Gl. *Dextri*.

*DIETER (SE), Se gouverner. L.

DIEU, L'autel où l'on conserve l'Eucharistie et où l'on célèbre la messe. Gl. *Deus*.

DIEULER, Se plaindre, marquer son mécontentement. *Dolorare*.

DIFFALMEMENT, Diffamation, injure. Gl. *Diffamatio*.

*DIFFAME, Honte. G. G.

DIFFAMEUR, Diffamateur. Gloss. *Diffamatio*.

DIL

DIFFERANCE, Différend, dispute, contestation. Gl. *Differentia*.

*DIFFIDANCE, Défiance. L.

*DIFFINER, Décrier. L.

*DIFFLATION, Evaporation. L.

DIFFORMER, Défigurer, rendre difforme. Gl. *Difformatio*.

DIFFUGE, Chicane mauvaise difficulté, subterfuge. Gl. *Diffugiu*.

DIGART, p. e. Éperon. *Calcar*, 1.

DIGENOIS, Monnaie des ducs de Bourgogne frappée à Dijon. Gl. sous *Moneta Baronum*.

DIGNANDIER, pour DINANDIER, Marchand de cuivre jaune, ou chaudronnier, dans le Liv. noir de S. Pierre d'Abbeville, fol. 18 rº.

DIGNER, Dîner, repas. Glos. *Dignerium*.

*DIGNIFIER (SE), S'illustrer. L.

DIGNITÉ, L'image d'un saint. Gl. *Dignitas*, 5.

DIICCAGE, Digue. Gl. *Dicare*.

DIICCER, Faire une digue. Gloss. *Dicare*.

DIICWELLINGHE, L'action de rompre une digue. Gl. *Dicare*.

DIKAGE, Construction d'une digue. Gl. *Dicare*.

DILATION, Délai, retard. Gloss. *Dilatare*, 1.

DILATOIREMENT, Avec les délais ordinaires ou convenus. Gl. *Dilatoria exceptio* sous *Dilatare*, 1.

DIS

*DILIGATIF, Délicat. L.

DILIGER, Aimer. Gl. *Diligibilitas.*

*DILUER, Effacer. L.

DIMAINE, Dimanche. *Dominica.*

DIMÉE, Le droit de dîme et la dîme même. Gl. *Decimagium* sous *Decimæ.*

DIMOINGE, Dimanche. Gloss. *Dominica.*

*DINANDIER, Ouvrier en cuivre.

*DINSE, Dame. L.

DIOES, Dimanche. Gl. *Dominica.*

DIOLS, Deuil, affliction, douleur. Gl. *Dolarare.*

DIRE FEVES, Se moquer, railler, badiner. Gl. *Dicere.*

DIRE D'UNE FLUETTE, Jouer de la flûte. Gl. *Dicere.*

DIRRUER, Abattre, Démolir. Gl. *Dirruimentum.*

*DISABILITIE, Incapacité. L.

DISCERNAL, Qui est à juger. Gl. *Epicaustorium.*

DISCERNER, Décerner, ordonner. Gl. *Discernere.*

DISCIPLE, Celui qui prête secours à un autre, recors. *Discipulus.*

DISCIPLINE, Correction, réprimande. Gl. *Disciplina,* 2.

*DISCOLE, Difficile. L.

DISCOMBRER, Juger, expédier un procès. Gl. *Discombrare.*

*DISCREPANT, Différent. L.

DIS

DISCRETION, Jugement, bon sens. Gl. *Discretio,* 2.

DISCRETISTE, Habile dans le Décret. Gl. *Decreta.*

*DISCRIME, Danger. L.

*DISCRUCIER, Tourmenter. L.

DISEL, Dizeau. Gl. *Dixencrius.*

DISETEL, Pauvre, indigent, qui est dans la disette. Gl. *Desidius.*

DISEUR, Arbitre, juge choisi par les parties pour prononcer sur un différend. Gl. *Dictores.*

DISIQUES. Voy. plus bas *Disques.*

DISIRER, Désirer, vouloir. Gl. *Desiderare.*

DISITEUX, Pauvre, indigent, qui est dans la disette. Gl. *Desidius.*

DISMAGE, Le droit de dîme, et l'étendue du territoire sujet à ce droit. Gl. *Decimagium* sous *Decimæ.*

DISMERIE, Terre qui doit la dîme, ou l'étendue du territoire sujet à ce droit. Gl. *Decimaria* sous *Decimæ.*

DISMIER, Dîmeur, celui qui lève la dîme. Gloss. *Decimator* sous *Decimæ.*

DISNERIE, Dîner, repas. Gloss. *Disnare,* 2.

DISOUR, Arbitre, juge choisi par les parties pour prononcer sur une contestation. *Dictores,* 1.

DISPARAGEMENT, Mésalliance. Gl. *Disparagare.*

DISPARS, Dispersé. *Disparere.*

*DISPATHIE, Antipathie. L.

DIS

DISPATRIER, Expatrier. Gloss. *Dispatriare.*

DISPATUER, pour DISPATRIER. Gl. *Dispatriare.*

*DISPERS, Divisé. L.

DISPENSACION, Dispense, permission. Gl. *Dispensatio, 2.*

DISQUES, Jusques, dans Beaumanoir MS. ch. 21. C'est aussi comme on doit lire, au lieu de *Disiques,* dans les Ordon. t. 11.

DISSENSE, Dissension. Glos. *Dissensus.*

DISSIMULÉ, Déguisé. Glos. *Dissimulative.*

DISSINTERE, Dyssenterie. Glos. *Dissentericus morbus.*

DISSOLUTEMENT, Sans règle ni mesure. Gl. *Dissolutio.*

DISSOLUTION, FAIRE DISSOLUTION DE SON CORPS, Le prostituer. Gl. *Dissolutio.*

*DISSONENT, Murmure. L.

DISTER, Être distant, éloigné. Gl. *Distetit.*

DISTIRPER, Vendre, débiter. Gl. *Distrahere.*

*DISTOIS, Depuis. L.

DISTRESSE, La chose saisie. Gl. *Districtio* sous *Distringere, 3.*

*DISTRICTION, Rigueur. L.

DISTRIVER, S'éloigner, s'écarter, se débarrasser. Gl. *Scara, 3.*

DISTROIT, District, étendue de juridiction. Gl. *Districtus* sous *Distringere, 3.*

DOA

DIT, Offre, enchère. *Dictum, 2.*

DITER, Écrire, composer un ouvrage. Gl. *Dictare, 1.*

DITEY, Ouvrage en vers, poëme. Gl. *Dictare, 1.*

DITIÉ, Ouvrage, traité, discours. Gl. *Dictare, 1.*

DITIER, Écrire, composer un ouvrage. Gl. *Dictare, 1.*

*DIUTIÉ, Délai. L.

*DIUTURNITÉ, Durée. L.

*DIVENRES, Vendredi. R.

DIVERS, Cruel, dur, méchant, insupportable. Gl. *Diversus, 1.*

DIVERSER, Maltraiter, injurier. Gl. *Diversus, 1.*

DIVERSIFFIER, Diviser, partager, séparer. Gl. *Soula.*

DIVERSITÉ, Intempérie de l'air, mauvais temps. Gl. *Diversus, 1.*

DIVERSOIRE, Hôtellerie, auberge. Gl. *Diversoriarius.*

DIVINITÉ, Théologie. Gl. *Divinitas* sous *Divinus, 2.*

DIVISE, Testament. Gl. *Dividere* sous *Divisa, 1.* — Borne, limite. Gl. *Divisa, 4.*

DIVISER, Faire un devis. Gl. *Dividere, 1.* — Faire un testament. Gl. *Divisa, 1.*

DIVISION, Frénésie, folie. Gloss. *Divisio, 1.*

DIZAINIER, Officier qui commande la *dizaine. Dixenerius.*

DOALE, Douaire. Gl. *Doalium.*

DOI

DOBLISE, Doblos, Doblous, Espèce de bougie. p. e. à deux lumignons. Gl. *Doblos.*

DOCERESSE, Eschine doceresse, Terme d'architecture. Gloss. *Docare.*

DOCET, p. e. Paquet, Ballot. Gl. *Docare.*

*DOCHEMENT, Doucement. L.

DOCTORIFIER, Conférer le grade de docteur. Gl. *Doctorare.*

DOCTRINE, École publique, université. Gl. *Doctrinum.* — Châtiment, correction. *Doctrinare.*

DOCTRINÉEUR, Docteur, celui qui instruit. Gl. *Doctrinare.*

DOCTRINER, Instruire, enseigner. — Châtier, corriger. Gl. *Doctrinare.*

DODASNE, Rivage, terre qui est au bord d'une ri\`\`re. *Dodus.*

DODE, Soufflet de l'arrière-main. Gl. *Dodus.*

*DODELINER, Bercer. L.

DODIN, Sot, qui n'a point de maintien. Gl. *Dodus.*

DOE, Douve, fossé, canal. Gloss. *Doa,* 1. — p. e. Ballot, paquet. Gl. *Doga,* 4.

DOELLE, Douve. Gl. *Doela.*

DOER, Douer, assigner un douaire. Gl. *Doalium.*

DOESSE, p. e. Ballot, paquet. Gl. *Doga,* 4.

DOIAN, Huissier, sergent. Gloss. *Decanus,* 3.

*DOIBTES, Délits. L.

DOL

DOICTÉE, Autant que l'on peut prendre avec les doigts. Gloss. *Digitarium.*

*DOIGNON, Donjon. P.

*DOILLE, Irrité. R. R.

DOIS, Dais. Cl. *Dagus.*

DOISIL, Fontaine de tonneau. Gl. *Clepsedra.*

DOITE, Dette. Gl. *Tortus,* 1.

DOITTIER, Boîte, étui en forme du doigt. Gl. *Digitale.*

DOIZ Mire, Le doigt appelé médecin ou annulaire. Gl. *Digitus medicus.*

*DOLE, Plainte. L.

DOLEIERE, Doloire. Gl. *Doleria.*

DOLEQUIN, Poignard, dague. Gl. *Dolequinus.*

*DOLER, Battre. L.

DOLEREUX, Qui sent de la douleur. Gloss. *Caballarius* sous *Caballus.*

DOLEROUS, Souffrant, infirme. Gl. *Dolorosus.*

DOLEURE, Copeaux. Gl. *Assula* et *Dolatura.*

*DOLEUS, Trompeur. L.

DOLLEQUIN, Poignard, dague. Gl. *Dolequinus.*

DOLOIR, Se plaindre. *Dolorare.*

DOLOISON, Douleur, souffrance. Gl. *Dolorare.*

DOLOSER, Doulouser, Se plaindre, s'affliger, lamenter. Gloss. *Dolorare.*

DON

*DOLS, Doux. L.

DOMAGER, Domagier, Causer du dommage. Gl. *Damnare* et *Domigerium*.

DOMATIQUE. Tunique domatique, Dalmatique. *Dalmatica.*

DOMENIER, Celui qui habite sur le domaine d'un seigneur, ou qui y possède des biens. Gloss. *Domanerius.*

*DOMENGÉE, Château, manoir. L.

*DOMESCHE, Serviteur. R.

DOMMAGER, Surprendre et saisir une bête en dommage. Glos. *Damnum*, 2.

DON, Impôt exigé sous ce nom. Gl. *Donum*, 2.

DONAIRES, Notaire, secrétaire. Gl. *Donarius*, 2.

*DONC, Alors. F. B.

*DONCELLE, Donzelle. L.

DONDAINE, Flèche, trait d'arbalète. Gl. *Dondaine.*

DONDÉ, Engraissé. Gl. *Dondum.*

*DONDIR, Rebondir. L.

DONEOR, Notaire, secrétaire. Gl. *Donarius*, 2.

DONGESEUX, Dangereux, désavantageux. Gl. *Domigerium.*

DONGIER, Domination, puissance, gouvernement. Gl. *Domigerium.*

DONNE, Don, concession. Gloss. *Dona*, 2.

DONNÉ, Serviteur perpétuel d'un monastère et d'un séculier. Gl

DOR

Donati, 2. — Bâtard, fils illégitime. Gl. *Donati*, 1.

DONNISONS, Collation, Droit de conférer un bénéfice. Gl. *Donatio ecclesiæ* sous *Donatio.*

DONOIER, Caresser une femme, faire l'amour. sous *Donati*, 1.

DONZELLE, Anse de fer où l'on suspend marmite ou chaudron sur le feu. Gl. *Donzella.*

DORADE, Sorte de poisson. Gl. *Aurata.*

DORAIGE, Celui qui lève un certain péage. Gl. *Doreium.*

*DOR A JA, D'heure en heure. L.

DORCHUS, Couché, voûté. Glos. *Dorsum*, 3.

DORDONNOIS, Nom d'une épée. Gl. *Curtana*, 1.

DORDOREL, Dordoriz, Monnaie d'or de la valeur d'un florin. Gl. *Dordorel.*

DORELOT, Ornement de femme, parure trop recherchée. Gloss. *Doreloteria.*

DORELOTEUR, Dorelotier, Rubanier, ouvrier en *doreloterie*, c'est-à-dire en rubans, franges, etc. Gl. *Doreloteria.*

DOREUS, Certaine mesure de grain. Gl. *Doretus.*

DORMENTERIE, Ancien office ecclésiastique qui subsiste encore dans l'église de Reims. Gl. *Dormentarius.*

DORMICION, Dormie, Envie de dormir, sommeil. Gl. *Dormia.*

DORMILIONS, Poisson, torpille. Gl. *Occhiavella.*

DOU

*DORMILLER, Sommeiller. F. B.

DORMITOIRE, Qui fait dormir. Gl. *Dormitabilis.*

DORSER, Rompre le dos, couper. Gl. *Edorsare.* ·

*DORVEILLER, Veiller à moitié endormi. L.

DOS, Armure qui couvrait le dos. — FAIRE BAS DOS, Se courber, s'abaisser. Gl. *Dorsum,* 3.

DOSAINE, Payement de douze deniers. Gl. *Dozena.*

DOSIL, Fontaine de tonneau, robinet, cheville du robinet. Gl. *Duciculus.*

DOSIN, Mesure de blé, p. e. parce qu'elle est la douzième partie d'une plus grande. Glos. *Dosinus,* 2.

*DOSNE, Demoiselle. L.

*DOSNOI, Galanterie, plaisir. L.

DOSNOIER, Caresser une femme, faire l'amour. Gloss. sous *Donati,* 1.

DOSSAGE, Droit dû par ceux qui vendent les fourrures appelées Petits gris. Gl. *Dossagium.*

DOSSAL, Dossier. Gl. *Dorserium.*

DOSSE, Hache, cognée. Gl. *Dossa.*

DOSSEL, Dossier. Gl. *Dorserium.*

DOTER, Craindre, avoir peur. Gl. *Dubitare.* — Dompter. *Domitus.*

DOITTEUR, Celui qui fonde et dote une église. Gl. *Dotalitium,* 2.

DOUAGIERE, Douairière. Gloss. *Doageria.*

DOU

DOUAIRE, Pension donnée à une fille par celui qui en a abusé, ne voulant pas l'épouser. Glos. *Dos,* 2.

DOUALLE, Conduit de latrine. Gl. *Ductus,* 2.

*DOUBER, Accommoder, équiper.

DOUBLE, Amende ou taille doublée. Gl. *Dupla,* 2.

DOUBLÉE, Sorte de filet. Gloss. *Dobletus,* 1.

DOUBLER, Sac, besace. Gl. *Doblerius,* 1. — Jeter par terre. Gl. *Doblare.*

DOUBLET, Sorte de vêtement, houpelande. — Espèce de filet. Gl. *Dobletus,* 1.

DOUBLETIER, Tailleur, ou ouvrier en *doublets. Doubletarius.*

DOUBLIER, Plat, assiette. Gloss. *Dibler.* — Serviette, petite nappe. Gl. *Doublerium,* 1, *Duplarium,* 2. — Sorte de vêtement, houpelande. Gi. *Dobletus,* 1. — Sorte de tonneau. — Doubleau, sorte de solive. *Doublerium,* 2.

DOUBTANCE, DOUPTE, Crainte, peur. Gloss. *Dubitantia,* 2, et *Dubitare.*

DOUBTIF, Timide, craintif ; du verbe *Doubter,* Avoir peur. Gl. *Dubium.*

DOUÇAINE, DOUÇEINE, Instrument musical. Gl. *Dulciana.*

DOUCEINS, Nom d'une société de négociants. Gl. *Societas,* 4.

DOUELLE, Douve. — Douille, le fer creux qu'on met au bout d'en bas d'une pique. Gl. *Doëla.*

DOU

DOUESIENS, Monnaie de Douai. Gl. *Duacensis moneta* sous *Moneta Baronum*.

DOUET, Canal, conduit d'eau. Gl. *Ductus*, 2.

*****DOUGIE**, Fin, délicat. L.

DOUHE, Fossé. *Dova* sous *Doa*,1.

DOUISIL, Fontaine de tonneau, robinet, cheville du robinet. Gl. *Duciculus*.

DOULCEMER, Instrument musical. Gl. *Dulciana*.

DOULLE, Ivre, plein de vin. Gl. *Doëla*.

DOULOUSER, Regretter, s'affliger, se plaindre. Gl. *Dolorare*.

DOULX, Le dos de la main. Glos. *Dodus*.

DOUR, Certaine mesure, la quatrième partie d'un pied géométrique. Gl. *Dornus*.

DOURDER, Battre. L.

DOURDERE, Dourderet, Dourdret, Monnaie d'or du prix de 14 ou 16 sous, frappée à Dordrecht. Gl. *Dourdere*.

*****DOURDIER**, Lourdeau. L.

DOUSEUL, Espèce de tonneau. Gl. *Doublerium*, 2.

DOUSIL, Fontaine de tonneau, robinet, cheville du robinet. Gl. *Duciculus*.

DOUSSELLET, Doussier, Dais, ciel. Gl. *Dorserium*.

DOUTE, Crainte, peur ; du verbe Douter, Craindre, avoir peur. Gl. *Dubitare*.

DOY

*****DOUTERE**, Douleur. L.

*****DOU TOUT**, Entièrement. L.

DOUTRINEMENT, Enseignement, précepte. Gl. *Doctrinatio*.

DOUTRINER, Instruire, enseigner, apprendre. *Doctrinare*.

DOUVE, Fossé, ou le bord du fossé. Gl. *Douva*.

DOUVRE, Fossé où l'eau séjourne. Gl. *Dovra*.

DOUYRE, Unir, aplanir. *Doleria*.

*****DOUZAIN**, Monnaie.

DOUZENNE, Paquet de douze pièces. Gl. *Dozena*.

DOUZIL, Fontaine de tonneau, robinet, cheville du robinet. Gl. *Duciculus*.

DOUZIN, Mesure de blé, p. e. parce qu'elle est la douzième partie d'une plus grande. Glos. *Dosinus*, 2.

DOVE, Le bord du fossé, où l'on a jeté la terre qu'on en a tirée. Gl. *Dova* sous *Doa*, 1.

DOY, Sorte de taille due au seigneur. Gl. *Donum commune* sous *Donum*, 3. — Canal, conduit de quelque espèce qu'il soit. Gl. *Doitus*. — Doy medical, Le doigt annulaire. *Digitus*.

DOYEN, Huissier, sergent. Gloss. *Decanus*, 3.

DOYENNESSE, Doyenne, la seconde ou troisième dignité dans les monastères de filles. Gl. *Decana* sous *Decanus*, 5.

DOYIN, Grand vase, cruche. Gl. *Doga*, 2.

DRE

DOYS, Distance fort petite. Glos. *Digitus*.

DOZAINE, Certaine musure de terre. Gl. *Dozenum*.

DRAC, Dragon, en languedocien; d'où *Fa le drac*, pour Faire le diable. Gl. *Dracus*.

DRAGE, Sorcière qui a commerce avec le diable. Gl. *Dracus*.

DRAP. ÊTRE AUX DRAPS, OU DES DRAPS DE QUELQU'UN, Etre à son service, porter sa livrée. Gloss. sous *Drappus*. — FAIRE LES DRAPS DES NOPCES, p. e. Préparer le lit. Gl. *Panni nuptiarum* sous *Pannus*, 2.

DRAPEL, Drapeau, chiffon, morceau de linge. Gl. *Drapellus*.

DRAPIER, Laver et teindre le drap. Gl. *Drapare*.

DRAPPAILLE, DRAPPEL, Chiffon, morceau de drap ou de linge. Gl. *Drapellus*.

DRAPPER, Faire du drap. — Drapeau, chiffon, morceau de drap ou de linge. Gl. *Drapare*.

DRAPPERIE, Impôt sur les draps. Gl. *Draparia*.

DRAPRIER, COUSTEL DRAPRIER, Sorte de couteau. Gloss. sous *Cultellus*.

DREIT, Droit. Gl. *Drictum* sous *Directum*, 3.

DRESSOIR, Buffet de table, où l'on étale ce qui doit servir à table. Gl. *Dressorium*.

DRESSOUOIR, Grande cuiller à servir. Gl. *Dressaderium*.

DRETURE, Droit, ce qui appar-

DRU

tient à quelqu'un. Gl. *Drestura*.

DRIGUET, DRINGUET, Sorte de jeu, p. e. Trictrac. *Dringuet*.

*DRILER, Grelotter. L.

*DRILE, Haillon. L.

*DRILLER, Briller. L.

*DRINGUER, Trinquer. L.

DROE, Drague, marc d'orge cuite. Gl. *Drasqua* sous *Drascus*.

DROITOIER, Comparaître en justice, être à droit, comme disent nos praticiens. Gl. *Directum*,1.

DROITTOIER, Poursuivre son droit. Gl. *Directum*, 1.

DROITURE, Droit, ce qui est dû à quelqu'un. Gl. *Droitura* sous *Directum*, 3

DROITURER, Égard, considération. Gl. sous *Abatis*.

DROITURES, Les sacrements et autres secours spirituels que tout fidèle et catholique a droit de demander à l'Église. Gloss. *Droitura*.

DROITURIER SEIGNEUR, Vrai et légitime. Gl. sous *Dominus*, 11.

DROLÉE, Réserve qu'on fait dans un bail ou contrat. *Druaylia*.

DROMONT, Grand vaisseau de guerre. Gl. *Dromones*.

*DROUCH, Ivre. L.

DROUILLE, Pot de vin d'un marché, sorte de présent. Gl. *Droillia* et *Druaylia*.

DRU, DRUD, DRUT, DRUZ, Ami, quelqu'un sur qui l'on peut compter, vassal. Gl. *Drudes*. —

DUN

LE DRU DE LA JOE, Le plein, le gros de la joue. Gl. *Druda.*

*DRUAU, Buisson. L.

*DRUE, Concubine. L.

*DRUEMENT, Fortement. L.

DRUERIE, Amitié, attachement, passion. Gl. *Druda, Drudaria.*

DRUGE, Fuite, retraite. *Druga.*

DRUGUEMENT, Truchement, interprète. Glos. *Turchimanneus* sous *Dragumanus.*

DRURIE, Amitié, attachement, passion. Gl. *Drudaria.*

*DRYLLE, Chêne. L.

DUCASSE, Fête du patron d'un lieu. Gl. *Dedicatio.*

DUCATION, Dédicace d'église. Gl. *Dedicatio.*

DUCHAME, DUCHEAUME, Duché. Gl. *Ducamen.*

DUCHOISE, Duchesse, femme de duc. Gl. *Duchissa.*

DUEL, Licou. Gl. *Ductus,* 3.

*DUEILLUISANT, Affligeant. L.

DUIRE, Apprendre, s'instruire.— Convenir, appartenir. *Ductus,* 1.

*DUIERE, Retraite. L.

*DUISSON, Instruction. L.

DUIT, Habile, expérimenté. Glos. *Ductus,* 1.

DUITRES, Guide, conducteur. Gl. *Ducarius.*

*DUMET, Duvet. L.

*DUN, Forteresse. L.

DYV

DUPPE, Innocent, facile à tromper. D'où nous vient ce mot. Gl. *Duplicitas.*

DUQUES, Jusque. Gl. *Pergus.*

DURANDART, Nom de l'épée de Charlemagne, ou d'autres fameux guerriers. Gl. *Durissimus.*

*DURCHÉANT, Infortuné. L.

DURDERE, DURDRET, Monnaie d'or de la valeur de 14 ou 16 sous, frappée à *Dordrecht.* Gl. *Dourdere.*

DUREMENT, Fortement, beaucoup, extrêmement. Gl. *Duriter.*

DURENDAL, Nom de l'épée de Roland. Gl. *Durissimus.*

*DURER, Souffrir. L.

DURFEUS, Impudent, effronté. Gl. *Dodus* et *Durio.*

DUSNE, Dune, lieu élevé. Gloss. *Dunum.*

DUSQUES, Jusque. Gl. *Mugulare.*

*DUTER, Redouter. C. N.

DUYRE, Apprendre, dresser à quelque chose. Gl. *Ductus,* 1.

DYABLIE, Malignité, scélératesse. Gl. *Diabolicum.*

DYÉE, Certaines prières par lesquelles on termine les différentes heures de l'office, les jours de jeûne. Gl. *Dieta,* 3.

DYNAN, pour DINANDIER, Chaudronnier.

*DYSCRACIÉ, Décharné. L.

*DYVE, Digue. L.

E

E, pour A, comme A pour E ; *Le, me,* pour *La, ma ; Auls,* pour *Eux,* dans plusieurs Cartulaires, et surtout dans les registres 21 et 23 de l'abbaye de Corbie.

EAIGE, Age. Gl. *Eagium.*

*EAITIR, Se hâter. L.

EAU ARDENTE, Potion ou breuvage fait avec de la rue. Gloss. *Aqua ardens.*

EAU GRASSE, Brouet, potage. Gl. *Adipata.*

EAUME, Heaume, casque, arme défensive qui couvrait la tête. Gl. *Helmus,* 1.

*EAUROLE, Ampoule. L.

'EAVEUX, Pluvieux. L.

*EAVIER, Evier. L.

*EBAIER, Aboyer. L.

*EBALAÇON, Ruade. L.

*EBAUBI, Etonné. L.

EBE, Reflux de la mer. Gloss. *Ebba.*

*EBETUDE, Sottise. L.

EBÉE, Vanne qui contient l'eau d'un canal. Gl. *Ebba.*

*EBOUELÉS, Boyaux. R. R.

*ECACHER, Appuyer. L.

ECCLESIASTE. JUSTICE ECCLESIASTE, Juridiction ecclésiastique. Gl. *Mundalis.*

*ECESSANCE, Excédant. L.

ECHARGAITIER, Guetter. Glos. *Scaraguayta.*

*ECHE, Mèche. G. G.

ECLISSER , Diviser , partager. *Feudum dividere* sous *Feudum.*

*ECOLORGER, Glisser. L.

ECOTER, Etêter un arbre. Gloss. *Excotere.*

ECOTIER, Nom qu'on donne à certain chantre dans quelques églises. Gl. *Maceconici.*

*ECRIMÉ, Echevelé. L.

*ECRUCHE, Ecaille. L.

EDAGE, Age. C. R.

EDEL , Noble , illustre. Gloss. *Edelingus.*

EDIFICIER, Édifier, bâtir à neuf. Gl. *Reparamentum.*

EDIFIEUR EN MEURS, Modèle de vertu. Gl. *Ædificator.*

EDITER, Publier, proclamer. Gl. *Edituere.*

EES, Essaims d'abeilles. Gloss. *Apicularii.*

*EFFADI, Lâche. L.

*EFFAINTIF, Défaillant. L.

EFFANT, Enfant. Gl. *Homicida.*

*EFFÉLÉ, Rompu. L.

EFFEODER, Inféoder, donner en fief. Gl. *Feare* sous *Feudum,* et *Infeodare.*

EFF

***EFFÉRÉ**, Féroce. L.

***EFFERVER (S')**, S'irriter. L.

EFFESTUER, Quitter, abandonner, déguerpir ; d'où *Effestukement*, L'action de déguerpir; ce qui se faisait en jetant un fétu. Gl. *Effestucare* et *Effestucatio*.

EFFEUILLEUR, Celui qui cueille ou ôte les feuilles. *Frondare*, 1.

EFFICHER, Imaginer, penser. Gl. *Effigium*.

EFFOAIGE, Chauffage. Gloss. *Effoagium*.

EFFONDÉMENT, Abondamment, largement. Gl. *Effusus*.

EFFONDER, EFFONDRER, Enfoncer, couler à fond. *Effrondare*.

EFFONDRER, Ouvrir avec une lancette ou autre instrument.— Éventrer. Gl. *Effrondare*.

***EFFORCEMENT**, Effort. G. L.

EFFORCER, Devenir plus fort, augmenter, croître. *Efforciare*.

EFFORCIÈMENT, En forces. Gl. *Efforciate*.

EFFORCIER PEIS, Rompre, violer un traité de paix. Gloss. sous *Pax*.

EFFORCIER UNE SERREURE, La forcer. Gl. *Efforciare*.

EFFORT, Aide, secours, mainforte. Gl. *Exforcium*.

EFFOUAGE, Chauffage. Gloss. *Effoagium*.

EFFOUDRE, Eclair.—

EGI

EFFRAÉ, Fâché, irrité. Gloss. *Efferatum*.

EFFRANCHE, Ridelle, pièce de bois qui règne le long des côtés d'un chariot ou d'une charrette. Gl. *Spranga*, 1.

***EFFRATTÉ**, Empressé. L.

EFFRÉER, Effrayer, épouvanter. Gl. *Effractus*.

EFFRESLER, Briser, mettre en pièces. Gl. *Efrangere*.

***EFFRIQUÉ**, Fringuant. L.

EFFROY, Emeute, sédition. Gl. *Efferatum*.

***EFFRONCHER (S')**, S'écrier. L.

***EFFUSER**, Verser. L.

EFFUSTEMENT, Charpente, toit de maison. Gl. *Fusta*, 1.

EFFUTAIGE, Bienvenue que paye un garçon charpentier à ses compagnons. Gl. *Fusta*, 1.

***EFLATION**, Gonflement. L.

EFRACER, Déchirer, briser, mettre en pièces. Gl. *Efrangere*.

EFUCITION, Effusion. *Deviare*.

***EGAILLER (S')**, S'éparpiller. L.

EGARD, Inspecteur. Gl. *Warda*.

EGAUMENT, Egalement. Gloss. *Egallatio* sous *Egalare*.

EGENER, Tromper, frauder. — Appauvrir, diminuer. Gloss. *Egaunnum*.

EGIPTIEN, Que nous appelons plus ordinairement *Bohémien*, se dit de certains gueux errants

ELA

et vagabonds qui vivent de larcins. Gl. *Ægyptiaci.*

EGLEGIE, Eglise, clergé. Gloss. *Eglisia.*

EGLIPER, Glisser, couler. Gloss. *Clidare.*

EGLISE, Le presbytère, la maison du curé. — Ermitage, chapelle. Gl. sous *Ecclesia.*

*EGREGE, Respectable. L.

*EGRÈS, Sortie. L.

*EGREVÉ, Fatigué. L.

*EGRITUDE, Maladie. L.

*EGROTER, Être malade. L.

EGRUN, Toutes sortes de fruits ou d'herbes et légumes aigres. Gl. *Egrunum.*

EHLOIGNE, Délai. *Elongatio,* 2.

EINFERMETÉ, Infirmité, maladie. Gl. *Infirmare.*

*EIRAL, Aire. L.

EIRAU, Maison rustique avec les bâtiments qui y appartiennent, ferme. Gl. *Hayrelium.*

EISSALET, Vent de sud-est, le Siroc sur la Méditerranée. Gl. *Eissalet.*

EISSILLER, Détruire, ravager. Gl. *Exilium,* 1. — Exiler, bannir. Gl. *Impotionare.*

EISSIR, Sortir, aller dehors. Gl. *Pariformiter.*

*EJECTEMENT, Dépossession. L.

*ELACION, Orgueil. L.

EMB

ELAVASSE, Lavasse, crue subite d'eau. Gl. *Eslaveidium.*

ELENCHE, Titre d'un livre qui en est comme l'abrégé. Gloss. *Elenchus.*

*ELESCHIER, Réjouir. L.

ELEUTRE, Certain métal de composition. Gl. *Electrum.*

*ELICIES, La foudre. L.

*ELIDE, Eclair. L.

ELIGIÉ, Estimé, apprécié. Gloss. *Eligibilius.*

ELIN, Gentilhomme. *Edelingus.*

ELISEURS DE L'EMPIRE, Électeurs. Gl. *Electores.*

*ELINGUE, Fronde. L.

ELLES, pour AILLES, Rideaux dont on parait les ailes ou côtés de l'autel. Gl. *Alœ,* 2.

*ELOUCHER, Lancer. L.

ELME, ELMETE, Heaume, casque, arme défensive qui couvrait la tête. Gl. *Helmus,* 1.

ELS, Yeux, dans les Établissements de saint Louis. — Abeilles. Gl. *Abollagium.*

EMAYOLER, Donner le may. Gl. *Mayum.*

EMBACINÉ, Armé d'un bacinet. Gl. *Bacinetus.*

*EMBACLE, Embarras. L.

EMBAISSEUR, Ambassadeur. Gl. *Embaxator.*

EMBANNIR. METTRE EN EMBANNIE, Proclamer un ban ou défense. Gl. sous *Bannum,* 1.

EMB

EMBARNIR, Engrossir, devenir gros, croître. Gl. *Ingrossari.*

*EMBARRER, Enfoncer. G. G.

EMBASSAMER , EMBASSEMER , Embaumer ; d'où *Embausse-ment,* de quoi embaumer. Gl. *Imbalsamare.*

EMBASTEIS, Partageable. Gloss. *Imbastare.*

EMBASTONNEMENT , Bâton , toute arme offensive ; d'où *Embastonné,* Armé, garni d'armes offensives. Gl. *Basto.*

*EMBASTRE, Descendre. L.

*EMBATRE, Enfoncer. P.

EMBATTRE LE FEU, Mettre le feu à quelque chose. *Estecha.*

EMBAUSSEMENT, Voy. ci-dessus *Embassamer.*

EMBAXADEUR , Ambassadeur. Gl. *Embaxator.*

EMBELETER , Embellir, rendre agréable. Gl. *Abelimentum.*

*EMBELINER, Duper. L.

*EMBERGUER, Couvrir. L.

EMBESOINGNIER, Mettre en besogne, faire travailler. Gloss. *Bisonium.*

EMBEU, Ivre, plein de vin. Glos. *Bevriotus.*

EMBLABLE, Terre qui est en état d'être ensemencée. Gloss. *Imbladiare.*

EMBLAEIR, EMBLAER , Embarrasser, empêcher. Gl. *Imbladare* sous *Bladum,* et *Imbladiare.*

EMBLAVER, Ensemencer ; d'où

EMB

Emblaveure , Terre ensemencée. *Imbladare* sous *Bladum.*

EMBLAY, Instrument qui sert à faire tourner la vis d'un pressoir. Gl. *Imbilium.*

EMBLER, SE EMBLER, S'échapper. — EMBLER LE TONLIEU, Frauder les droits, éviter de les payer. Gl. *Escapiamentum.*

EMBLURE , Terre ensemencée. Gl. *Imbladare* sous *Bladum.*

EMBOELLER , pour ESBOELER, Arracher les entrailles ou boyaux sorte de supplice. *Exenteratio.*

EMBOER, Couvrir de boue. Gl. *Ellutare.*

EMBOIER, Percer de part en part. Gl. *Imboccare.*

EMBOIETÉ, Ivre, plein de vin. Gl. *Bevriotus.*

*EMBOISER, Séduire. L.

EMBOTER, Emboîter, enchâsser une chose dans une autre. Gl. *Imbotare.*

EMBOUCHER UN CHEVAL, L'attacher par la bride à quelque chose. Gl. sous *Imbogare.*

EMBOUCHEURE, EMBOUQUEURE, Mélange d'une chose de moindre qualité avec une autre qui est très-bonne. Gloss. sous *Imbotare.*

*EMBOUCHIÉ, Paré, fardé. L.

EMBOUGER, Mettre des poches à un habit. Gl. *Bulga.*

EMBOUQUIÉ, Corrompu, gâté. Gl. *Mescalia.*

EMBOURGHEBIERS, Espèce de bière. Gl. *Hamburgus.*

EMB

EMBOUSEMENT, Enduit; d'où *Embouser*, Enduire, crépir. Gl. *Imbutumentum.*

EMBRACEOUR, Embrasour, Solliciteur à gages et d'office des procès d'autrui. Gloss. *Embracitores.*

*EMBRAIDIR, Revêtir. L.

EMBREVEURE, Registre. Gl. *Inbreviatura,* sous *Brevis.*

EMBRIEFVER, Citer en justice. Gl. *Inbreviare.*

EMBRIEVER, S'Embriever, S'amortir, s'éteindre. *Inbreviare.*

*EMBRIQUER (S'), S'embarrasser. L.

EMBRIVER, S'Embriver, S'empresser. Gl. *Abreviare.*

EMBROILOIR, Certain bâton avec lequel, en tordant une corde, on contient ce qui est sur une charrette. Gl. *Embrum.*

EMBRON , Embronc, Embrunc, Pensif, chagrin, colère. Gloss. *Embrum.*

*EMBRONCHÉ, Baissé, incliné. L.

EMBRONCHIÉ, Embarrassé, incertain, indécis. Gl. *Embrum.*

*EMBROUILLI, Sali. L.

*EMBROYER, Enfoncer. L.

EMBRUIR, Se mettre en colère, s'approcher de quelqu'un pour l'attaquer. Gl. *Embrum.*

EMBRUISSEMENT, Assaut, attaque. Gl. *Embrum.*

EMBRUNCHE, Embuscade. Glos. *Embuchiœ.*

EMM

EMBRUNCHER , Embrunchier, Embarrasser, entortiller; d'où *Embrunchement* , Entortillement. Gl. *Embrum.*

EMBRUNCHIER, Couvrir, cacher. Gl. *Imbricare.*

EMBUCHEMENT, Embuschement Embuscade ; du verbe *Embucher,* Embusquer, se mettre en embuscade. Gl. *Embuchiœ.*

EMBUFFLER, Attraper. L.

EMBUSCHER, Entraver, mettre des fers ou liens aux pieds. Gl. *Imbogare.*

EMBUT, Entonnoir. Gloss. *Embutum.*

EMCHAPEMENT, Ce qui couvre quelque chose. Gl. *Capa,* 5.

EME, Faire eme, Guetter. L.

EMESSURE, Charge, accusation. Gl. *Enmessura.*

*EMFORMER, Ajuster. L.

EMINÉE , Certaine mesure de terre, autant qu'en peut ensemencer une émine. Gl. *Hemina.*

EMIOUERE, Moulin ou machine propre à réduire en miettes ou en poudre. Gl. *Fratillum.*

*EMIS, Admis. L.

EMMALER, Mettre en paquet. Gl. *Immallatus.*

EMMANTELER, Couvrir comme d'un manteau. Gl. *Immantare.*

EMMARER, Tomber ou enfoncer dans un marais. Gl. *Affondare.*

*EMMATRELÉ, Enroué. L.

EMP

*EMME, Ame. L.

EMMENEMENT, Enlèvement, rapt
Gl. *Intraherc.*

EMMENSISSURE, Dépérissement,
altération. Gl. *Funtura.*

EMMENTELER, Couvrir comme
d'un manteau. Gl. *Immantare.*

EMMESSURE , Charge , accusation. Gl. *Enmessura.*

*EMMI, A moitié. R.

EMMINER, Emmener. Gl. *Elourdatus.*

EMMIUDREMENT, Amélioration.
Gl. *Emeliorare,* 1.

EMMONER, Emmener. Gl. *Elourdatus.*

EMMURER , Renfermer, mettre
en prison. Gl. *Immurare.*

EMOIGNIER, Mutiler, estropier.
Gl. *Emembrare.*

EMOLOGER, Homologuer. Gloss.
Emologare.

EMPAGEMENT , Empêchement,
embarras. Gl. *Impechementum.*

EMPAINDRE, Heurter, pousser.
— Embarrasser, entortiller. Gl.
Impingere.

EMPAINGER, Frapper, heurter,
pousser. Gl. *Impingere.*

EMPAINTE, Tempête, ouragan,
attaque, assaut. Gl. *Impetcius.*

EMPANERER , Mettre dans un
panier. Gl. *Panerius,* 1.

*EMPANSEIR, Méditer. L.

*EMPARAGÉ, Marié. L.

EMP

EMPARCHER, Enfermer dans un
parc. *Imparcare* sous *Parcus,* 1.

EMPAREMENT, Rempart, fortification. *Emparamentum,* 2.

EMPARENTÉ, Apparenté, qui a
des parents nobles, riches ou
puissants. Gl. *Parentatus* sous
Parens.

EMPARER , Remparer, fortifier.
Gl. *Emparamentum,* 2.

EMPARLÉ, Qui parle bien et aisément, éloquent. Gl. *Prœlocutor.* — Causeur, qui parle trop.
Gl. *Amparlarii.*

EMPARLERIE , Voyez ci-après
Emparlier.

EMPARLEUR, Traquet de moulin. Gl. *Amparlarii.*

EMPARLIER, Avocat ; d'où *Emparlerie ,* Son office. Gloss.
Prœlocutor.

*EMPAS, Entraves. L.

EMPASTURER, Faire paître, mettre en pâture. Gl. *Pasturare.*

EMPAVENTER, Paver. *Pavare.*

*EMPAYÉ, Appuyé. L.

*EMPEIGNER, Joindre. L.

EMPEINDRE , Heurter, donner
contre quelque chose. Gloss.
Impingere.

EMPEITOUS, Impétueux. Gloss.
Impeteius.

EMPENER , Condamner à une
peine, punir, châtier en frappant. Gl. *Pœnare.*

EMPENSÉ, Réfléchi, pensé mû-
rement. Gl. *Impensatus.*

EMP

EMPERE, pour EMPIRE, Juridiction. Gl. *Imperium.*

EMPERER, Remparer, fortifier. Gl. *Emparamentum.*

EMPERERIS, Impératrice. Glos. *Imperatrix.*

EMPEREUR DES SOTAIS, Nom de celui qu'on élisait tous les ans à Nesle pour chef de la jeunesse. Gl. *Imperator.*

EMPESCHE, Sorte de pêche, fruit. Gl. *Pesca.*

EMPESCHER. S'EMPESCHER, S'embarrasser. Gl. *Intricare.* — Déférer en justice, accuser ; d'où *Empeschement*, Accusation. Gl. *Impechiare.*

EMPETRER, pour impétrer, obtenir. Gl. *Impetratio.* .

EMPHITEOSE, Bail d'héritages à perpétuité. Gl. *Emphyteosis.*

EMPIENER, Obliger quelqu'un à marcher, à aller à pied. Gloss. *Impedatura.*

EMPIENGNE, Empeigne. Gloss. *Impedia.*

*EMPIÈS, Sur pied. L.

EMPIGER, Graisser, enduire de poix. Gl. *Gema.*

EMPIMENTER, Parfumer, rendre une odeur agréable. Gloss. *Pigmentus.*

EMPIRANCE, Diminution ou corruption. Gl. *Empiramentum.*

EMPIREMENT, Tout ce qui peut gâter et rendre pire. Gl. *Empiramentum.*

*EMPIRIE, Charlatanerie. L.

EMP

EMPIRER, Décrier, décréditer. Gl. *Empiramentum.*

EMPIRIER, Nuire, endommager. Gl. *Empiramentum.*

EMPLAGE, Remplissage, addition. — Le total de quelque chose. Gl. *Implagium, 2.*

EMPLAIDER, EMPLAIDIER, Appeler en justice, intenter un procès Gl. *Implacitare.*

EMPLAISTRE, EMPLASTRE, Emplacement, place vide. Gl. *Amplastrum* et *Plastrum, 1.*

EMPLAITE, Entreprise, projet. Gl. *Empresia.*

EMPLEVER, p. e. pour Empirer. Gl. *Empiramentum.*

EMPLOE, Petit vase, burette. Gl. *Ampollata.*

EMPLOITE, Espèce, nature. Gl. *Implicatura.*

EMPLOVOIR, Pleuvoir dessus. Gl. *Impluere.*

EMPLUMER, Plaisanterie dont on punissait un homme surpris avec une autre femme que la sienne. Gl. *Adulterium.*

EMPLUS, Mouillé, imbu de pluie. Gl. *Implutus.*

*EMPOILLIER, Ensemencer. L.

*EMPOINDRE, Frapper. L.

*EMPOINT, Situation, santé, à point. L.

EMPOISONNER, Ensorceler, jeter un sort ; d'où *Empoisonneresse*, Sorcière. Gloss. *Empoysonure.*

EMPORT, Déport, faveur. Gloss.

EMP

Deportare, 1. — Avoir emport, Emporter, obtenir d'autorité ou par son crédit. Gl. *Importare*, 2.

*EMPORTE, Enchère. L.

EMPORTEMENT, Déport, faveur. Gl. *Deportare*, 1.

EMPOTIONNEMENT, Potion médicinale. Gl. *Impotionare*.

EMPOUDRER, Remplir de poussière. Gl. *Pulveratus*.

*EMPOUILLÉ, Emblavé. L.

*EMPRÉ, Après. C. C.

EMPREINGNER, Engrosser. Gl. *Improegnare*.

EMPRENDRE, Entreprendre. Gl. *Interproetendere*.

EMPRÈS, Exprès, précis. Gloss. *Beatizare*. — Auprès, proche. Gl. *Wap*.

*EMPREU, Premièrement. L.

EMPRINSE, Entreprise, projet. — Partie de jeu. Gl. *Empresia*.

EMPRISE, Entreprise, projet. Gl. *Empresia*.

EMPROFONDIR, Approfondir, creuser. Gl. *Approfundare*.

*EMPTICE, Constitué à prix d'argent. L.

*EMPTION, Achat. L.

*EMPUANCE, Corruption. L.

EMPUÉ, Couronne empuée, Sorte d'ornement de femmes. Gloss. *Cevecellia*.

*EMPUGNER, Combattre. L.

EMPULLENTIR, Empuantir, ren-

ENB

dre une mauvaise odeur. Glos. *Inpuricia*.

EMPUNAISIER, Empuantir, corrompre. Gl. *Inpuricia*.

EMPUTER, Imputer, accuser, dénoncer; d'où *Emputement*, Dénonciation, accusation secrète; et *Emputeur*, Délateur, calomniateur. Gl. *Imputare*, 3.

EMPUTEUR de gens, qui blesse ou qui tue les gens. Glos. *Tribulare*, 1. [Dénonciateur. L.]

*EMUCHIÉ, Evincé. L.

ENAAGER, Enaagier, Déclarer majeur. Gl. *Aagiatus*.

*ENAMER, Aimer. F. B.

ENAMOURER (S'), Aimer, prendre de l'amour. Gl. *Inamorari*.

*ENANGLER, Cacher. G. G.

*ENANTER, Epouvanter. L.

*ENARBRER (S'), Se cabrer. L.

*ENARCHER, Courber. L.

ENARME, L'anse ou courroie d'un bouclier, par laquelle on le tenait ou suspendait. Gloss. *Inarmare*.

*ENARMÉ, Armorié. G. G.

*ENARMEURES, Armoiries. G. G.

ENBALDIR, Publier, proclamer. Gl. *Imbannare*.

ENBARNIR, Engrossir, devenir gros, prendre de l'embonpoint. Gl. *Ingrossari*.

ENBASINÉ, Embaumé. Gl. *Balsamare*.

ENC

ENBATRE, Abattre, jeter à bas. Gl. *Externare.*

ENBAUCHURE, Travée. *Quevro.*

ENBEGUINÉ, Ivre, plein de vin, coiffé. Gl. *Beguta,* 2.

ENBELIR, Plaire, être agréable. Gl. *Abelimentum.*

ENBESONGNER, Mettre en besogne, faire travailler. Gloss. *Bisonium.*

*ENBLANCHIR, Blanchir. R.

ENBOER, Remplir de pus, apostumer. Gl. *Bocius,* 2.

*ENBORDER (S'), S'embarrasser.

EMBOUCHIER, Mixtionner, faire le mélange d'une bonne chose avec une médiocre ou mauvaise. Gl. *Imbotare.*

ENBOURROUMER, Se former en *boue* ou pus, apostumer. Gloss. *Bocius.*

*EMBRAMI, Irrité. R. R.

ENBULLETER, Donner un billet, un certificat. Gl. *Bulleta.*

ENCAL, pour SÉNÉCHAL, Bailli. Gl. sous *Senescalcus.*

ENCAMALLIÉ, Tissus de mailles. Gl. *Camelaucum.*

*ENCANTEMENT, Chant. F. B.

*ENCANTEOR, ENCANTERE, Enchanteur. F. B.

ENCANTEUR, Celui qui vend à l'encan, crieur. Glos. *Incantor* sous *Incantare,* 2.

ENCAPER, Couvrir d'une cape, donner une cape. *Capatus,* 1.

ENC

*ENCAPRIÉ, Amoureux. L.

ENCARATER, Enchanter, ensorceler. Gl. *Caracter,* 2.

ENCARAUDER, Le même. Gloss. *Caraula.*

ENCARCERER, Mettre en prison. Gl. *Incarceratio.*

*ENCARGIER, Confier un message. L.

ENCARIER, Charrier, voiturer. Gl. *Carreare,* 2.

*ENCARIR, Chérir. L.

ENCARKIER, Devenir grosse. Gl. *Chargia,* 4.

*ENCARTEMENT, Chartes, titres. L.

ENCARTER, Rédiger, passer un contrat. Gl. *Incartare.*

ENCASSILER, Enchâsser. Gloss. *Inchassillare.*

ENCAUCER, Poursuivre; d'où *Encauchier* et *Encaus,* Poursuite. Gl. *Encausar.*

ENCAVAGE, Droit sur les tonneaux qu'on met en cave. Glos. *Cava,* 1.

ENCAVEURE, Emboîtement, mortaise. Gl. *Incastatura.*

*ENCEIS, Auparavant. L.

ENCENCIER, Encensoir. Gl. *Encenserium.*

ENCENDEMENT, Incendie, embrasement. Gl. *Incendiatio.*

ENCENGE, Certaine mesure de terre, p. e. parce qu'elle était enceinte de haies ou autre clôture. Gl. *Encengia.*

*ENCENON, Sinon. L.

ENCENSIR, Donner à cens. Glos. *Setura*, 1.

ENCERCER, Encerchier, Chercher avec intention, faire enquête. Gl. *Encercare.*

ENCHAINTE , Enceinte, grosse d'enfant. Gl. *Incincta.*

*ENCHANBADER, Enjamber. L.

ENCHANDELISIER, p. e. pour Eschandelisier, Répandre de mauvais bruits sur quelqu'un. Gl. *Scandalizare.*

ENCHANTEMENT, Encan. Glos. *Incantare*, 2.

ENCHANTEUR, Celui qui vend à l'encan , crieur. Gl. *Incantor* sous *Incantare*, 2.

*ENCHANTRER, Entamer. L.

ENCHAPPERONNER , Couvrir d'un chaperon une muraille de clôture. Gl. *Incaputiatus.*

ENCHARAUDER, Ensorceler. Gl. *Caraula.*

*ENCHARBOTER, Embarrasser.

ENCHARGIER, Avoir enchargié, Devenir grosse. Gl. *Chargia*, 4.

ENCHARNER, Prendre chair, devenir homme, s'incarner. Glos. *Incarnare.*

ENCHARNEURE, Emboîtement, mortaise. Gl. *Incastraturæ.*

ENCHARTREMENT, Transaction, accord fait par écrit. Gl. *Incartamentum* sous *Inchartare.*

ENCHARTRER, Mettre en prison. Gl. *Incarceratio.*

ENCHASSER, Courir après, poursuivre. Gl. *Encausar.*

ENCHASTELER , Enchasteler un heritage, Le mettre en valeur, le fournir de tout ce qui est nécessaire pour le faire valoir. Gl. *Incastellare.*

ENCHASTONNER, Enfermer dans un chaton. Gl. *Chasto*, 2.

ENCHAUCHER, Enchauser, Poursuivre. Gl. *Encausar.*

ENCHAUSSUMER, Répandre de la chaux sur quelque chose. Gl. *Calcinatium.*

*ENCHENDURE , Garde d'une épée. L.

*ENCHEOIR, Succomber. L.

ENCHERCHEUR , Qui cherche querelle. Gl. *Adagonista.*

ENCHERESSEMENT , L'action d'enchérir. *Incarioramentum.*

ENCHERIE, Enchère. *Incheria.*

ENCHEUE, Succession, héritage. Gl. *Escahentia.*

*ENCHEVALLER, Chevaucher. L.

ENCHEYSON , pour Occasion, Amende, impôt. Gl. *Sac.*

ENCHIEREMENT, Enchère. Gl. *Incheria.*

ENCHIERISSEMENT , L'action d'enchérir une marchandise, de la vendre au-delà de son prix. Gl. *Montare*, 2.

ENCHOISONNER, Blâmer, faire des reproches. Gl. *Occasio*, 5.

ENC

ENCHOMER , Frapper, blesser. Gl. *Incombrare*, 2.

*ENCHOPER, Broncher. L.

ENCIRAILLER, Couper par morceaux. Gl. *Incisilis*.

ENCIRER, Enduire de cire. Gl. *Cerare*, 1.

ENCIS, Meurtre d'une femme enceinte. Gl. *Encimum*.

ENCLASTRE, Lieu fermé,grange, grenier. Gloss. *Inclausura*. — Chaton, ou la pierre enfermée dans le chaton. Gl. *Inclusor*.

ENCLEVE, Enclos, lieu fermé de murs ou de haies. Gloss. *Inclausura*.

ENCLIN, Marque de respect qu'on donne en s'inclinant, salut, révérence. Gl. *Encleticare*.

ENCLINOUER. Petite avance de bois qui tient à chaque stalle des chaises du chœur, appelée communément *Miséricorde*. Gl. *Inclinatorium*.

ENCLOISTRE, ENCLOSTRE,Enclos d'un monastère ou couvent. Gl. *Inclaustrum*.

*ENCLOYER, Devenir grosse. L.

ENCLUGE, Enclume. *Enclugia*.

ENCLUS, Reclus solitaire. Gloss. *Inclusi*. — Inclus, compris. Gl. *Inclusor*.

*ENCOGITER, Penser. L.

*ENCOI, Aujourd'hui. L.

*ENCOISURE, Redevance. L.

ENCOLPER , Accuser , déclarer coupable. Gl. *Inculpare*.

ENC

ENCOMBRER, Embarrasser,mettre obstacle, empêcher. D'où *Encombrement*, Embarras, empêchement. Gl.*Incumbrare*sous *Combri*.

*ENCOMBRIER, Contrariété. L.

ENCOMMENCER , Commencer ; d'où *Encommencement*, Commencement. Gl. *Excommunicare* et *Inceptum*.

*ENCONCER (S'), Se cacher. L.

*ENCONCHÉ, Orné. L.

ENCONTRE, Attaque, partie de jeu contre un autre. Gloss. *Incontrum*. [Rencontre, aventure. L.]

ENCONTRÉE, Rencontre,combat. Gl. *Incontrum*.

ENCONTREPLEGER , Donner caution. Gl. *Contraplegiatio*.

ENCONTRER, Rencontrer. Glos. *Rigolamentum*.

ENCONVENANCER , S'engager par convention. *Convenire*, 1.

*ENÇOQUE, Tandis que. L.

ENCORDER, Garnir d'une corde. Gl. *Cordellatus*.

ENCORPER , comme ci-dessus *Encolper*. Gl. *Inculpare*.

ENCORREMENT , Confiscation. Gl. *Incurrementum*.

ENCORTINER, Tapisser, couvrir de tapis. Gl. *Incortinari*.

*ENCOSTE, A côté. R.

*ENCOUAN, Encore. L.

ENCOULPER, ENCOUPER, Accuser, déclaré coupable ; d'où *En-*

ENC

coulpement, Accusation. Gloss. *Inculpare.*

ENCOURANCE, L'action d'encourir une peine. Gl. *Incursus* sous *Incurrimentum.*

ENCOUREMENT, L'amende encourue pour un délit. Gl. *Incurrementum.*

ENCOURS , L'action d'encourir une peine ou l'indignation de quelqu'un. Gl. *Incursus,* 5.

ENCOURTINER, Tapisser, couvrir de tapis. Gl. *Incortinari.*

*ENCOURTIS, Engourdis. L.

*ENCOUTRE, Frapper.

*ENCOVIR, Désirer. P.

*ENCRAISSAULE, Ennuyeuse.L.

ENCRAISSIÉ, Engraissé. Gloss. *Arvinare.*

ENCRAVER, Augmenter. Gloss. *Incrementare.*

*ENCREANLES, Incroyable. L.

ENCREMER , Oindre du saint chrême. Gloss. *Chrismare* sous *Chrisma.*

ENCRENER, Faire des crans ou entailles. Gl. *Occare,* 2.

*ENCRER, Pendre. L.

ENCRESCE, Accroissement. Gl. *Incrementatio.*

ENCREU. Beste encreue, Qui est pleine. Gl. *Incretus,* 2.

ENCREVER, Blesser, faire une plaie. Gl. *Ingredi.*

*ENCRIESME, Criminel. L.

END

ENCROCHEMENT , Demande d'une redevance ou service plus considérable qu'il n'est dû. Gl. *Incrocamentum.*

ENCROER , Encrouer, Pendre au croc, accrocher. *Incrocare.*

*ENCROISEMENT , Augmentation. P.

*ENCROLER (S'), S'enfoncer. L.

*ENCRUCHER, Suspendre, lancer. L.

*ENCUI, Aujourd'hui. R. R.

*ENCUSER, Accuser. R.

ENCUTE, Occulte, secret, caché. Gl. *Repositus.*

*ENCUVAULE, Désireux. L.

*ENCUVIR, Désirer. L.

ENCZAINTTE, Enceinte, grosse d'enfant. Gl. *Incincta.*

ENDABLE, Endeble, Faible, débile. Gl. *Indebilitatus.* [Guéable. L.]

*ENDEBLÉ, Affaibli. L.

*ENDEMAIN, Lendemain. L.

ENDEMENTIERS, Cependant, tandis. Gl. *Interdum.*

ENDENT, Se dit dans la principauté de Dombes de l'espace que parcourt la faux en un seul coup. Glos. *Andellus* sous *Andena,* 2.

ENDENTER, Appuyer le visage contre quelque chose, renverser quelqu'un le visage contre terre. Gl. *Indentare,* 2.

ENDENTURE , Écrit endenté,

ENE

Transaction dentelée, dont les morceaux se rapportent en les rapprochant pour en justifier la vérité. Gl. *Indentura.*

*ENDICATEUR, Délateur. L.

ENDITÉ, Instruit, informé. Glos. *Indiciare.*

ENDITER, Accuser ; d'où *Enditement,* Accusation faite sur enquête. Gl. *Indictura.*

ENDITIER, Indiquer. *Indiciare.*

ENDOAIRER, Assigner un douaire. Gl. *Doalium.*

*ENDOIER, Montrer du doigt. L.

ENDORMEUR, Imposteur, trompeur. Gl. *Dormitabilis.*

ENDORSSER, Mettre sur le dos. Gl. *Indorsare.*

ENDOS , Citation , assignation écrite au dos d'un acte. Gloss. *Indorsare.*

ENDOUERER, Assigner un douaire. Gl. *Doalium.*

ENDOWER , Le même. Gloss. *Affidare,* 3.

*ENDRAGER, Mêler. L.

*ENDROIT, Tout droit. P.

ENDROITOIER, Poursuivre son droit en justice. Gloss. sous *Directum,* 1.

ENDRUIR, Devenir fort et robuste. Gl. *Druda.*

ENDUREMENT , Tolérance, patience, l'action d'endurer. Glos. *Indurare.*

ENEEISCHE, Aînesse, les droits de l'aîné. Gl. *Eilnecia.*

ENF

ENEGRIR, Aigrir, tourner à l'aigre. Gl. *Acere.*

ENERGUERP, Le présent de noce. Gl. *Morganegiba.*

*ENERMI, Désert, solitude. L.

ENERRER, Arrher, arrêter un marché en donnant des arrhes. Gl. *Arrare,* 1. [Exciter. L.]

*ENÈS L'HEURE, à l'instant. L.

ENESLEPAS , Incontinent, sur l'heure. Gl. *Incontinente.*

ENESQUE, Sorte de vaisseau de charge. Gl. *Bussa.*

ENESSER, Exposer en vente. Gl. *Intabulare,* 2.

*ENEVOIS, A l'instant. L.

*ENFAISTER, Couvrir une maison. L.

*ENFAMÉE, Renommée. L.

ENFANÇON, Petit enfant. Gloss. *Infans.*

ENFANGER , Enfoncer comme dans la fange. Gl. *Ellutare.*

ENFANT, Titre d'honneur qu'on a donné aux fils des rois, princes et grands seigneurs ; le même que celui d'*Infant.* Gl. sous *Infantes.*

ENFANT D'AUBE, plus ordinairement Enfant de chœur. Gl. sous *Infantes.*

ENFANTEMENT, Ensorcelement, maléfice, sortilége. Glos. *Phantasia,* 1.

ENFANTERESSE , Accouchée , femme en couche. *Puerpera.*

44

ENF

ENFANTILLONGE, Action ou raisonnement d'enfant. Gloss. *Infantiæ*.

ENFANTOMER, ENFANTOSMER, Ensorceler, enchanter. Gloss. *Phantasia*, 1.

ENFARDELER, Envelopper, mettre en ballot. Gl. *Fardellus*.

ENFARDELIER, L'endroit où l'on met les marchandises en ballot, douane. Gl. *Fardellus*.

ENFATROUILLER, Embarrasser pour surprendre et tromper. Gl. *Fatuare*.

ENFAXCIGNER, Enchanter, ensorceler. Gl. *Fascinare*.

*ENFEFFER, Inféoder. L.

*ENFEIR, Enchanter. L.

ENFELONNER, ENFELONNIR, Se mettre en colère, se fâcher. Gl. *Fello*, 2.

ENFENTETÉ, Enfance ; d'où *Enfentivement*, En enfant, et *Enfenture*, Enfantin. *Infantilitas*.

ENFENTURE, Enfantement, accouchement. Gl. *Fetare*.

*ENFER, Infirme. L.

ENFERGE, Chaîne ; d'où *Enferger* et *Enfergier*, Mettre à la chaîne, aux fers. Gl. *Disferriare* et *Inferrare*.

*ENFERME, Enfer. L.

ENFERMETÉ, Infirmité, maladie. Gl. *Infirmare*.

ENFERMIER, Infirmier, religieux qui a soin des malades. Gloss. *Infirmare*.

ENF

*ENFERNE, Infernal. L.

ENFERRER, Mettre aux fers, enchaîner. Gl. *Inferrare*.

ENFERS, p. e. pour ENFECT, Infect, corrompu, malsain. Gloss. *Infectus*. — Infirme, malade. Gl. *Infirmare*.

ENFÉS, pour ENFANT, Titre d'honneur qu'on a donné aux fils des rois, princes et grands seigneurs; le même que celui d'*Infant*. Gl. sous *Infantes*.

ENFESTUCER, Mettre en possession par un fétu. Gl. *Infestucare* sous *Festuca*.

ENFEU, Cave pour la sépulture des corps morts. Gl. *Infoditus*.

ENFEUCHER, Enfoncer. Gloss. *Fundare*, 2.

ENFFANS FEMEAULX, Filles. Gl. *Femellus*.

*ENFFREIR, Effrayer. L.

*ENFIERIR (S'), S'enorgueillir.

*ENFILEUVE, Suite. L.

ENFOLLER, Infatuer, troubler l'esprit. Gl. *Fatuare*.

ENFONDU, Mouillé, trempé, percé. — Garçon de cuisine, p. e. celui qui fournissait l'eau, ou qui fondait les graisses. Gloss. *Infusidarium*.

ENFORCEMENT, Fortification, tout ce qui rend fort un château. Gl. *Inforciamentum*.

ENFORCEUR DE FEMMES, Celui qui en abuse par violence. Gl. *Fortia*, 2.

*ENFORCI, Puissant. L.

ENG

ENFOSSER, Enterrer. *Fossa*, 3.

ENFOUER, Enfouir, supplice des femmes. Gl. *Fossa*, 1.

ENFOUIR, Enterrer, donner la sépulture à un cadavre. Gloss. *Infoditus*.

ENFOURMOIR, Forme de soulier. Gl. *Forma*, 15.

*ENFOURRER, Donner du fourrage. L.

ENFRAINTE, Bruit, tumulte. Gl. *Fragumen*.

ENFRANCHIR, Affranchir, rendre libre. Gl. *Franchire*, 2.

*ENFREGIÉ, Enchaîné. L.

ENFRENER, Mettre un frein ou mors à un cheval. Gl. *Frœnarii* et *Frenellatus*.

ENFRUCTUER, ENFRUITTER, Semer, ensemencer. Gloss. *Infructuare*.

ENFRUME, Gourmand. Gl. *Infrunitus* et *Infrontatus*.

ENFRUNS, Courageux, audacieux. Gl. *Infrontatus*. — Avare, gourmand. — Adversaire, ennemi. Gl. *Infrunitus*.

*ENFUNCELER, Blesser. L.

ENFUSELER, Mettre autour d'un fuseau. Gl. *Infusare*.

ENGAIGERIE, Engagement, aliénation faite pour un temps. Gl. *Gagiata*.

ENGAIGNIER, Aigrir, irriter. Gl. *Enguaynare*.

ENGAIOLER, Mettre en geôle, emprisonner. Gl. *Gaiola*.

ENG

*ENGAIRDE, Colline. L.

ENGANER, ENGANNER, Séduire, tromper. Gl. *Engannare* sous *Ingenium*, 1.

ENGARAIRE, Sujet à corvées et services manuels. *Angariarius*.

*ENGARBER, Donner avec empressement. L.

*ENGARDER, Empêcher. L.

ENGARENTIE, Caution, garantie, denier à Dieu. Gl. *Garentigia*.

ENGASSE, Espèce de lampe. Gl. *Lucibrum*.

*ENGE, Race. L.

ENGENDRURE, Production de l'animal. Gl. *Generamen*.

ENGENRER, Engendrer, produire Gl. *Generamen*.

*ENGER, Croître. L.

ENGET, Engagement, obligation. Gl. *Impignoratio*.

ENGEVELEIR, Enjaveler. Gloss. *Gavella*.

ENGIEN, pour ENGIN, Machine de guerre. Gloss. sous *Ingenium*, 2.

ENGIERURE, Production de l'animal. Gl. *Generamen*.

ENGIGNER, ENGIGNIER, Tromper, duper. Gl. *Engannador* et *Engannare* sous *Ingenium*, 1.

ENGIGNEUR, ENGIGNOUR, Ingénieur. Gl. *Engeniator* et *Ingeniosi* sous *Ingenium*.

ENGIGNEUSEMENT, En gémissant. Gl. *Ingemositas*.

ENG

ENGIGNEUX, Ingénieux, industrieux. Gl. *Subtiliare*, 2. [Rusé, trompeur. L.]

ENGIN, Machine de guerre et autre. Gl. sous *Ingenium*, 2.

*ENGINABLE, Crédule. L.

ENGINE, Tout ce qui sert à quelque chose. Gl. *Ingenium*, 7.

ENGINER, Séduire, tromper, duper. Gl. sous *Ingenium*, 1.

*ENGIRONNER, Environner. L.

ENGLESCHE, pour Anglaise. Gl. *Englerius*.

*ENGLINCELER, Mettre en peloton. L.

ENGLISE, pour Eglise. Gl. *Guerrina terra* sous *Guerra*.

ENGLOUTEMENT , La bouche d'une rivière ou d'un fossé. Gl. sous *Gula*, 3.

ENGLUME, Enclume. Gloss. *Englumen*.

ENGNES, Nom propre pour Agnès Gl. *Successorie*.

*ENGOIR (S'), Se réjouir. R. G.

ENGOLÉ, ENGOULÉ, Qui est orné d'une *Goule* ou collet; et p. e. de gueule, c'est-à-dire de couleur rouge. Gl. *Gula mantelli*.

ENGORDELI , ENGOUDELI , engourdi, stupide. Gl. *Gurdus*.

ENGOULEMENT, La bouche d'une rivière ou d'un fossé. Gloss. sous *Gula*, 3.

ENGOULER, Manger, avaler, engloutir. Gl. *Gula*, 3.

*ENGRAIGNER, Croître. L.

ENG

ENGRAING , Accablement, pesanteur de tête causée par la maladie, et celui qui est dans cet état. Gl. *Ingravanter*.

*ENGRAMIR, Affliger. L.

*ENGRANCER, Grandir. L.

*ENGRANDIR, Rendre fier. L.

ENGRANT. ESTRE ENGRANT, Être porté à faire quelque chose, prendre en gré. Gl *Gratum*.

ENGRAVER, Graver. Gloss. *Ingravare*, 1.

*ENGRE, Race. L.

ENGRÉ, ESTRE ENGRÉ, Être fort empressé. Gl. *Gratum*.

ENGREGE, Aggravation. L.

ENGRÉGIER , Réaggraver une sentence d'excommunication. Gl. *Infortiatus*.

ENGRÉS, Opiniâtre, entêté. — Violent, impétueux. Gl. *Ingratitudo*, 2.

*ENGRÈS (A) , Avec empressement. L.

ENGRESSER, Assaillir, attaquer. Gl. *Ingredi*.

ENGRIEGEMENT , Tort, dommage. Gl. *Gravantia*.

*ENGRIESER, Affliger. L.

*ENGRIETÉ, Envie. L.

*ENGRIGNIR, Irriter. L.

*ENGRILLONNÉ, Lié. L.

ENGRINÉ, Gangrené. Gl. *Incanceratus*.

*ENGROIGNÉ, Grondeur. L.

ENH

*ENGROIN, Humeur. L.

*ENGROTEMENT, Maladie. L.

ENGROUTER, Tomber malade. Gl. *Retare*.

ENGRUN, Toute espèce de fruits ou d'herbes d'un goût aigre. Gl. *Egrunum*.

ENGRUNATGES, Certaine redevance en fèves. *Engrumagium*.

*ENGUARDES, Eclaireurs. L.

ENGUIGNIERRES, Ingénieur. Gl. *Ingeniosi* sous *Ingenium*, 2.

*ENGUILLEMINER, Charlataner. L.

ENGUINAILLE, Aine. Gl. *Anguinalia*.

ENGUISSE, Tribut, impôt. Glos. *Enguisse*.

ENHACHER, Enclaver ; il se dit des terres dont les extrémités rentrent les unes dans les autres. Gl. *Enguaynare*.

*ENHAIR, Haïr. L.

*ENHAITIER, Bénir. L.

ENHANER, ENHANNER, Labourer; d'où *Enhannable*, Labourable. Gl. *Ahenagium*.

ENHANSSER, Enclaver, enchâsser. Gl. *Hansatus* sous *Hansa*, 2.

ENHANSTER, Embrocher. Glos. *Hasta*, 8.

ENHANTER, Emmancher. Glos. *Handseax*. [Fréquenter. L.]

*ENHALEGRIR, Réjouir. L.

ENHARNESKIER, ENHARNES-

ENJ

QUIER, Harnacher un cheval. Gl. *Harnascha*.

*ENHASER, Embesogner. L.

*ENHASTER, Empaler, embrocher. Gl. *Hasta*, 8.

*ENHELDÉ, Muni d'une poignée. L.

ENHENDEURE, Poignée d'épée. Gl. *Hadscax*.

ENHERBER, Empoisonner. Glos. *Inherbare* sous *Herba*, 1.

*ENHERMI, Touffu. L.

*ENHERMIR, Dévaster. Ray.

ENHERS, Toute espèce de fruits que produit une terre labourée. — ÊTRE ENHERS, Adhérer, consentir à quelque chose. Gl. *Adhærere*, 3.

*ENHETEL, Exciter. L.

*ENHIDÉ, Effrayé. L.

ENHORT, Conseil, suggestion. Gl. *Instigator*.

*ENHUCHER, Mettre dans un coffre. L.

*ENHUI, Aujourd'hui. L.

ENHUILLER, Administrer l'extrême-onction. Gl. *Inoleare*.

ENIERBER, Empoisonner. Glos. *Herba*, 1.

ENINAAGE, Le droit d'aînesse. Gl. *Ainescia*.

ENIVERSAIRE, Anniversaire. Gl. *Anniversarium*.

*ENIXE, Emané. L.

*ENJENGLEZ, Gaillard. L.

ENL

**ENJOELER, Enjoeller, Enjoil-
ler,** donner des joyaux, des
bijoux. *Enjoalare* et *Zoiellare.*

ENJOURNER, Le point du jour.
Gl. *Adjornare,* 2.

ENJOUTER, Séduire, tromper,
duper. Gl. *Adjungare.*

***ENJUN,** A jeun. L.

ENJUPER, Donner ou habiller
d'une sorte de vêtement appelé
Jupe. Gl. *Capatus,* 1.

ENKEMBELER, Jouter, combattre dans un tournois. Gloss.
Cembellum.

ENLANGAGER, Baiser de la langue. Gl. *Lingua.* — Dire des
choses obscènes. Gl. *Linguatus.* [Parler avec éloquence. L.]

ENLARDER, Embrocher. Gloss.
Illaridare.

ENLEVER, Relever en bosse, en
relief ; d'où *Enleveure,* Relief.
Gl. *Elevare,* 2.

ENLIEGER, Défier, appeler quelqu'un en duel. Gl. *Inlegiare.*

ENLIGNAGER, Prouver sa descendance ou parenté. Gl. *Lignagium,* 3, et *Linea,* 3.

ENLIGNAIGÉ, Apparenté, allié.
Gl. *Linea,* 3.

ENLOCONÉ, Beau parleur, bien
embouché, éloquent. Gloss.
Linguatus.

ENLOIEMANT, Obligation, hypothèque. Gl. *Inligare.*

ENLOURDI, Étourdi d'un coup
qu'on a reçu. Gl. *Elourdatus.*

ENLOYER, Lier, obliger, engager.
Gl. *Inligare.*

ENN

***ENLUISSELER,** Mettre en pelo-
ton. L.

ENMAILLIÉ, Émaillé. Glos. *Immallatus.*

ENMAIOLER, Donner le Mai. Gl.
Maium.

ENMALER, Emballer, mettre dans
une malle. Gl. *Mala.*

ENMASER, Mettre ensemble, en-
tasser. Gl. *Mesus.*

***ENMENRI,** Amoindri. L.

ENMERCIMENT, Amende pécuniaire proportionnée à la faute.
Gl. *Amerciare.*

***ENMI,** Au milieu. L.

***ENMIEUDRÉ,** Amélioré. L.

ENMUGELIR, Mettre en meule.
Gl. *Mugæ.*

***ENMUREI,** Emprisonner. L.

ENNE, Cane sauvage. Gl. *Enna.*
[Particule interrogative. L.]

***ENNEMENT,** Vraiment. L.

ENNEMISTIÉ, Inimitié, hostilité.
Gl. *Inimicitiæ.*

ENNEMY, Le diable qui est l'ennemi du genre humain. Gloss.
Inimicus.

ENNOLIEMENT, Les saintes huiles ; du verbe *Ennolier,* Administrer l'extrême-onction. Glos.
Inoleare.

ENNOR, pour **Honneur,** Domaine,
seigneurie, fief. Gl. *Honor.*

ENNORT, Ennortement, Conseil,
suggestion. Gl. *Instigator.*

ENP

ENNOSQUIER, Mettre la flèche dans la noix de l'arbalète. *Nux.*

*ENNUBLER, Couvrir d'un nuage.

ENNUILIER , Administrer les saintes huiles , l'extrême-onction. Gl. *Inoleare.*

ENNUIT, Aujourd'hui. Gl. *Ennutigium.*

ENOLIER, comme ci-dessus *Ennuilier.* Gl. *Inoleare.*

*ENORDER, Souiller. L.

*ENORT, Instigation. L.

*ENORTER, Exciter. L.

*EOUVRER, Occuper. L.

*ENOYSELLEMENT, Instruction.

ENPAIENÉ, Attaché à la religion païenne. Gl. *Paganizare,* sous *Pagani.*

*ENPALUER, Embourber. L.

*ENPENETANT, Impuissant. L.

*ENPESKER, Interroger. L.

ENPIEUMENTER, Parfumer, rendre une odeur agréable. Gloss. *Pigmentus.*

ENPIPAUDER, Piailler, criailler. Gl. *Pipulare.*

*ENPOINDRE, Presser. L.

ENPORTER, Obtenir par prière. Gl. *Impetratio.*

ENPOURRER, Poudrer, jeter de la poussière. Gl. *Pulveratus.*

*ENPOVERS, Appauvri. L.

*ENPRAINT, Epris. L.

ENR

ENPRENDRE, Entreprendre. Gl. *Interprœtendere.*

*ENPUINGER, Saisir. L.

*ENQUARRER, Embarrasser. L.

ENQUE, Encre. Gl. *Encaustum.*

*ENQUEILLIR, Prendre. L.

ENQUEMANCER, Commencer. Gl. *Incipere, 3.*

*ENQUENUIT, Cette nuit. R. R.

*ENQUEREOUR, Curieux. L.

*ENQUES, Jamais. L.

*EN-QUI, En ce lieu. L.

ENRABASSEUR, Fou, furieux, impudent. Gl. *Enare.*

*ENRABIER, Enrager. L.

ENRACLER, Les Picards disent *Enraquer* d'une charrette ou voiture tombée dans une ornière, dont on a peine à la retirer. Gl. *Rachia.*

ENRAGERIE, Rage, fureur. Gl. *Rabiditas.*

*ENRAQUER, Enfoncer. L.

ENRAVIESTIR, Remettre en possession. Gl. *Reinvestire.*

ENREDERIE, ENRESDIE, Effronterie, impudence. Gl. *Enare.*

*ENRENTRER, Anéantir. L.

*ENRESTIE, Opiniâtreté. L.

ENRESVÉ, Rêveur, soucieux, inquiet. Gl. *Inrisus.*

ENREVÉ, Opiniâtre, entêté. Glos. *Enare.*

ENRICHISSIERRES, Qui donne

beaucoup, qui enrichit. Gloss. *Fundare*, 1.

*ENRIEVRES, Endurci. R. R.

ENRISÉ, Rieur, qui rit facilement. Gl. *Inrisus*.

*ENRGIR, Enrouer. L.

ENROISER, Mettre en la *roise* ou rouissoir le lin ou le chanvre. Gl. *Roissia*.

ENROLLER, Rouler autour de quelque chose. Gloss. sous *Housellus*.

ENROMANCER, Rendre en français une autre langue. Gloss. *Romancia*.

ENROSER, Arroser, asperger. Gl. *Vispilio*.

ENROSSINER, Piquer avec des ronces. Gl. *Runciœ*.

ENROTULER, Inscrire, comprendre dans un rôle. Gl. *Inrotulare*.

*ENROUSSI, Endurci. L.

*ENRUGNI, Rouillé. L.

ENRUILLIER, Enrouiller, dans le sens figuré. Gl. *Rubiginare*.

ENS, Dedans. Gl. *Furator*.

ENSAFRENÉ, Jaune, de couleur de safran. Gl. *Saffranare*.

*ENSAICHER, Arracher. L.

ENSAIGNAL, Médaille. Gloss. *Insignium*, 1.

ENSAIGNE, Pièce de monnaie, maille. Gl. *Insignium*, 1.

ENSAINNER, Répandre du sain ou de la graisse sur quelque chose. Gl. *Sainum*.

ENSAISINER, Se saisir, prendre. Gl. *Ensaisinare*.

ENSANGE, Certaine mesure de terre ; p. e. parce qu'elle était enceinte de haies ou autre clôture. Gl. *Encengia*.

ENSARCHEMENT , Recherche , examen, enquête. Gl. *Rimor*.

ENSARRER, Enfermer sous la clef. Gl. *Inserare*, 1.

*ENSAUCHIER, Exhausser. L.

ENSAYMMER, Répandre du sain ou de la graisse sur quelque chose. Gl. *Sainum*.

ENSEELER un Nom, Donner, imposer un nom. Gl. *Insigillare*.

ENSEGNE, Billet par lequel on indique celui qu'on choisit pour une charge. Gl. *Insignium*, 1.

ENSEI , Sorte de vaisseau qui sert principalement en vendange Gl. *Ansa*, 2.

ENSEIGNABLE , Celui qui est attaché à une doctrine ou opinion. Gl. *Sequax*.

ENSEIGNE, Cri d'armes. Gl. *Intersignum*, 3. — Pièce de monnaie, maille, médaille. Gloss. *Insignium*, 1, et *Signum*, 17. — FAIRE ENSEIGNE, Faire signe, donner un signal. Gloss. *Insignare*, 1.

ENSEIGNÉ, Docte, Savant. Glos. *Dogmaticus*.

ENSEIGNEMENT, Jugement, sentence. Gl. *Enseignamentum*.

ENSEIGNER, Mettre ses enseignes, ses armes. Gl. *Insigna*.

ENSELLER , Mettre la selle à

ENS

un cheval. Gloss. *Sellare* sous *Sella*, 2.

ENSEMENT, Ensemble, en même temps. Gl. *Suria*.

ENSENGNEMENT , Jugement , sentence. Gl. *Enseignamentum*.

ENSENIÉ, Sensé ou instruit, savant. Gl. *Sensatus*.

*ENSENOVILLÉ, Agenouillé. L.

ENSEPELIR, pour Ensevelir. Gl. *Sepulchrare*.

ENSEPOUTURER, Ensepulcrir, Ensepulturer, Enterrer, donner la sépulture, inhumer. Gl. *Sepulchrare* et *Sepultare*.

ENSERÉ, Qui est égaré de son chemin. Gl. *Serare*.

ENSERMENTER , Ramasser du sarment, en faire des fagots. Gl. *Sermens*.

ENSERVER, Assujettir à des servitudes, exiger des services. Gl. *Inservire*.

ENSEU, pour Enfeu, Sépulcre, tombeau. Gl. *Infoditus*.

ENSEYMER, Frotter, enduire de suif ou saindoux. Gl. *Sainum* et *Seupum*.

ENSGETER, Jeter dedans, injecter ; d'où *Ensgetement*, Injection. Gl. *Inicere* et *Initio*, 1.

ENSIENNETE, Ancienneté. Glos. *Operare*.

ENSIEVIR, Se conformer à. L.

ENSIGNE, Estre Ensigne, Se dit d'un prébendier auquel, quoique absent, on accorde les rétributions manuelles. *Patitur*.

ENS

ENSI que, Comme.

ENSISER, Inciser, couper. Gloss. *Incisilis*.

ENSOGNIE, Excuse, raison qu'on allègue pour s'excuser de n'avoir pas comparu en justice. Gl. *Essonia* sous *Sunnis*.

ENSOIGNANTE. Femme Ensoignante, Concubine. Glos. sous *Sogneia*.

ENSOIGNÉ, Qui est dans l'embarras, accablé de soins. Glos. *Exoniare* sous *Sunnis*.

ENSOINE, Jugement contre un absent appelé en justice. — Excuse, raison qu'on allègue pour s'excuser de n'avoir pas comparu en justice. Gl. *Sunnis* et *Ensoine*.

ENSOLER, Couvrir de pierres le sol d'une maison, paver. Gloss. *Insolare*, 2.

ENSONGNER, Donner ses soins à quelque chose. Gl. *Soniare*.

ENSONNIIÉ, Embarrassé. *Estre Ensonniié de deptes*, Être accablé de dettes. Gl. *Exoniari* sous *Sunnis*.

ENSONNIL, p. e. pour Entonnil, Entonnoir. Gl. *Embutum*.

ENSOUDRER, Assaisonner. Glos. sous *Sapor*.

ENSOYER, Faire une ligne de soies de porc. Gl. *Insetare*.

ENSUIGRE, Suivre, imiter, ressembler. Gl. *Sororisare* sous *Sororiare*.

ENSUIS, p. e. pour Encis, Meurtre d'une femme enceinte. Gl. *Encimum*.

45

***ENSURY**, Aigre. L.

ENTABLEMENT, Piédestal. Glos. *Tabulamentum*, 1.

ENTABLER, Exposer sur une table. Gl. *Intabulare*, 2.

ENTABLISSEMENT, Entablement chaperon d'un mur. Gloss. *Tabulatum*, 3.

ENTAILLEUR, ENTAILLIERES, Ciseleur, sculpteur. Gl. *Entalliatus* et *Taliare*.

***ENTAIS**, Attentif. L.

ENTALENTÉ, Qui veut et a résolu de faire quelque chose. Gl. sous *Talentum*, 2.

ENTALLER, Tailler, découper. Gl. sous *Abatis*.

***ENTAN**, L'année précédente. L.

ENTANDIS, Cependant, pendant ce temps-là. Gl. *Interdum*.

***ENTANNÉ**, Enfumé. L.

***ENTASCHER**, Diriger, ajuster. L.

***ENTASSELÉ**, Couvert, garni. L.

***ENTE**, Triste, affligé. L.

ENTECHIÉ, Qui a de bonnes ou mauvaises qualités, bien ou mal disposé. Gl. sous *Tasca*, 2.

***ENTEN**, Intention. L.

ENTENCIEUX, Attentif, appliqué, occupé. Gl. *Intentissime*.

ENTENDABLE, Facile à entendre. Gl. *Intellectibilis*. — Intelligent, doué d'un grand entendement. Gl. *Intelligibilis*.

ENTENDANT, FAIRE ENTENDANT,

Faire entendre, donner à entendre. Gl. *Intendere*, 2.

ENTENDEMENT, Intelligence, signification d'un mot. Gl. *Intendimentum*, 2.

ENTENDIBLE, Intelligible, qu'on peut aisément entendre ; d'où *Entendiblement*, Intelligiblement. Gl. *Audibilis*.

***ENTENDIS**, Tandis. L.

***ENTENDUES**, Soins. L.

ENTENEBRER, Obscurcir, rendre sombre. Gl. *Tenebrare*.

ENTENTIEX, Attentif, qui écoute et entend. Gl. *Intendere*, 2.

***ENTENTIMENT**, Tentation. L.

***ENTERCER**, Réclamer. L.

ENTERCHIER, Mettre en séquestre ou main tierce. *Intertiare*.

ENTEREING, Entier, parfait, complet. Gl. *Integrare*, 3.

ENTERIETÉ, Intégrité, pureté. Gl. *Integraliter*, 2.

ENTERIN, Intègre, irréprochable, sincère. Gl. *Integraliter*, 2. — Entier, qui n'est pas partagé. Gl. *Feudum integrale*.

ENTERINANCE, Caution, sûreté. Gl. *Interinare*, 2.

ENTERINÉMENT, Entièrement. Gl. *Pavagium*, 2.

ENTERINER, Accomplir, exécuter, achever. Gl. *Integrare*, 3. — Cautionner, garantir. Gloss. *Interinare*, 2.

ENTERINITÉ, Perfection, achèvement. Gl. *Integrare*, 3.

ENT

ENTERINSABLE, Se dit de ce qu'on passe ou insère à travers, comme la trame d'une étoffe ou toile. Gl. *Interinsilis.*

*ENTERMARIE, Immaculée. L.

ENTERQUER, Enduire surtout de goudron appelé *Terque.* Gl. *Intrire.*

ENTERRAGE, ENTERRAIGE, Enterrement, sépulture. Gl. *Interragium.*

ENTESER, ENTEZER, Tendre, bander, ajuster, lever une arme ou bâton contre quelqu'un pour l'en frapper. Gl. *Intendere,* 9.

*ENTESNIER (S'), Se terrer. R.R.

*ENTESTE, Ancêtre. L.

*ENTESTÉ, Occupé. L.

ENTHE, Conduit. Gl. *Entare.*

ENTICEMENT, Instigation, impulsion, persuasion. *Instigator.*

*ENTICER, Exciter. L.

ENTIER, Intègre, irréprochable, sincère. Gl. *Integraliter,* 2. — HOME LIGES ENTIERS, Vassal, qui n'est attaché par le serment de fidélité qu'à un seigneur. Gl. *Solidus,* 1.

*ENTIERCER, Séquestrer. L.

ENTIERCIER, Enlever un gage à son créancier et le mettre en séquestre ou main tierce ; d'où *Entierceur,* Séquestre. Gloss. *Intertiare.*

*ENTIERTÉ, Intégrité. L.

*ENTIEUS, Honteux. L.

*ENTILBARDÉ, Embarrassé. L.

ENT

*ENTILTÉ, Mentionné. L.

*ENTOMBIR, Engourdir. L.

ENTOMI, Engourdi, endormi. Gl. *Indormitus.*

*ENTORBIER, Troubler. L.

*ENTORNER (S'), S'en aller. L.

*ENTORS, Couvert. L

ENTORSER, Faire un trousseau, mettre en paquet. Gl. *Trussare* sous *Trossa,* 3.

*ENTOSCHER, Empoisonner. L.

*ENTOUELLIER, Troubler. L.

ENTOUR, Environ. Gl. *Denariata panis.*

*ENTOUS, Honteux. L.

ENTOUSSÉ, Travaillé de toux, enrhumé. Gl. *Tussitus.*

ENTOYER, Envelopper d'une toile ou taie. *Intectamentum.*

*ENTRABATRE (S'), Se renverser réciproquement. L.

*ENTRACCOINTER (S'), S'attaquer mutuellement. L.

*ENTRACCOLER (S'), S'embrasser mutuellement. L.

ENTRACOULER, S'entre-frapper avec des lances. Gl. *Veru.*

ENTRAGE, Ce qu'on paye en entrant en possession d'un fief ou d'un bail à cens. *Intragium,* 1.

ENTRAICTURE, Rentraiture ; du verbe *Entraire,* Rentraire. Gl. *Insutura.*

ENTRAITTER (S'), S'empêtrer, s'embarrasser dans ses traits. Gl. *Intricare.*

ENT

ENTRANT , Ingrédient, ce qui entre dans la composition d'une médecine, etc. Gl. *Intrans, 1.*

ENTRASSAIER (S') , S'animer, s'exciter. Gl. *Insultus.*

*ENTRAUSQUE, Tandis que. L.

ENTRAVERSER, Renverser un peu, faire pencher. *Invertescere.*

ENTREASSAMBLER, Se prendre l'un à l'autre pour se battre. Gl. *Assemblare.*

ENTREBÉE, Ouverture. Gl. *Beare.*

ENTREBENDE, Pièce de bois qui en soutient deux autres. Gloss. *Beñda, 3.*

ENTRECHAPLER , Se battre à l'épée. Gl. *Capulare.*

ENTRECHAUNGEABLEMENT , En échange. Gl. *Indentura.*

*ENTRECHENUS, Grisonnant. L.

ENTRECHEVAUCHIER , Fouler aux pieds d'un cheval. Gl. *Cavalcare* sous *Caballus.*

ENTRECLOZ, Entrebaillé, à demi fermé. Gl. *Interclusus.*

ENTRECONTRER , Rencontrer. Gl. *Incontrum.*

ENTRECOURS, Convention entre deux seigneurs, en vertu de laquelle les sujets de chacun d'eux peuvent aller s'établir sur la terre de l'autre. Gloss. *Intercursus.*

*ENTREDIRE, Interdire. L.

ENTREDIT , Instruit, qui n'est pas encore baptisé. Gl. *Catechumeni.* — Interdit, censure ecclésiastique, qui suspend les

ENT

fonctions des prêtres, l'administration des sacrements et tout exercice de religion. Gl. *Interdictum.*

ENTRÉE, Bienvenue, ce qu'on paye en entrant en charge. Gl. *Baisemain.* — ARBRE D'ENTRÉE, Dans la racine duquel la cognée entre aisément. Gloss. *Intrata, 1.*

ENTREFAIRE COMPAGNIE, Fréquenter quelqu'un. Glos. *Companium.*

ENTREFUSEE, Le fil qui est dévidé autour d'un fuseau, fusée. Gl. *Fusata.*

*ENTREGENTÉ, Civilisé. L.

ENTREGET, Jeu de passe-passe, tour d'adresse. Gl. *Entregá.*

*ENTREGOUSPILLER (S') , Se houspiller. L.

ENTREJETTERIE , Même sens qu'ENTREJET. Gl. *Entrega.*

ENTREIL, Entre-deux des sourcils. Gl. *Intercilium.*

ENTREINGNE, Aine, jointure du ventre et de la cuisse. Gloss. *Intranea.*

ENTRE-LA, Cependant, pendant ce temps-là. Gl. *Interibi.*

ENTRELAISSIER, interruption. Gl. *Interponere, 1.*

ENTRELIGNEUSE , Interligne. *Interlineatura* s. *Interlincare.*

*ENTREMAINRE, Résister. L.

*ENTREMEDLER, Causer.

ENTREMENTIERE, Fourniture. Gl. *Intretenire.*

ENT

ENTREMENTIERS , Cependant, pendant ce temps-là. Gloss. *Interdum.*

ENTREMETTEUR , Métayer qui fait valoir des terres, vignes, etc., sous la condition d'en avoir la moitié des fruits. Glos. *Caravellis.*

ENTREMI , Entre-deux , espace qui est entre deux choses. Glos. *Intermedium*

ENTREMOIEN, Cloison, séparation. Gl. *Intergeries.*

ENTREMUYE, Trémie, le lieu où elle est placée. Gl. *Entremutia.*

ENTREPASSABLE, Se dit de ce qu'on passe à travers, comme la trame d'une étoffe ou toile. Gl. *Interinsilis.*

*ENTREPIÉ, Estropié. L.

*ENTREPLEVIR, Se fiancer. L.

ENTREPOIGNER , S'entre-donner des coups de poing. Gloss. *Pugnata,* 2.

*ENTREPORT, Faveur. L.

ENTREPOSÉEMENT, Petit à petit. Gl. *Interlidere.*

ENTREPRESURE, Contravention. Gloss. *Interpresura* sous *Interprendere.*

ENTREROMPRE , Interrompre, suspendre. Gl. *Interponere,* 1.

ENTRESAIN, Marque, trace, impression qui reste sur un corps. Gl. *Intersignum,* 1.

*ENTRESAIT, Aussitôt. L.

*ENTRESCOUDRE (S'),Se cacher dedans.

ENT

ENTRESEC, Arbre qui est sur le retour. Voy. *Intersiccum.*

ENTRESEGNE , Marque, trace, impression qui reste sur un corps. Gl. *Intersignum,* 1.

*ENTRESQUE, Jusqu'à. L.

ENTRESSÉ, Arbre qui est sur le retour. Gl. *Intersiccum.*

ENTRESUIVANT en Teinture, se dit d'un drap bien également teint. Gl. *Secta,* 4.

*ENTRETAIL, Découpure. L.

ENTRETANT , Cependant, pendant ce temps-là. Gl.*Interdum.*

ENTRETENANCE , Entretenement, Entretien, réparation.Gl. *Intertinentia* sous *Intertinere,* 1, et *Retinere,* 2.

ENTRETERRER (S'), S'atterrer, se renverser par terre. Gloss. *Interrare,* 2.

*ENTRETTER, Se mêler. L.

*ENTREVESCHER, Embrouiller.

*ENTRIBOULÉ, Troublé. L.

ENTRINGNER, Accomplir, exécuter, achever. Gl.*Integrare,* 3.

ENTRODUIRE, Instruire, enseigner. — Engager, induire, séduire. Gl. *Introducere,* 1.

*ENTRONER, Questionner. L.

ENTRONIZER, Mettre en possession d'une charge ou dignité. Gl. *Incomitiare.*

*ENTRONQUEMENT, Assoupissement. L.

ENTROUBLER, Embarrasser,embrouiller. Gl. sous *Majestas.*

ENV

ENTRUES, Tandis, pendant. Gl. *Interdum.*

***ENTRUSCHER**, Précipiter. L.

ENTURLÉ, Fol, étourdi. *Lurdus.*

***ENUERE**, Œuvre. L.

ENUMBER, Se dit de Jésus-Christ, quand il a pris chair humaine dans le sein de la Vierge. Gl. *Lumbare.*

***ENUMBRER**, Obscurcir. L.

ENVAHISSEMENT, L'action d'envahir ou d'attaquer quelqu'un. Gl. *Invasibilis.*

ENVAISEMENT, Invasion. Gloss. *Invasibilis.*

ENVAISSELER, Envasseller, Enchâsser, enfermer. Glos. *Invasatus*, 1.

ENVAYER, Envahir, assaillir, attaquer, se jetter dessus. Gloss. *Invasibilis.*

***ENVEISER**, Se divertir. L,

ENVELIMER, Se dit d'une plaie qui s'envenime. Gl. *Venenare.*

ENVELOPE, Drap, linceul. Glos. *Involumen.*

***ENVENGON**, Vengeance. L.

ENVENIMER, Empoisonner; d'où *Envenimeure* et *Envenimoison*, L'action d'empoisonner, poison. Gl. *Venenare.*

ENVENTRER, Avaler, engloutir, dévorer. Gl. *Inviscerare.*

ENVERS, Auprès, en comparaison. Gl. *In Contram.*

ENVERSAIRE, Anniversaire. Gl. *Anniversarium.*

ENW

ENVIESIR, Se dit de ce qui s'use et périt par le temps; d'où *Enviesissure* et *Enviesure*, Vétusté. Gl. *Estoffa* et *Vetustare.*

***ENVIGORER**, Fortifiér. L.

ENVILLENER, Déshonorer. Glos. *Villonia.*

ENVILLENIR, Blesser grièvement mutiler. Gl. *Vileniare.*

***ENVIRE**, Perte. L.

ENVIROLÉ, Garni d'une virole. Gl. *Invirolatus.*

ENVIRON, A l'Environ, A l'égard, envers. Gl. *Versus*, 2.

ENVIS, Malgré soi, contre son gré, a regret. Gl. *Involens.*

***ENVOISER**, Enveisier, S'amuser. L.

***ENVOISIÉ**, Folie, fureur. L.

***ENVOLSER**, Envelopper. L.

ENVOULENTIF, Résolu, déterminer. Gl. *Involens.*

ENVOULTER, Envouster, Ensorceler, enchanter. *Invultare*, 2.

ENVOUTEMENT, Sortilége, maléfice. Gl. *Stellionatus*, 2.

ENVULTER, Faire l'effigie de quelqu'un en cire pour servir à des sortiléges. Gl. *Vultivoli.*

ENWAGEMENT, pour engagement, hypothèque. Gl. *Invadiare* sous *Vadium.*

ENWAGIER, Engager. *Invagiare.*

ENWERPIR, Mettre en possession. Gloss. *Infestucare* sous *Festuca.*

EQU

ENYNAGE, Droit d'aînesse. Glos. *Ainescia.*

EPARSES, Rentes primordiales et seigneuriales, répandues en différents lieux. Gl. *Sparsarius*

EPICAUSTERES, Cheminée. Gl. *Epicaustorium.*

EPIDIMIE, Épidémie, mal contagieux. Gl. *Épidemia.*

EPILENSE, Épilepsie. Gl. *Epilensis*, sous *Epilepticus.*

EPILOGACION, Récapitulation, abrégé. Gl. *Epilogatio.*

EPINOCHE, Epinard, légume.Gl. *Spinarium.*

*EPINOCHER, Manger en petite quantité. L.

EPISCOPALITÉ,Les revenus d'un évêché. Gl. *Episcopatus*, 1.

EPISTICULE, pour EPICYCLE, dans le Songe du vieil pèlerin par Philippe de Maisières, l. 2.

EPISTOLIER, Livre d'église contenant les épîtres, qu'on chante à la messe. Gl. *Epistolarium.*

EPITAFLE, Toute espèce d'inscription. Gl. *Epitaphium,* 2.

*EPITOGE, Manteau. L.

EPOIGNE, Sorte de gâteau. Gl. *Expogna.*

EPPARON, Lance, épieu. Gloss. *Sparro.*

EQUE, Cavale, jument. *Equalia.*

EQUIPART, Instrument de fer pour remuer la terre, pioche. Gl. *Schippa.*

*EQUIGNON, Chicot. L.

ERR

*EQUIPOL, Equivalent. L.

EQUIPPE, Nautonnier, matelot. Gl. *Schippa.*

*ER, Hier, L.

ERACHIER, Arracher. Gl. sous *Estocagium.*

*ERAIGNE, Araignée. L.

ERBIER, ERBOIE, ERBOIS, Pré, pâturage, lieu couvert d'herbes. Gl. *Herbacia* et *Herbarium.*

ERDANCE, Attachement, jonction. Gl. *Inhærentia.*

ERDOICE, Ardoise. Gl. *Ardesius.*

ERDRE, Etre attaché, joint. Gl. *Inhærentia.*

*EREGE, Hérétique. L.

*ERETIER, Domicile. L.

ERICE, Terme de fortification, herse. Gl. *Ericius.*

ERIN, Irlande. Gl. *Erigena.*

*ERITÉ, Héritage. L.

*ERLINSE, Tromperie. L.

*ERMAGE, Rivage. L.

ERMOISE, Armoire. *Armazium.*

ERMOUFLE, Hermite. *Eremitæ.*

ERNEL, p. e. Champ inculte. Gl. *Ermassius.*

*ERNUER, Hennir. L.

*ERODER, Ronger. L.

ERRAGER, Arracher, emporter par force. Gl. *Evellatus.*

ERRAMMENT, ERRAUMENT, In-

ESB

continent, aussitôt. Gloss. *Erramenta.*

ERRANDONNER, Marcher sans ordre, avec confusion. Gloss. *Erraticus.*

ERRE, Marche, voyage, ce qui y est nécessaire. Gl. *Erare.*

ERREDE, Déraisonnable, opiniâtre, extravagant. Gl. *Enare.*

ERREMENTER, Former en justice une demande contre quelqu'un. Gl. *Erramenta.*

ERRER, Conduire, mener, accompagner quelqu'un dans un voyage Gl. *Erare* et *Erraticus.*

*ERRES, Certes. L.

ERSOIR, Hier. Gl. *Erinus.*

*ERUDIER, Instruire. L.

*ERUGINE, Rouille. L.

ERTAYE, Terre inculte et non labourable. Gl. *Hertemus.*

ES, Abeille. Gl. *Apiaster.*

*ESACHIER, S'avancer. L.

*ESAERDER (SE), Se détacher. L

ESBABOYNER, Embabouiner, tromper en amusant, en faire accroire. Gl. *Baburrus* et sous *Fallita*, 2.

*ESBAILLEURE, Ouverture. L.

*ESBANIR, Réunir. C. N.

ESBANOIER, Se réjouir, s'amuser ; d'où *Esbanois*, Jeu, divertissement. Gl. *Erradiari.*

ESBATANT, Gai, gaillard. Gloss. *Erradiari.*

ESB

ESBATEMENT, Amusement. *Hôtel d'Esbatement,* Belle et agréable maison. Gl. *Erradiari.*

ESBATICER, Se promener çà et là. Gl. *Erradiari.*

ESBATRE, Amuser, divertir les autres, se réjouir. Gl. *Erradiari.*

*ESBATTU, Abattu, fatigué. L.

*ESBAUBIR, Etonner. L.

*ESBAUDISSE, Hardiesse. L.

ESBAUDEURÉ, p. e. Qui a les lèvres enfoncées. Gl. *Banlauca.*

*ESBAUDRÉ, Ceinture. L.

ESBBART, pour Eswart, Jugement, sentence. *Esgardium*, 1.

ESBEU, Esbevré, Ivre, plein de vin. Gl. *Bevriatus.*

*ESBLÉVIR, Evanouir. L.

ESBLOCHER, Doler, unir. Glos. *Blocus.*

ESBOELER, Éventrer. Gloss. *Esboellare.*

ESBONDER, Mettre des bornes. Gl. *Esbondatio.*

ESBONNER, Borner, planter des bornes ; d'où *Esbonnage,* Bornage. Gl. *Exbonatio.* — Affranchir sous certaines conditions, dont on convient ; d'où *Esbonnement,* Affranchissement accordé de la même manière. Gl. *Exbonnare.*

ESBOUCHAIRE. Cognée Esbouchaire, Celle dont se servent les charpentiers. Gl. *Esbuscare.*

ESBOUELER, Esbouler. Éven-

ESC

trer, arracher les entrailles. Gl. *Esboellare* et *Execreare.*

ESBOUFFER, Rejaillir, éclabousser. Gl. *Buffare.*

ESBOULLISSANT, Bouillant, fort chaud. Gl. *Formum.*

ESBOUTURES, Broussailles. Gl. *Esbuscare.*

ESBRANDIR, Allumer, mettre le feu. Gl. *Branda,* 1.

*ESBRAONER, Éventrer. Ro.

*ESBRASILLER, Faire des bravades. L.

*ESBROUEMENT , Souffler de côté. L.

ESBROUER, Oter du drap les fils, pailles et autres ordures qui peuvent s'y trouver. Gloss. *Esborrare.*

ESBROUIR (S'), Se troubler, s'épouvanter. Gl. sous *Brugitus.*

ESBRUIER (S'), Le même. Glos. sous *Brugitus.*

*ESBUFFER, Se moquer. L.

ESBURUCHER, Se ranimer, reprendre vigueur. Gloss. *Electuarium,* 1.

ESBUSQUIER, Oter du drap les fils, pailles et autres ordures qui peuvent s'y trouver. Gloss. *Esborrare.*

ESCAANCHE, Succession, héritage. Gl. *Escaanchia.*

ESCABIEUSE , pour Scabieuse, plante. Gl. *Scabidus.*

ESCABORT, p. e. Trompeur, coquin. Gl. *Escabotum.*

ESC

ESCABOUE , Troupeau. Gloss. *Escabotum.*

ESCABOUSSEUR, Trompeur, fripon. Gl. *Escabotum.*

*ESCABREUX, Rude, grossier. L.

ESCACHE, pour ESTACHE, Droit d'amarrage. Gl. *Estecha.*

*ESCACHEURE, Contusion. L.

ESCADAFFAULT, Échaffaut. Gl. *Escadaffault.*

ESCADRE, Escadron, corps de troupes. Gl. *Scara,* 3.

ESCAFFIGNON, ESCAFIGNON, Sorte de chaussure légère. Gloss. *Scafones.*

ESCAFOURER, Barbouiller. L.

ESCAGNE, Dévidoir. Gl. *Scagna.*

*ESCAHIEX, Chetif, débile. L.

ESCAIGNE, Écheveau. *Eschaota.*

ESCAILLE, ESCAILLIÈRE, Ardoise. Gl. *Scaliœ.*

ESCAILLES , Armure de tête, faite en forme d'écailles de poisson. Gl. *Scalia,* 2.

ESCAINTE, Succession, qui écheoit au seigneur au défaut d'héritier. Gl. *Scaeta.*

*ESCAIR, Echeoir. Ro.

*ESCAITIVÉE, Captive. F. B.

ESCALAVORGEMENT, Dérèglement ; d'où *Escalavorgans,* Libertin. Gl. *Exlex,* 3.

*ESCALBORDER, Monter. L.

*ESCALCER (S'), Se déchausser.

46

ESC

ESCALE, Espèce d'amende, que l'on exige d'un prisonnier. Gl. *Scalare*, 3.

ESCALETTE, Sonnette, cresselle. Gl. *Skella*.

ESCALLE, Escalier, degré. Glos. *Scalare*, 2.

ESCALOGNES, Certaines dents de cheval. Gl. *Scalones*.

ESCALONGNE, Roquette, plante. Gl. *Eruca*. — Echalotte. Gloss. *Hinnula*, 2.

*ESCALORGIER, Déloger. L.

*ESCAMANC, Escarmouche. L.

ESCAME, Escabelle, petit siège de bois, marchepied. Gloss. *Scamma*, 2.

ESCANDALH, Sorte de mesure des liquides. Gl. *Scandalium*, 1.

ESCANDALISER, Diffamer, déshonorer. Gl. *Scandalizare*.

ESCANDAYLLI, Certaine mesure de vin. Gl. *Scandale*.

ESCANDE, Sorte de bateau. Gl. *Scandea*. — Echandole, petit ais à couvrir les toits. Gl. *Escenna*. — ESCANDELE, Eclat qui peut offenser et révolter, dispute, dissension. Gloss. *Scandalum*, 1.

ESCANDELIR, ESCANDELISER, Offenser, blesser, faire de la peine. Gl. *Scandalizare*

ESCANDELISIER, Publier, divulguer ; surtout quand il s'agit du mal. *Scandalizare*.

ESCANDELISSEMENT, Reproche crime dont on n'est accusé. Gl. *Scandalizare*.

ESC

ESCANDILLIER, Échantillonner. Gl. *Escandilare*.

*ESCANDIR, Monter. L.

ESCANDLE, Éclat qui peut offenser et révolter. Gloss. *Scandalum*, 1.

*ESCANILLER, Mettre en déroute. L.

ESCANPIERRE, Escalier. Gloss. *Ascensorium*.

ESCANTAILLON, Échantillon, modèle. Gl. *Eschantillio*.

ESCANTELÉ, ESCANTELLÉ, Se dit d'une massue, armée de nœuds ou pointes. Gl. *Cantellus*. — Mis en pièces, en morceaux, partagé. Gl. *Cantellus* et *Scantellatus*.

ESCAP, Échappatoire. Gl. *Escapiamentum*.

ESCARAS, Echalas, pieu. Gloss. *Escarreya*.

*ESCARBOUILLER, Ecraser. L.

*ESCARBUNER, Jaillir. C. R.

ESCARCHON, comme *Escaras*. Gl. *Escharso*.

ESCARDE, Carde, peigne de cardeur ; d'où *Escarder*, Carder, et *Escardeur*, Cardeur. Gloss. *Cardi* et *Cardator*.

ESCARDOILLIÉ, Se dit d'un vice ou maladie des yeux ; p. e. de ceux qui sont rouges comme écarlate. Gl. *Sgarbellatus*.

ESCARGAITIER, Être en sentinelle, faire le guet. Gloss. *Scaraguayta*.

ESC

ESCARIR, Dicter, suggérer. Gl. *Escariare.*

ESCARLATE Brune, Pourpre. Gl. *Escallata.*

*ESCARNÉ, Décharné. L.

*ESCARNELÉ, Crénelé. L.

ESCARNI, Caché, secret, inconnu. Gl. *Celamentum.*

ESCARNIR, Blâmer, railler, se moquer, rire au nez de quelqu'un. Gl. *Carina*, 1.

*ESCARNISON, Moquerie. L.

*ESCAROUFLER, Ecorcher. L.

ESCARPOISE, Sorte de bateau. Gl. *Escauda.*

ESCARS, Ménager, économe, mesquin, avare. Gl. *Escharcellus* et *Scardus.*

ESCARSE, Qui ne paye pas volontiers ce qu'il doit. Gloss. *Escharcellus.*

ESCARSEMENT , Au plus bas prix. Gl. *Escharcellus.*

ESCARTELAIGE, Ce qui est divisé en quartiers. Glos. *Excartellatus.*

ESCASSADOUR, Abreuvoir , réservoir d'eau. Gl. *Aiguerium.*

*ESCAUDÉ, Echaudé. *Escaudeis.*

ESCAUDIS, Sorte de pain peu cuit, échaudé ; d'où *Escaudisseur*, Le boulanger qui fait ces pains. Gl. *Escaudetus.*

ESCAUVAUS, Canal, par lequel l'eau s'écoule. Gl. *Escheudus.*

*ESCAVELÉ, Echevelé. F. B.

ESC

*ESCAVI, Accompli. C. R.

ESCERPE , Escerppe, Echarpe. Gl. *Escerpa.*

ESCERVELER , Casser la tête, faire sauter la cervelle. Gloss. *Excerebrare.*

ESCHABLETER, Blesser, meurtrir. Gl. *Cabulus.*

ESCHABOTER, Eclabousser, faire rejaillir de l'eau ou de la boue sur quelqu'un. Gl. *Ellutare.*

ESCHAFFEURE, Colère, emportement, mouvement violent. Gl. *Calidameya.*

ESCHAGE, p. e. Sorte de redevance sur les terres. Glos. *Eschargaytare.*

ESCHAILLER , Ecailler. Gloss. *Scamare.*

ESCHAILLON, Grosse et grande échelle. Gl. *Eschaillo.*

ESCHAILLONGNE, Echalote. Gl. *Egrunum.*

ESCHAIR, Echeoir. *Castellaria.*

*ESCHAIVINIE, Eboulement. L.

ESCHALACIER, Echalasser, mettre des échalas dans une vigne. Gl. *Eschalacius.*

*ESCHALDEURE, Brûlure. L.

*ESCHALFER, Echauffer. L.

ESCHALIS, Chalit, bois de lit. Gl. *Spondalis.*

ESCHALLE, Escalier, degré. Gl. *Scalare*, 2.

ESCHALLEMENT, Echelle. Glos. *Eschallare.*

ESC

ESCHALLER, Mettre à l'*echelle* ou pilori. Gl. *Scalare*, 3.

ESCHALLEUR, Qui escalade. Gl. *Eschallare*.

ESCHALOINGNÉ, Echalote. Gl. *Ascaloniœ*.

ESCHALONGNE, Roquette, plante Gl. *Eruca*.

ESCHALPRE, Instrument propre à inciser ou gratter. Glos. *Scalpellum*.

ESCHAMEL, Escabeau, marche-pied. Gl. *Scamma*, 2.

ESCHAMPÉE, Echappatoire, subterfuge. Gl. *Escapiamentum*.

ESCHAMPELER, Blesser légèrement et en effleurant. Gloss. *Capulare*.

ESCHAMPER (S'). s'Echapper, s'écarter. Gl. *Escapiamentum*.

*ESCHANDELE, Scandale. L.

ESCHANTELLET, Coin, angle. Gl. *Cantonus*, 2.

ESCHAPELERIE, L'action de voler et de dépouiller quelqu'un. Gl. *Serpeilleria*.

ESCHAPIN, Escarpin, pantoufle. Gl. *Eschapolus* et *Scarpus*.

*ESCHAPLER, Trancher. L.

ESCHAPPLÉ, Arbre ou branche d'arbre abattue par le vent ou autre accident. Gl. *Cabulus*.

ESCHAQUER, Répartir également par un calcul exact. Gl. *Scacarium* sous *Scacci*, 1.

ESCHAQUETÉ, Echiqueté. Gloss. *Banchale*.

ESC

ESCHAR, Dérision, moquerie. Gl. *Carina*, 1. .— Sorte d'habillement, casaque. Gl. *Eschapolus*.

*ESCHARBOTER, Tisonner. L.

ESCHARCEMENT, Avec ménage, en épargnant. Gl. *Escharcellus*.

ESCHARCER, Diminuer, affaiblir ; d'où *Escharceté*, terme de monnoyeurs. *Escharcellus*.

ESCHARCETÉ, Economie, épargne, ménage. Gl. *Escharcellus*.

ESCHARÇON, ESCHARCHON, Echalas, pieu. Gl. *Escharso*.

ESCHARDE, Le même. Gloss. *Escharso*.

ESCHARDEUR, Cardeur. Gloss. *Cardi*.

ESCHARGAILE, pour ESCHARGAITE. Gl. *Eschargaita*.

ESCHARGAITE, Sentinelle ; d'où *Eschargaitier*, Faire le guet. Gl. *Scaraguayta*.

ESCHARGE, p. e. Sorte de redevance sur les terres. Gloss. *Eschargaytare*.

ESCHARGUETE, Sentinelle. D'où *Escharguéter*, Faire le guet. *Eschargaita* et *Scaraguayta*.

ESCHARGUETER, Tourmenter, chagriner, fâcher. Gl. *Eschargaytare*.

ESCHARIR, Assurer, affirmer. Gl. *Scarire*, 2.

ESCHARLAT, Echalas. Gl. *Phalanga*, 1.

ESCHARNIR, Blâmer, railler, se moquer, rire au nez de quel-

ESC

qu'un. D'où *Escharnissement*, Raillerie, dérision. Gl. *Carina*, 1.

ESCHARPILLIE, L'action de voler et de dépouiller quelqu'un. Gl. *Serpeilleria*.

ESCHARRER, Conduire une charrette. Gl. *Carreare*, 2.

ESCHARS, Econome, mesquin, avare. Gloss. *Escharcellus* et *Scardus*.

ESCHARSON, Echalas. Gl. *Escharso*.

*ESCHARTEL, Avarice. L.

ESCHARUETTE, pour ESCHAUGUETTE. Guet. Gl. *Eschargaita*.

ESCHÀS, Bâtiment, vaisseau de charge. Gl. *Escauda*, et *Huisserium*. — Homme de néant, qui ne mérite aucune considération. Gl. *Scarzo*. — Echecs. Gl. sous *Scacci*, 1.

ESCHASLASSON, Echalas. Glos. *Escharso*.

ESCHASSÉ, Absent, éloigné. Gl. *Exicius*.

ESCHAU, p. e. L'endroit d'une cuisine où on lave la vaisselle. Gl. *Excaldare*.

ESCHAUCER, Eteindre une lampe en soufflant. Gl. *Admortizare*.

*ESCHAUCIOIS, Poursuite. L.

ESCHAUDER, Echauffer, aigrir, irriter quelqu'un. Gl. *Excaldare*.

ESCHAUFFAUDER, Echafauder, étayer ; d'où *Eschauffaudement* et *Eschauffaudis*, Echafaudement. Gl. *Eschafaudus*.

ESCHAUFFÉ, Etouffé par la chaleur. Gl. *Excaldare*.

ESC

ESCHAUFFETÉ, ESCHAUFFETURE, Colère, emportement ; d'où *Eschauffément*, Avec chaleur, en colère. Gl. *Calidameya*.

ESCHAUGAITE, Sentinelle. Gl. *Scaraguayta*.

ESCHAUGNE, Echandole, bardeau, late, petit ais à couvrir les toits. Gl. *Essana*.

ESCHAUGUETER, Epier, guetter, être en sentinelle ; d'où *Eschauguette*, Sentinelle, celui qui fait le guet. Gloss. *Escharguaita*, et *Scaraguayta*.

ESCHAULE, comme ci-dessus *Eschaugne*. Gl. *Escenna*.

*ESCHAVI, Accompli. L.

ESCHAVOIR, Dévidoir. Gloss. *Eschaota*.

ESCHAX, Echecs. Gl. sous *Scacci*, 1

ESCHAYTER, Echeoir. *Escaïre*.

ESCHE, Charnière ou garniture du derrière d'un coffre. *Sceta*.

ESCHEAMMENT, Inopinément, par hasard. Gl. *Evenienter*.

ESCHÉESTE, Succession, héritage Gl. *Escahentia*.

ESCHÉETE, Saisie, confiscation. Gl. *Escaducha*.

ESCHEISON, Succession, héritage Gl. *Escahentia*.

ESCHELEMENT, Escalade. Glos. *Eschallare*.

ESCHELER, Mettre à l'*Échelle* ou pilori. Gl. *Scalare*, 3.

ESCHELETTE, Etrier, ce qui

ESC

sert à monter à cheval. Gloss. *Scala*, 10.

ESCHELIER , Escalader. Gloss. *Eschallare.*

ESCHELLE, Petite cloche, sonnette. Gloss. *Eschilla.* — Escadron, bataillon, corps de troupes rangées en bataille. Gloss. *Scala*, 7.

ESCHELLER, Escalader. Gloss. *Eschallare.*

ESCHENO, Gouttière. *Chenalis.*

ESCHEQUÉ, Ecartelé, en terme de blason. Gl. *Scacatus.*

ESCHEQUER, Jeter de côté et d'autre. Gl. *Escheccum.*

ESCHEQUIER , Echiquier, cour souveraine en Normandie et en Angleterre. Gl. *Scacarium* sous *Scacci*, 1.

ESCHERBOTE , Sorte d'insecte ailé, escarbot. Gl. *Secubo.*

ESCHERGAITIER, Être en sentinelle, faire le guet. Gloss. *Escharguaita.*

ESCHERNIR, Railler, se moquer, rire au nez de quelqu'un. Glos. *Carina*, 1.

ESCHERPE, Escherpete, Echarpe Gl. *Escharpia.*

ESCHERSON, Echalas. *Escharso.*

ESCHERVELER, Casser la tête, faire sauter la servelle. Gloss. *Excerebrare.*

ESCHERUYS, Chervis, espèce de légume. Gl. *Poreta ?*

ESCHESPIE, Ciseau. *Scalpellum.*

ESC

ESCHESSE, Bâton, échalas. Gl. *Escharso.*

ESCHET, Echeveau, paquet de fil. Gl. *Eschaota.* —Redevance annuelle. Gl. *Scazudia.*

ESCHETER, Acheter. Gl. *Estaulagium.*

ESCHEUE, Canal par lequel coule l'eau d'un moulin. *Escheudus.*

ESCHEURS , Cri qu'on faisait pour demander du secours dans les querelles publiques. Gl. *Escheurs.*

ESCHEUS, p. e. Querelleur. Gl. *Escheurs.*

ESCHEVELLAGE, p. e. Cens capital, qu'on appelait *Chevage.* Gl. *Eschevellagium.*

ESCHEVER, Abonner, faire une convention. Gl. *Escheuta* — Eviter. Gl. *Eschivire.*

ESCHEVETE, Echeveau, paquet de fil. Gl. *Eschaota.*

ESCHEVIN, Procureur, celui qui fait les affaires d'un autre. Gl. *Scabinus.*

ESCHEVINAAGE, Etendue de la juridiction des échevins. Gloss. *Esquevinagium.*

ESCHEVINAGE, Le lieu où s'assemblent les échevins, hôtel-de-ville. Gl. *Eschevinagium.* — Le corps des échevins, l'étendue de leur juridiction. Gl. *Scabinagium* sous *Scabini.*

ESCHIÉ, Eschier, Redevance convenue entre le seigneur et ses vassaux. Gl. *Escheuta.*

ESC

ESCHIEF, Echeveau, paquet de fil. Gl. *Eschaota.*

ESCHIELE, Pilori ; d'où *Eschieler*, Mettre au pilori. Gl. *Scala*, 1, et *Scalare*, 3. — Petite cloche, sonnette. Gl. *Eschilla.*

ESCHIELER , Escalader ; d'où *Eschièlement*, Escalade. Gloss. *Eschallare.*

ESCHIELLE, Pieux rangés, sur lesquels on étend quelque chose; et le droit qu'on paye pour cela. Gl. *Stoc.* — Petite cloche, sonnette. Gl. *Eschilla.*--Escadron, bataillon, corps de troupes rangées en bataille. Gl. *Scala*, 7.

ESCHIELLEMENT, Escalade. Gl. *Eschallure.*

ESCHIERPE, Echarpe. Glos. sous *Burdones.*

ESCHIÉS, Bonde par où l'eau tombe et s'écoule. *Echudium.*

ESCHIEVER, Abonner, faire une convention ; d'où *Eschièvement*, Abonnement,convention. Gl. *Escheuta.*

*ESCHIEZ, Esquifs. C. R.

ESCHIF, Guérite pour une sentinelle. Gl. *Eschiffa.*

ESCHIFFE, Maisonnette, échope. Gl. *Eschiffa.* —ESCHIFFLE,Guérite pour une sentinelle. Gloss. *Eschiffa.*

ESCHILLE , ESCHILLETTE, Clochette à manche, qu'on porte aux processions dans plusieurs endroits. Gl. *Chillœ.*

ESCHILLON, Se dit des bâtons disposés en forme d'échelle aux côtés d'un chariot ou d'une charrette, ridelle, *Scalare*, 2.

ESC

*ESCHINÉE, Epine dorsale. L.

ESCHIPART, Instrument propre à la pêche. Gl. *Schippa.*

ESCHIPHE,Guérite pour une sentinelle. Gl. *Eschiffa.*

ESCHIS, Exilé, banni, proscrit. Gl. *Exicius.* — Poltron, sans cœur, déshonoré. Gloss. sous *Sella*, 2.

ESCHISSER, Glisser, couler. Gl. *Clidare.*

ESCHIVER, Eviter, esquiver. Gl. *Eschivire.*

ESCHIVISSEMENT, Négligence, manque de soin. Gl. *Jarreia.*

ESCHOAISTE , ESCHOETE, Succession, héritage. *Escahentia.*

ESCHOI, Esquif, chaloupe, petit bateau. Gl. *Schippa.*

ESCHOISON, Occasion, hasard. Gl. *Assopire.*

ESCHOPER , Chopper, heurter. Gl. *Assopire.*

ESCHOPIER , Qui occupe une échoppe. Gl. *Escoparius, Eschoparius* et *Schoppa.*

ESCHUER, Celui qui a soin de la vaisselle. Gl. sous *Serviens.*

*ESCIEMENT, Sciemment. L.

*ESCIENCE, Savoir. L.

ESCIENTIEUSEMENT , Sciemment , avec connaissance de cause. Gl. *Scientiose.*

ESCIENTIEUX , Sage, prudent, avisé. Gl. *Scientatus.*

ESCIEPE, Poche, petit sac. Glos. *Capsidulus.*

ESC

ESCIERVELER, Casser la tête, faire sauter la servelle. Gloss. *Excerebrare.*

*ESCIRER, Déchirer. C. N.

*ESCIRPER, Extirper. R. G.

ESCLABOTER, Eclabousser ; d'où *Esclaboteure*, Eclaboussure. Gl. *Ellutare.*

*ESCLACE, Esclaz, Caillots. C.R.

ESCLAF, Esclave, serviteur. Gl. *Misselli.*

ESCLAFFER de Rire, Eclater de rire. Gl. *Esclafare.*

ESCLAIDAGE, Impôt sur ce que l'on conduit en traîneau. Glos. *Esclichium.*

ESCLAIRE, Fenêtre, soupirail de cellier ou de cave. Gl. *Clareria.*

*ESCLAIREMENT, Gaiement. L.

ESCLAIRIER, Examiner, éclaircir, expliquer. Gl. *Clarificatio.*

ESCLAMASSE, Plainte publique, accusation. Gl. *Exclamare.*

*ESCLAME, Mince, délié. L.

ESCLAN, Traîneau, à Lille. Glos. *Scleida.*

ESCLANCHE, Le bras gauche. Gl. sous *Esclava.*

ESCLANDE, Bruit, éclat, ce qui est contre l'ordre usité.— Eclat qui peut offenser, déshonneur, honte. Gl. *Scandalum,* 1.

*ESCLANDÉ, Célébrité. L.

ESCLANDER, Esclandeliser, Publier, divulguer ; surtout quand il s'agit de mal. *Scandalizare.*

ESC

*ESCLANDIR, Diffamer. L.

ESCLANT Bras, Le bras gauche. Gl. sous *Esclava.*

ESCLAPOS, Escopette, petite arquebuse. Gl. *Sclapus.*

ESCLARCHIER, Eclaircir, expliquer. Gl. *Clarum facere.*

ESCLARDIR, comme *Esclarchier.* Gl. *Allucidare.*

ESCLARE, Eclair. Gl. *Fulgetra.*

ESCLARISSEMENT, Eclaircissement. Gl. *Clarificatio.*

ESCLAS, Esclave, valet. Gloss. *Esclava.*

ESCLATE, Morceau de bois, échalas. Gl. *Sclata.*

ESCLAUCHE, Le bras gauche. Gl. sous *Esclava.*

*ESCLAVITUDE, Esclavage. L.

ESCLAUSE, Ecluse. Gl. *Esclausa.*

ESCLAVINE, Esclavie, Sorte d'habillement ou casaque, propre aux Sarrasins ou Esclavons. Gl. *Sarrabœ* et *Sclavina.* — Espèce de dard, ou javelot. Gl. *Sclavina.*

ESCLAUT Bras, Le bras gauche. Gl. *Esclava.*

*ESCLECHÉ, Démembré. L.

ESCLENCHE, La main gauche. Gl. sous *Esclava.*

ESCLERS, Esclavons. *Sclavina.*

ESCLESCHE, Portion, partie d'un tout. Gl. *Scalia,* 1.

ESCLICHER, Diviser, séparer. Gl. *Esclichium* et *Scalia,* 1.

ESC

*ESCLIER, Briser, casser, C. N.

ESCLINCER, Glisser, couler. Gl. *Clidare*.

ESCLIPER, Mettre en mer, faire voile. Gl. *Esquipare*.

ESCLISCHEMENT, Partage, division, portion détachée d'un fief. Gl. sous *Scalia*, 1.

ESCLISIER, Séparer, diviser. Gl. *Esclichium*.

ESCLISSE, Traîneau ; d'où *Esclissier*, Conduire sur un traîneau. Gl. *Esclichium*.

ESCLISSEMENT, Partage, division. Gl. *Esclichium*.

*ESCLISSOIRE, Seringue. L.

ESCLISTRE, Eclair. Gl. *Fulgetra*.

*ESCLITE, Paille. L.

ESCLOIE, Urine. Gl. *Urinale*.

ESCLOINNE, Querelle, fâcherie, colère, emportement. Gl. *Scandalum*, 1.

ESCLOP, Sabot. Gl. *Esclava*.

ESCLOS, Esclave, valet, serviteur. Gl. *Sclavus*.

*EXCLOSURES, Ecluses. L.

ESCLOTOUAIRE, ESCLOTOUERES, Sorte de filet, traîneau. Gloss. *Exclotoria*.

ESCLOTOUERE, ESCLOUTOURE, Ecluse. Gl. *Cinociclotorium*.

ESCLOURRE UN MOULIN, Le faire cesser de moudre en baissant la pale. Gl. *Exclosorium*.

ESCLOUSURE, Ecluse. *Esclausa*.

ESC

ESCLOUTOIRE, Sorte de filet, traîneau. Gl. *Exclotoria*.

ESCLUGNIER, ESCLUIGNER, Examiner avec soin , rechercher exactement ; d'où *Esclignement* et *Esclung'*, Recherche ordonnée par justice dans une maison soupçonnée de recéler le vol, et ce qu'on paye pour cette recherche. Gl. *Escligniatio*.

*ESCLUMEZ, Estropié. L.

*ESCLUNG, Perquisition. L.

ESCLUSE DE PASQUES, Le dimanche de Quasimodo. Gl. *Pascha clausum*.

ESCLUSER, Faire une écluse, un batardeau. Gl. *Esclusagium*.

ESCLUSIER, Eclabousser. Gloss. *Esclusagium*.

ESCOAER, p. e. Oter l'écorse d'un arbre. Gl. *Scoarsare ?*

ESCOBAT, Fouetté, battu de verges. Gl. *Escobare*.

ESCOBERGE, pour *Escoperche*. Gl. *Escoparius*.

ESCOERIE, Marchandise de cuirs. Gl. *Escoeria*.

ESCOFFIER, Marchand de cuirs ou de peaux, cordonnier ; d'où *Escoffraie*, La boutique de cet artisan. Gl. *Escofferius*.

ESCOFFLE, Vêtement, ornement de cuir ou de peau. Gl. *Moffula*.

ESCOHERIE, Marchandise de cuirs ou peaux ; d'où *Escohier*, Celui qui la travaille ou qui la vend. Gl. *Escoeria*.

ESCOILLIÉ, Eunuque. Gl. *Escodatus*, 1.

47

ESC

ESCOIR, Marchandise de cuirs ou peaux, et le lieu où on la vend. Gl. *Escofferius.*

***ESCOITRE**, Echapper. L.

ESCOLAGE, Escolarge, Les priviléges accordés aux écoliers des universités. Gl. *Scholaritas.* — Estre en Escolage, Être aux écoles, faire son cours d'étude. Gl. *Scholizare.*

ESCOLE, Avis, conseil, remontrance. Gl. *Scholari.* — Confrérie. Gl. *Schola.* — La synagogue des juifs. Gl. *Scholæ.*

ESCOLEITER, Découper, tailler. Gl. *Scolatura,* 1. — Découvrir le cou, décolleter. Gloss. *Scolatura,* 1.

ESCOLER, Enseigner, instruire, former quelqu'un à quelque chose. Gl. *Scholari.*

***ESCOLER (S')**, Se glisser. C. N.

ESCOLETÉ, Qui a le cou et la poitrine à découvert, décolleté. Gl. *Scolatura,* 1.

ESCOLLETÉ, Souliers Escolletez, Découpés avec art vers le cou ou le haut du soulier. Gl. *Scotatus* et *Sotulares excolati* sous *Subtulares.*

***ESCOLORGER**, Couler. L.

ESCOLORIANT, Se dit d'une mémoire qui retient difficilement. Gl. *Scolarolum.*

***ESCOLURJABLE**, Trompeur. L.

***ESCOMBATRE**, Défendre. L.

***ESCOMBRE**, Ordure. L.

ESCOMENIER, Excommunier. Gl. *Excommunicatio.*

ESCOMINCHER, Communier. Gl. *Accommunicare.*

ESCOMMENIEMENT, Excommunication. Gl. *Excommunicatio.*

ESCOMMICHER, Communier. Gl. *Accommunicare.*

ESCOMMINCHIER, Excommunier. Gl. *Excommunicatio.*

ESCOMMINGE, Excommunication. Gl. *Excommunicatio.*

ESCOMMINGIER, Communier. Gl. *Accommunicare.*

ESCOMMOVOIR, Emouvoir, exciter, animer. Gl. *Commotivus.*

ESCONCERIE, L'action de cacher ou de détourner les preuves de quelque demande formée contre soi en justice. Gl. *Absconcia.*

ESCONDER (S'), s'Excuser, se retirer, s'enfuir. *Superundare.*

ESCONDIRE (S'), s'Excuser, se purger d'une accusation. Gloss. *Escondicere.* — Empêcher, défendre ; d'où *Escondit,* Opposition. Gl. *Excondicere.*

ESCONDIST, Dédommagement, qu'on donne à la partie lésée. Gl. *Exconditum.*

ESCONDIT, Refus. *Exconditum.*

ESCONDRE, Se montrer, étaler. Gl. sous *Absconcia.*

ESCONDUIT, En Esconduit, A découvert. Gl. *Exconditum.*

ESCONLONRABLE, Méconnaissable. Gl. *Excolidus.*

EXCONMINGE, Excommunication. Gl. *Excommunicatio.*

ESC

ESCONSAIL, Abri, refuge. Gloss. *Absconcia.*

ESCONSE, Lanterne sourde. Gl. *Absconcia* et *Absconsa.*

ESCONSSER, Se cacher. *Soleil Esconssant,* Soleil couchant. Gl. *Absconcia.*

ESCONVENENCE , Convention , accord. Gl. *Convenentia.*

ESCONVENIR, Convenir, être à propos. Gl. *Arrivagium.*

ESCONVENUE, Provision nécessaire et suffisante. Gloss. *Convenientia.*

ESCOPASSE, Souquenille. Gloss. *Escoparius.*

ESCOPÉ, Poltron, qui est sans cœur, déshonoré. sous *Sella,* 2.

ESCOPEL, Escoperche, Long bâton, perche. Gl. *Escoparius.*

ESCOPIR, Cracher, cracher au nez de quelqu'un ; d'où *Escopissement,* L'action de cracher. Gl. *Escopare.*

*ESCOPLÉ, Accouplé. L.

ESCORBERGE, Perche. Gl. *Escoparius.*

ESCORCER, Piller, ravager. Gl. *Robare* sous *Roba.*

ESCORCHAGE, Droit qu'on paye pour faire des écorces dans une forêt. Gl. *Escorciare.*

* ESCORCHEOR , Couteau de chasse. P.

ESCORCHER, Fustiger, battre de verges. Gl. *Excoriare.*

ESCORCHERIE, Sorte de filet pour pêcher au bord de la mer, traîneau. Gl. *Scorticaria.*

ESCORCHEURS , Escorcheux , Certaine troupe de brigands militaires, qui, en 1437, s'abandonnaient à toutes sortes de pillages, et dépouillaient tout ceux qu'ils rencontraient. Glos. *Estorchera* et *Scoriarii.*

ESCORCHIÉ, Retroussé au moyen d'une ceinture. Gl. *Scordalus.*

*ESCORDEMENT, Accord. L.

*ESCORDUSEMENT, Du fond du cœur. L.

ESCORÉE, Corée, fressure de bêtes. Gl. *Corata.*

*ESCORFROIE, Affront. L.

*ESCORT, Prudent. L.

ESCORPION, Espèce de fouet. — Sorte de vaisseau. *Scorpio,* 2.

ESCORTE, Escortelle, Escortoire, Baguette ou lien fait d'osier ou d'écorce. Gl. *Escorça.*

*ESCOS, Secoué. L.

ESCOSIERE, Partie d'un moulin. Gl. *Ginginicinoglorium ?*

ESCOSIERES , Les dents molaires. Gl. *Gingivi.*

ESCOT , Ecossais ou Irlandais. Gl. *Escotus* et *Scoti.* — Cens, redevance. — Dédommagement. Gl. *Scot.* — Donner Escot, Ecouter attentivement , épier. Gl. *Eschuta,* 2. — Conter Escot, Friponner, escamoter. Gl. *Computare,* 3.

*ESCOTER, Ecouter. L.

ESCOTH , Ecot, ce qu'on paye

ESC

pour sa part d'un repas fait à frais communs. Gl. *Scot.*

ESCOTIER, Celui qui doit payer sa part de quelque chose. *Scot.*

ESCOTU, BASTON ESCOTU, Taillé d'une certaine façon. Gloss. *Scotatus.*

ESCOUBE, Balai. Gl. *Escobare.*

ESCOUBLE, Milan, oiseau de proie ; p. e. pour *Escoufle.* Gl. *Escouble.*

ESCOUCHIÉE, Accouchée. Gloss. *Elevare,* 5.

ESCOUDRE, Battre le blé. Gloss. *Excotere.*

ESCOUFFLE, Monnaie de Flandre. Gl. *Escouffle.* [Milan. L.]

ESCOUIR, Secouer, agiter. Glos. *Excussare.*

ESCOULERGEMENT, Ecoulement du temps. Gl. *Scolarolum.*

ESCOULIER, ESCOULLER, Rendre eunuque, arracher ou couper les testicules. Gl. *Escodatus,*1, et *Excoliatus.*

ESCOULLOURGER, ESCOULLOURGIER, Passer, s'écouler. Gloss. *Scolarolum.*

*ESCOULOURABLE, Méconnaissable. L.

ESCOULOURIER, Glisser ; d'où *Escoulouriable,* Glissant. Glos. *Lubricare.*

*ESCOUPACE, Crachat. L.

ESCOUPELER, Couper l'extrémité des branches d'un arbre. Gloss. sous *Copa,* 4.

ESC

ESCOURCHIÉ, Retroussé au moyen d'une ceinture. Gloss. *Scordalus.*

ESCOURDER, Accorder, consentir. Gl. *Accortire.*

ESCOURRE, Secouer, agiter. Gl. *Excussare.* — ESCOURRE LE BLED, Le battre. Gl. *Excotere.*

EXCOURSEUSE, Dévidoir. Gl. *Gigilla.*

ESCOURSUEIL, Espèce de sac de cuir. Gl. *Scortisarius.*

ESCOUSLON ou ESCROUSLON, La partie des tenailles avec laquelle on serre quelque chose pour le briser. Gl. *Clavatura,* 2.

ESCOUSSOUR, Fléau à battre le blé. Gl. *Excotere.*

ESCOUSSURE DE LOUPS, Bête étranglée par le loup. Gloss. *Excussura.*

ESCOUT, FAIRE ESCOUT, Ecouter attentivement, épier. Gloss. *Eschuta,* 2.

ESCOUTE, Espion. *Eschuta,* 2.

ESCOUTEMENT, Intelligiblement de façon à être entendu. Gloss. *Audibilis.*

ESCOUTETE, Sentinelle, Celui qui fait le guet. Gl. *Eschuta,* 2.

ESCOUTETERIE, Office du *Scout.* Gl. *Escrowetus.*

*ESCOUTEUS, Espion. L.

ESCOUVERS, Criblures. Gloss. *Scopaticum.*

ESCOU-VESTE, Brosse, vergette. Gl. *Excudia.*

ESCOUVI, p. e. Engourdi. *Scussus*

ESC

ESCOUVILLON,Torchon de paille Gl. sous *Brando*, 1.

ESCOUX, p. e. L'aire où l'on bat le blé ; ce qu'ils appelaient *Excourre* le blé. Gl. *Excotere*.

*ESCOVERTURE, Couverture. P.

ESCRABOULLER , Éventrer ou écraser Gl. *Esboellare*.

*ESCRAGNE, Petite masure. L.

ESCRÈGNE, Le lieu où s'assemblent les femmes et les filles pour la veillée. Gl. *Escrannia*.

*ESCREIPE, Etendard. L.

ESCREMIE, Escrime, jeu de l'épée. Gl. *Ensiludium*.

ESCREMIR, Escrimer, se battre, se défendre. Gl. *Egidiare*.

ESCREPPE , pour ESHERPPE , Echarpe. Gl. *Escerpa*.

ESCRESSEMENT,Accroissement. Gl. *Incrementum*, 1.

ESCREVENTER, Renverser.G.V.

ESCREVER, Augmenter, aggraver ; ce qui se dit principalement d'un mal.Gl.*Agravare*, 1.

ESCREVISSE , Sorte d'armure, cuirasse faite en façon d'écailles. Gl. *Cancer*, 4.

ESCRIENNE, Le lieu où s'assemblent les femmes et les filles pour la veillée. Gl. *Escrannia*.

ESCRIGNET, Petit écrin. Gloss. *Genecerium*.

ESCRIGNIER , Faiseur d'écrins ou petits coffres.Gl.*Escrinium*.

ESC

ESCRILER, ESCRILLER, Glisser. Gl. *Clidare*.

ESCRIN, Coffre, cassette, reliquaire. Gl. sous *Scrinium*.

ESCRINÉE, ESCRINER,Écrin, petit coffre ; d'où *Escrinier*, Faiseur d'écrins. Gl. *Escrinium*.

*ESCRINERIE, Menuiserie. L.

*ESCRIPTEL, Ecriteau. L.

ESCRIPTOIRE, Greffe.Gl. *Scriptoratus*. — Cabinet d'étude ou d'écriture. Gl. *Scriptorium, 4*.

ESCRIPTOUERE, Étude de notaire. Gl. *Scriptoratus*.

ESCRIPTURE, Office de notaire, ou Greffe. Gl. *Scriptoratus*. — Caractère d'imprimerie. Gloss. *Scriptura*.

ESCRIPVEINIE , ESCRIVENAGE , Greffe. Gl. *Scribaniq*.

*ESCRIVENAGE, Greffe. L.

ESCROE, Sorte de draps. Gloss. *Escocia*. — Mémoire, état. — Lien, bande de parchemin,tiret. Gl. *Escroa*.

*ESCROËLE, Lanière. L.

ESCROELLES, Écrouelles, maladie. Gl. *Scroellœ*.

ESCROIS, Fracas, bruit éclatant. Gl. *Cruscire*.

ESCROISSEMENT, Grincement, bruit aigu. Gl. *Cruscire*.

ESCROISTRE , Accroître , augmenter. Gl. *Excrementum*.

ESCROUE, Pièce de drap. Gloss. *Escocia*.

ESC   ESC

ESCROUSER, Creuser, faire une ouverture. Gl. *Apicularii*.

ESCROUSLON, Voyez ci-dessus *Escouslon*.

ESCROUX, Conclusion d'un marché. Gl. *Escrou*.

ESCRUPIR, Cracher. *Escopare*.

ESCRUSSERIÉ, Façon d'accommoder le lin pour en ôter les chenevotes, et le lieu où cela se fait. Gl. *Escrannia*.

***ESCRUTENER**, Scruter. L.

ESCU DE CARTIER, Écu posé sur le côté. Gl. *Scutum*.

ESCUAGE, Service militaire, quelquefois évalué en argent, que doivent certains fiefs. Gl. *Scutagium*.

ESCUALE, Ecuelle. *Escuallium*.

ESCUCEL, Partie d'une selle de cheval, p. e. Arçon. Gl. *Scala*, 10

ESCUCENÉ, ESCUCHENÉ, Charge d'écussons. Gl. *Escuchonetus*.

ESCUCHE, Machine propre à secouer la poussière. Gl. *Escudis*.

ESCUCHIER, Faiseur d'*escus* ou boucliers. Gl. *Hostis*, 2.

ESCUCHON, Ecusson. *Scucheo*.

ESCUCIAU, Ecu, monnaie de France. Gl. *Scutatum*.

ESCUDELLE, Ecuelle. *Scudella*.

ESCUEILLIER, Office, le lieu où l'on serre la vaisselle, les plats et assiettes. Gl. *Scutellarium*, sous *Scutella*, 1.

***ESCUEILLIR**, Recueillir. L.

ESCUELLE, Sorte de mesure. Gl. *Escuella*. — JEU D'ENTRE DEUX ESCUELLES. Gl. *Escuallium*.

ESCUELLIER, Marchand d'écuelles. Gl. *Escuallium*.

ESCUER, Garnir d'une espèce d'auvent, qu'on appelait *Escu*. Gl. *Escuare*.

ESCUERSER, Avoir mal au cœur, se trouver mal. Gl. *Excordatus*.

ESCUIER, Mettre à l'écurie, à l'étable. Gl. *Escura*.

ESCUIER DE CHAMBRE, Valet de chambre. Gl. *Escuerius*.

ESCUIERIE, Ecurie. Gl. *Caballerius*, sous *Caballus*.

ESCULER, Aller par secousses; de *Esculie*, pour Escousse. Gl. *Esculeum*.

***ESCULIE**, Elan. L.

ESCULIER, Office, le lieu où l'on serre la vaisselle, les plats et assiettes. Gl. *Scutellarium* sous *Scutella*, 1.

ESCULLE, pour ESTULLE, Boule à jouer. Gl. *Esculeum*.

***ESCULTER**, Ecouter. L.

***ESCULUREZ**, Pâli. L.

ESCUMENGE, ESCUMMINGE, Excommunication. Gloss. *Excommunicatio*.

ESCUMENIEMANT, Le même; et *Escumenier*, Excommunier. Gl. *Excommunicatio*.

ESCUMEUR, Pirate, corsaire qui fait des courses sur mer; d'où *Escumcric*, Course. Gloss. *Escumator*.

ESD

ESCUMIEGÉ, Excommunié. Gl. sous *Treva.*

ESCUNDIRE, S'excuser, se purger d'une accusation. Gloss. *Excondicere.*

ESCUPIR , Cracher au nez. Gl. *Escopare.*

*ESCURE, Obscure. L.

ESCURÉ, Assuré, sans défiance. Gl. *Escurare.*

ESCUREL, Ecureuil. *Mantel d'Escurels*, fourré, garni de peaux d'écureuil. Gl. sous *Capellus,* 1.

ESCURER, Dégraisser, nettoyer. Gl. *Escurare.*

ESCURIEL, Ecureuil. Gloss. *Escurellus.*

ESCURNES , Le même. Gloss. *Esperiolus.*

ESCUSSIAU, Espèce d'écuelle, où l'on met le feu d'un encensoir. Gl. *Escutella.*

ESCUTEL, Ecusson d'armoiries. Gl. *Escutum.*

ESCUVILLON, pour ESCOUVILLON, Ce qui sert à nettoyer le four. Gl. *Torsorium.*

*ESDEMENT, Aisément. L.

*ESDEMETRE, s'Élancer. C. R.

*ESDEVENIR, Survenir. C. N.

ESDIRÉ, Egaré, perdu. *Adirare.*

*ESDIT, Interdit. C. N.

*ESDORDISONS, Etourdissement

*ESDUIRE, Sortir. L.

*ESDUITE, Fuite. C. N.

ESG

*ESE, Aise. L.

*ESEMENT, Pareillement. C. N.

ESEUQITEUR, Exécuteur testamentaire. Gl. *Executor* et *Testamentarius.*

*ESFOIRÉ, Languissant. L.

*ESFONDU, Amaigri. L.

*ESFREED, Effrayé. L.

*ESFU, Répandu. L.

ESGADOUR, Abreuvoir, réservoir d'eau. Gl. *Aiguerium.*

*ESGAHELER, Réjouir. L.

ESGAITER, Faire le guet, épier. Gl. *Guaitare.*

*ESGARDE, Egard. C. N.

*ESGARDEMENT, Avis. L.

ESGARDER, Considérer, examiner, juger après un mûr examen, et ESGARD, ESCART, Jugement, sentence, décision, ESGARDOUR, Arbitre, juge. Gloss. *Esgardium,* 1.

EUGARDEURE, Aspect, regard. Gl. *Esgardium,* 2.

ESGARGATER (S'), S'égosiller. L.

ESGARRADE, Plaie considérable, balafre. Gl. *Esgarrare.*

ESGARTER, Couper les jarrets. Gl. *Esgarrare.*

ESGASSADOUR, Abreuvoir, réservoir d'eau. Gl. *Aiguerium.*

ESGAUDER , Mettre du gibier dans un bois ou une forêt. Gl. *Gualdus.*

ESG

ESGAUDIR (S'), Chasser dans une forêt, s'y promener. Gloss. *Gualdus.*

ESGELONNER, Se lamenter, se plaindre en criant. Gl. *Elegus.*

ESGENER, Tromper, frauder les droits ou impôts. — Appauvrir, diminuer, priver. *Egaunnum.*

ESGERRETER, Couper les jarrets. Gl. *Esgarrare.*

ESGLINDER, Glisser, s'échapper. Gl. *Longisecus.*

ESGLISE, District et étendue d'une paroisse. Gl. *Ecclesia.*

ESGLISSER, Jeter de l'eau, dans laquelle il y a de la terre glaise, qu'ils appelaient *Glisse.* Gloss. *Gliseria.*

ESGOELER, Nettoyer sa bouche, nommée *Goule.* Gloss. sous *Auris.*

***ESGOSSÉ**, Ruiné. G. G.

ESGOT, p. e. Tronc, souche, ou plutôt rejeton. Gloss. sous *Estocagium.*

ESGRAFFER, Egratigner. Gloss. *Esgratineura.*

***ESGRAMIER**, Lamenter. L.

ESGRETTE, Aigrette, oiseau. Gl. *Aigro.*

ESGRIFFER, Egratigner; d'où *Esgriffure* et *Esgrifure*, Egratignure. Gl. *Esgratineura.*

ESGRIN, Esgrun, Nom général des légumes ou herbes potagères qui ont de l'âcreté. Gloss. *Egrunum.*

***ESGROUNIR**, Murmurer. L.

ESK

ESGRUNER, Réduire en poudre. Gl. *Temperare*, 1.

ESGUET, Aguet, embuscade. Gl. *Aguaitum.*

ESGUILHADE, Esguillée, Aiguillon dont on pique les bœufs. Gl. *Aguillada.*

ESHENDIR, Aider, animer, encourager; d'où *Eshendissement*, Aide, encouragement. Gloss. *Exhibitio.*

ESHEURS, Cri qu'on fait pour demander du secours dans les querelles publiques. *Escheurs.*

***ESHICHIÉ**, Déchiqueté. L.

***ESHIDER**, Epouvanter. L.

ESIL, Vinaigre. Gl. *Ignis Græcus.*

ESISTER a un Coup, Le parer, l'éviter. Gl. *Ictus defensalis.*

ESJAMBER, Enjamber. *Gamba*, 1.

ESJARETER, Esjarrer, Esjarreter, Couper les jarrets, estropier du jarret. Gl. *Esgarrare.*

ESJAUGER, Jauger; d'où *Esjaugeur*, Jaugeur. Gl. *Jaugia.*

ESKANDELER, Publier, divulguer, répandre de mauvais bruits sur le compte de quelqu'un, le diffamer. Gl. *Scandalizare.*

***ESKAPELER**, Broyer. L.

***ESKARDER**, Regarder. L.

ESKAS, Echecs. Gl. sous *Scacci.*

***ESKEKIER**, Echiquier. F. B.

ESKENÉ, Abattu, affligé. Gloss. *Eschinare.*

ESL

ESKERISSÉEUR, Celui qui dicte ou suggère à un autre ce qu'il doit dire. Gl. *Escariare.*

*ESKIEC, Butin. F. B.

*ESKIEKER, Enlever. R. G.

*ESKIERMIE, Combat à l'épée.

ESKIEX, Eskix, Exilé, banni. Gl. *Exicius.*

ESKIPESON, Equipage, fourniture. Gl. *Esquipare.*

ESLAISSER, Eslaissier, Lâcher, échapper, rompre une laisse. Gloss. *Fulminatus, Laxa* et *Tornare,* 2.

ESLARDE, Gros bâton, sorte de levier. Gl. sous *Stalonnus.*

ESLARGESSEMENT, Délai. Gl. *Eslargamentum.*

ESLASEMENT, Elargissement. Gl. *Elargare,* 3.

ESLAVASSE, Lavasse, crue subite d'eau. Gl. *Eslaveidium.*

ESLAVER, Essarter, défricher, arracher des broussailles. Glos. *Esluare.*

ESLE, Aïeule. Gl. *Heriotum.* — Aile, ce qui accompagne un corps de logis. Gl. *Ala,* 6.

ESLEECHIER, Se réjouir, être bien aise. Gl. *Lœtifice.*

*ESLEGER, Payer. L.

ESLESE, Alèze. Gl. *Lenzonum.*

ESLETE, L'action d'élire, choix, option. Gl. *Eligibilius.*

ESLEVER (S'), Se délivrer, accoucher. Gl. *Elevare,* 5.

ESM

ESLEVURE, Relief. Gl. *Elevare,* 2.

ESLIDER, Glisser, passer légèrement. Gl. *Elidere.*

*ESLIESSER, Se réjouir. L.

*ESLIGANCE, Allégeance. L.

*ESLINDER, Lancer. L.

ESLINGOERE, Courroie, attache, longe. Gl. *Ligula,* 1.

ESLINGUE, Fronde, machine qui jette loin ; d'où *Eslingour,* Celui qui s'en sert. Gl. *Fundibula.*

*ESLIPPER, Glisser. L.

ESLIRE, Entendre, concevoir. Gl. *Eligibilius.*

ESLIS, Qui mérite d'être distingué. Gl. *Electi,* 1.

ESLOCHER, Ebranler, déplacer, arracher en secouant. Gloss. *Elochare.*

ESLOIDES, Eclair. Gl. *Fulgetra.*

ESLOIGNANCE, Eloignement, retraite, fuite. Gl. *Elongare,* 2.

ESLOISSIÉ, Cassé, disloqué. Gl. *Disligare,* 1.

ESLONGIER, Eloigner, écarter. Gl. *Elongare,* 2.

ESLOSCHER, voir *Eslocher.*

ESLOSSIÉ, Cassé, disloqué. Glos. *Disligare,* 1.

ESLOURDEMENT, Etourdissement causé par un coup qu'on a reçu ; d'où *Eslourdé* et *Eslourdi,* Etourdi, étonné. Gloss. *Elourdatus.*

*ESLUISER, Perdre. L.

ESM

***ESMAIER**, Effrayer. L.

ESMAILLERIE, Ouvrage d'émail. Gl. *Esmaldus.*

ESMANCE, Opinion appuyée sur des combinaisons. — FAIRE ESMANCE, Faire mine de vouloir quelque chose, présenter, ajuster, menacer de frapper. Gloss. *Esmerare.*

ESMANCHÉ, Emmanché. Gloss. *Giba.*

***ESMANCHER**, Estropier. L.

ESMANCHON, Manche, mancheron, partie de la charrue que le laboureur tient avec la main. Gl. *Mangia*, 2, et *Manica*, 4.

ESMANDE, Amende. *Esmenda.*

***ESMANER**, Tirer, ôter. L.

***ESMANKIÉ**, Manchot. L.

***ESMANVEILLÉ**, Emerveillé. C. N

ESMARIR (S'), s'Etonner, être surpris, appréhender. *Marrire.*

ESMAYER, Planter le mai, même un autre jour que le 1er du mois de mai; d'où *Esmayement*, L'action de le planter. Gl. sous *Maium.*

ESME, Poids ; d'où *Esmer*, peser. — Estimation, évaluation, opinion. Gl. *Esmerare.*

ESMER, Estimer, évaluer, croire, penser. Gl. *Esmerare.* — Dresser, présenter, ajuster, faire mine de vouloir quelque chose, menacer de frapper. *Esmerare.*

ESMERER, Affiner, rendre pur. Gl. *Exmerare.*

ESM

ESMEUDRE, Emoudre, aiguiser. Gl. *Emolere.*

***ESMIER**, Emietter. G. V.

ESMIEURE, Miettes, petits morceaux. Gl. *Mica*, 1.

ESMINAIGE, Droit sur les grains mesurés à l'*Esmine.* Gl. *Eminagium*, sous *Hemina.*

ESMINE, Certaine mesure des grains. Gl. *Hemina.*

ESMIOERE, Instrument qui réduit en miettes ou petits morceaux. Gl. *Micatorium.*

ESMOCHER, Escrimer, jouer de l'épée. Gl. *Ensiludium.*

ESMOIER (SE), Être en peine, en inquiétude. Gl. sous *Pavugium*, 2.

***ESMOIGNIER**, Mutiler. L.

ESMOLDRE, Emoudre, aiguiser ; d'où *Esmoleur*, Emouleur, coutelier, taillandier. Gl. *Emolere.*

***ESMOLU**, Epuisé. L.

ESMOTAEUR, Sorte de bâton, p. e. Fléau. *Esmotaeur.*

ESMOTOUER, Instrument propre à briser les mottes de terres, herse. Gl. *Tribula*, 2.

ESMOUCHEMENT, Lieu où l'on se tient *mucé* ou caché. Gloss. *Repositus.*

***ESMOUCHÉ**, Vif, alerte. L.

ESMOUCHER, ESMOUCHIER, Escrimer, jouer de l'épée. Gloss. *Ensiludium.*

ESMOUGNOUNER, Mutiler, estropier. Gl. *Emembrare.*

ESP

ESMOUTER, Prendre le droit de mouture. Gl. *Emolutum.*

ESMOUVEMENT, Dispute animée, querelle. Gl. *Movimentum*, 1.

ESMOUVENS, Esmouveur, Remuant, brouillon, querelleur, séditieux. Gl. *Motivus*, 2.

ESMOUVOIR LA MAIN, La lever contre quelqu'un, comme pour le frapper. Gl. *Movere*, 4.

*ESMOYER, Affliger. L.

ESMUCETE, Mouchettes. Gloss. *Mucatorium.* L.

*ESMUIR, Epouvanter. L.

*ESMUTATION, Emeute. L.

ESMUTILER, Mutiler, estropier. Gl. *Depitare.*

ESMUYS, Muet, qui a perdu la parole. Gl. *Emutire.*

*ESNASER, Couper le nez. C. N.

ESNECHE, Esneke, Esneque, Sorte de vaisseau de charge. Gl. *Bussa* et *Naca*, 1.

*ESNUER, Dépouiller. P.

ESPAALER, Etalonner les poids et les mesures. Gl. *Escandilare.*

ESPAARE, Barre. Gl. *Spara*, 2.

*ESPADE, Epée. L.

ESPAELER, Etalonner les poids et les mesures. Gl. *Escandilare.*

*ESPAENTER (S'), S'épouvanter.

ESPAFUT, Sorte d'arme, p. e. une épée fort large. Gl. *Espafus.*

*ESPAIÉSIÉ, Expatrier. L.

ESP

ESPAIGNIÈRE, Sorte de table ou maie à pétrir la pâte. Gloss. *Appunctare*, 1.

ESPAILIER, Etalonner les poids et les mesures. Gl. *Escandilare.*

ESPAILLE, Broussailles. Gloss. *Esbuscare.*

ESPAL, Etalon des poids et des mesures ; d'où *Espaler*, Etalonner, Echantillonner. Gloss. *Escandilare.*

*ESPALEMENT, Spécialement. L.

ESPALIÈRE, Epaulière, armure qui couvre les épaules. Gloss. *Spallarium.*

ESPAME, Pâmoison, faiblesse. Gl. *Spasma*, 3.

ESPAN, Espane, Empan, mesure de la main étendue. Gl. *Espannus*, *Spanna*, et *Palmus*, 1.

ESPANEIR, Subir la peine due à un crime. Gl. *Espannus.*

ESPANER, Tenir entre ses deux mains. Gl. *Espannus.*

ESPANOIS, d'Espagne. Gl. sous *Animalia.*

ESPARGOIER, Espargouer, Aspersoir. Gl. *Sparsorium.*

ESPARJURE, Parjure, qui jure à faux. Gl. *Parjurus.*

ESPARNABLETÉ, Epargne, économie. Gl. *Escharcellus.*

ESPARRE, La partie de la charrue qu'on appelle Oreille, qui sert pour tourner la terre que le soc a fendue. Glos. sous *Magister.* — Barre. Gl. *Spara*, 2. — Sorte de dard ou javelot. Gl. *Sparro.*

ESP

ESPART, Espartissement, Eclair; d'où *Espartir*, Eclairer. Gloss. *Fulgetra.*

ESPARTIR, Eparpiller, répandre. Gl. *Expartatio.*

ESPARVAGE, Office de lamaneur ou pilote de rivière. Gloss. *Esparvagum.*

ESPASIER, Fontainier, qui bâtit des aqueducs. Gl. *Espazerius.*

ESPASSE, Travée. Gloss. sous *Spatium.*

ESPAUD, Défens, réserve dans une forêt. Gl. *Espaltum.*

ESPAUDE, Châlit, bois de lit. Gl. *Spondalis.*

ESPAULÉ, Drap Espaulé, dont la chaîne n'est pas meilleure que la lisière. Gl. *Exhumeratus Pannus.*

ESPAULLE, Epaulière, armure qui couvre les épaules. Gloss. *Spallarium.*

ESPAULLOIER, Se dit d'un mouvement affecté des épaules. Gl. sous *Bruchium*, 2.

ESPAUT, Défens, réserve dans une forêt. Gl. *Espaltum.*

ESPAUTER, Epouvanter, effrayer. Gl. *Spavandus.*

*ESPAUTRER, Mutiler. L.

ESPAUVYER, Espave, ce qui est égaré. Gl. *Spaviæ.*

ESPAVE, Saisie, confiscation. Gl. *Espavea.* — Etranger, qui est d'un autre pays. Gl. *Espavus.*

ESPAVIN, Eparvin, maladie de cheval. Gl. *Spavenus.*

ESP

ESPCETIER, Mettre en pièces. Gl. *Depitare.*

ESPEC, Petit oiseau, qui mange les abeilles. Gl. *Apiaster.*

ESPÈCE, Epice. Gloss. sous *Species*, 6.

ESPECER, Mettre en pièces. Gl. sous *Pecia.*

ESPÉCIALITÉ, Soin, attention particulière. Gl. *Specialitas*, 2.

ESPÉCIAUMENT, Spécialement. Gl. *Signoria*, 1.

ESPÉE, Escrime, jeu de l'épée. Gl. *Ensiludium.*

ESPÉE Batue, Fleuret, épée émoussée, qui n'a pas de pointe. Gl. *Ensis.*

ESPÉE de Justice, Celle que porte le bourreau. Gl. *Ensis.*

ESPÉECER, Mettre en pièces. Gl. sous *Pecia.*

ESPÉER, Qui fait ou vend des épées, fourbisseur. *Espaerius.*

*ESPEIER, Percer. C. N.

ESPEIGNOLLE, Epagneule. Gl. *Spanholes.*

*ESPELUE, Etincelle. L.

*ESPENAILLÉ, En haillons. L.

ESPENDOUERE, Espèce de fourche. Gl. *Espandagium.*

ESPENER, Blesser d'une flèche. Gl. *Empenare.*

ESPENIR, Châtier, punir. Glos. *Pœnare.*

ESPENOIR, Expier un crime en subissant la peine qu'il mérite. Gl. *Spendere*, 1.

ESP

ESPENSEMENT, Epars, çà et là. Gl. *Espandagium.*

ESPENUIER, Ouvrier, manœuvre, qui gagne sa vie avec peine. Gl. *Pœnare.*

*ESPERDRE (S'), Se troubler. R.G

ESPERE, Sphère. Gl. *Spera,* 1.

ESPÉRER, Craindre, appréhender. Gl. *Sperare,* 2.

ESPERIAGE, Office de lamaneur ou pilote de rivière. Gl. *Esparvagium.*

*ESPÉRIR, Evanouir. L.

*ESPERIS, Esprits. L.

ESPÉRITES, Le Saint-Esprit. Gl. *Nuptiare.*

ESPERITUAULTÉ, Le spirituel, la règle d'un monastère. Gloss. *Spiritualia,* 2.

ESPEROIT, Poignard, grand couteau. Gl. *Sponto.*

ESPERON , Sorte de monnaie d'Allemagne. — Bâton à l'usage d'une charrette. Gl. *Espero.*

ESPERONNE, Partie de la charrue à laquelle on attèle les chevaux. Gl. *Espero.*

ESPERRIGER, Réveiller, mettre en mouvement. *Expergescere.*

ESPERTEMENT, Adroitement. Gl. *Experitus.*

*ESPES, Epais. L.

ESPESCHE , Terre ou pré dépouillé. Gloss. *Partica.* Voyez *Espleche.*

ESPEURIR, Epouvanter, effrayer. Gl. *Pavoratus.*

ESP

*ESPEUX, Epoux. L.

*ESPEVER, Nettoyer. L.

ESPICES, Dragées, confitures. Gl. sous *Species,* 6.

ESPICIER, Officier chez le roi pour les dragées et autres sucreries. Gl. *Speciarius.*

ESPIDIMIE, Attaqué de l'épidémie. Gl. *Epidemia.*

ESPIE, Espion. Gl. *Espia* et *Spio.*

ESPIÉ, Sorte d'épices. Gl. *Espiciarius.*

ESPIEMENT, L'action d'épier, embuscade. Gl. *Espia.*

ESPIER, Redevance en bled, due aux comtes de Flandre. Gloss. *Spicarium,* 2.

ESPIET, Epieu, sorte d'arme. Gl. *Espietus.*

ESPIEULER, Epinglier. Gl. *Espinglarius.*

*ESPIEUR, Voleur. L.

ESPIGACHIER, p. e. Parfumer, ou rendre brillant. *Spicus,* 1.

*ESPILLER, Dépouiller. L.

ESPINACE, Pinace, sorte de vaisseau. Gl. *Spinachium.*

*ESPINAZ, Epines. L.

ESPINCEAU, Espinchau, Espinciau, Boucle, agrafe , épingle. Gl. *Spineta,* 2.

ESPINCHER, Serrer avec les pinces. Gl. *Spingere,* 2.

ESPINETTE, Association célèbre par ces joûtes à Lille, dont le chef avait le titre de *Roi de*

ESP

l'Espinette. Gl. *Spineticum.* — Maille d'argent, valant quinze deniers tournois. Gloss. sous *Spineta*, 2.

ESPINGER, ESPINGLER, Sauter, danser en trégignant. Gloss. *Cariolari.*

ESPINGLEUR, Epinglier. Gloss. *Espinglarius.*

ESPINGLIER, Etui à épingles. Gl. *Espinglarius.*

*ESPINGUERLE, Divertissement.

ESPINILLE, La partie antérieure de la jambe. Gl. *Spinale.*

ESPINOCHE, Epinard, légume. Gl. *Spinarium.*

ESPINOCLE, Espèce de poisson médiocre, et qui a beaucoup d'arrêtes. Gl. *Spinaticus.*

ESPINOIS, Clôture faite d'épines. Gl. *Spineticum.*

ESPIOT, Epieu. Gl. *Espietus.*

ESPIOTE, Epeautre, espéce d'orge. Gl. *Speltus*, sous *Spelta.*

ESPIR, Esprit, génie, démon. Gl. *Spiritus.*

ESPIRER, Inspirer, animer. Gl. *Inspiramen.*

ESPIRITAL, Volonté, dessein, projet. Gl. *Spiritalis.*

ESPIRITU, Spirituel, par opposition à temporel. Gloss. *Spiritualia*, 2.

ESPIRITUALITÉ, Biens d'église, principalement les offrandes et ce qu'on donnait pour les sacrements. Gl. *Spiritualia*, 2.

ESP

ESPLECHE, Terre ou pré dépouillé Gl. *Pastura*, 1.

ESPLEIT, Revenu, produit d'une terre. Gl. *Porchaicia.*

*ESPLEITER, Se hâter. G. L.

ESPLOICTE, ESPLOIT, Instrument, outil, ce qui est utile ou nécessaire à quelque chose. Gl. *Explectum.*

ESPODE, Sorte d'épicerie. Gloss. *Espinairia.*

ESPOENTER, Epouvanter, effrayer Gl. *Pavoratus.*

*ESPOINE, Spontané. L.

ESPOINTAL, Epouvantail. Gloss. *Territorium*, 3.

ESPOIR, Peut-être, vraisemblablement. Gl. *Esperatus.*

ESPOISSE, Epaisseur. *Spissum.*

ESPOIT, Epieu, sorte d'arme. Gl. *Espietus.*

ESPOLET, ESPOLESTE, Fuseau de tisserand. Gl. *Spola.*

*ESPONCE, Abandon. L.

ESPONDE, Levée, chaussée, digue. Gl. *Sponda*, 3. — Châlit, bois de lit, bord d'un lit. Gloss. *Spondalis.*

ESPONDRE, Expliquer, interpréter. Gl. *Spondalis.*

ESPONGE, Volontaire, libre. Gl. *Expontaneus.*

ESPONSE, Caution. *Expondere.*

ESPORLE, Droit de relief ; d'où *Esporler*, Acquitter ce droit. Gl. *Esporlare* et *Sporta*, 2.

ESP

ESPORON, Eperon. *Spourones.*

*ESPORTER, Se consoler. L.

ESPORTULE, Salaire, honoraire, épices des juges. Gl. *Sportula,* sous *Sporta,* 2.

ESPOTOILE, Le pape. Gl. *Apostolicus,* 1.

ESPOUISSIER , Epouser, se marier. Gl. *Glutire.*

*ESPOULDRER, Consommer. L.

ESPOURON, Eperon. *Spourones.*

ESPOUSAIGES, Epousailles, célébration de mariage. Gl. *Sponsamentum.*

ESPOUSSETE , Sac ou Chiffon. Gl. *Espoussorium.*

ESPOUTRE, Poussière, les plus minces parties de quelque chose Gl. *Expulverare.*

ESPOUVANTEMENT, Peur, crainte. Gl. *Pavoratus.*

ESPOVENTEMENT, Peur, crainte. Gl. *Formidines.*

ESPOY, Grande épée. *Espietus.*

ESPOYNE, Volontaire, libre, de bon gré. Gl. *Expontaneus.*

ESPRAHIR, Mettre en pré. Glos. *Appradare.*

ESPRAINDRE, Exprimer, tirer le jus de quelque chose en le pressant fort. Gl. *Expressare.*

ESPRAINTE, Empreinte, marque. Gl. *Expressare.*

ESPRAULE, p. e. Soliveau. Glos. *Espaules.*

ESQ

ESPRAVER , pour ESPARRER , Dard, javelot, demi-lance, épieu. Gl. *Sparro.*

ESPRIET, Aviron, rame. Gloss. *Espietus.*

ESPRINGALE, Anciennement Machine propre à jeter de grosses pierres, et plus récemment un moyen canon. Gl. *Spingarda.*

ESPRINGIER, ESPRINGUER, Sauter, danser en trépignant ; d'où *Espringerie,* Cette espéce de danse. Gl. *Cariolari.*

ESPRINIER, Rejeton, scion, branche qu'on prend pour enter. Gl. *Sprocarius.*

ESPROUVEMENT, Epreuve. Gl. *Examen,* 1.

ESPROUVEUR DE TRIACLE, Opérateur, vendeur d'orviétan. Gl. *Experimentator.*

ESPUER, ESPUIER, Appuyer, se soutenir sur quelque chose. Gl. *Apodiare.*

ESPURGE, ESPURGEMENT, L'action de se purger d'une accusation. Gl. *Purgatio.*

ESPY, Epieu. Gl. *Espietus.*

*ESQUACHIER, Fouler aux pieds.

ESQUALIER, Egaler, aplanir. Gl. *Hostire.*

ESQUALLATE, Ecarlate. Gloss. *Escallata.*

ESQUANDALAR, La chambre de l'argousin dans une galère, ou le fond de cale d'un vaisseau. Gl. *Scandola.*

ESQUARMUNCHER , Escarmoucher, escrimer. Gl. *Ensiludium.*

ESQ

*ESQUARTERER, Ecarteler. C.N.

ESQUATIR, Aplatir, briser, rompre. Gl. *Squarzare.*

ESQUELLE, Sonnette, petite cloche. Gl. *Esquilla.*

ESQUEMBAUX, Bottine, sorte de chaussure. Gl. sous *Osa.*

ESQUEMNESTE, pour Esquevinesse, Fourrure d'écureuil. Gl. *Esquevinessia.*

*ESQUENÉ, Bossu. L.

ESQUEPPART, Instrument de fer pour remuer la terre, pioche. Gl. *Schippa.*

ESQUERIR, Faire une recherche exacte. Gl. *Escligniatio.*

ESQUERMIR, Escrimer, chamailler, s'entrebattre. *Ensiludium.*

ESQUERPE, Echarpe de pèlerin. Gl. *Escerpa.*

ESQUERRE, pour Esquerpe, Echarpe. Gl. *Escerpa.*

ESQUEVIN, pour Echevin; d'où *Esquevinage,* L'étendue de la juridiction des Echevins. Gloss. *Esquevinagium.*

ESQUEVINESCHE, Esquevinesse Fourrure d'écureuil. Gl. *Esquevinessia.*

*ESQUEURE, Agiter. L.

ESQUEURE, Recourre, reprendre; d'où *Resquesse* et *Resqueusse,* Recousse, reprise. Gl. *Rescouare* et *Rescoussa.*

ESQUIELLE, Corps de troupes en ordre de bataille. Gl. *Scala,* 7.

ESQUIER, Equier. Gl. *Hobellarii.*

ESR

ESQUIERRE, Escadron, corps de troupes. Gl. *Scala,* 3.

ESQUIEU, Esquif, chaloupe, petit vaisseau. Gl. *Schippa.*

ESQUIGIRONNÉ, Terme de blason, Gironné. Gl. *Escuchonetus.*

ESQUIGNER, Eclater de rire. Gl. *Cachinnosa vox.*

ESQUILLE, Sonnette, petite cloche. Gl. *Esquilla.*

ESQUILLEMETE, Aiguillette. Gl. *Aguileta.*

ESQUIPART, Instrument de fer pour remuer la terre, pioche. Gl. *Schippa.*

ESQUIPER, Mettre en mer, faire voile, s'embarquer. Gloss. *Esquipare.*

ESQUIPPE, Esquif, chaloupe, petit vaisseau. Gl. *Targia,* 1.

ESQUIPPER, Eclabousser.— Glisser; ou Rejaillir, sáuter. Gloss. *Esquipare.*

ESQUIRELLE, Fourrure d'écureuil. Gl. *Esquirolus.*

ESQUOCERESSE, Femme débauchée. Gl. *Esguogozamentum.*

ESQUOT, Ecot, ce qu'on paye pour sa part d'un repas fait à frais communs. Gl. *Scot.*

ESQUOUX, Se dit des fruits d'un arbre, qu'on a fait tomber en le secouant. Gl. *Excussare.*

ESRACHIER, Esrager, Esragier, Esrajer, Arracher, emporter avec effort. Gl. *Evellatus.*

*ESRAGER, Enrager. L.

*ESRAIGNER, Régler. L.

ESS

*ESRAINIER, Raisonner. L.

*ESRAJEICE, Furieuse. L.

ESRANMENT , Tout de suite , sur-le-champ. Gl. *Corsned.*

ESRER, Voyager, marcher ; d'où *Esrier*, Voyageur. Gl. *Erare* et *Escerpa.*

ESRILER, Cracher avec effort. Gl. *Excreare.*

ESSADE, Instrument pour remuer la terre, houe. Gl. *Aissada.*

ESSAIE, Paille, fourrage. Gloss. *Essaium.*

ESSAIER, Examiner la capacité de quelqu'un. Gl. *Essaium.*

ESSAIEUR de Pourceaux, Langayeur. Gl. *Essaium*, 1.

ESSAIGNER, Remplir de sang, ensanglanter. *Sanguinare*, 2.

ESSAIGOUERE, Rigole, tranchée pour faire couler l'eau. Gloss. *Essaveria.*

ESSAISONNER, Changer l'ordre de la culture des terres. Gl. sous *Derodere.*

ESSALET, Vent du sud-est, le siroc sur la Méditerranée. Glos. *Eissalet.*

ESSALLE , Echandole, bardeau, late. Gl. *Essanna.*

ESSAMBLIR, Défricher, mettre une terre en valeur. Gloss. *Essamplatus.*

ESSANER, Perdre son sang. Gl. *Campiones.*

ESSANNE, Echandole, bardeau, late. Gl. *Essanna.*

ESS

ESSARCIE, Agrès, tout ce qui est nécessaire pour équiper un vaisseau. Gl. *Exarcia.*

*ESSARDER, Dessécher. L.

ESSART, Terre défrichée. Gloss. sous *Exartus.*

*ESSARTER, Arracher. L.

ESSAU, Evier, conduit par où les eaux sales d'une écurie s'écoulent. Gl. *Essaveria.*

ESSAUGNE, Essaule, Essaulne, Echandole, bardeau, late. Glos. *Essanna.*

ESSAUPLE, Terre défrichée. Gl. *Exemplum*, 2.

ESSAVER, s'Ecouler. *Essavare.*

ESSAY, Quai, endroit pour charger et décharger les bateaux. Gl. *Essayum*, 2.

ESSAYAU, Ecoulement des eaux. Gl. *Essaveria.*

ESSE, Esseau, Ecluse, bonde. Gl. *Essaveria.*

ESSEAUER, Essuyer, dessécher. Gl. *Essaveria.*

ESSEAULNE, Echandole, bardeau, late. Gl. *Essanna.*

ESSEAVER, Vider, emporter. Gl. *Essavare.*

ESSEGNER, Perdre beaucoup de sang. Gl. *Saignare.* — Rouir le chanvre. Gl. *Aroagium.*

ESSEGURER, Donner caution ou sûreté en justice. *Assecurare*, 1.

ESSEHUREMENT , Assurément, caution ou sûreté donnée en justice. Gl. *Assecurare*, 1.

49

ESS

ESSEIGNER, Saigner, rendre du sang. Gl. *Sanguinare*, 1.

ESSELÉE, Clôture faite de petits ais ou échandoles. Gl. *Essella*.

ESSELER, Mettre en presse entre des éclats de bois. Gl. *Essella*.

ESSELLETE, Copeau, éclat de bois ; d'où *Esselleter*, Mettre entre des *Essellettes.*Gl *Essella*.

ESSEME, ESSEMÉE, Terre ensemencée ; d'où *Lieu de petite Essemée*, Territoire où il y a peu de terres à ensemencer.Gl. *Seminatura*, 1.

ESSEMENT, Pareillement, de même. Gl *Pariformiter*.

ESSERBER, Oter les mauvaises herbes, sarcler. Gloss. *Essermentare*.

*ESSERDER, Jeter. L.

ESSERMENTER, Emporter d'une vigne les sarments taillés; ou Ebourgeonner. Gloss. *Essermentare*.

ESSERPILERIE, ESSERPILLIERE, L'action de voler et de dépouiller quelqu'un. Gl. *Serpeilleria*.

ESSEUL,Echandole, bardeau,late. Gl. *Essanna*. — Essieux. Glos. *Essolium*.

ESSEULER (S'), s'Ecarter. Gloss. *Exsolare*.

ESSEULLE, Esseau, bois pour couvrir les maisons au lieu de tuiles. Gl. *Essoulla*.

ESSEUWER, Essuyer, dessécher. Gl. *Essavare*.

*ESSEVER, Eloigner. L.

ESS

ESSIANCE, Chicane, détours, supercherie. Gl. *Tergiversari*.

ESSIAVER, s'Ecouler. *Essavare*.

ESSAVIERE, Bonde d'un étang, tout ce qui facilite l'écoulement des eaux. Gl. *Essaveria*.

ESSIAW, Evier. Gl. *Essaveria*.

ESSIENTEX, Sage,prudent, avisé. Gl. *Scientiatus*.

ESSIER, Tergiverser, chicaner, chercher à tromper. Glos. *Tergiversari*.

ESSIEUTÉ, adv. Excepté, hormis. Gl. *Excepto*.

ESSIEUTER, Excepter. Gloss. *Exceptare*.

ESSIL, Esseau, bardeau, late. Gl. *Essanna*. — Destruction, ruine, dégat. Gl. *Exilium*, 1. — Exil, bannissement. Gl. *Exiliatio*.

ESSILER, ESSILIER,Détruire, ravager ; d'où *Essileur*, Dissipateur. Gl. *Exilium*, 1.

ESSOGNE, Droit seigneurial sur les successions des vassaux ; d'où *Essoigner*, Payer ce droit. Gl. sous *Soniare*.

ESSOIGNE, Excuse, raison qu'on allègue pour s'excuser de n'avoir pas comparu en justice ; d'où *Essoigner*, Proposer cette excuse. Gl. *Essonia* et *Essoniare*, sous *Sunnis*.

ESSOINE, Embarras, affaire. Gl. *Essonium*, sous *Sunnis*. — Danger, péril, presse. *Mettre en Essoine de mort*, Mettre en danger de mort. Gl. *Exoniare corpore*, sous *Sunnis*.

ESSOINER, ESSOINIER, Exposer

ESS

en justice la raison pour laquelle on n'a pas comparu au jour marqué ; d'où *Essoiniement,* Cette excuse, et *Essoinierre,* Celui qui est chargé de la proposer au nom d'un autre. Glos. *Essoniare* et *Essoniator,* sous *Sunnis.*

ESSOLE, Esseau. petit ais pour couvrir les toits. Gl.*Eleborium.*

*ESSOMBRE, Obscurité. L.

ESSONGNE, Droit seigneurial sur les successions des vasseaux ; d'où *Essongner,* Payer ce droit. Gl. sous *Soniare.*

ESSONIE, Droit d'aubaine. Gloss. *Espavus.*

ESSONIIER, Essonner, Exposer en justice la raison pour laquelle on n'a pas comparu au jour marqué. Glos. *Essoniare,* sous *Sunnis.*

ESSOPIER, Qui occupe une échope. Gl. *Eschoparius.*

ESSORBIR, Absorber, mettre à sec. Gl. *Execare.*

ESSOREILLIER, Couper les oreilles, sorte de supplice. Gloss. sous *Auris.*

*ESSORER, Egoutter. L.

ESSORILLER, Couper un morceau de quelque chose. Gloss. sous *Auris.*

ESSOUL, Essieu. Gl. *Essolium.*

ESSOULIER, pour Essoriller, Couper. Gl. sous *Auris.*

ESSOUMETE, Branche desséchée, bois mort. Gl. *Intersiccum.*

ESSOYNE, Excuse, raison qu'on

EST

allègue pour s'excuser de n'avoir pas comparu en justice au jour marqué. Gl. *Essonia,* sous *Sunnis.*

ESSOZILLER, Couper les oreilles, sorte de supplice. Gloss. sous *Auris.*

ESSUIER, Essuyer, Evier, conduit par lequel s'écoulent les eaux sales d'une cuisine. Gloss. *Essaveria.*

ESSUYON, Torchon, ce qui sert à essuyer. Gl. *Extersorium.*

ESSYAVER, s'Ecouler, en parlant d'eau. Gl. *Goterius.*

ESTABLAGE, Etalage, le droit qu'on paye pour la place où l'on étale ses marchandises. Gloss. *Estallagium,* sous *Stallum,* 1.

ESTABLE, Garnison, gens de guerre qu'on établit dans une place. Gl. *Stabilire,* 4.

ESTABLERIE, Etau où l'on expose la marchandise. Gl. *Esta.*

ESTABLETE, Petite étable. Gl. *Stabula,* 1.

ESTABLETÉ, Stabilité, solidité. Gl. *Stabilitas,* 4.

ESTABLI, Commis . constitué, procureur. Gl. *Stabilire,* 2.

ESTABLIE, Edit, ordonnance, règlement. Gl. *Stabilimentum,* 1. — Garnison, gens de guerre qu'on établit dans une place. Gl. *Stabilire,* 4. *Stabilitas,* 3, et *Stabilita,* 2. — Bref d'Establie, Sentence, qui met sous la main du roi un héritage contesté, jusqu'à jugement définitif. Gloss. *Estabilitas* et *Stabilia,* 2.

EST

ESTABLIER, Etalier, qui expose sa marchandise sur un étau. Gl. *Esta.*

ESTABLISSEMENT, Edit, ordonnance, réglement. Gl. *Stabilimentum*, 1.

ESTABLISSEUR , Celui qui est chargé de veiller à l'observation des statuts et réglements. Glos. *Stabilimentum*, 1.

ESTACE, Pieu, poteau. *Estecha.*

*ESTACER, Etançonner. L.

ESTACENEX , Changeurs, banquiers. Gl. *Estaco.*

ESTACHE, Pieu, poteau, colonne, mât. Gl. *Estecha.*

ESTACHEIS, Combat et principalement celui qui se donne aux palissade d'une ville ou d'un château. Gl. *Estecha.*

ESTACHETTE , diminutif d'ESTACHE, Pieu, poteau. *Estecha.*

ESTACHIER, Attacher à un pieu, qu'ils appelaient *Estache.* Glos. *Estecha.*

ESTAÇON, Maison, boutique, bureau où l'on se tient. *Estaco.*

ESTAGE, Maison demeure, résidence. Gl. *Stagium.* — L'obligation de résider pendant un certain temps dans le château de son seigneur pour le défendre. Gl. *Stagium.* — Situation d'un homme qui est debout sur ses pieds. Gl. *Status*, 2. — ESTAGE, pour ESTRAGE, Chemin public. Gl. *Stabilitas domus.*

ESTAGER, ESTAGIER, Vassal tenu de résider pendant un certain temps dans le château de son seigneur. Gl. sous *Stagium.*

EST

ESTAGIÉ, Locataire d'une maison. Gl. sous *Stagium.*

ESTAGIER, Etabli, domicilié en un lieu. Gl. *Estagarius*, et *Estagiarii* sous *Stagium.*— Maison *Estagiere*, Celle où l'on habite, domicile. Gl. *Estagilis.*

ESTAGIEREMENT, A demeure, avec établissement. Gloss. sous *Stagium.*

ESTAIGE, pour ESTRAIGE, Chemin public. *Stabilitas domus.*

ESTAILLAGE, Etalage, le droit qu'on paye pour la place où l'on étale sa marchaudise. Gloss. *Estalagium.*

ESTAILLE, Copeau, morceau ou éclat de bois ; d'où *Estaillerie*, L'endroit où on les garde. Gl. *Estella.*

ESTAILLON, Certaine partie d'un chariot ; p. e. Espèce de levier. Gl. sous *Stalonnus.*

ESTAIMYER, Potier d'étain. Gl. *Estagnum.*

ESTAIN, Etaim, laine cardée. Gl. *Stamen* sous *Staminca.*

ESTAIRE, Être debout. Gl. *Estare.*

ESTAIS, Etamine, sorte d'étoffe. Gl. *Stanum.*—Lent, paresseux, qui demeure les bras croisés. Gl. *Stantia*, 4.

*ESTAL, Demeure. L.

ESTALÉE, Construction de pieux fichés dans une rivière pour y tendre des filets et y prendre du poisson. Gl. *Estalaria.*

ESTALLAGE , Etalage, le droit qu'on paye pour la place où l'on étale sa marchandise. Gl. *Estalagium* et *Stallum.*

EST

***ESTALLE**, Halte. L.

ESTALLER, Être assis dans les stalles du chœur d'une église. Gl. *Stallare*, 2.

ESTALLIERE, Construction des pieux fichés dans une rivière pour y tendre des filets et y prendre du poisson. Glos. *Stalaria*, 2.

ESTALONNER, Laisser dans une coupe de bois suffisamment d'*étalons* ou baliveaux. Gl. *Estallus*.

ESTAMINE, Espèce de chemise, vêtement de dessous. Gloss. *Estamenha*, *Staminea* et *Stagmen*, 2.

ESTAMPERCHE, Longue perche qui est debout. Gl. *Etarchartea*.

ESTAMPOIS, Monnaie frappée à Etampes. Gl. *Stampensis moneta*, sous *Moneta Baronum*.

***ESTANCE**, Etat, situation. L.

***ESTANCELE**, Etincelle. L.

ESTANCHAT, Digue, écluse. Gl. *Estanchia*.

ESTANCHE, Vivier, réservoir de poissons. Gloss. *Estanchia*. — ESTANCHE DE VIN, Ban pendant lequel il n'est permis à personne qu'au seigneur de vendre du vin en détail. Gl. *Bannum vini*.

ESTANCHERRE, p. e. Festin, repas. Gl. *Stagnum*, 4.

ESTANCHIÉ, Héritier par succession collatérale. *Estancia*.

***ESTANCHON**, Poteau. L.

ESTANDART, Etalon des poids et mesures. Gl. *Standardum*, 2.

EST

ESTANDE, Bord, rivage de la mer. Gl. *Strand*.

ESTANT, ÊTRE EN ESTANT, Être debout. Gl. *Estarc*. — FAIRE ESTANT, Résider pendant un certain temps dans le château de son seigneur pour le garder et défendre. Gl. *Stagium*.

ESTANTAILLON, pour ESCANTAILLON, Echantillon, modèle, mesure. Gl. *Eschantillio*.

ESTAPLE, ESTAPPLE, Etaple, marché public, lieu où l'on vend les marchandises; d'où *Estappler*, Etaler, exposer en vente au marché. Gl. *Estapla*.

ESTAPPE, Pieu, pilotis. Gloss. *Estapla*.

ESTAQUE, Auditoire, lieu où siègent les juges; ou Pilori. — Poteau blanc, ou but où l'on tire. Gl. *Estaqua*.

ESTARE, Maison, habitation, lieu où l'on demeure. Gl. *Stare*, 3.

ESTASSEMENT, Certain droit qu'a une ville sur les biens d'un de ses bourgeois mort sans héritier, qui soit bourgeois de la même ville; ou lorsque ses biens sont vendus à un forain. Gl. sous *Taxare*, 1.

ESTAT, Ménage, famille, maison. Gl. *Status*, 7. — Appointement, pension. Gl. *Status*, 8. — Délai, trève, suspension; d'où *Tenir en Estat*, Tenir en suspens. Gl. *Status*, 12. — HOMME D'ESTAT, Celui qui est d'un rang distingué : on le dit aussi d'un homme qui est bien établi. Gl. *Status*, 13.

ESTATE, Ce qui est proposé en échange. Gloss. *Evacuare* sous *Vacuus*.

ESTAUCEURE, Habillement, ornement, parure; d'où *Estaucier*,
Habiller, parer. Gloss. *Estau-
ramentum.*

ESTAUDEAUX, Poulets élevés à
la campagne. Gl. *Haistaldi.*

*ESTAUDIS, Palissade. L.

ESTAULAIGE, Etalage, ce qu'on
paye pour la place où l'on étale
sa marchandise. *Estaulagium.*

ESTAULE. Stable, permanent. Gl.
Stabilitas, 4. — Etable, écurie.
Gl. *Stabula*, 1.

ESTAULIE, Etabli de tailleur. Gl.
Tabulum.

ESTAULIR, Etablir, constituer.
Gl. *Stabilire*, 2.

ESTAULLIER, Baston Estaullier, Qui soutient un étau.
Gl. *Esta.*

ESTAUPPINEUR, Taupier, celui
qui applanit les taupinières d'un
pré. Gl. *Taupia.*

ESTAURE, Fenêtre ou Etau. Gl.
Estra, 3.

*ESTAVAUL, Flambeau. L.

ESTAVE, Sorte de grands filets,
et ce qu'on payait pour les pouvoir tendre. Gl. *Statua*, 1.

ESTAVOIR, Provisions, tout ce
qui est nécessaire à quelqu'un.
Gl. *Estoverium.*

ESTAYÉ, Pourcel Estayé. Glos.
Estazos.

ESTAYMIER, Potier d'étain. Gl.
Estagnum.

ESTE, Habit d'église, chappe. Gl.
Staurumentum.

ESTECHEIS, Combat, et principalement celui qui se donne aux
palissades d'une ville ou d'un
château. Gl. *Estechu.*

*ESTÉE, Demeure, séjour. L.

ESTEIL, Poteau, jambage d'une
porte. Gl. *Estella.*

*ESTEILE, Etoile. L.

*ESTEL, Hôtel. L.

*ESTELÉ, Bâton. L.

ESTELEIGE, Etalage, le droit
qu'on paye pour la place où l'on
étale. Gl. *Estallagium*, sous
Stallum, 1.

ESTELER, Briller comme une
étoile. Gl. *Stellare*, 1.

ESTELLAIGE, Etalage, le droit
qu'on paye pour la place où l'on
étale. Gl. *Estalagium.*

ESTELLE, Morceau de bois fendu,
bardeau, esseau, late. *Estella.*

ESTELLIN, Monnaie, poids et valeur. Gl. *Esterlingus.*

*ESTEMANT, Etat, situation. L.

ESTEMPEL, Course, où l'on propose un prix. Gl. *Estaqua.*

ESTENDE, pour Escende, Bardeau, échandole, esseau. Gloss.
Escenna.

ESTENDELLE, Nappe, linge
qu'on étend sur la table. Gloss.
Extendere se.

ESTENDELLIER, Etendre. Glos.
Extendere se.

ESTENDRE, Estimer, apprécier.
Gl. *Extendere.*

EST

ESTENE, Le manche de la charrue. Gl. *Arar.*

ESTENET, Esseau, bardeau, late, bâton. Gl. *Estella.*

*ESTENTE, Evaluation. L.

*ESTEPES, Bûches. L.

ESTER, Canal, où le reflux de la mer entre. Gl. *Esterium.* — Façon de se tenir debout. Gl. *Demorari.*

ESTERE, Querelleur, séditieux. Gl. *Estera.*

ESTERLIN, Monnaie, poids et valeur. Gl. *Esterlingus.*

*ESTERNIER, Etranger. L.

ESTERNIR, Jeter à terre, épandre. Gl. *Externare.*

*ESTERPE, Tige, race. L.

ESTETE, Instrument de tonnelier. Gl. *Testa,* 2.

ESTEU, Certaine mesure des liquides. Gl. *Stopus* sous *Staupus.*

ESTEULE, Chaume ; d'où *Esteuler,* Ramasser les *esteules* ou chaumes. Gl. *Estoblagium,* et *Stubula.*

ESTEUR, Esteuf, balle du jeu de paume, ou ballon. *Cabaretus.*

ESTEURDRE (SE), Se débarrasser, se dégager. Gl. *Excutere.*

ESTEURSE, Détorse. *Extortura.*

ESTEVENANS, ESTEVENONS, Monnaie des comtes de Bourgogne. Gl. *Stephanienses* sous *Moneta Baronum.*

ESTEVENE, ESTEVENON, Etienne, Etiennette. Gl. *Estevenensis.*

EST

ESTEVOIR, Tout ce qui concerne quelqu'un, ou qui lui est nécessaire. Gl. *Estoverium.*

*ESTEZ, Fossés. L.

ESTHAMME, Estame, fil qui sert de chaîne au tisserand. Gloss. *Stannum,* 5.

*ESTHUER, Esquiver. L.

ESTIBADOU, Métayer, fermier, qui tient une terre à moitié des fruits. Gl. sous *Æstiva.*

ESTICQUETE, Petit pieu, qui sert de but à certains jeux. Gl. *Estaqua.*

ESTIER, Canal, où le reflux de la mer entre. Gl. *Esterium.*

ESTINCELLE, Paillette d'or. Gl. *Scintilla,* 2.

ESTIQUER, Frapper d'estoc ou de la pointe. Gl. *Estoquum.*

ESTIQUETE, Petit pieu qui sert de but à certains jeux. Gloss. *Estaqua.*

ESTIVAIGE, Certain droit ou impôt sur le poisson. Gloss. *Estivagium.*

ESTIVALL, Botte, bottine, sorte de chaussure. Glos. *Æstivalia, Estivalia* et *Osa.*

ESTIVANDIÉ, Métayer, fermier, qui tient une terre à moitié des fruits. Gl. *Æstiva.*

ESTIVE, Instrument musical, connu particulièrement dans la Cornouaille, p. e. Cornemuse. Gl. *Stiva,* 2.

ESTIVELOT, Sorte de vase. Glos. *Estiva,* 2.

ESTIVER, Mettre les bestiaux pendant l'été dans les pâturages. Gl. *Æstiva.*

ESTOBLAGE, Le droit qu'on paye pour faire paître les *esteules* ou chaumes aux pourceaux. Gloss. *Estoblagium.*

ESTOC, Pieu, poteau, tronc d'arbre. Gl. *Estecha.*

ESTOCAGE, Estocaige, Droit seigneurial sur les maisons, droit de relief. Gl. *Estocagium* et *Stoc.*

ESTOCER, Estochier, Frapper d'estoc ou de la pointe. Gloss. *Estoquum.*

ESTOCQUIER, Boucher, fermer. Gl. *Extopare.*

ESTOFE, Matière, ce qui est mis en œuvre par les artisans. Glos. *Estoffa.*

ESTOFER, Approvisionner. Glos. *Estoffa.*

ESTOFERESSE, L'ouvrière qui fait ou garnit des bourses. Glos. *Estoffa.*

ESTOFFE, Matière, ce qui est mis en œuvre par les artisans. — Gens d'Estoffe, De mérite, de courage. Gl. *Estoffa.*

ESTOFFÉMENT, Se dit de quelqu'un qui est bien accompagné, et à qui rien ne manque. Gloss. *Stuffure.*

ESTOFFURE, Garniture, ornement. Gl. *Estoffa.*

ESTOFLER, Meubler, garnir. Gl. *Gradalicantum.*

ESTOICAGE, Droit seigneurial sur les maisons, droit de relief. Gl. *Estocagium.*

ESTOIER, Garder, réserver. Gl. *Salvare,* 1.

ESTOILLE, Bûche, morceau de bois fendu, éclat. Gl. *Estella.*

ESTOIRE, pour Histoire. Gloss. *Storia,* 2. — Flotte, armée navale. Gloss. *Storium,* sous *Stolus,* 2.

ESTOIREMENT, Provision, fourniture. Gl. *Estoramentum.*

ESTOISER a le Ley, Ester à droit chez nos praticiens, comparaître en jugement. Gl. sous *Abjuratio,* 1.

ESTOITE, p. e. Cabane aisée à transporter, où l'on se met à couvert. Gl. *Botoerum.*

ESTOMBEL, Aiguillon, perche armée d'une pointe, pour piquer les bœufs. Gl. *Estaqua.*

ESTOMPACIER, p. e. Mettre au carcan ou pilori. Gl. sous *Auris.*

ESTOQUAGE, Droit seigneurial sur les maisons, droit de relief. — Ce qu'on paye pour le droit d'étendre quelque chose sur des pieux afin de le faire sécher. Gl. *Stoc.*

ESTOQUAIGE, Estoquese, Ce qu'on paye au seigneur pour le droit de prendre les *Estocs* ou souches des arbres. Gl. *Stoc.*

ESTOQUER, Frapper d'estoc ou de la pointe. Gl. *Estoquum.* — Rompre, briser les mottes de terre. Gl. *Extocare.*

***ESTOR**, Bataille. L.

ESTORANCE, Augment de dot, don nuptial. *Agentiamentum.*

ESTORBAGE, Alarme, signal

EST

pour assembler les gens armés. Gl. *Stormus.*

*ESTORBELLON, Tourbillon. L.

ESTORCER, Se donner une entorse. Gl. *Extorquere*, 3.

ESTORDOISON, Etourdissement. Gl. sous *Palma*, 3.

ESTORDRE (Se), Se débarrasser, se dégager. Gl. *Excutere.*

ESTORÉE, Flotte, armée navale. Gl. *Storium*, sous *Stolus*, 2.

ESTOREMENT, Provisions, munitions, vivres. — Equipage, meubles, joyaux, ustensiles. Gl. *Estoramentum.*

ESTORER, Meubler, garnir. Gl. *Estoramentum.*

ESTORMEY, Escrime. *Maistre d'Estormey*, Maître en fait d'armes. Gl. *Stormus.*

ESTORMIE, Choc, combat; d'où *Estormir*, Escarmoucher, combattre; quelquefois simplement pour s'assembler, s'attrouper. Gl. *Stormus.*

ESTORON, Dédommagement, récompense. Gl. *Restaurum.*

ESTORSE, L'action de retirer du suc en pressant, pressurage. — Dernier effort. Gl. *Extortura.*

*ESTORSEMENT, Contorsion. L.

ESTORTPACIER, pour ESTONPACIER ci-dessus. Gl. *Depitare.*

ESTORTRE (Se), Se débarrasser, se dégager. Gl. *Excutere.*

ESTOSCÉMENT, Avec précaution. Gl. sous *Estornamentum.*

EST

ESTOUBLE, Chaume; d'où *Estoublage*, Le droit qu'on paye pour faire paître les chaumes aux pourceaux. Gl. *Estoblagium, Estoublagia.*

*ESTOUCHÉE, Inachevé. L.

ESTOUCQUET, diminutif d'ESTOC, Petite souche ou pieu. Gl. *Stoc.*

ESTOUFFERRESSE, L'ouvrière, qui fait ou garnit des bourses. Gl. *Estoffa.*

ESTOUPE, Bourde, tromperie, d'où

ESTOUPER, Tromper, faire accroire. — Fermer, boucher. Gl. *Stupare.*

ESTOUPILLON, Bouchon. Gloss. *Estopa.*

ESTOUPONNER, Rompre, briser, renverser. Gl. *Stoc.*

ESTOUR, ESTOURMIE, Choc, combat; d'où *Estourmir*, Escarmoucher, combattre. *Stormus.*

*ESTOURBER, Trembler. L.

*ESTOURMIE, Bruit d'un combat.

ESTOURNER, Se cacher, se sauver, s'éloigner. Gl. *Extorrens.*

ESTOUS, Insensé, furieux; d'où *Estoutie*, Folie, fureur. Gloss. *Stultizare* et *Extolicus.*

ESTOUSSIR, Tousser. *Extussire.*

*ESTOUTOIER, Maltraiter. L.

ESTOUVÉ, Garni, rempli. Gloss. *Gagnagium*, 1.

ESTOUVIER, Provisions, tout ce qui est nécessaire à quelqu'un. Gl. *Estoverium.*

EST

*ESTOUVOIR, Convenir. L.

ESTOVOIR, Tout ce qui concerne quelqu'un, ou qui lui est nécessaire. Gl. *Estoverium.*

ESTOYNE, Certaine pièce de bois d'une charrue. Gl. *Arur.*

*ESTRABOT, Satyre. L.

*ESTRAC, Trace. L.

ESTRACE , Extraction, origine, race. Gl. *Extracha.*

ESTRADER, Battre *l'estrade*, aller et venir pour découvrir et voler les passants sur les grands chemins. Gl. *Estrada.*

ESTRADIOT, Sorte de milice. Gl. sous *Strategus.*

ESTRAGE, Appentis, maisonnette. Gl. *Estra*, 2.

ESTRAHERE, ESTRAHIERE , Droit seigneurial sur les biens délaissés par mort ou autrement. Gl. *Extrajeriœ.*

ESTRAIER , Etranger , habitant d'un autre pays que le sien. Gl. *Extraterius.*

ESTRAIERE , Droit seigneurial sur les biens délaissés par mort ou autrement. Gl. *Estraeria.*

ESTRAIGE, Aire où l'on bat le blé. Gl. *Estra*, 2. — Chemin public. Gl. *Stabilitas*, 3.

ESTRAIGNE, Etrenne, le premier jour de l'an. Gl. *Estrena.* — Etranger. Gl. *Extrarius.*

ESTRAIJER , Droit seigneurial sur les biens délaissés par mort ou autrement. Gl. *Estraeria.*

ESTRAIN, Paille, chaume. Gloss. *Estramen*, et *Stramen*, 2.

EST

*ESTRAINCTURE, Détresse. L.

ESTRAINGNE, pour ESCRAINGNE, Lieu où s'assemblent les femmes et les filles pour travailler. Gl. sous *Gynœceum.*

ESTRAINNIERE, Etendart, drapeau. Gl. *Standardum*, 1.

ESTRAINTES, Sorte de vêtement, p. e. Caleçon. Gl. *Striga*, 4.

ESTRAINTURE , Etreinte, l'action de serrer fortement. Gloss. *Strictio*, 2.

ESTRANER , pour ESTRAIJER , Voyez ci-dessus.

ESTRANGER , Chasser, mettre dehors. — ESTRANGIER, Aliéner, mettre hors de sa main. Gloss. *Extraneare*, 1.

ESTRANNERE, Etendart, drapeau. Gl. *Standardum*, 1.

ESTRAUNGE, Etranger. *Uncuth.*

ESTRAYEURE, ESTRAYURE, Droit seigneurial sur les biens délaissés par mort ou autrement. Gl. *Estraeria*, et *Estrajeriœ.*

*ESTRAYS, Egaré. L.

ESTRE, Maison, appentis, maisonnette. — Cour, lieu fermé et à découvert. — Grand chemin, chemin public. — Le lieu où l'on se tient. -- Fenêtre. Gl. *Estra.*

ESTRECHIER, Etrécir. Gl. *Estreciatus.*

ESTRÉE, Droit seigneurial sur les biens délaissés par mort ou autrement. Gl. *Estraeria.* — Grand chemin, chemin public. Gl. *Strata.* — Espèce d'oublie. Gl. *Supplicatio.*

EST

ESTRÉER son Fief, Le remettre au seigneur suzerain. Gloss. *Estraeria.*

ESTREGNETZ , Etrennes , présents. Gloss. *Encœniare,* sous *Encœnium.*

ESTREIN, Paille, chaume. Gloss. *Estramen.*

*ESTREINT, Avare. L.

ESTREIT, Etréci. Gl. *Estreciatus.*

ESTREJURE , Droit seigneurial sur les biens délaissés par mort ou autrement. Gl. *Estrajeriœ.*

ESTRELIN, Monnaie , poids et valeur. Gl. *Esterlingus.*

*ESTRELOI, Injustice. L.

ESTRENE, Sorte de redevance, qu'on exigeait sous le nom de présent. Gl. *Estrena.*

ESTRENER, Contraindre, forcer. Gl. *Estreciatus.*

ESTREPER, Déraciner, détruire, ravager ; d'où *Estrepement,* Dégat, ravage, saccagement. Glos. *Estrepamentum* et *Stirpare.*

ESTRETTE, Extrait. Gloss. *Extracta,* 2.

*ESTRIBAT, Bâton. L.

ESTRICQUE, Morceau de bois, qui sert de gaîne à une faux. Gl. *Stricare,* 2.

*ESTRICHOIR, Dévidoir. L.

ESTRIE, Ce qui sert à resserrer, à contenir. Gl. *Strictio.* — Sorcière, loup-garou, fée. Gl. *Stria.*

ESTRIEF, Etrier pour monter à cheval. Gl. *Strepa.*

EST

ESTRIER, Suivre de près, presser. Gl. *Estreciatus.*

ESTRIF , Peine , chagrin, contrainte. Gl. *Estreciatus.* — Querelle, dispute, combat, bataille. Gl. *Estrif.*

*ESTRINGANT, Galant. L.

ESTRIS, Discussion, formalité. Gl. *Estrif.*

*ESTRIVÉ, Furieux. L.

ESTRIVÉE, pour Escrinée, Ecrin, petit coffre. Gl. *Escrinium.*

ESTRIVEMENT, Querelle, dispute. Gl. *Estrif.*

ESTRIVER, Quereller, combattre. Gl. *Estrif.*

ESTRIVEUR, Querelleur. *Estrif.*

ESTROBLE, Esteule, chaume. Gl. *Estoblagium.*

ESTROER, Trouer, percer. Glos. *Estruere.*

*ESTROGNÉ, Etêté. L.

ESTROIS, pour Escrois, Fracas, bruit éclatant. Gl. *Cruscire.*

ESTROISSIER, Couper, proprement raccourcir, élaguer. Glos. *Apicularii.*

ESTRONTOIER, p. e. Attaquer, injurier. Gl. *Astrepere.*

ESTROTEIR, p. e. Piquer, irriter. Gl. *Astrepere.*

*ESTROUSEMENT, A l'abandon.

ESTROUSSE, Droit seigneurial, dû par ceux qui recueillent du foin. Gl. *Trossa,* 1.

ESTROUVER, p. e. pour Estron-

EST

NER ou ESTRONCER, Ebrancher, étêter. Gl. *Exbrancare*. [Démunir. L.]

*ESTROX, Absolument. L.

*ESTRUER, Eparpiller. L.

*ESTRUIRE, Instruire, renverser.

ESTRUMENT, Vaisseau, navire. Gl. *Strumentum.*

ESTRUSSER, Battre, frotter, étriller. Gl. *Strusare.*

ESTUDE, Université, école publique. — Cabinet de livres, lieu retiré où l'on étudie. Gloss. *Studium.*

ESTUDIOLE, Cabinet, lieu détude. Gl. *Studiolum.*

ESTUI, Boutique où l'on garde le poisson. Gl. *Estugium.*

*ESTUIAUS, Fourreau. L.

ESTURDRE (SE), Se débarrasser, se dégager. Gl. *Excutere.*

ESTUREMENT , pour ESTOREMENT, Meubles, joyaux. Gloss. *Estoramentum.*

ESTURNES , Etourneau. Gloss. *Pirulus,* 2.

ESTURQUER, Heurter, pousser. Gl. *Extorquere,* 1.

ESTUVAUX, Sorte de chaussure, botte, bottine. Gl. *Estivalia,* 1.

ESTUVE, Bain, et *Estuveur*, *Estuveresse*, Baigneur, baigneuse. Gl. *Stuba.*

ESTUYER, Armoire, lieu où l'on serre quelque chose. — Mettre dans un étui, en grange, serrer. Gl. *Estugium.*

ETH

ESUCALE, pour ESCUALE, Ecuelle. Gl. *Escuaiiium.*

ESUITAIRE, Miette, petit morceau. Gl. *Mitatorium.*

*ESVAIER, S'évader. L.

*ESVANITÉ, Evanouissement. L.

ESVANTER, Prendre l'air, se rafraîchir. Gl. *Eventare,* 1.

ESVANTOIR, Bondon, l'ouverture d'un tonneau. Gl. *Eventare,* 1.

ESVANUER, Saisir. *Esvanuare.*

ESVAUDIE , Querelle , dispute, criaillerie. Gl. *Evare.*

ESVENTEURE, Bondon, l'ouverture d'un tonneau. Gloss. *Eventare,* 1.

ESVENTOUR, Eventail, ce qui sert à donner du vent. Gloss. *Eventare,* 1.

ESVERTIN , Vertige, épilepsie, sorte de maladie, dont les accès aliènent l'esprit. Gl. *Adversatus.*

*ESVIGORER, Ranimer. L.

*ESVIVRE, Se nourrir. L.

ESWARDER , Regarder, examiner ; d'où *Eswarde, Eswardeur*, Inspecteur, office municipal , et *Eswardage*, L'office ou le salaire de l'inspecteur. Gloss. *Eswardiator* et *Guardatores*, sous *Warda.*

ESWART, Réglement, statut. Gl. *Esgardium,* 1.

ETANÇOT, Tronc d'arbre coupé, souche. Gl. *Estocagium.*

*ETHALIER, Fascine. L.

EUV

ETHIMOLOGUER, Homologuer. Gl. *Emologare*.

ETREMPLÉE, p. e. pour ETTEMPLÉE, Soufflet. Gl. *Buffa*.

ETRILLE, Détroit, passage resserré, gorge. Gl. *Stricta*, 1.

EVADANT, Qui attaque, agresseur. Gl. *Evadari*.

EVAGINER, Dégaîner, tirer de la gaîne ou du fourreau. Gloss. *Vaginatus*.

EVANGELIER, Le texte des Evangiles. Gl. *Evangeliarum*.

EVE, Eau. Gl. *Ewaria*.

*EVEROLE, Pustule. L.

*EVERSEUR, Destructeur. L.

EVESQUE COMPAIN, Coadjuteur d'un évêque. Gl. *Coepiscopus*.

EVESQUE PORTATIF, Celui qui a un titre d'évêché dans les pays occupés par les infidèles, évêque *in partibus*. Gloss. sous *Episcopus*.

EUF, pour Œuf. Gl. *Ovum*, 1.

EULLAGE, Remplissage ; du verbe *Eullier*, Remplir jusqu'au bondon ou œil du tonneau. Gl. *Implagium*, 2.

EURNEL, pour ERNEL, p. e. Champ inculte. Gl. *Ermassius*.

EUSSE, Esse, cheville de fer, qui retient la roue d'une voiture. — EUSSE DE L'UEIL, p. e. L'orbite de l'œil. Gl. *Eussinus*.

EUTAULE, Octave, espace de huit jours. Gl. *Octava*, 2.

EUVANGELISTE, Titre donné à saint Nicolas. Gl. *Evangelista*.

EXC

EUVANT, Auvent. Gloss. *Euvannamentum*.

EUVE, Eau. Gl. *Stopa*, 3.

EUVRE, Autant de terre ou de vigne qu'un homme peut en travailler dans un jour. — Outil d'ouvrier. Gl. *Operœ*. — Bâtiment ; d'où *Payeur des Euvres*, Trésorier des bâtiments. Gl. *Operarius*, 1.

EUVRER, Travailler, ou rer. Gl. *Operare*.

EUX, EUZ, Yeux. Gl. sous *Eussinus*.

EWAGE, Droit perçu sur les eaux ou rivières. Gl. *Ewaria*.

EWE, Loi, règlement. Gl. *Euva*. — Eau. Gl. *Ewaria*.

EWER, Faire la comparaison de quelque chose à une autre. Gl. *Adhœrere*.

*EXACERBER, Irriter. L.

*EXACTÉ, Expulsé. L.

EXACTIF, Qui exige injustement. Gl. *Exactivus*.

EXAIN, Essaim ; d'où *Exainer*, Essaimer, jetter un essaim. Gl. *Examinare*, 1.

EXAVIN, Echevin, officier municipal. Gl. *Esquevinagium*.

EXCEGNER, Saigner un marais, le dessécher. Gl. *Essavare*.

EXCEPTÉ, préposition, Sauf, sans blesser. Gl. *Excepto*.

EXCEPTEUR DE PERSONNES, Qui fait acception des personnes. Gl. *Acceptator*, 1.

EXCERSITE, Exercice, pratique, usage. Gl. *Exercita*

EXI

EXCERTER, Essarter, défricher. Gl. *Exartare*.

EXCESSIVETÉ, Excès. Glos. *Excessivitas*.

EXCHOITER, Héritier, succéder. Gl. *Escadere*, 3.

EXCOGITATION, Pensée, dessein, projet. Gl. *Cogitarium*.

EXCOMMENGEMENT, Excommeniement, Excommuniment, Excommunication. Gloss. *Excommunicatio*.

EXCOMMUNIER, Maudire, faire des imprécations. Glos. *Excommunicare*.

EXCORIATION, Espèce de maladie. Gl. *Excoriare*.

EXCUSANCHE, Excuse. Gloss. *Detricatio*.

EXEMPIR, Essarter, défricher. Gl. *Exemplum*, 2.

EXEMPLER (S'), Prendre exemple. Gl. *Exemplare*, 5.

EXEMPLIR, Essarter, défricher. Gl. *Exemplum*, 2.

EXEQUES, Obsèques, funérailles, service solennel pour un mort. Gl. *Exequiæ*.

EXEQUTERRESSE, Exécutrice. Gl. *Executio*, 3.

EXERCITER, Exercer. Gloss. *Exercitas*.

EXFRUIT, Usufruit, jouissance. Gl. *Exfructare*.

EXIGUER, Faire le partage du bétail donné à moitié du produit. Gl. *Exaquia*.

EXP

EXIL, Destruction, ruine, ravage. Gl. *Exilium*, 1. — Echandole, bardeau, late. Gl. *Exendola*.

***EXIMER**, Exempter. L.

EXINETE, Broussailles. Gloss. *Exinuare*.

***EXITURE**, Issue. L.

EXOINE, Excuse, raison, qu'on allègue en justice pour s'excuser de n'avoir pas comparu à une assignation ; d'où *Exoiner*, *Exonier*, Proposer cette excuse, et *Exoineur*, *Exoniateur*, Celui qui est chargé de la proposer. Gl. *Essonia*, *Essoniare* et *Essoniator*, sous *Sunnis*.

EXOINIER, Mettre en Exoine de son corps, Maltraiter jusqu'à mettre quelqu'un en danger de mort ou d'être mutilé. Gloss. *Exoniare corpore*, sous *Sunnis*.

EXONE DE MALADIE, Raison de maladie alléguée en justice pour s'excuser de n'avoir pas comparu à une assignation. Gloss. sous *Sunnis*.

EXONIATEUR, Exonier, Voyez ci-dessus *Exoine*.

EXORILLER, Couper les oreilles, sorte de supplice. Gloss. sous *Auris*.

EXPAISÉ, Chassé de son pays, expatrié. Gl. *Expatriare*.

EXPELLER, Repousser, écarter. Gl. *Expellere*.

EXPERIMENT, Expérience, connaissance acquise par l'étude et l'expérience. *Experimentatus*.

EXPERMENTER, Expérimenter,

EXS

tenter, sonder. Gloss. *Experimentare.*

*EXPERTER, Exercer. L.

*EXPLAUDER, Bafouer. L.

EXPLECHE, Terre ou pré dépouillé. Gl. *Esplencha.*

EXPLÉE, Domaine. Gl. *Explegium,* sous *Expletum,* 2.

EXPLEIT, Revenu, produit d'une terre. Gl. *Expletum,* 2.

EXPLOICTEUR, Moissonneur, celui qui doit corvée, appelée *Exploit,* pour la moisson. Gloss. *Expletator,* sous *Expletum,* 2, et *Expletum,* 3.

EXPLOIT, Instrument, outil, ce qui est utile ou nécessaire à quelque chose. Gl. *Explectum.*

.*EXPOLIER, Dépouiller. L.

EXPRESSER, Esprimer, énoncer. Gl. *Expressare.*

EXQUERIR, Faire une exacte recherche. Gl. *Escligniatio.*

EXQUIS, Extorqué, surpris. Glos. *Exquisitus.*

EXSIL, Gaîne, fourreau. Gloss. *Exendola.*

EXSONIE, Excusé, raison, qu'on allègue en justice pour s'excuser de n'avoir pas comparu à

EYT

une assignation. Glos. *Essonia,* sous *Sunnis.*

EXSTENCILLER, Meubler, garnir d'ustensiles de ménage. Gl. *Ustensilia.*

*EXTERRIR, Effrayer. L.

*EXTITURE, Existence. L.

*EXTOLLER, Exalter. L.

EXTRAICT, Billet, obligation. Gl. *Alloverium.*

EXTRAJURE, Droit seigneurial sur les biens délaissés par mort ou autrement. Gl. *Estrajeriæ.*

*EXTRANEISER, Aliéner. L.

EXTREMISER, Administrer l'extrême-onction. Gl. *Extremizare.*

EXUE, Revenu, produit. Gloss. *Exitus,* 1.

EXUFFRUCTAIRE , Usufruitier. Gl. *Exfructare.*

*EXURIER, Grossir. L.

EYRAL, Terre en friche, qui n'est pas labourée. Gl. *Eiraudus.*

EYSSUILET, Sifflet, coup de sifflet. Gl. *Sibulus.*

EYTENE, Bûche, sorte de bâton pointu. Gl. *Estella.*

EYTRILLE, Détroit, passage resserré, gorge. Gl. *Stricta,* 1.

FAAUTÉ, Le serment que le vassal doit à son seigneur féodal de lui être fidèle. Gl. *Fidelitas.*

*FABE, Fève. L.

FABLEOR, Fabuliste, qui écrit des fables. Gl. *Fabulo.*

FABRICE, Revenu affecté à l'entretien d'une église. *Fabrica,* 4.

FABRICEUR, Fabriqueur, Fabrisseur, Celui qui est chargé de l'administration de la fabrique ou du revenu d'une église. Gl. *Fabricerius.*

*FAÇAUTÉ, Prestance. L.

FACENDE, Terre, métairie. Gl. *Fazenda.*

FACHART, p. e. Fâcheux ou Porteballe ; terme de mépris. Gl. *Fachinus.*

FACHE, Terre en Fache, Qui n'est pas cultivée. Gl. *Faicia.*

FACHILLNER, Sorcier. Glos. *Fachinerarius.*

FACILLAGE, Tout ce qui se coupe à la faucille. Gl. *Facillatura.*

*FACINEREUX, Méchant. L.

FACINIER, Sorcier, enchanteur. Gl. *Faccinerius.*

FAÇON, Face, visage. — Petit levier d'un char. Gl. *Faço,* 2.

FACONDE, Facultés, biens, richesses. Gl. *Facundia.*

FACTEUR, Celui qui appuie et favorise le crime. Gl. *Factores sceleris,* sous *Factor,* 2.

FAÉ, Enchanteur. Gl. *Fadus.*

FAEL, Vassal, sujet. Gl. *Fidelis,* 2.

*FAER, Charmer. L.

FAERIE, Spectre, fantôme. Gl. *Fadus.*

FAEUILLE, p. e. Le droit de couper des branches d'arbre qui ont leurs feuilles. *Folium,* 4.

FAFELLUE, Faffeuer, Conte fait à plaisir, bagatelle. Glos. *Famfaluca.*

FAGEL, Sorte de vêtement, ou besace. Gl. *Magaldus.*

FAGNE, Faye, lieu planté de hêtres. Gl. *Fania.*

FAGOT, Bâton de fagot. Gloss. *Fagotare,* 1.

FAGOTAILLE, Ce qui sert à remplir une digue ou chaussée. Gl. *Fagia,* 2.

FAGOTEUR, Terme de mépris, homme méprisable. Gloss. *Fagotare,* 1.

FAGOTIER, Bûcheron, qui fait des fagots. Gl. *Fagotarii,* sous *Fagus.*

FAICTURERIE, Sorcellerie, art magique. Gl. *Factura,* 7.

FAIDER, Agir comme ennemi. Gl. *Faidire,* sous *Faida.*

FAIER, Inféoder, donner en fief. Gl. sous *Bajulus,* 4.

*FAIGNAZ, Cloaque. L.

FAIGNE, Faye, lieu planté de hêtres. Gl. *Fania.*

FAI

FAILHARD, Hêtre. Gl. *Faguus.*

FAILLANCHE, Faute, manquement. *Sans faillance,* Sans faute, sûrement. Gl. *Fallacia.*

FAILLE, Falot, torche. Gl. *Falœ,* sous *Phalœ.* — Fausseté, tromperie, conte. Gl. *Fallita,* 2. — Sans Faille, Sans faute, sûrement. Gl. *Fallum,* 1.

FAILLI, Homme sans cœur, ni honneur. Gl. *Fallitus.*

FAIN, Foin. Gl. *Carca.*

FAINCTISE, Feinte, tromperie. Gl. *Fictitia.*

FAINDRE (SE), Se ménager, travailler nonchalamment. Gloss. *Fingere se.*

FAIRE, Fait, action. Gl. *Factum,* 4. — Foire, marché privilégié. Gl. *Feriœ,* 3. — Être, se porter. *Faire que fol,* Agir comme un fou. Gl. *Facere,* 14. — Se Faire a quelqu'un, Se dire domestique de quelqu'un. Gloss. *Facere dominum,* sous *Facere,* 16. — Faire a veoir, Montrer, faire voir. Gl. *Faceri videri,* sous *Facere,* 16.

FAIS, Botte, faisceau. Gl. *Faissus.*

FAISABLETE, Facilité dans l'exécution ; d'où *Faisablement,* Facilement, avec aisance. Gloss. *Agibilis.*

FAISANCE, L'action et le moment de faire quelque chose. Gloss. *Factum,* 4. — Redevance, rente, corvée, service que doit faire un vassal. Gl. *Fesancia.*

FAISAUL, Sorte de panier d'osier propre à la pêche. Gl. *Fessina.*

FAISIL, Ordure, vidange. Glos. *Fasilia.*

FAK

FAISINE, Sorte de panier d'osier propre à la pêche. Gl. *Fessina.*

FAISNIEUR, Gardien des corps morts. Gl. *Faisnator.*

FAISSE, Sorte de bâton, paisseau. Gl. *Faissus.*

FAISSELLE, Forme à faire des fromages, ou éclisse pour les égoutter. Gl. *Fiscina,* 2.

FAISSER, Panser, appareiller une plaie. Gl. *Fasciola.*

FAISSETE, Pièce ou morceau de terre. Gl. *Faicia.*

FAISSINE, Sorte de panier d'osier propre à la pêche. Gloss. *Fessina.*

FAISSOIR, Houe, instrument à labourer la terre. *Fasculum,* 2.

***FAITARD,** Paresseux. L.

FAITEUL, Celui qui fait un crime. Gl. *Faetores sceleris,* sous *Factor,* 2.

FAITEUR, Facteur, commissionnaire. Gloss. *Factores,* sous *Factor,* 2.

FAITIS, Beau, bien fait, agréable. Gl. *Factura,* 2. — Pain Faitis, Pain bis. Gl. *Panis tornatus,* sous *Panis,* 2.

FAITUEL, Celui qui fait un crime. Gl. sous *Factor,* 2.

FAITURE, Forme, figure, bonne grâce. Gl. *Factura,* 2. — Sortilège, maléfice. Gl. *Factura,* 7.

FAITURIER, Sorcier, qui fait des sortilèges et maléfices. Gloss. *Factura,* 7.

FAKENIART, p.e. Valet de chiens. Gl. *Braconarii,* sous *Bracco.*

51

FAM

FALCHINER, Sorcier, enchanteur, qui fait des sortilèges. Gl. *Fachinerarius.*

*FALERER, Harnacher. L.

FALISE, Falaise, lieu élevé, bords de la mer ou d'une rivière. Gl. *Falesia.*

FALOISE, comme *Falise.* Gloss. *Falesia.* — Fausseté, tromperie, conte fait à plaisir. Gloss. *Fallita,* 2.

FALORDER, Tromper, duper, se moquer. Gl. *Fallita,* 2.

FALOT, Sorte de vêtement. Gl. *Falie.*

FALOURDE, Conte fait à plaisir. Gl. *Fallita,* 2.

*FALSERIE, Tromperie. L.

FALTE, Haut-de-chausses, garde-chausses, habit militaire. Gl. *Fauda.*

*FALVE, Fauve. L.

FAMBRAY, Fumier, ordure. Gl. *Exfelcorare.*

FAMBRÉER, Battre des platras pour en faire une espèce de mortier, et ensuite des planchers. Gl. *Eruderatus.*

FAMBRER, Fumer, engraisser une terre. Gl. *Exfelcorare.*

FAMEILLEUS, Qui a grand faim. Gl. *Famescere.*

FAMEL, Le fer d'un javelot. Gl. *Famellus.*

FAMELIÈRES, Famiiier, conseiller intime. Gl. *Familiares.*

FAMILIER, Qui est attaché au

FAR

service de quelqu'un, domestique. Gl. *Familiarius.*

*FAMIS, Affamé. L.

FAMULAIRE, Caleçon. Gloss. *Famulare.*

FANC, Fange, limon, boue. Gl. *Fangus.*

FANDACE, Fente, crevasse. Gl. *Fenditus.*

FANDOFLE, Machine de guerre à jeter des pierres. *Fandatus.*

FANFELUCHE, FANFELUE, Chose de peu de valeur, bagatelle. Gl. *Famfaluca.*

FANGER, Couvrir de fange ou de boue. Gl. *Fangus.*

FANGIER, FANGIS, Bourbier, cloaque. Gl. *Fangus.*

*FANNOIER, Faire illusion. L.

FANON, Ornement d'autel, tapis, rideau. Gl. *Festaculus.*

FANTASTIC, Idiot, imbécile. Gl. *Fantasticus,* 2.

*FANTESQUE, Servante. L.

FANTIAU, Fantôme, esprit follet. Gl. *Ficarius.*

FANTOSME, Chose extraordinaire, conte, fable. Gl. *Phantasia,* 2.

*FANTUEUX, Fécond. L.

*FAQUE, Poche. L.

*FARAMINE, Vermine. L.

FARAT, Amas, troupeau. Gloss. *Farassia.*

FARCE, Garniture, ouate. Gloss. *Farsetus.*

FAS

FARCHIEL, pour FAUCHIEL, Faucille. Gl. *Falcilla.*

FARCHOLEZ, Espèce de bois. Gl. *Farassia.*

FARDAGE, FARDAIGE, Fardeau, bagage. Gl. *Fardellus.*

FARDELER, Faire un paquet, mettre en ballot. Gl. *Fardellus.*

FARDELEUR, FARDELIER, Crocheteur, porte-faix. Gl. *Fardellarius* et *Fardellus.*

*FARDER, Charger. L.

FARDOILLE, Conte fait à plaisir. Gl. *Fallita,* 2.

FARE, Sorte de filet; d'où *Faire la Fare,* Pêcher avec ce filet. Gl. *Fara,* 2.

FARINAGE, Droit de mouture. Gl. *Farinagium.*

FARINIERE, Coffre où tombe la farine moulue. Gl. *Farinosium.*

FARRAMAS, Terme injurieux pour une femme; p. e. Celle qui se prostitue à tous les étrangers. Gl. *Faramanni.*

FARRÉE, Soufflet, coup de poing. Gl. *Farreum.*

*FARSIL, Moquerie. L.

FASCHIEL, Fagot, fascine. Glos. *Fascia,* 2.

*FASCON, Flammèche. L.

*FASSER, Emmailloter. L.

FASTRASIE, Vision, fantaisie, folie. Gl. *Fallita,* 2.

FASTROULLE, Fatras, fadaise, conte fait à plaisir, mensonge. Gl. *Fallita,* 2.

FAU

FATIGATION, Embarras, peine. Gl. *Fatigatio.*

FATROULLE, comme FASTROULLE; d'où *Fatroulleur,* Celui qui débite de pareilles sottises. Gl. *Fallita,* 2.

FATTRAS, Fracas, bruit. Gloss. *Fatuare.*

FATUITÉ, Stupidité, imbécilité. Gl. *Fatuus,* 1.

FAUÇAGE, Ce qui a été fauché. Gl. *Falcatura,* 1.

FAUCET, Voix, chant. *Fausetum.*

FAUCHAR, Grande faucille. Gl. *Falcaustrum.*

FAUCHÉE, Ce qu'un homme peut faucher dans un jour. Gl. *Falcata.*

FAUCHEMENT, FAUCHERIE, L'action de faucher. Gl. *Falcatio.*

FAUCHET, Faucille. — Espèce de rateau.—FAIRE LE FAUCHET, Donner le croc en jambe. Glos. *Falcetus.*

FAUCHIÉE, Ce qu'un homme peut faucher dans un jour. Gl. *Fauchcia.*

FAUCHILE, Faucille. Gl. *Faucilla.*

FAUCHON, Espèce d'épée recourbée. Gl. *Falcastrum,* 2, et *Faucho.*

FAUCILIER, Faucheur. Gloss. *Falcarius,* 2.

FAUCILLER, Faucher, couper avec la faux ou faucille. Gloss. *Falcarius,* 2.

FAUCILLON, Faux, faucille. Gl. *Faucilla.*

FAU

FAUCONNAGE, Sorte de redevance. Gl. *Falconagium*.

FAUÇONNERIE, Le crime du faux‑monnoyeur. *Falsoneria*.

FAUCQUET, Petite faux, faucille, sorte d'arme. Gl. *Falcetus*.

FAUDAGE, Le droit de faire parquer ses moutons. Gloss. sous *Falda*, 1.

FAUDE, Parc ou lieu fermé de claies, appelées *Faudes*. Gloss. *Falda*, 1.— Sorte d'habit, haut‑de‑chausses, garde‑chausses, tablier de femme. Gl. *Faldao*, et *Fauda*. — Charbonnière ; doù *Fauder*, Faire du charbon. Gl. *Falda*, 1.

FAUDESTEUIL, Faudestuef, Faudestuel, Fauteuil. Gloss. *Faldistorium*.

FAUGIBE, Faucille. Gl. *Dalha*.

FAULCILLE, Payer la Faulcille, Couper les blés par corvée. Gl. *Falcatio*.

FAULCQUET, Petite faux, faucille, sorte d'arme. Gl. *Falcetus*.

FAULCYE, Ce qu'un homme peut faucher dans un jour. Gl. *Falcata*.

FAULDE, Claie, lieu fermé de claies. Gl. *Falda*, 1.

FAULDÉE, Charbonnière. Gloss. *Falda*, 1.

***FAULOSE**, Fausseté. L.

FAULSER, Altérer, corrompre, falsifier. Gl. *Falsare*, 2.

FAULSONNERIE, Le crime d'un faussaire et celui du faux‑monnayeur. Gl. *Falsoneria*.

FAULTRAGE, Le droit de faire parquer ses moutons sur les terres de ses vassaux. Gloss. *Preagium*.

FAULX‑VISAGE, Masque. *Masca*.

***FAUMENTERIE**, Hypocrisie. L.

FAUNIER, Bûcher, endroit où l'on met sécher le bois. Gloss. *Focile*, 2.

FAUQUET, Petite faux, faucille, sorte d'arme. Gl. *Falcetus*.

***FAUSNIER**, Tromper. L.

***FAUSSART**, Coutelas. L.

FAUSSEEUR, Appelant d'un jugement. Gl. *Falsare*, 4.

FAUSSEMENT, Appel d'un jugement. Gl. *Falsare*, 4.

FAUSSER la Cour, Appeler d'un jugement. Gl. *Falsare*, 4.— Percer d'outre en outre, rompre tout à fait. Gl. *Falsificare*, 2.

FAUSSERERIE, Le crime d'un faussaire. Gl. *Falsare*, 2.

FAUSSERRES, Appelant d'un jugement. Gl. *Falsare*, 4.

FAUSSILLIER, Faucher ; d'où *Faussilleur*, Faucheur. Gloss. *Falcarius*, 2.

FAUSSONNER, Faire de la fausse monnaie ; d'où *Faussonnier*, Faux‑monnayeur. Gl. *Falsussaulnerius*.

FAUTABLE, Se dit d'un homme vrai et qui a bonne réputation, qu'il faut croire, qui a prêté serment de dire vérité. Gloss. *Fautalis*.

FAUTE, A la Faute, A l'extré‑

FEA

mité , au bout , l'endroit où quelque chose finit. Gl. *Fallere.*

FAUTERIE, Le crime de ceux qui sont fauteurs d'une faction. Gl. *Fautoria.*

FAUTRE, Feutre, sorte d'étoffe. Gl. *Fautrum,* et sous *Feltrum.*

FAUTRER, Chasser, mettre dehors. Gl. *Fautrum.*

FAUX, L'endroit où quelque chose finit. Gl. *Fallere.*

FAUX DE PRÉ, Ce qu'un homme peut faucher dans un jour. Gl. *Faucheia.*

FAUXILLE, Faucille. *Faucilla.*

FAUX-VISAGE, Sorte d'habillement, visage contrefait, masque. Gl. *Masca.*

*FAVAL, Fève. L.

FAVART, Sorte d'armure. Gloss. *Faveria.*

FAVELE , Flatterie , cajolerie ; d'où *Faveler, Favellɛr.* Flatter, dire des douceurs. Gloss. *Favellare,* 2.

FAVIÈRE, Champ semé de fèves. Gl. *Favateria.*

*FAVINE, Faîne. P.

FAY, Ecurie, étable. Gl. *Fayssa.*

FAYNE, Fouine, animal. *Faina.*

FEABLEMENT, Avec fidélité. Gl. *Fidelitatem facere,* sous *Fidelitas.*

FEAGE, FEAIGE, Fief, fonds de terre donné en fief. Gl. *Featum* et *Feodagium,* sous *Feudum.*

FEALTIE, Féauté, serment que le

FEM

vassal doit à son seigneur féodal de lui être fidèle. Gloss. *Fidelitas.*

FEÇOIR, Houe, instrument à labourer la terre. Gl. *Fessorius.*

FÉE, Espèce de démon, femme à qui l'on attribuait un pouvoir extraordinaire. Gl. *Fadus.*

FEIAUL , Vassal , sujet. Gloss. *Fidelis,* 2.

FEIGNAS, Lieu planté de hêtres. Gl. *Fagia,* 1.

FEIGNEMENT, Prétexte, feinte. Gl. *Figmentum.*

FEILLIÉE, Tas de branches d'arbre avec leurs feuilles. Gloss. *Foilliata.*

FEILLIER , Fagot d'épines , de bruyères. Gl. *Foilliata.*

FEIRE, Foire, marché privilégié. Gl. *Feriæ,* 3.

*FEL, Perfide. L.

FELENESSE GENT, Nation perfide. Gl. *Fello,* 2.

*FELENIER, Irriter. L.

FELONNEUSEMENT, Fortement, avec vigueur. Gl. *Felonice.*

FEMBROY, Fumier, engrais. Gl. *Exfelcorare.*

FEMÉ, Fumé, engraissé. Ruteb. tom. 1, page 17. Voyez *Femier.*

FEMEAULX, ENFANS FEMEAULX, Filles. Gl. *Femellus.*

FEMELLE, Le fer qui tient le marteau d'une porte. *Fimella.*

FEMIER, Mauvais chemin, rempli

FEN

de boue et de fumier. Gl. *Fimarium*, sous *Fimare*.

FEMINAUX, Femenins, Adonnés aux femmes. Gl. *Femellarius*.

FEMME de Joye, de mal recapte, de pechié de vie, Tous termes pour désigner une femme débauchée. Gl. sous *Femina*.

FEMOURIER, Fosse à fumier. Gl. *Femoracium*.

FENACIL, Tas de foin. *Fenacil*.

FENAGE, Droit exigé en foin, ou en argent. Gl. *Fenagium*.

FENAIL , Fenal, Qui concerne les foins. *Mois Fenal*, Juillet, où l'on fait les foins. Gl. *Fenalis mensis*.

FENCH, p. e. Tas de foin. Gloss. *Fenacil*.

FENDACE, Fente, crevasse. Glos. *Fenditus*.

FENDON, Planche ou morceau de bois fendu. Gl. *Fenditus*.

FENELESCKES, Gl. sous *Naca*, 1.

*FENERATEUR, Usurier. L.

FENERIER, Grenier à foin. Gl. *Fenerius*.

FENESTRAGE, Droit d'avoir des *fenêtres* ou ouvertures dans les hautes futaies, pour tendre aux bécasses. Gl. *Fenestra*, 4. — Ce que l'on paye pour l'étalage des marchandises. Gloss. *Fenestragium*, 1. — Exposition des armes avant les tournois. *Fenester, Faire fenestres*. Gl. *Fenestragium*, 2.

FENESTRE, Armoire, tabernacle d'autel. — Boutique, lieu où

FER

l'on étale la marchandise à vendre. — Ouverture dans les hautes futaies, où l'on tend des filets pour prendre des bécasses. Gl. *Fenestra*.

FENESTRÉ , Habit Fenestré , Tailladé, découpé. *Cultellare*.

FENESTRER, Faire le galant à la fenêtre de sa maîtresse. Gloss. *Fenestrare*.

FENESTRETTE , Petite fenêtre. Gl. *Fenestra*.

FENESTRIER , Petit marchand. Gl. *Fenestra*, 1.

FENESTRIS, Ouverture en guise de fenêtre. Gl. *Fenestragium*, 3.

FENIS , Parfait, accompli, fini. Gl. *Finus*.

FENON, Fanon, manipule, partie de l'habit sacerdotal. Gl. *Fano*. —p. e. Fourche, ou rateau pour faner le foin. Gl. *Fenula*.

FENTIS, Rompu, fendu. Gloss. *Fenditus*.

FENTURE, Fente, crevasse, ouverture. Gl. *Fenestragium*, 3.

FEODAL, Habitant dans l'étendue d'un fief. Gl *Feodalis*.

FEODATOIRE, Qui appartient à un fief Gl. *Feodale*.

FEOFFEMENT, Inféodation ; du verbe *Féoffer*, Inféoder ; d'où *Féouffour*, Celui qui donne en fief. Gloss. *Feoffamentum* et *Feoffator*, sous *Feudum*.

FERABLE, Chômable, qui doit être fêté. Gl. *Feriatus dies*, sous *Feriæ*, 2.

*FERAIL, Ferrure. L.

FER

FERAIN , Bête , sauvage. Gloss. *Feramen.*

FERART , Seau, vaisseau pour puiser et porter de l'eau. Glos. *Ferrata,* 2.

FERE, Férie, terme ecclésiastique pour désigner les jours de la semaine. Gl. *Feriæ,* 2.

FERÉIS, Choc, combat. *Feritum.*

FEREMENT , Coup, l'action de frapper. Gl. *Feritum.*

FERER, Fêter, chômer. Gl. *Feriare,* sous *Feriæ,* 2.

FEREUR, Celui qui frappe. Glos. *Feritores.*

*FERIAL, Plaisant. L.

*FERIALITÉ, Bouffonnerie. L.

FERINAGE, Le droit de mouture. Gl. *Farinagium.*

*FÉRIR, Frapper. L.

*FERLIÉ, Serré. L.

FERLIN, Sorte de monnaie, la quatrième partie d'un denier. Gl. *Ferlingus.*

FERMAIL, Boucle, agrafe. Gloss. *Fermalium , Fermeilletum* et *Firmaculum.* — Cheville du pied. Gl. *Fermalium.*

FERMAILLE, Promesse, gageure, enjeu. Gl. *Fermalia.*

FERMAILLEUR, Faiseur de boucles et agrafes. Gl. *Fermalium.*

FERMANCE, Répondant, caution. Gl. *Firmancia.*

FERMANT, Outil de fer, serpe. Gl. *Ferramentum.*

FER

FERME, Serment fait en justice pour affirmer qu'on a bon droit. Gl. sous *Firma.*

FERMEAU, Outil de fer, serpe. Gl. *Ferramentum.*

FERMEILLE, Gageure, enjeu. Gl. *Fermalia.*

FERMENT, Outil de fer, serpe. Gl. *Ferramentum.*

FERMER, Promettre,assurer avec serment.— Rendre ferme, affermir. Gl. *Firmare,* 1. — Fortifier une ville, un château. — Fiancer. Gl. *Firmare,* 7.

FERMETÉ, Forteresse, château, fortification. — Impôt sur les denrées. Gl. *Firmitas.* — Cadenas, serrure, ce qui sert à fermer. Gl. *Firmura.*

FERMETURE, Enceinte, clôture. Gl. *Firmitas,* 4.

FERMIER, PRESTRE FERMIER, Vicaire , prêtre desservant une cure. Gl. *Firmarius.*

FERMILLERE, Boucle, agrafe. Gl. *Fermalium.*

FERMILLET , Petite boucle ou agrafe. Gl. *Fermalium.*

FERMOER, Boucle, agrafe. Glos. *Firmatorium,* 1.

FERMOILLET , Petite boucle , agrafe. Gl. *Fermalium.*

*FERNER, Soutenir. L.

FERNI, Ferme, qui ne change point. Gl. *Fermentus.*

FERONGLE , Tumeur, enflure. Gl. *Ferunia.*

FERONNERIE, Lieu où l'on vend le fer. Gl. *Ferreria.*

FER

FERPE, Sorte d'ornement, frange, houpe. Gl. *Frepatœ vestes*.

FERPERIE, Fripperie, commerce d'habits et de meubles. Gloss. *Frepatœ vestes*.

FERPIER, Frippier. Gl. *Ferperius*.

FERRANT, Cheval qui a le poil blanc. Gl. *Ferrandus*.

FERRAT, Seau, vaisseau pour puiser et porter de l'eau. Gloss. *Ferrata*, 2.

FERRATIER, Forgeron, ouvrier en fer. Gl. *Ferraterius*.

FERRÉE, Houe, hoyau, instrument à remuer la terre. Gloss. *Ferrea*.

FERRÉIS, Coup, l'action de frapper, choc, combat. Gl. *Ferita*.

FERRER, Mettre dans les fers. — Marquer avec un fer. Gl. *Ferrare*. — Battre, rompre, broyer. Gl. *Feritorium*.

*FERRETTE, Epée. L.

FERRIER, Marteau à l'usage d'un maréchal. Gl. *Ferrator*, 2.

FERRIERE, Bouteille, vase à mettre du vin. Gl. *Ferreria*, 2.

FERRIEU, Seau, vaisseau pour puiser et porter de l'eau. Gloss. *Ferria*.

FERRIN, Sorte de monnaie, p. e. pour *Ferlin*. Gl. *Ferlina*.

FERRON, Forgeron, maréchal, ouvrier en fer. Gl. *Ferro*, 2.

FERROT, Petite monnaie d'argent. Gl. *Ferlina*.

*FERROUER, Serrure. L.

FES

*FERROULÉ, Verouillé. L.

FERTÉ, Forteresse, château. Gl. *Firmitas*, 4.

FERTIN, Petite monnaie d'argent. Gl. *Ferto*.

FERUE, Portion d'héritage, la part qui appartient à quelqu'un dans quelque chose. — A LA FERUE, À mesure, à proportion. *Ferua*.

FERVEMENT, Avec ferveur, ardemment. Gl. *Fervorosus*.

FERVESTI, FERVESTU, Couvert d'une armure de fer. Gl. *Ferrebrachia*.

FESANCE, L'action et le moment de faire quelque chose. Gloss. *Factum*, 4. — Redevance, rente, corvée, service que doit faire un vassal. Gl. *Fesancia*.

FESNE, Charme, ensorcellement. Gl. *Fascinare*.

FESSE, Fasce, terme de blason. Gl. *Fasciola*.

FESSEL, Faisceau, fagot. Gloss. *Fessellus*.

FESSEUR, FESSOIR, FESSOOIR, Houe, instrument à labourer la terre à la main. Gl. *Fessorius* et *Fossorium*.

FESSORÉE, FESSORIÉE, Certaine mesure de terre, autant qu'un homme, avec le *fessoir* ou houe, peut en labourer dans un jour. Gl. *Fessoriata*, sous *Fessorada*.

FESSOUER, Houe, instrument à labourer la terre à la main. — Instrument avec lequel on arrose les prés en Auvergne. Gl. *Fessorius*.

FESSOUL, FESSOUR, Houe, ins-

FES

trument à labourer la terre à la main. Gl. *Fessorius.*

FESSOURÉE, Certaine mesure de terre, autant qu'un homme avec le *fessouer*, ou houe, peut en labourer dans un jour. Gl. *Fessoriata*, sous *Fessorada.*

FESTACLE , Ornement d'autel, tapis, rideau. Gl. *Festaculus.*

FESTAGE, Droit que le seigneur lève sur chaque maison ou famille. — Cessation de travail. — Aide due par le vassal à son seigneur en certains cas. Gloss. *Festagium.*

FESTAIGE, Festin, repas. Gl *Festagium*, sous *Festum.*

FESTE, Cour, assemblée, festin. Gl. *Festum*, 2.— Foire, marché privilégié. Gl. *Festum*, 4. — Faîte, comble. Gl. *Festagium*, 1. — Espèce de cordage. Gloss. *Festum*, 4. — Feste des bonnes Ames, que nous nommons ordinairement *Des morts.* — Feste du Regart, p. e. Entrevue du mariage. — Feste du Sacre N. S., La fête du saint Sacrement. — Feste, Sacre ou intronisation d'un évêque. Glos. *Festum*, 8.

FESTÉE, Faîte, comble de maison. Gl. *Festum*, 5.

FESTER, Mettre le faîte à une maison. Gl. *Culmare.* — Être oisif, ne rien faire. Gl. *Festare.*

FESTIER , Régaler, donner un festin.— Jouter, combattre avec des lances. Gl. *Festare.*

FESTISSURE, Faîtière, tuile courbée dont on couvre le faîte des maisons. Gl. *Festissura.*

FEU

FESTOIER, Fête ou divertissement. Gl. *Festivare*, 3.

FESTRE, Faîte, comble. Gloss. *Festrum.*

FESTU, Rompre le Festu, Quitter, abandonner quelque chose. Gl. *Festuca.*

FETARDIE, Négligence, nonchalance, paresse ; de *Fetart*, Paresseux, négligent. Gl. *Fetica.*

*FETEUR, Puanteur. L.

FETIS, Beau, bien fait, agréable. Gl. *Factura*, 2.

FETIZ, Pain Fetiz, Pain bis. Gl. *Panis tornatus*, sous *Panis*, 2.

FEU, Droit que le seigneur lève sur chaque maison ou feu. Gl. *Foagium*, 1. — Fief. *Donner à feu*, Inféoder, donner en fief. Gloss. *Dare per feudum*, sous *Feudum.*

FEUAGE, Le droit dû sur les bois qu'on amène à la ville. Gl. *Focagium*, sous *Foagium*, 1. — Feuage, pour Fouage. Voy. ce mot ci-après.

FEU-DIEU , Malade attaqué du feu sacré ou de Saint-Antoine, ardent. Gl. *Ignis divinus.*

FEUETÉ, Fidélité. Gl. *Hominium.*

FEUGAGE, Le droit dû sur les bois amenés à la ville. Gl. *Focagium*, sous *Foagium*, 1.

FEUILLARS, Certains brigands, ainsi nommés, ou d'une branche d'arbre qu'ils portaient à leurs chapeaux pour se reconnaître, ou parce qu'ils se retiraient dans les bois. *Foilliata.*

FEUILLE DE SAUGE, Espèce de pioche. Gl. *Foditare*.

FEUILLÉE, Feuillette, sorte de mesure. Gl. *Foliatim vendere*.

FEUILLETER, Pousser les feuilles. Gl. *Frondare*, 1.

FEUILLIOT, Branche d'arbre avec ses feuilles. Gl. *Foilliata*.

FEULEUX, Pierre qui fait feu. Gl. *Focale*, 2.

FEULINE, Falot, bouchon de paille allumé. Gl. sous *Brando*, 1.

FEULLE, Espèce de pioche. Glos. *Foditare*.

FEULPIER, FEUPIER, Frippier. Gl. *Dossagium* et *Ferperius*.

FEUR, Prix, valeur. Gl. *Forum*, 1. — Hors, dehors. Gl. *Foras*.

FEURE, Fourreau. Gl. *Forulus*. — Ouvrier. Gl. *Faberculus*.

FEURERIE, Lieu où l'on garde les fourrages, grenier, magasin. Gl. *Foreria*, 1.

FEURMARIAGE, Ce qu'un serf payait à son seigneur pour pouvoir épouser une femme de condition libre, ou une serve d'un autre seigneur. Gl. *Forismaritagium*.

FEURRE, Paille, fourrage. Gloss. *Fodrum*.— Fourreau. *Forulus*.

FEURREL, Paille, fourrage. Gl. *Fodrum*.

FEURTRIER, Ouvrier en feutre, chapelier. Gl. *Feltrum*.

FEU-SAINT-FIRMIN, Espèce de maladie épidémique. Gl. *Ignis S. Firmini*.

FEUSTREURE, p. e. L'endroit où l'on travaille le feutre. Gloss. *Feutrum*, 1.

FEUTÉ, Féauté, serment que le vassal doit à son seigneur féodal de lui être fidèle. Gl. *Fedelitas* et *Feudum*.

FEUTRER, Travailler le feutre. Gl. *Feltrum*.

FEUTRIER, Ouvrier en feutre, chapelier. Gl. *Feltrum*.

FEUWAGE, Cens ou rente due sur un terre. Gl. sous *Feudum*.

FEUWILLE, Bourrée, fagot. Gl. *Foilliata*.

FEVE, DIRE FÉVES, Se moquer, badiner. Gl. *Dicere*.

FEX, Troupeau. Gl. *Fexa*.

FEYE, Brebis. Gl. *Feda*, 2.

FEYRE, Foire, marché privilégié. Gl. *Feriæ*, 3.

FIABLE, Qui mérite confiance. Gl. *Fiducia*.

*FIABLETÉ, Confiance. L.

FIACHIER, Promettre, engager sa foi. Gl. sous *Accreantatio*.

FIAMBRER, Fumer, engraisser une terre. Gl. *Exfelcorare*.

FIANCE, Le serment de fidélité que le vassal doit à son seigneur féodal. Gl. *Fiducia*. — Promesse de mariage, serment. Gl. *Fiancialia* et *Fidancia*.

FIANCER, Promettre, engager sa foi. Gl. *Fiducia*.— Prendre des gages. Gl. *Fiancialia*.

FIANCIÉE, Fête des fiançailles. Gl. *Fiancialia*.

FIE

FIANSAIGE , Fiançailles , promesse de mariage. *Fiancialia.*

FIANTER, Oter le fiens ou fumier des pieds des chevaux. Gloss. *Fiens,* 1.

FICAR, Espèce de falot ou lanterne fichée au bout d'un bâton. Gl. *Ficare.*

FICHE, Pieu ou morceau de bois fiché en terre. — FICHERON, Instrument pour planter la vigne. Gl. *Ficare.*

FIÉ, UNE FIÉ, Une fois. *Hapiola.*

FIÉFERME , Héritage noble ou roturier, donné à longues années sous certaines conditions, soit de rente, soit de service. Gloss. *Feudofirma* et *Feudum firmum.*

FIEFFAGE, Fonds de terre donné en fief. Gl. *Feodagium,* sous *Feudum.*

FIEFFÉ, Le possesseur d'un fief. — Contrat, bail d'héritages en fief ou cens. Gl. *Feoffamentum,* sous *Feudum.*

FIEFFEMENT , Inféodation. — Revenu d'un fief, ce qu'il produit. Gl. *Feoffamentum,* sous *Feudum.*

FIEFFER, Prendre à ferme perpétuelle. Gl. *Feare,* sous *Feudum.*

FIEFFEUR, Celui qui donne un fief. Gl. *Feoffator,* sous *Feudum.*

FIEFVIER, Feudataire. *Fevator.*

FIEMBRER , Fumer, engraisser une terre. Gl. *Fiens,* 1.

FIEMENT, Fief. Gl. *Feudum capitale,* sous *Feudum.*

FIE

FIENCIER , Promettre, engager sa foi. Gl. *Fiducia.*

*FIENS, Fumier, ordure. L.

FIENTEUR, Ce qui porte du fumier. Gl. *Fimarius,* sous *Fimare.*

FIERABRAS, Nom donné au démon. Gl. *Ferrebrachia.*

FIERAIN, Bête sauvage. Gloss. *Ferumen.*

FIERCE, FIERCHE, FIERGE, Dame, reine , la seconde pièce des échecs. Gl. *Fercia.*

FIERTE, Châsse, reliquaire. Glos. *Feretrum,* 1.

FIERTÉ, Forteresse, château. Gl. *Firmitas,* 4.

FIERTON, Petite monnaie d'argent, certain poids. Gl. *Ferto.*

FIERTONNEUR, Officier des monnaies chargé d'examiner le poids des espèces. Gl. *Ferto.*

FIERTRE, Châsse, reliquaire. Gl. *Fiertra.*

FIETE , Outil de tonnelier. Gl. *Fietus.*

FIEUFER, Donner en fief, inféoder ; d'où *Fieufement,* Inféodation. Gloss. *Feodagium,* sous *Feudum.*

FIEUFFERME, Héritage noble ou roturier, donné à longues années, sous certaines conditions, soit de rente, soit de service. *Feudalis firma,* sous *Feudum.*

FIEUTE, p. e. Droit féodal. Gl. *Fieuta.*

FIEUX, Qui est attaqué de la maladie appelée *Fy.* Gl. *Ficus.*

FIL

FIGÉ, Caillé, lait coagulé. Gloss. *Figere*, T.

FIGHE, Figue, fruit. *Fraellum.*

FIL, Fy, maladie des bœufs, espèce de ladrerie. Gl. *Ficus.*

FILAILLE, Paquet de fil. Gl. *Filatura*, 2.

FILANCHE, Sorte de filet. Gloss. *Filatum*, 1.

FILANDRE, Frange, sorte d'ornement. Gloss. *Fermeilletum.* — Sorte de filet. Gl. *Filatum*, 1.

FILARDEAU, Brocheton. Gloss. *Filatum*, 1.

FILARRESSE , Fileuse. Gloss. *Filatista.*

FILAT, Congre, poisson. Gloss. *Filatum*, 1.

FILATHIERE , FILATIRE , Reliquaire. Gl. *Filaterium.*

FILERESSE, Fileuse. Gl. *Filatrix.*

FILIASTRE, Beau-fils, fils d'un autre lit, gendre. Gl. *Filiaster.*

FILIOLAGE, Présent qu'un parrain fait à son filleul. Gl. *Filiolagium,* sous *Filiolus.*

FILIOUL, Filleul. Gl. *Filiolagium.*

FILLACHERE, Marchand de fil, dont la profession s'appelait *Fillacherie.* Gl. *Filendarius.*

FILLANCHE, Sorte de filet. Gl. *Filatum*, 1.

FILLANDRIER, Marchand de fil. Gl. *Filendarius.*

FILLARDEAU, Brocheton. Gloss. *Filatum*, 1.

FIN

FILIASTRE, FILLATRE, Beau-fils, fils d'un autre lit, gendre. Gl. *Filiaster.*

FILLATIERE, Filet plein de nœuds que nous appelons *Cordeliere.* Gl. sous *Filaterium.*

FILLE DE BAST, Bâtarde, fille illégitime. Gl. *Bastardus.*

FILLETTE , Prieuré dépendant d'une abbaye. *Filiœ,* — Petit baril, caque. Gl. *Folietta.* — FILLETTE DE PIS, Fille de joie. Gl. *Filheta.*

FILLEULE, Palle, ce qui sert à couvrir le calice pendant la messe. Gl. *Filiola*, 2.

FILLEURAGE, FILLOLAGE, FILLOLIAGE, Présent qu'un parrain fait à son filleul. *Filiolagium.*

*FILLOLEURE, Subtilité. L.

FILLOUER, Corderie. Gloss. *Filatorium.*

FILS, Jeune homme. — Serviteur, valet. Gl. *Filius.* — FILS DE BAS ou BAST, Bâtard, fils illégitime. Gl. *Bas*, 1. — FILS DE LISCE, Bâtard, fils d'une femme publique. Gl. *Filius.*

FIN , District, territoire. Gloss. *Finium*, 2.

FINABLEMENT, Finalement. Gl. *Finaliter*, 1.

FINAISON, Fin, accommodement, qui termine et finit une affaire. Gl. *Finis*, 1.

FINÉ, Qui est forcé de quitter son pays. Gl. *Finare*, 2.

FINER, Payer finance. — Trouver. Gl. *Finare*, 2.

FLA

*FINEROT, Limitrophe. L.

FINESSE, Tour méchant et malin. Gl. *Fictitia.*

FIRONER, Agir en cachette, avoir de secrètes menées. *Furetus.*

FIRTONNEUR, Officier des monnaies, chargé d'examiner le poids des espèces. Gl. *Ferto.*

FISECHIEN, Physicien, médecin. Gl. *Fizicus.*

FISINIER, Forgeron, ouvrier en fer. Gl. *Fusina.*

FISIQUE, Partie naturelle de la femme. Gl. *Fisica.*

*FISME, Frime. L.

*FISSAIGNE, Moquerie. L.

FISSELIERE, Piége pour prendre putois ou chats sauvages, qu'ils appelaient *Fissiaux.* Gl. *Fissina.*

FIT, Assuré, certain. Gl. *Fiduciatus,* sous *Fiducia.*

FIVATIER, Le possesseur d'un fief. Gloss. *Fevatarius,* sous *Feudum.*

FIZONOMIE, Physionomie, mine. Gl. sous *Vultus.*

FLABIAX, Fables, contes. Gloss. *Motetum;* d'où

FLABOIER, Conter des fables. Gl. *Fabulare.*

FLACHE, Lieu plein d'eau. — p. e. Espèce de vase. Gl. *Flachia.* — Flèche de lard. Gloss. *Fliches.*

FLACHEL, FLACHET, Espèce de bâton. Gl. *Flagellata.*

FLAEL, Fléau. Gl. *Flagellum,* 1.

FLA

FLAELER, Tourmenter, faire souffrir. Gl. *Flagellare,* 1.

FLAGE, Bouge, cuisine. *Flagus.*

FLAGEAU, Fléau. *Flagellum,* 1.

FLAGEL, Flageolet. Gloss. *Calamella,* 1 ; d'où

FLAGELER, Jouer du flageolet ; et *Flagelour,* Celui qui en joue. Gl. *Fistulare.*

FLAGERADE, FLAGERON, Sorte d'arme offensive. Gl. *Flagellata.*

FLAGIEL, Flageolet. Gloss. *Calamella,* 1.

FLAGOLLEMENT, Le son du flageolet. Gl. *Fistulare.*

FLAGOLLEUR, Joueur de flageolet. Gl. *Fistulare.*

FLAHUTEUR, Joueur de flûte ou flageolet. Gl. *Fistulare.*

FLAIEL, Fléau. Gl. *Flagellum,* 1.

FLAINE, Taie d'oreiller. Gloss. *Fluma,* 2.

FLAIR, FLAIREUR, Odeur, Gloss. *Fragrare.*

FLAIRIE, Confrérie, association pieuse. Gl. *Frateria.*

FLAIRIER, Rendre une odeur. Gl. *Fragrare.*

FLAIS, p. e. Fagot de menu bois pour pêcher ; d'où *Flaitieur,* Celui qui s'en sert. Gl. *Flecta.*

FLAJOL, FLAJOT, Flûte ou flageolet ; d'où *Flajoler,* Jouer du flageolet. Gl. *Fistulare.*

FLAMANGE, Flamande. Gloss. *Fenestra,* 1.

FLA

FLAMBARD, Flambeau, morceau de bois desséché et fendu par le bout, pour qu'on le puisse allumer. Gl. *Flambellum*.

FLAMBETER, Flamber, passer légèrement sur la flamme. Gloss. *Flambellum*.

FLAMER, Ouvrir avec l'instrument de chirurgie appelé *Flammette*. Gl. *Flammeriari*.

FLAMERON, Espèce de chandelle ou lampe. Gl. *Flambellum*.

FLAMICHE, Sorte de pâtisserie. Gl. *Flamica*.

FLANCHET, Flanc, côté. Gloss. *Flanchus*.

FLANCHIAUX, Couvertures de lit. Gl. *Flassada*.

FLANCHIERE, Sorte d'armure, qui couvrait tout le corps. Gl. *Osbergum* sous *Halsberga*.

FLANCHIR (SE), Porter la main à son flanc ou côté, ou le serrer de la main. Gl. *Flanchus*.

FLAON, Espèce de denier blanc ; ou Pièce de métal plate, pour faire de la monnaie. Gl. *Flans*.

FLAQUE, Canal, petit bras de rivière. Gl. *Flascheta*.

FLASSADIER, Ouvrier qui fait les *Flassades* ou couvertures de lit. Gl. *Flassada*.

FLASSAR, Couverture de chevaux. Gl. *Flassada*.

***FLASTRER**, Flétris. L.

***FLAT**, Coup. R. R.

FLATIR, Abattre, jeter par terre, précipiter. Gl. *Flatare*.

FLE

FLAUNIARDE, Sorte de pâtisserie, flan. Gl. *Flantones*.

FLAUTELE, Flûte ou flageolet. Gl. *Flauta* ; d'où : /

FLAUTEUR, Joueur de flûte ou flageolet. Gl. *Fistulare*.

FLAUZON, Flan, sorte de patisserie. Gl. *Flantones*.

FLAYAU, Flayel, Fléau, barre de fer, qui sert à fermer une porte. Gl. *Flagellum*, 5.

FLECHIER, Faiseur de flèches. Gl. *Flecha*.

FLECHISSABLETÉ, Flexibilité ; d'où *Fléchissaument*, En fléchissant. Gl. *Flexibiliter*.

FLECIERES, Branches d'arbres entrelacées. Gl. *Flecta*.

FLEER, Battre avec un fléau. Gl. *Flagellare*,2,sous *Flagellum*,1.

FLEGIER, Faiseur de flèches. Gl. *Flecha*.

FLEIRER, Flairer, sentir par l'odorat. Gl. *Fragrare*.

FLENE, Espèce de coutil. *Fluma*.

FLEPIER, Frippier. *Ferperius*.

***FLESCHIER**, Archer. L.

FLESPERIE, Fripperie, habits ou meubles raccommodés. Gloss. *Ferperia*.

FLESQUE, Endroit plein de boue, mauvais pas. Gl. *Flachia*.

FLESTRE, Fistule, maladie fistulaire. Gl. *Fistula*, 2.

FLETTE, Nacelle, petit bateau. Gl. *Fleta*, 1.

FLO

FLEUME, Flegme, pituite. Gloss. *Fleuma.*

FLEURETTE, Sorte de monnaie. Gl. *Floretus*, 2.

FLEUREUR, Odeur, air. Gloss. *Fragrare.*

FLEURS DE LIS, Les princes du sang. Gl. *Liliosus.*

FLEURS NOSTRE DAME, Taches scorbutiques, ou érésipélateuses. Gl. *Flores*, 3.

FLEVE, Faible. Gl. *Flebilis.*

FLICHE, Flèche de lard. — Sorte de redevance payée en flèches de lard ; ou par abonnement, en argent. Gl. *Fliches.*

FLICQUE , Flèche de lard. Gloss. *Fliches.*

FLIEME, Lancette. *Flammeriari.*

FLIQUE, Flèche de lard. *Fliches.*

FLOC, Mare. Gl. *Floda.*

FLOCHE, Flocon. Gloss. *Flocus ;* d'où :

FLOCHETER, Tomber en flocons. *Floccare.*

FLOICHEL, Flocon. Gl. *Flocus.*

FLONNE, Bouquet d'oignons ou d'aulx. Gl. *Flonis.*

FLOQUER, Flotter. Gl. *Floccare.*

FLOQUET, Certain habit ecclésiastique. Gl. *Floquetus.*

FLORENCE , Florin, sorte de monnaie d'or. Gl. *Floreni.*

FLORETTE, Sorte de monnaie. Gl. *Floretus*, 2.

FOC

FLORON, Fleuron. Gl. *Floronus.*

FLOS, Terre inculte, pâturage. Gl. *Fraustum.*

FLOSSADE, FLOSSAIE, FLOSSOIE, Couverture. Gl. *Flassada.*

FLOT, Flux de la mer, et le droit sur tout ce qu'amène le flux. Gl. *Fluctus*, 1.

FLOTE, Train de bois. Gl. *Flauta.*

FLOTTE, Echeveau ou paquet de laine. Gl. *Fluctus*, 2. — METTRE EN FLOTTE, Resserrer. Gloss. *Flota*, 2.

FLOUIN, Vaisseau léger. Gloss. *Fluentare.*

FLOUR, FLOURÉE, Farine, fleur de farine. Gl. *Flora.*

FLOURETTE, Sorte de monnaie. Gl. *Floretus*, 2.

*FLOUTER, Flotter. L.

FLOYEL, Fléau, affliction. Gloss. *Flagellare*, 1.

FLUET, Inondation, débordement d'eau. Gl. *Fluentare.*

FLUM, FLUN, Fleuve, rivière. Gl. *Flatare* et *Flumis.*

FLUTE DOUBLE, Espèce de flûte. Gl. *Fistulare.*

FLUX, Certain jeu de cartes. Gl. *Centum*, 2.

FOAGEK, Exiger le droit appelé *Foage*. Gl. *Foagium*, 1.

FOARRE , Fourrages. *Fodrum.*

FOC, Feu. *A foc, à foc*, Au feu. Gl. *Focus.*

FOI

FOÉE, Le droit dû au seigneur sur chaque feu. Gl. *Foagium*,.1

FOIAL, Féal, fidèle. Gl. *Fidelis*.

FOIBLAGE, Terme des monétaires, pour marquer que l'espèce est plus faible de poids qu'il n'est ordonné. Gl. *Flebagium*.

FOIÉE, FAIRE FOIÉE D'AUTRUI, Acquitter les charges d'un autre. Gl. *Focata*.

FOIEGE, pour FOLAGE, Mouture. Gl. *Foulagium*.

FOIGNÉE, Redevance en foin. Gl. *Fenateria*.

***FOIL**, Feuille. C. N.

***FOILDRES**, Foudre. C. N.

FOILLARS, Certains brigands, ainsi nommés, ou d'une branche d'arbre qu'ils portaient à leurs chapeaux pour se reconnaître, ou parce qu'ils se retiraient dans les bois. Gl. *Foilliata*.

FOILLIE, Sorte de gâteau. Glos. *Foliata*, 2.

FOILLOLER, Faire de folles dépenses. Gl. *Follis*, 3.

FOIMENTI, Parjure, qui manque à la foi qu'il a donnée. Gl. *Fidementitus*, sous *Fides*.

FOINESUN, Le temps où les biches et les femelles des chevreuils mettent bas. Gl. *Fannatio*.

FOINGNER, Marchand de foin. Gl. *Fenerius*.

***FOIRÉ**, Fourré. L.

FOIRER, Fêter, chômer. Gl. *Feriare*, sous *Feriæ*, 2.

FOL

FOIREUX, Homme sans cœur ni honneur. Gl. *Fallitus*.

FOIRIER, Gouverneur d'une foire. — Fêter, chômer. Gl. *Feriare*, sous *Feriæ*, 2.

FOIS, FAIRE QUELQUE CHOSE SA FOIS, c'est-à-dire, A son tour. Gl. *Turnus*, 1.

***FOISELE**, Fossette. L.

FOISIL, Fusil, morceau d'acier, qui sert à faire du feu, quand on le bat avec un caillou. Gloss. *Fugillus*.

FOISNE, Faîne, espèce de gland, que porte le hêtre. Gloss. *Fagina*, 2.

FOISSON, ou FOISSOU, en albigeois, Houe, instrument à labourer la terre à la main. Glos. *Fossorium*.

FOITABLE, Se dit d'un homme vrai et qui a bonne réputation, qu'il faut croire. Gl. *Fautalis*.

FOL, Hêtre, arbre. Gl. *Fagus*.

FOLAGE, Le droit de mouture dû au seigneur du moulin. Gl. *Foulagium*. — Folie, sottise. Gl. *Follitia*, sous *Follis*, 3.

FOLASTRE, Fol, hébété, imbécile. Gl. *Follis*, 3.

FOLE, ESTRE FOLE DE SON CORS. En user comme une femme débauchée. Gl. *Follis*, 3.

FOLER, Être fol, extravaguer. Gl. *Follis*, 3.

FOLEREZ, MOULIN FOLEREZ, Moulin à fouler les draps. Gl. *Folare pannos*.

FON

FOLESUYE, Jeu de pelote ou ballon. Gl. *Folasellum.*

FOLEUR, Sottise, folie, étourderie. — Estravaguer, faire des folies. — Mener une vie de débauche. — Dire des injures. Gl. *Follis.*

FOLIEUSE, Femme débauchée. Gl. *Follis*, 3.

FOLIEUX, Fol, insensé, imbécile. Gl. *Follis*, 3.

FOLINGIER, Dire des injures, maltraiter de paroles. Gl. *Follis.*

FOLION, Feuille d'Inde. Gl. *Folia.*

FOLLAGE, Le droit de mouture dû au seigneur du moulin. Gl. *Foulagium.*

FOLLAIN, Cocon de soie. Gloss. *Folexellus.*

FOLLESSE, Folleur, Folie, sottise, étourderie. Gl. *Follitia.*

FOLLOIER, Agir comme un fol. Gl. *Follis*, 3.

FOLOIER, Se tromper, s'égarer, agir en fol. Gl. *Follis*, 3.

FOLOT, Esprit follet. Gl. *Ficarius.*

FONCHIERE, Fond creux. Gloss. *Foncia.*

FONCHINE, Instrument pour la pêche. Gl. *Fronenezze.*

FONDATION, Produit des fonds. Gl. *Fundalitas.*

FONDE, Fronde, la corde qui chasse le trait. Gl. *Fonde.* — Bourse des villes commerçantes, douane, magasin public. Gloss. *Funda*, 1.

FOR

FONDÉ, Sçavant, très-instruit. Gl. *Fundatus*, 1.

FONDEFFLE, Fondefle, Fronde, machine de guerre pour jeter des pierres. Cl. *Fonde* et *Fundabulum.*

FONDEIZ, Fond, vallée. *Foncia.*

FONDERES, Fondeur, Fonderesse, Fondateur, fondatrice. Gl. *Fundare*, 1.

FONDIC, Magasin de marchandises. Gl. *Fundicus*, sous *Funda*, 1.

*FONDIER, Frondeur. L.

*FONDIS, Combat. L.

FONDOIRE, Fond, vallée. *Foncia.*

FONS, Fontaine. Gl. *Fonta.*

FONTAINE, Faire ses Fontaines, Sorte de jeu, qui se faisait le quatrième dimanche de carême. Gl. *Fonta.*

*FONTAL, Source L.

FONTENIZ, Lieu marécageux. Gl. *Foncia.*

FONTURE, Fonte, l'action de fondre. — Creux, enfoncement. Gl. *Funtura.*

FOOL, Soufflet. Gl. *Manticulus.*

FORAGE, Certain droit féodal. Gl. *Foragium*, 1. — Fourrages. Gl. *Fodrum.*

FORAGIER, Celui qui a droit d'usage dans une forêt. Gl. *For.*

FORAIN, Rue Foraine, Rue détournée, écartée. *Foraneus*, 4.

FORBAN, Faire Forban, Bannir, exiler, reléguer. *Forisbannire.*

FOR

FORBANNISSEMENT, Bannissement, exil ; d'où *Forbannir*, Bannir, reléguer. Gloss. *Forisbannire*.

FORBIUS, Mettre en Forbius, Envoyer en exil. Gloss. sous *Forisbannire*.

FORBOUR, Faubourg. Gl. *Forisbarium*.

FORCE, Pays fortifié et garni de forteresses. Gl. *Força, 4*.

FORCELER, Celer ce qu'on doit déclarer. Gl. *Foriscelatus*.

FORCELET, Petit fort. Gl. *Forcelletum*, sous *Fortia, 3*.

FORCENERIE, Voy. *Forsenerie*.

FORCERET, Coffre, cassette. Gl. *Forcerius*.

FORCESAINTE, p. e. Boucle, agrafe de ceinture, ou coffret à reliques. Gl. *Fermalium*.

FORCESCES, Forces, ciseaux. Gl. *Forceps*.

FORCETIER, Faiseur de *forciers* ou cassettes. Gl. *Forcerius*.

FORCETTES, Ciseaux. *Forceps*.

FORCHAT, Bâton fourchu. Gloss. *Fourchata*.

FORCHE, Force, violence. Gloss. *Fortia, 2*. — Fourche. Gloss. *Fourchata*.

FORCHELE, Celui qui ne paye pas au jour marqué le cens qu'il doit Gl. *Foriscelatus*.

FORCHELER, Celer ce qu'on doit déclarer ; d'où *Forcheler les droits*, Les frauder, les dissimuler, les celer par fraude. Gl. *Foriscelatus*. — —

FOR

FORCHETTE, Fourche, proprement la partie de fer qui se divise en deux ou plusieurs fourchons. Gl. *Fourchata*.

FORCHEURE, Poitrine. Gl. *Furcatura*.

FORCHIER, Forcier, Ecrin, cassette, coffre. Gl. *Forcerius*.

FORCOMANDEUR, Usurpateur, qui dépouille un légitime possesseur. Gl. *Ardere, 2*.

FORCONSEILLER, Donner un mauvais conseil, mal conseiller. Gl. *Forisconsiliare*.

*FORCONTER, Tromper. L.

*FORDOTTER, Redouter. L.

FOREL, Fourreau. Gl. *Forellus*.

FORER, Aller au fourrage. — Gâter, piller, ravager. Gloss. *Foragium, 2*.

FORESCAPY, Droit sur les choses trouvées dans le fief du seigneur. Gl. *Forscapium*.

FORESTAGE, Forestaige, Le droit d'usage dans une forêt, la redevance pour ce droit, et même toute espèce de droit ou exaction. Gl. *Forestagium*.

FORESTAIGE, Office de garde forestier. Gl. *Forestagium*.

FORESTERIE, Office de forestier. Gl. *Forestarius de feodo*.

FORETER, Forestier, garde de forêt. Gl. *Forestarius*.

FORFACTURE, Saisie, confiscation, amende. Gl. *Forfectura*, sous *Forisfacere, 1*.

FORFAIRE, Forfaire son Fief,

FOR

Le perdre pour avoir manqué en quelque chose à son seigneur. Gl. sous *Forisfacere*, 1.

FORFAIT, Amende, peine, punition. Gl. *Forfaitura*, sous *Forisfacere*, 1.

FORFAITURE, Saisie, confiscation, amende. Gl. *Forfectura*, sous *Forisfacere*, 1.

FORFAMILIER, Émanciper. Gl. *Forisfumiliare*.

FORFUYANCE, Ce qu'un serf payait à son seigneur, pour la permission de passer à un autre. Gl. *Fugitarius*.

FORGE, Fabrique, construction. Gl. *Forgia*, 1.

FORGEMENT, Fabrication de monnaies. Gl. *Forgire*.

FORGERET, Coffre, cassette. Gl. *Forgerium*.

FORGHES, Forces, espèce de ciseaux. Gl. *Forficia*.

FORGIER, Coffre, cassette. Glos. *Forgerium*.

FORIERE, Terre destinée à la pâture des animaux. *Foreria*, 2.

FORILLE, mal lu pour Feuille. Gl. *Folium*, 3.

FORIMARISGE, Ce qu'un cerf payait à son seigneur pour pouvoir épouser une femme de condition libre, ou une serve d'un autre seigneur. Gl. *Forimatrimonium*, sous *Forismaritagium*.

FORISCAPI, Le droit de lods et ventes. Gl. *Forscapium*.

FORJOUSTER, Bien joûter, se

FOR

distinguer dans les joûtes. Gl. *Justa*, 1.

FORJUGÉ, Jugé par contumace. Gl. *Forisjudicare*.— Confisqué. Gl. *Forisjudicare*.

FORJUGER, Débouter par jugement quelqu'un de sa demande. Gl. *Forisjudicare*.

FORJURER, Quitter, abandonner, renoncer. Gl. *Forisjurare*.

FORMALLER, Faire un acte dans toutes les formes prescrites par le droit ou l'usage. Gl. *Formiter*.

FORMARIAGE, Ce qu'un serf payait à son seigneur, pour pouvoir épouser une femme de condition libre, ou une serve d'un autre seigneur. Gl. *Forismaritagium*.

FORMÉE, Lettres scellées du sceau royal ou public pour mettre une sentence à exécution. Gl. sous *Formatœ*.

FORMENT, Fort, beaucoup. Gl. *Fortiter*.

FORMETE, Escabelle, petit banc. Gl. *Forma*, 14.

FORMORT, Le droit qu'a le seigneur sur les biens des bâtards et autres, après leur mort. Gl. *Formortura*.

FORMORTURE, Héritage qui arrive par mort. — FORMOTURE, Le droit qu'a le seigneur sur les biens des bâtards, et autres après leur mort. *Formortura*.

*FORMOUVOIR, Emouvoir. L.

*FORN, Four. C. F

FORNAGE, Le droit que doivent au seigneur ceux qui sont obli-

FOR

gés de cuire leur pain à son four bannal. Gl. *Furnagium.*

FORNICARESSE, Femme débauchée et qui s'abandonne à la fornication. Gl. *Fornicatrix.*

FORNIER, Cuire dans un four. Gl. *Furnire,* 2.

FORPAISÉ, Qui est hors de son pays, soit volontairement, soit par bannissement. Glos. *Forispatriatus.*

FORPERIE, Fripperie, habits ou meubles raccommodés, le lieu où ils se vendent. Gl. *Ferperia.*

FORPEX, Frippiers. Gl. *Forpœ.*

FORRAR, Haler un chien, le faire piller par d'autres. Gl. *Forrare.*

FORRE, Paille, fourrage. Gloss. *Fodrum.*

FORRIER, Fourrier, fourrageur, pillard. Gl. sous *Fodrum.*

*FORRILER, Tourmenter. L.

FORS , Usages, coutumes d'un lieu. Gl. *Forus,* 2. [Hors, dehors. R.]

FORSAGE, Violence faite à une fille. Gl. *Fortia,* 2.

*FORSALIE, Sortie. L.

*FORSENAIGE, Fureur. L.

FORSERRE , Forgeron, ouvrier en fer. Gl. *Forsorium.*

*FORSMETTRE, Exclure. L.

*FORSONNER, Résister. L.

FORSPAISÉ, FORSPAYSIÉ, Qui est hors de son pays, soit volontairement, soit par bannissement. Gl. *Forispatriatus.*

FOS

FORSSELLE, p. e. Fourchette, ou ciseaux. Gl. *Furcina.*

FORTABLEMENT, Par force, avec violence. Gl. *Fortiter.*

FORTELESSE, Forteresse, château. Gl. *Fortecia.*

FORTRAIRE, Séduire, suborner, enlever subtilement. *Trahere,*1

FORTRESCHE, Fortification, tout ce qui sert à fortifier et à défendre. Gl. *Fortecia.*

FORTUNAL, Tempête, ouragan. Gl. *Fortunale.*

FORTUNE, Trésor trouvé par hasard.— Accident fâcheux, perte. — Tempête, ouragan. *Fortuna.*

FORTUNEL, Arrivé par hasard, non médité. Gl. *Fortuna,* 4.

FORTUNEUSEMENT, Par acccident, par malheur. *Fortuna,* 4.

FOSSE, Prison, cachot. Gl. *Fossa,* 2. — FOSSE COIE, Latrine privé. *Fossa cœca,* sous *Fossa,* 3.

FOSSÉER, Entourer de fossés. Gl. *Fossare,* 2.

FOSSER UNE VIGNE, La cultiver, la labourer et fouir. Gloss. *Fossare,* 2.

FOSSERÉE, Autant de terre qu'un homme en peut fouir dans un jour. Gl. *Fossoriata.*

FOSSEUR, Pioche, houe, instrument à fouir la terre. Gloss. *Fossorium.*

FOSSIER, Celui qui fait des fossés. Gl. *Fossiator.*

FOSSIERRE, Houe, instrument à fouir la terre. Gl. *Fossorium.*

FOU

FOSSOER, Le même. *Fossorium*.

FOSSOIRIE, Métier de celui qui fait des fossés. Gl. *Fossiator*.

FOSSOUR, Houe, instrument à fouir la terre. Gl. *Fossorium*.

FOU, Hêtre. Gl. *Fagus*.

FOUACE, Espèce de pain blanc, un gâteau. Gl. *Fouhacea*.

FOUAGE, Le droit dû au seigneur sur chaque feu. Gl. *Foagium*, 1. — Façon de préparer le cuir, en le mettant dans la fosse au tan. Gl. *Fœuare* et *Fouagium*, 2.

FOUAIGE , Fouille, l'action de fouir. Gl. *Foallia*.

FOUAILLER , Faire la *fouaille* ou curée du sanglier. Gloss. *Fuagium*.

FOUANE, Houssine, baguette. Gl. *Fuagium*.

FOUARON, Fouasse, Espèce de pain blanc ou gâteau. Gloss. *Fouhacea*.

FOUC, Foucq, Troupeau, principalement de brebis ou de pourceaux. Gl. *Foucagium*.

FOUCHIERE , Fougère. Gl. *Foucheria*.

FOUDROIER, Effrayer, épouvanter Gl. *Fulminatus*.

FOUÉE, Le droit dû au seigneur sur chaque feu. — Le droit dû sur les bois qu'on amène à la ville. — Chauffage, fagot, bourrée. Gl. *Foagium*. — Faire Fouées d'autrui, Acquitter les charges d'un autre. Gl. *Focata*.

FOUEL, Assemblée, troupe. Gl. *Foucagium*. — Fouaille, curée du sanglier. Gl. *Fuagium*.

FOU

FOUER, Mettre le cuir dans la fosse au tan. Gl. *Fœuare*.

FOUERRES, Marchand de paille et fourrage. Gl. *Gagnagium*.

FOUESIL , Fusil, morceau d'acier, qui sert à faire du feu quand on le bat avec un caillou. Gl. *Fugillus*.

FOUEUR, Celui qui fouit. *Foallia*.

FOUGER, Séduire, suborner. Gl. *Fuginare*. — Fouiller, comme fait le cochon. Gl. *Fogerare*.

FOUGIER, Fouir, labourer la vigne. Gl. *Fossare*, 2.

*FOUIER, Foyer. L.

FOUILLE, Espèce de pioche. Gl. *Foditare*.

*FOUILLOUSE, Poche. L.

FOUINETTE, Petite fourche. Gl. *Fuscina*.

FOUISSIS, Fusil, morceau d'acier, qui sert à faire du feu quand on le bat avec un caillou. Gl. *Piricudium*.

FOUISSON, Buisson. *Foagium*, 2.

FOULAGE, Le droit de mouture dû au seigneur du moulin par ceux qui sont obligés d'y moudre leurs blés. Gl. *Foulagium*. — Vin de fort Foulage, Bon, excellent. Gl. *Follare*.

FOULEREZ, Moulin Foulerez, Moulin à fouler les draps. Gl. *Folare pannos*.

FOULEUR, Sottise, imbécillité. Gl. *Follitia*.

FOULLIE, Offense, blâme. Gloss. *Foulfacere*.

FOU

FOULON, Folie., extravagance, étourderie. Gl. *Follitia*, sous *Follis*, 3.

FOURBENNI, Banni, exilé, proscrit. Gl. *Forisbannire*.

FOURBEUR, Fourbisseur. Gloss. *Forbissator*.

FOURC, Botte, en languedocien. Gl. *Furcus*. — Branche, fourchue d'un arbre. Gl. *Furca*, 2.

FOURCEL, FOURCELLE, Poitrine, estomac. Gl. *Furcula*.

FOURCELLER, Celer en fraude, tromper, frauder. Gl. *Foriscelatus*. — Tondre avec des forces ou ciseaux. Gl. *Forceps*.

FOURCHAT, Bâton fourchu. Gl. *Fourchata*.

FOURCHEFIERE, Sorte d'arme en forme de fourche. Gloss. *Furcafera*.

FOURCHEGERBES, Fourche propre à mettre les gerbes sur un chariot. Gl. *Furcafera*.

FOURCHEL, Fourche, bâton fourchu. Gl. *Fourchata*.

FOURCHELLER, Celer en fraude, tromper, frauder. Gloss. *Foriscelatus*.

FOURCHETTE, Fourche, proprement la partie de fer qui se divise en deux ou plusieurs fourchons. Gl. *Fourchata*.

FOURCHIEL, FOURCHIER, Fourche, bâton fourchu. Gl. *Fourchata*.

FOURCONSILLIER, donner un mauvais conseil. *Forisconsiliare*

FOURCQ, L'endroit où quelque

FOU

chose se partage en deux. Gl. *Furco*, 1.

FOURESTAGE, Le droit d'usage dans une forêt, et la redevance due pour ce droit. Gl. *Forestagium*, sous *Foresta*.

FOURESTIER, Celui qui fait une redevance pour le droit d'usage dans une forêt. Gl. *Foresteria*, sous *Foresta*.

FOURFAIT, Forfait, crime. Gl. *Forisfactum*, s. *Forisfacere*, 1.

FOURGON, Fourchon, *Fuscina*.

FOURJUGIER, Priver par jugement ou sentence quelqu'un de quelque chose. *Forisjudicare*.

FOURJUR, FAIRE FOURJUR, FOURJURER. Déclarer en justice et par serment, qu'on abandonne et qu'on renonce à quelque chose. Gloss. *Forisjurare*.

FOURLASSEUR, p. e. pour Fourbisseur. Gl. *Forbissator*.

FOURLONGNER, Forligner, dégénérer. Gl. *Furlongus*.

FOURMAGIER, Marchand de fromages. Gl. *Fromagerius*.

FOURME, Banc, siége. *Forma* 14

FOURMÉ, pour DÉFOURMÉ, terme injurieux à Liége, p. e. Bâtard. Gl. *Deformosus*.

FOURMENER, Battre, maltraiter. Gl. *Maletractare*.

FOURMENTAL, Qui concerne le froment. *Fuere Fourmental*, Paille de froment. Gl. *Frumentaticus*.

FOURMENTEL. VIN FOURMENTEL,

FOU

Vin de cens et rente. Gl. *Frumentaticus.*

FOURMENTERIE, Marché au blé. Gl. *Frumentaria.*

FOURMETTE, Escabelle, petit banc. Gl. *Forma,* 14.

FOURMONT, Espèce d'outil, p. e. Tenailles. Gl. *Furminentum.*

FOURMORTURE, Le droit qu'a le seigneur sur les biens des bâtards et autres, après leur mort. Gl. *Formortura.*

FOURNAIGES, Pain et autres pièces de four. Gl. *Furnagium.*

FOURNEMENS, Ce que l'on est obligé de fournir tous les ans. Gl. *Furnire,* 1.

FOURNER, Cuire dans un four. Gl. *Furnare,* 1.

FOURNIAGE, Le droit que doivent au seigneur ceux qui sont obligés de cuire leur pain à son four bannal. Gl. *Furnagium.*

FOURNIER, Cuire dans un four. Gl. *Furnire,* 2.

FOURNILLE, Menu bois propre à chauffer le four. Gl. *Fornilia.*

FOURNIRON, Garçon fournier. Gl. *Furnairo.*

FOURO Chemin fourchu, l'endroit où il se partage en deux. Gl. *Fourcus.*

FOURQUE, Terre terminée en fourche et qui en embrasse une autre. Gl. *Furco,* 1.

FOURQUEFIERE, Fourche, dont les dents sont de fer. *Furcafera.*

FOURQUEFILLE, Sorte d'arme en forme de fourche. *Furcafera*

FOURQUIER, Grande fourche. Gl. *Furculus.*

FOURQUILLON, Petite fourche. Gl. *Furculus.*

FOURRAGIER, Fourrageur, pillard. Gl. *Foragium,* 2.

FOURRE, Fourreau, Gl. *Fodrus.*

FOURREL, Terme injurieux. Gl. *Fodrus.*

FOURRER, Fourrager, aller au fourrage. *Forrare,* s. *Fodrum.*

FOURRIER, Fourrageur, pillard. Gl. *Foriarii,* sous *Fodrum.*

FOURSEH, Fossé sec. *Forsatum.*

*FOURSIÈRE, Réservoir. L.

FOURTRAIRE, Séduire, suborner Gl. *Trahere,* 1.

*FOUSE, Fosse. R. R.

*FOUSSER, Pêcher. L.

FOUSSOIR, Houe, instrument à labourer la terre à la main, Gl. *Fossorium.*

FOUSSOUER, Le même, Gloss. *Fossare,* 2.

FOUTÉ, Fidélité, le serment que le sujet ou vassal fait à son seigneur de lui être fidèle. Gloss. *Fidelitas.*

FOUTU, Parjure, qui a manqué à son serment de fidélité. *Fidelitas*

FOUX, Soufflets de forge. *Folus.*

FOUYER, Certaine chasse, qui se fait au feu, fouée. Gl. *Focus.* Imposer le droit, qui se lève sur chaque feu. Gl. *Foagium,* 1.

FRA

FOUYNE, Fourche, Gl. *Fuscina.*

FOX, Soufflet de forge. Gl. *Folus.*

FOY, Le serment de fidélité, qu'un vassal doit à son seigneur féodal. Gl. *Fides ligia.* — HOMME DE FOY, Vassal. Gl. *Fidelis,* sous *Fideles.*

FOYAL, Féal, fidèle. Gl. *Fidelitas*

FOYAUTÉ, Féauté, le serment, que le sujet ou vassal fait à son seigneur de lui être fidèle. Gl. *Fidelitas.*

FOYÉE. FAIRE FOYÉES D'AUTRUI, Acquitter les charges d'un autre. Gl. *Focata.*

FOYEMENT, Exécuteur testamentaire. Gl. *Fideicommissum.*

FOYNE, Fourche, espéce d'arme, instrument de fer à deux ou trois fourchons, dont on se sert pour prendre le poisson. *Fuscina*

FOYNEAULX, Terme de mépris, comme qui diroit, Destinés à remuer ou vuider le fumier d'une étable. Gl. *Fuscina.*

FOYNNETTE, Petite fourche. Gl. *Fuscina.*

FRACON, Petit houx, arbrisseau. Gl. *Froncina.*

FRACTEUR, Infracteur, celui qui rompt un traité ou convention. Gl. *Fraiterius.*

FRACTION, Parcelle, petite partie. Gl. *Fractio.*

*FRADET, Flèche, L.

FRAEL, Balle, caisse. *Fraellum.*

*FRAGANT, Odoriférant, L.

FRAGON, Petit houx, arbrisseau. Gl. *Froncina.*

FRA

FRAI, Rompu, brisé. *Fragiatus.*

FRAIAUS, Cabas ou panier à figues. Gl. *Fraellum.*

FRAICHEUR, Commencement, nouveauté. Gl. *Frischus.*

FRAICTE, Brèche. L.

FRAIÉ. ESTRE FRAIÉ, Etre constitué en frais. Gl. *Fractus,* 1.

FRAIER, Fournir aux frais et à la dépense. Gl. *Fractus,* 1.

FRAIJON, Petit houx, arbrisseau. Gl. *Froncina.*

FRAINCHAR, Sorte de mesure de blé. Gl. *Francarium.*

FRAINDRE, Rompre, briser. Gl. *Fragiatus.*

FRAINTE, Bruit, tumulte, querelle. Gl. *Fragumen.*

FRAIRE, Affaibli, débile. Gl. *Fragilitatus.*

FRAIREUR. COUSIN FRAIREUR, Issu de germain. Gl. *Cosinus.*

FRAIRIE, Alliance, ligue, confrairie, association pieuse. Gl. *Frateria* et *Fratreia.*

FRAISCHE, Frêne. Gl. *Frassinus.*

FRAISETE, Gland ou bouton en forme de fraise. Gl. *Fresellus.*

FRAISSE, Frêne. Gl. *Frassinus.*

FRAISSENGUE, Truie, qui a mis bas. Gl. *Friscinga.*

FRAITE, Ouverture, brèche, fente. Gloss. *Fracha.* — Canal, bras d'eau. Gl. *Fretum,* 1.

FRAITIER, Constituer en frais. Gl. *Fractus,* 1.

FRA

FRAITIN , Effraction , violence. Gl. *Fraiterius.*

FRAITTE, Brèche, ouverture, fente Gl. *Fracha.*

FRAITURE, Brisure, fracture, P.

FRAITY, Terre inculte, pâturage. Gl. *Fraus.*

FRAMEILLE, Agrafe, boucle. Gl. *Firmale.*

FRANC, Noble, ou de condition libre. Gl. *Franci,* 1. — Monnaie de France valant vingt sols. Gl. *Franci,* 1. — Etable à pourceaux. Gl. *Francum.* — AU PLUS FRANC, Jeu que nous nommons *Franc du quarreau. Francum.*

FRANCARTE, Sorte de mesure de blé. Gl. *Francarium.*

FRANCEMENT, Noblement, P.

FRANCHAR, comme *Francarte.* Gl. *Francarium.*

FRANCHÉE, V. ur ordinaire de la monnaie appelée *Franc,* c'est-à-dire vingt sols. Gl. *Franchus.*

FRANCHILECHES. TENIR EN FRANCHILECHES, Tenir en franchise, sans devoir de cens ou autre redevance. *Franchileches.*

FRANCHIR, Affranchir , rendre libre, p. e. pour FIANCHIR, Fiancer. — FRANCHIR UNE RENTE, S'en délivrer en la rachetant. Gl. *Franchire,* 2.

FRANCHISE, La loi des nobles. Lieu privilégié. *Franchisia,* 2.

FRANCHISSEMENT, L'extinction ou rachat d'une rente. Gl. *Franchire,* 2.

FRANC-MOLU, Franche mouture. Gl. *Francum-molitum.*

FRA

FRANÇOIER, Parler français, ou agir à la française. *Francisare.*

FRANCORINE, Qui est libre et franc d'origine. Gl. *Originales servi,* sous *Originarii.*

*FRANDÉ, Frisé, L.

FRANGOMATE, Affranchi. Gloss. *Franchire,* 1.

FRANQUIESME, Terre, qui n'est pas sujette à un cens. Gl. *Franchisia,* 1.

FRANQUISE, Franchise ; titre et qualification des nobles. Gloss. *Franchisia,* 1.

*FRAPE, Piége. R. R.

*FRAPEL, coup. L.

FRAPPAIL, Bouches inutiles. Gl. *Frappa.*

FRARESCHE, Toute espèce de bien, qui vient par héritage. Gl. *Fraternitas,* 6.

FRARESCHEUR, Cohéritier. Gl. *Fraternitas,* 6.

FRARIE, Confrairie , association pieuse. Gl. *Frateria.*

FRARIN , Infortuné , misérable. Gl. *Frarii.*

FRASNEL, Rejeton de frêne. Gl. *Frassinus.*

FRATIN, Effraction, violence. Gl. *Fraiterius.*

FRATRIN, Fraternel. *Fraternalis.*

*FRATRISLEAU, Novice, L.

FRAU, Terre inculte, pâturage. Gl. *Fraustum.*

54

FRE

FRAUDOUSEMENT, Frauduleusement. Gl. *Fraudabiliter*.

*FRAYABLE, coûteux. L.

FRAYEL, Cabas ou panier à figues. Gl. *Fraellum*.

FRAYSSE, Truie, qui a mis bas. Gl. *Friscinga*.

FRAZEURE, Ce qui sert à broyer, à mettre en miettes. *Micatorium*

FREASCE, Sorte de droit ou impôt. Gl. *Freagium*.

FREAU, Cabas, panier. *Frayle*.

FREC, Frais, neuf; ou Beau, agréable, bien ajusté. Gl. *Frischus*. — Pays, canton. *Frecum*.

FRECENGE, FRECENGÉE, Droit qu'on payait en porc frais ou jeune, et souvent en argent. Gl. *Frecengia*.

FREDAINE, Fanfaronnade, vanterie. Gl. *Fredare*.

FREDIR, Maltraiter, battre. Gl. *Fredare*.

*FREFEL, Chagrin. L.

FREGON, Petit houx, arbrisseau. Gl. *Froncina*. — Pour fourgon, ustensile de four. Gl. *Furgo*.

FREINDRE, Craquer, faire le bruit de quelque chose qui se rompt. Gl. *Fragumen*.

FREISCHE, Terre inculte, pâturage. Gl. *Freisceium*.

FREITON, Petite monnaie d'argent. Gl. sous *Ferto*.

*FRELAMPIER, Charlatan. L.

*FRELAU, Compagnon, L.

FRE

*FRELÉ, Frimes, L.

*FRELER, Plier, L.

FRELIN, Sorte de monnaie, la quatrième partie d'un denier. Gl. *Ferlina* et *Ferlingus*.

FRELOQUE, Espèce d'ornement en forme de houpe ; d'où *Freloquié*, Ce qui a cet ornement. Gl. *Flocus*, 2.

FRELUQUE. FRELUSQUE, Petite monnaie noire. Gl. *Ferlina*.

FREMAIL, Boucle, agrafe. Gloss. *Fermalium*.

FREMAILLE, Gageure, enjeu. Gl. *Fermalia*.

FREMAILLES, Fiançailles. Gloss. sous *Firma*, 1.

*FREMUR, Bruit, L.

FREMURE, Ce qui sert à fermer, serrure. Gl. *Firmamentum*, 4.

FRENAISIEUX, FRENASIEUX, Frénétique. Gl. *Fren*.

FRENEYR, FRENNIER, Eperonnier, ouvrier qui fait les freins ou mors des chevaux. *Frenerius*

FRENOISIEUSEMENT, Avec furie, en furieux. Gl. *Fren*.

FREPPERIE, Fripperie, habits ou meubles raccommodés. *Freperia*

FREQUENCE, Fréquentation, habitude de faire quelque chose. Gl. *Frequentare*, 3.

FRERAGE, Partage des biens patrimoniaux entre les frères ou cohéritiers ; d'où *Frerager* et *Freragier*, Faire ce partage. Gl. *Fraternitas*, 6.

FRE

FRERASTRE, Beau-frère. Gloss. *Frerester.*

FRERE DE BAS, ou DE BAST, Frère bâtard, né hors du mariage. Gl. *Bastardus* et sous *Frater.*

FRERE BOURT, Frère convers ou Donné, celui qui a soin de faire valoir la métairie d'un monastère. Gl. *Burs*, 1.

FRERE EN LAY, ou EN LOY, Beau-frère. Gl. sous *Frater.*

FRERES AUX SACS, Sorte de religieux, dont l'habit ressemblait à un sac. Gl. *Sacci.*

FRERES D'ARMES, Ceux qui servaient sous le même étendart. Gloss. *Fratres armorum*, sous *Frater.*

FRERES DES ASNES, Les mathurins, parce qu'ils ne se servaient que d'ânes pour voyager. Gloss. *Asinus*, 2.

FRERES PYES, Sorte de religieux vêtus de noir et blanc, comme les pies. Gl. sous *Frater.*

FRERESCHE, Partage des biens patrimoniaux entre les frères ou cohéritiers ; d'où *Frerescher*, Faire ce partage. Gloss. *Fraternitas*, 6.

FREREUX, COUSIN FREREUX, Issu de germain. Gl. *Cosinus.*

*FREROT, Compagnon. L.

FRESANGE, Jeune porc, et le droit qu'on en payait au seigneur. Gl. *Friscinga.*

FRESANGEAU, Jeune porc. Glos. *Friscinga.*

FRESAUDE, Sorcière, enchanteresse. Gl. *Dracus.*

FRE

FRESCENGAGE, Le droit qu'on payait en porc frais ou jeune, et souvent en argent. Gloss. *Annelage.*

FRESCHE, Friche, terre inculte. Gl. *Fresceium.*

*FRESCHEDENT, Glouton. L.

FRESCHEMENT, A l'instant, d'abord. Gl. *Frischus.*

*FRESEL, Galons. L.

*FRESELER, Flotter au vent. L.

FRESENGAGE, Le droit qu'on payait en porc frais ou jeune, et souvent en argent. Gloss. *Fregsingarium.*

FRESENGE, Jeune porc, et le droit qu'on en payait au seigneur. Gl. *Friscinga.*

FRESH, Friche, terre inculte. Gl. *Friscum.*

FRESINE, Affranchie. *Frilazin.*

FRESPERIE, Fripperie, habits ou meubles raccommodés. Glos. *Freperia.*

FRESQUE, Soudain, subit. *Cas de fresque*, Se dit d'une querelle prise sur le champ et sans dessein prémédité. Gl. sous *Frischus*

FRESSENGE, Le droit qu'on payait en porc frais ou jeune, et souvent en argent. Gl. *Frisengagium*, sous *Friscinga.*

FRESSIN, Jeune porc. Gl. *Fressengia.*

FRESSONGE, comme FRESSENGE. Gl. *Fressengia.*

FRESSOUOIR, Poêle à frire. Gl. *Frixorium*, 1.

FRE

***FRESSURADE**, Caresse. L.

FRESTAIGE, Redevance faite à un seigneur pour être protégé par lui. Gl. *Fretum*, 3.

FRESTE, Ouverture, brèche, passage. Gl. *Fracha*.

FRESTEL, Sorte de flûte, flageolet ; d'où *Fresteler*, Joueur de la flûte ou du flageolet. Gloss. *Fretella*.

FRESTIZ, Friche, terre inculte. Gl. *Frescceium*.

FRESTRE, pour FESTRE, Faîte, comble. Gl. *Festrum*.

***FRETABLE**, Coûteux. L.

FRETAIGE, Redevance faite à un seigneur pour être protégé par lui. Gl. *Fretum*, 3.

FRETAIL, Soliveau. Gl. *Cordonus*.

FRETE, Espèce de flèche. Gloss. *Frecta*.

FRETÉ, Croisé, entrelacé. Gloss. *Frecta*, et *Frestatus*.

FRETEL, Espèce de flûte ou flageolet. Gl. *Fretella*.

***FRETELER**, Flotter au vent. L.

FRETELET, Petit bassin fait en losange. Gl. *Freteletus*.

FRETET, Redevance faite à un seigneur pour être protégé par lui. Gl. *Fretum*, 3.

FRETIL, Friche, terre inculte. Gl. *Fresceium*.

***FRETILLE**, Paille. L.

FRETILLET, Petit bassin fait en losange. Gl. *Freteletus*.

FRI

FRETIN, Petite monnaie d'argent feuille d'argent. Gl. *Freto*.

***FRETINFREDAILLER**, Mettre en déroute. L.

***FRETOLER**, Frétiller. L.

FRETON, Petite monnaie d'argent. Gl. *Freto*.

FRETTE, Ouverture, brèche, passage. Gl. *Fracha*.

FREZANGE, Le droit qu'on payait en porc frais ou jeune, et souvent en argent. Gl. *Friscinga*.

***FRICE**, Gai, éveillé. L.

***FRICEMENT**, Avec entrain. L.

FRICHETE, Friche, terre inculte. Gl. *Friscum*.

FRICQUEMENT, A l'instant, d'abord, lestement. Gl. *Frischus*.

***FRIDORE**, Froidure. L.

FRIÉ, Friche, terre inculte. Gl. *Friscum*.

FRIENTE, Bruit, tumulte, sédition. Gl. *Fragumen*.

***FRIER**, Frôler. L.

FRIEUL, Poêle à frire. Gloss. *Frixorium*, 1.

FRIEULEUS, Qui souffre du froid. Gl. *Frigorosus*.

***FRIGALER**, Se régaler. L.

FRILLER, Trembler de froid. Gl. *Frigutire*.

FRILLOUSETÉ, Sensibilité au froid ; d'où *Frillousement*, Froidement. Gl. *Frigorositas*.

***FRINGUE**, Saut, danse. L.

FRO

*FRINGUERIE, Galanterie. L.

FRIQUE, Frais, neuf ; ou Beau, agréable, bien ajusté. *Frischus.*

*FRIQUELET, Mignon. L.

*FRIOLER, Frire. L.

*FRIPAILLÉ, Déchiré. L.

FRIRE , Frémir, frissonner de peur. Gl. *Fricare.*

*FRISOLER, Fredonner. L.

FRISQUE , Poli, galant, qui a bonne grâce ; d'où *Frisquement,* Agréablement, galamment. Gl. *Frischus.*

FRITELET, Ecusson ou sorte d'ornement fretté. Gl. *Freteletus.*

*FRITTRADE, Omelette. L.

FRIVOLEUX, Frivole, inutile. Gl. *Frivolis.*

FRIVORT, Estre Frivort, Faire froid. Gl. *Pellicia.*

FRIXOIR, Poêle à frire. Gl. *Frixorium,* 1.

FRIXURE, Friture. Gl. *Frixatura.*

FRO, Terre qui n'est pas cultivée ou chemin public proche d'une ville ou maison. Gl. *Fro.*

*FROAIS, Routin, piste. L.

FROBERGE, Epée, sabre. Gloss. *Froberga.*

FROC, Terre inculte, pâturage. Gl. *Fraustum.*

FROCOLET, pour Fretelet ou Fritelet. Voyez ces mots ci-dessus.

FRO

FROER, Briser, mettre en pièces. Gl. *Fragiatus.*

*FROGIER, Avoir du succès. L.

FROIDOUR, Frais, fraîcheur. Gl. *Friggedo.*

FROIER, Frotter. Glos. sous *Fragumen.*

*FROIGNER, Frémir. L.

*FROION, Coup. L.

*FROISSIER, Briser. L.

FROMENTAGE, Droit qui ne fut levé d'abord que sur les terres à froment, et ensuite sur les autres. Gl. *Frumentagium.*

FROMENTÉE, Bouillie ou ragoût fait avec de la farine. Gloss. *Farracum.*

FRONCE, Fronche, Ride. Gloss. *Fronssatus.*

*FRONCHER, Respirer avec bruit, ronfler. L.

FRONCHIGNE, Instrument pour la pêche. Gl. *Fronenezze.*

*FRONDOYER, Verdir. L.

FRONT, Faire Front, s'Opposer. Gl. *Frontose.*

FRONTEAU, Frontel, Ornement du front. Gl. *Fronteria.*

FRONTELET, Bandeau de religieuse. Gl. *Fronteria.*

FRONTIER, Ornement du front ; ou Devant d'autel. Glos. *Fronterium,* 2.

FRONTIÈRE, Façade, frontispice d'une église ou d'autre bâti-

FRO

ment. Fl. *Frontispicium*, 1. — Ornement du front. *Fronteria.*

FRONTOYER, Côtoyer. Gl. *Fronterium*, 1.

FRONTUEUSEMENT, Hardiment, avec effronterie. Gl. *Cruscire* et *Frontose.*

FRONX, Troupeau. Gl. *Frotta.*

FROQUIER, Voyer. Gl. *Frocarius.*

FROS, Terre inculte, pâturage. Gl. *Fraustum.*

FROSSER, Bâtir sur le *fros* ou terrain public et inculte. Gloss. *Fraustum.*

FROSTERIE, Redevance pour le droit d'usage dans une forêt ; et *Frostier*, Celui qui doit cette redevance. Gl. *Foresteria* sous *Foresta.*

FROU, terre inculte, pâturage. Gl. *Fraustum.*

FROUCHINE, p. e. Servante de cuisine. Gl. *Fratillum.*

FROUMAGE, Fromage. Gl. *Fromagerius.*

FROUMENTÉ, Vin Froumenteit, Vin de cens et rente. Gl. *Frumentaticus.*

FROUMIGERIE, p. e. Espèce de bouillie. Gl. *Comedia.*

FROUSTE, Qui n'est pas cultivé. Gl. *Frostium.*

FROUSTIS, Froux, Terre inculte, pâturage. Gl. *Frostium.*

*FROUX, Troupeau. L.

FROYRE, Meubles, ustensiles. Gl. *Froyre.*

FUE

FRUCHERIE, Fruiterie, marché aux fruits. Gl. *Frucharia.*

*FRUIR, Jouir. L.

FRUISSER, Froisser, rompre, briser. Gl. *Frussura.*

FRUITAGE, Toute espèce de fruits. Gl. *Fructuagium.*

FRUITERIE, Office chez le roi ; qui fournit le fruit, la bougie et la chandelle. Gl. *Fructuarius*, 1.

FRUME, Mine, contenance. Gl. *Frumen.*

FRUSTRER, Piller, dépouiller. Gl. *Frustrare.*

FRUTAGE, Fruit, revenu, produit. Gl. *Fructuarium*, 2.

FRUTTUAIRE, Usufruitier. Glos. *Fructuarius*, 2.

FUCE, pour Fuie, Fuite. Gloss. *Fuga*, 3.

FUDOS, Nom du feu de la Saint-Jean. Gl. *Ignis dictus Fudos.*

FUEDALH, Emouchoir, chasse-mouche. Gl. *Camba*, 2.

FUELLES, Espèce de pioche. Gl. *Foditare.* — Epines, broussailles, menu bois sec. *Fualium.*

FUER, Prix, valeur. Gl. *Foragium*, 1. — Mettre le prix aux denrées. Gl. *Forum*, 1. — Fuir. Gl. *Abjuratio*, 1.

FUERRE, Fourreau. Gl. *Forulus.* — Paille, fourrage. Gl. *Forrare*, sous *Fodrum.*

FUERS, Hors, dehors. Gl. *Foras.*

FUETE, Autant de terre qu'en

FUL

peut labourer ou fouir un homme dans un jour. Gl. *Fueta.*

FUETÉ, Féauté, le serment qu'un sujet ou vassal fait à son seigneur de lui être fidèle. Gloss. *Fidelitas.*

FUEUR, Prix, valeur. *Forum,* 1.

FUIE, Fuite. Gl. *Fuga,* 3.

FUILE, Feuille. Gl. *Minaré,* 4.

FUILLE, Bourrée, fagot. Gloss. *Foilliata.*

FUILLIE, Gâteau feuilleté. Gloss. *Foliatu,* 2.

FUIR, Fuite. — SE FUIR, Se réfugier. Gl. *Fuga,* 3.

FUIRET, Furet ; d'où *Fuireteur,* Celui qui a soin de ces animaux, officier chez le Roi. Gl. *Furator.*

FUIRON, Furet. Gl. *Furo,* 2.

FUISIL, Fusil, morceau d'acier, qui sert à faire du feu quand on le bat avec un caillou. Glos. *Fugillus.*

FUISILLER , Faire du feu de cette manière, ou faire des fusils. Gl. *Fugillus.*

FUITER, Mettre en fuite. Gloss. *Fuga,* 3.

FUITIF, Fugitif. Gl. *Fugitarius.*

FULCI, Fourni, garni. *Fulcitus.*

*FULCIR, Soutenir. L.

FULÉE, Gâteau feuilleté. Gloss. *Foliuta,* 2.

*FULIGINE, Suie. L.

FULSIR, Affermir, assurer. Glos. *Fulcire.*

FUR

*FUM, Fumée. C. N.

FUMAIGE, Redevance levée sur chaque cheminée. *Fumagium.*

FUMÉE, Colère ; d'où *Se Fumer,* Se mettre en colère, s'irriter, et *Fumeux,* Sujet à la colère. Gl. *Fumus,* 1.

FUMERY, Fournil, le lieu de la maison où est le four, ou la cheminée. Gl. *Fumerius.*

FUMIERE, Trou à fumier. — Fumée. Gl. *Fumus.*

*FUMOSITÉ, Vapeur. L.

*FUNAIN, Corde. L.

FUNCHIDE, Trou à fumier. Gl. *Fimbriatum.*

*FUNDE, Fronde. C. N.

*FUNEREUX, Meurtrier. L.

*FUNICLE, Corde. L.

FUNNE, p. e. Lieu où l'on fait les cordes. Gl. *Funifex.*

FURCELLE, Le col. Gl. *Furcula.*

FURER, Dépouiller. Gl. *Furari*

*FURFURE, Crasse. L.

FURGER , Fourgonner, remuer avec une perche. — FURGER LES ONGLES, Les couper ou nettoyer. Gl. *Furgo.*

FURGON, Fourgon, ustensile de four. Gl. *Furgo.*

FURIBUNDEUX , Furibond, furieux. Gl. *Furire.*

FURILLER , Fureter, regarder, examiner avec soin. Gl. *Furetus.*

FURINE, Maladie de cheval. Gl. *Furma.*

FUS

FURIORITÉ, Furiosité, Fureur, folie furieuse. Gl. *Furire*.

*FURHE, Potence. L.

*FURLUFÉ, Ennuyé. L.

FURRELIQUE, Petite monnaie noire. Gl. *Ferlina*.

FURRON, Voyez *Fuiron*.

*FURSCHELLE, Fourchette. L.

FURT, Vol, larcin. Gl. *Furtus*.

FURTURE, Exaction, droit injuste et exigé par force. Gl. *Forcia*.

FUSCIAU, Fuseau, le bois d'une flèche. Gl. *Fusarius*, 1.

FUSÉE, Sorte de bâton de défense, ainsi appelée à cause de sa forme. Gl. *Fusarius*, 1.

FUSELIER, Faiseur de fuseaux. Gl. *Fusarius*, 1.

*FUSIQUE, Nature. L.

FUSSE, Soufflet, coup de la main sur la joue. Gl. *Fussina*.

FUSTAGE, Toute sorte de bois ouvragé ou non ouvragé. *Fusta*.

FUSTAILLERIE, Marchandise de futailles ; d'où *Fustaillier*, Tonnelier, faiseur de futailles. Gl. *Fustaillia*.

FUSTAINE, Sorte de vêtement, apparemment parce qu'il était de futaine. Gl. *Fustana*.

FY

FUSTALLE, Vaisseau de bois à l'usage de la table. Gl. *Fustaillia*.

FUSTE, Poutre, soliveau, pièce de bois. Gl. *Fusta*, 1.

FUSTEIL, Fustet, arbrisseau, dont se servent les teinturiers. Glos. *Fustetus*.

FUSTER, Piller, voler. — Fustiger, battre de verges. *Fustare*.

FUSTEREAU, Nacelle, petit bateau. Gl. *Fusta*, 3.

FUSTERIE, La place au bois. Gl. *Fusteria*.

FUSTIER, Charpentier. Gloss. *Fusterius*.

FUSTIVE, Qui est de bois. Gloss. *Fusteus*.

*FUSUNER, Prospérer. L.

FUT-A-FUT, Mesure rase. Gloss. *Fustare*.

FUYE, Espèce de colombier, dont les boulins vont jusqu'à terre. Gl. *Fuga*, 4.

FUYNE, Fourche. Gl. *Fuscina*.

FUZÉE, Sorte de bâton de défense, ainsi nommé à cause de sa forme. Gl. *Fusarius*, 1.

FY, Espèce de lèpre, maladie des bœufs. — Terme de mépris et d'aversion. Gl. *Ficus*.

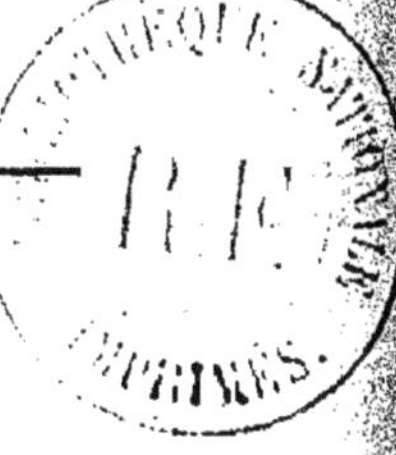